KB270968

신명기 강해

행복은 선택이다

김상복 지음

신명기 강해

행복은 선택이다

김상복 지음

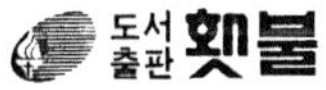

행복은 선택이다

구원은 언제나 은혜이다. 그러나 행복은 언제나 선택이다. 아무도 나를 불행하게 만들 수는 없다. 행복과 불행은 나의 개인적 선택이기 때문이다.

행복은 그저 바란다고, 기다린다고 오는 것은 아니다. 행복은 날마다 선택해야 한다. 한번의 선택으로 행복해지거나 불행해지는 것은 아니다. 항상 선택해야 한다. 인간은 하루에도 수십 번 행복과 불행의 갈림길에 선다. 행복을 무단히 선택하고 있는 사람에게는 행복한 인생이 온다. 행복하게 만들어 줄 수 있는 것을 의식적으로 선택해야 한다. 행복을 제쳐놓고 불행을 선택하는 사람은 행복할 자격이 없다.

모든 행복은 행복한 생각에서 출발한다. 생각은 눈에 보이지 않는다. 보이는 것은 보이지 않는 것으로부터 온다. 가시적 현실은 비가시적 생각이 자란 열매이다. 마음 속에 어떤 생각을 심는가에 따라 행복과 불행이 갈라진다.

행복한 생각을 심으면 행복한 행동이 나오고 행복한 행동을 심으면 행복한 습관이 나온다. 행복한 습관을 심으면 행복한 인격이 나오고 행복한 인격을 심으면 행복한 인생이 나온다. 인생은 작은 선택들의 결과이다. 작은 선택들이 모여 큰 선택이 된다. 행복은 결국 선택이다. 행복은 습관이다. 불행도 습관이다. 평소에 행복의 선택을 훈련하고 있는지 불행의 선택을 훈련하고 있는지에 따라 내 행복은 결정되고 있다. 불행을 원치 않으면 불행한 생각을 거부해야 한다. 작은 생각 하나도 행복을 선택해야 한다. 불행한 생각을 선택해서 행복해지는 법은 없다. 오늘도 행복한 생각을 선택하라. 행복한 행동을 선택하라. 행복한 습관을 선택하라. 행복한 인격을 선택하라. 행복한 인생을 누리라.

　하나님은 우리의 행복을 대단히 원하신다. 우리가 하나님의 자녀들이기 때문이다. 신명기는 "내가 오늘날 네 행복을 위하여……" (신 1:13)라고 말씀하시며 하나님께서는 부모님이 자식에게 행복을 원하듯이 우리들에게 확실한 행복의 길을 가르쳐 주신다. 부모는 우리를 낳아 주셨다. 그러나 이 땅에서의 행복을 보장해 주지는 못하신다. 이 땅의 행복은 태어난 내가 하나님 앞에서 어떤 선택을 하며 살아가는가에 달려 있다. 때로는 행복의 길과 불행의 길을 대조적으로 동시에 보여주심으로 우리 모두가 행복을 선택하기를 원하신다. 신명기 27~28장에 와서는 행복과 불행을 너무도 세밀하게 대조하여 행복에 관한 구절과 불행에 관한 구절을 소상하게 기록해 두셨다. 둘 사이에는 하늘과 땅의 차이가 있다. 행복에 관한 구절과 불행에 관한 구절은 그 분량에 있어서 1:4의 비율이다. 이것은 인간이 얼마나 쉽게 잘못된 길을 선택하여 불행해질 수 있는지를 잘 보여주며 불행을 선택하지 않도록 경고하시는 것이다.

　성공하는 데는 엄청난 시간과 노력이 든다. 그러나 망하는 데는 거의 거의 시간이 들지 않는다. "속히 망할까 두려워한다"는 말씀이 이를 뒷받침해 주고 있다. 그래서 우리에게 우리 자녀들과 손주들에게까지 부지런히 행복의 길을 가르치라고 명령하셨다.

　구원은 은혜로 주시는 하나님의 선물이다. 그러나 이 땅의 행복은 우리가 무엇을 선택하는가에 달려 있다. 모두 행복을 선택하기를 바란다. 이 책을 출판하면서 모세오경을 완성할 수 있어서 기쁘다. 수고해 주신 횃불도서 여러분께 감사를 드린다.

2000년 7월
김상복 목사

차례

제5부　이스라엘의 각종 규정들 － 모세의 두 번째 설교 3

제1부
순종의 책, 신명기

"이스라엘아

네 하나님 여호와께서

네게 요구하시는 것이 무엇이냐

곧 네 하나님 여호와를 경외하여

그 모든 도를 행하고

그를 사랑하며 마음을 다하고

성품을 다하여

네 하나님 여호와를 섬기고

내가 오늘날 네 행복을 위하여

네게 명하는 여호와의 명령과 규례를

지킬 것이 아니냐"

(신명기 10:12~13)

신명기란?

신명기는 하나님께서 시내 산에서 주신
율법의 반복이자 확대된 내용이라고 할 수 있습니다.

신명기의 이름

히브리어 –다바림

신명기는 히브리어로 '다바림'(דברים) 입니다. '다바' 는 '말씀' 이라는 뜻이고 여기에 '림' 이라는 복수형이 붙었으니 '말씀들' (Words)이라고 직역할 수 있을 것입니다.

우리가 이미 알고 있듯이 고대 사람들은 책 이름을 정할 때 그 책의 첫 단어를 제목으로 삼았습니다. 바빌론 시대의 책이라고 할 수 있는 점토판 문서를 클레이 타블렛이라고 하는데 그 동안 고고학자들에 의해 발견된 타블렛만도 20만 개나 됩니다. 그 점토판 문서를 나열할 때 한 점토판의 기록이 끝나면 그 끝 자를 다음 점토판의 첫머리에 써서 이어지도록 했습니다.

그래서 그 점토판의 마지막 자와 첫 자를 보면 페이지의 선후를 알 수 있게 됩니다.

히브리 성경도 마찬가지였습니다. 그러므로 '다바림' 이라는 그 단어는 히브리어 신명기의 첫 자를 딴 것입니다.

우리말은 히브리어와 어순이 다르기 때문에 '말씀' 이라는 제목이 1장 1절의 마지막에 나옵니다.

"이는 모세가 요단 저편 숩 맞은편의 아라바 광야 곧 바란과 도벨과 라반과 하세롯과 디사합 사이에서 이스라엘 무리에게 선포한 말씀이니라."

개역 한글 성경의 "말씀이니라"라는 단어가 바로 이 책의 히브리어 제목으로 정해진 것입니다.

70인역 - 신명기

그런데 오늘날 부르는 '신명기' 라는 제목은 70인역에서 나온 것입니다. 70인역은 BC 250년에 알렉산드리아에서 히브리어를 헬라어로 번역한 것입니다. 번역을 한 사람의 수가 73명이었는데 그 숫자를 십 단위로 따서 70인역이라는 이름이 붙은 것입니다. 전승에 따르면 73명이 각자 다른 방에서 번역을 했는데 나중에 맞춰 보니까 똑같은 번역이 되었다는 말이 있습니다만, 전설적으로 내려오는 이야기일 뿐이지 역사적 사실이라고 보기는 어렵습니다. 예수님 당시에 히브리어를 할 수 있는 사람들은 얼마 되지 않았지만 헬라어는 세계 공통어였기 때문에 구약은 벌써 헬라어로 번역이 되어 있었습니다. 그래서 바울 시대를 거치면서는 세계 어디서든지 신구약 성경을 읽을 수 있는 준비가 되어 있었던 것입니다.

신명기의 영어명은, 70인역이 신명기 17장 18절에 있는 말씀 중 "이 율법서"라는 말에서 이름을 붙인 데 근거해서 두 번째 율법책이라는 뜻의 'Deuteronomy'라는 제목을 붙였습니다. 따라서 우리말 성경에는 이 부분이 그저 "이 율법서"라고만 되어 있지만 실제로는 "이 두 번째 율법서"라고 해야 정확한 번역입니다.

신명기의 내용

신명기의 역사성

신명기는 하나님께서 시내 산에서 주신 율법의 반복이자 확대된 내용이라고 할 수 있습니다. 물론 그 내용이 출애굽기나 레위기, 민수기에 이미 나타난 법과 똑같지는 않습니다. **신명기는 다른 법전들보다 미래지향적인 내용들이 많이 나타나 있다고 보아야 할 것입니다.** 과거를 돌이켜볼 뿐 아니라 미래의 예언을 포함하고 있는데, 하나님을 섬길 때와 우상을 섬길 때 나타날 엄청난 차이를 보여 주고 있습니다. 출애굽기와 레위기와 민수기는 광야를 통과하는 동안에 씌어진 것이고 신명기는 요단강 동편 모압 땅에 도착해서 쓴 것으로, 과거를 돌이켜보면서 역사적이고 영적인 교훈을 찾고 있는 것입니다.

저는 학교 다닐 때 역사를 별로 좋아하지 않았습니다. 특히 고등학교 때는 연대를 외우는 것이나 숫자나 이름을 외우는 것이 싫어서 역사 과목을 아주 싫어했습니다. 그런데 신학교에 와서 교회사를 공부하면서 역사가 재미있는 과목이라는 것을 알았습니다.

제가 신학교에서 공부할 때 맥크레이 박사라는 분이 교회사를 가르쳤습니다. 그분은 제가 2학년이 되니까 저를 자신의 조교로 뽑아 주셨습니다. 그래서 석사 과정까지 3년을 그분의 조교로 있게 되었습니다. 그분의 일을 돕게 되면서 교회사를 아주 깊이 들여다볼 기회가 생겼는데, 교회사 공부를 하면 할수록 아주 재미가 있었습니다.

교회사가 우리에게 주는 교훈은 엄청난 것입니다. 교회사뿐 아니라 역사라고 하는 것 자체가 중요합니다. 역사에 하나님의 계시와 섭리가 나타나기 때문입니다. 역사란 하나님께서 어떻게 국가와 민족과 개인을 통해서 이 세상 가운데 역사하고 계신가 하는 것을 보여 주는 자취입니다. 그래서 미국의 신학자 폴 틸리히 교수는 역사의 계시를 성경의 계시와 똑같은 레벨에 올려 놓기도 했습니다.

저는 그분의 의견에 완전히 동의하지는 않습니다. 성경과 역사를 동일선상에 놓을 수는 없습니다. 틸리히 교수는 성경과 역사와 이성을 같은 레벨에 두고서 하나님께서 우리에게 계시로 보여 주신다고 주장했지만 복음주의자들은 그렇게 생각하지 않습니다.

성경에는 하나님의 계시로서의 특수성이 있다고 믿는 사람들이 바로 복음주의자들입니다. 복음주의자들도 성경 외의 계시를 인정하지만 그런 계시들이 성경과 동일한 권위를 갖는다고는 생각하지 않습니다. **성경의 권위는 절대적인 것입니다.** 다른 어떤 계시도 성경의 계시와 같은 권위를 가질 수 없습니다.

그렇지만 역사에서 오는 교훈들은 대단한 것입니다. 왜냐 하면 역사를 정확하게 해석하는 것은 현재와 미래에 대한 방향을 제시하는 것이고, 우리들이 저지를 수 있는 실수를 막아 주고 하나님의 통치를 상기시켜 주는 역할도 하기 때문입니다. 하나님께서 야곱에게 나타나셔서 말씀을 하실 때 "나는 아브라함의 하나님 이삭의 하나님이다"라고 하시는 것도 역사를 중시하시기 때문입니다.

기독교는 역사를 중시하는 종교입니다. 어느 날 갑자기 떨어진 신앙이 아니라 무수한 사람들의 신앙고백으로 점철되고, 신앙적인 삶으로 이어져 온 종교입니다. 수많은 신앙의 조상들이 살아온 삶을 보면서 지금 우리들의 생활도 다시 점검하고 그 맥을 잇게 되어 있는 것입니다. 저는 이런 역사성 때문에 신명기를 대단히 좋아합니다. 신명기를 읽을 때마다 새로운 도전을 받게 되는 것도 좋아하는 이유 중에 하나입니다.

신명기는 독자적으로 읽는 책은 아닙니다. 다른 모세 오경과 함께 읽혀질 때만 완성되는 책입니다. 우리말 성경에는 "이는 모세가⋯⋯"라고 시작되어 있어서 독자적인 책처럼 보이기도 합니다. 그러나 히브리 성경을 보면 ㄱ(위)라는 단어로 시작하는데 이 단어는 영어로 'these' 즉 '이것들은'이라는 말입니다. 이 단어를 보면 앞에 어떤 말이 있다는 것을 쉽게 알 수 있습니다.

민수기와 신명기

민수기와 신명기는 하나의 책으로 이어져 있기 때문에 신명기가 없이는 민수기가 있을 수 없고, 민수기가 없이는 신명기가 있을 수 없는 것입니다. 따라서 자유주의 신학자들의 주장처럼 신명기 문서라고 해서 이 책만을 따로 독립된 하나의 문서로 취급할 수 없다는 것을 증명할 수 있습니다. 모세 오경은 다섯 개의 책이 한 권으로 되어 있는 것입니다.

  예수님께서도 구약 오경의 저자를 모세라고 말씀하셨고 구약의 선지자들
도 오경의 저자는 모세라고 반복해서 말하고 있습니다. 그러므로 현대의 신
학자의 견해를 따르는 것보다는 성경 자체의 말씀을 믿는 것이 옳다는 것을
아는 복음주의자들은 오경의 저자가 모세라는 것과 그 오경이 하나의 책으
로 연결되어야만 완성된다는 것을 믿고 있습니다.

  민수기는 이스라엘 백성을 가나안 문 앞에까지 데리고 왔고 신명기는 이
스라엘 백성을 가나안으로 들어가게 하기 위해서 준비시켜 주는 내용이라
고 할 수 있습니다.

신명기의 구성

신명기는 여호와을 경외하고 율법 안에서 행하고
하나님과 이웃을 사랑하고 섬기며 규례를 지키라는
다섯 가지 말씀을 풀어놓은 책이라고 할 수 있습니다.

신명기는 세 가지 설교로 구성되어 있습니다. 1장부터 4장까지는 모세의 첫 번째 설교이고 5장부터 26장까지는 두 번째 설교입니다. 또한 27장부터 34장은 세 번째 설교입니다.

신명기의 대부분을 차지하는 모세의 설교는 이미 1절에서 밝힌 바대로 요단강 동편 모압 평야에서 광야 40년 동안 태어난, 이스라엘 전체 백성을 대상으로 한 설교입니다. 이 때의 이스라엘 백성들은 곧 가나안을 정복해야 할 이스라엘의 새 세대였습니다. 출애굽기나 레위기가 애굽을 탈출한 일 세대에게 한 설교라는 점을 생각할 때는, 신명기에서는 그 청중들이 대비된다고 할 수 있습니다. 다만 여호수아와 갈렙만은 예외에 속했습니다. 마지막 부분인 33장에는 모세의 장례 부분이 나오는데 이것은 모세의 후계자인 여호수아가 쓴 것이라고 보아야 할 것입니다. 여호수아서에도 보면

"내가 계속해서 하나님의 율법책에 써 넣었다"는 표현이 나오기 때문에 그 런 추측이 설득력을 갖습니다.

신명기의 기록 연대와 저자

모세 오경이 씌어진 것이 BC 1500년 경이기 때문에 일부의 학자들은 1850년 경의 고고학을 바탕으로 그 당시에는 문자가 없었을 것이라고 생 각하고 '문서설' 이라는 학설을 내놓았습니다. 오경이 모세가 쓴 것이 아니 라 여러 사람에 의해서 나중에 기록되었다는 주장입니다. 그러나 그 후에 발전을 계속한 고고학은 BC 3000년 경에도 문자가 있었다는 것을 증명했 습니다. 앗시리아 궁전에 새롭게 발견되는 고대의 점토판들이 그것을 증명 하고 있습니다. 그러므로 그저 우리의 짧은 생각으로 모세 시대에는 문자 가 없었다거나 **성경을 일반 문서와 똑같이 취급하는 어리석음을 범하지 말아야 하겠습니다.**

신약에 있어서도 신명기는 대단히 중요합니다. 신명기는 신약 성경 27 권에 83번이나 인용되어 있습니다. 예수님께서도 많이 인용하셨습니다. 40일 금식 후에 시험을 받으실 때에도 신명기를 인용하면서 시험을 이기 셨습니다. 공생애의 준비를 신명기로 시작하신 것을 보면 신명기가 얼마나 중요한 성경인가를 알 수 있을 것입니다.

신명기의 주요 성구

신명기의 말씀이 다 중요하지만 그 중에 핵심이 되는 구절을 뽑으라고 한 다면 10장 12절에서 13절을 들 수 있습니다.

"이스라엘아 네 하나님 여호와께서 네게 요구하시는 것이 무엇이냐 곧 네 하나님 여호와를 경외하여 그 모든 도를 행하고 그를 사랑하며 마음을 다 하고 성품을 다하여 네 하나님 여호와를 섬기고 내가 오늘날 네 행복을 위 하여 네게 명하는 여호와의 명령과 규례를 지킬 것이 아니냐."

여기에는 다섯 개의 중요한 동사가 보입니다. 이 다섯 개의 동사는 신명 기의 목적을 표현합니다. 첫 번째가 '**경외하라**', 두 번째는 '**행하라**', 세 번 째는 '**사랑하라**', 네 번째는 '**섬기라**', 마지막 다섯 번째는 '**지키라**'는 동사 입니다. 바로 이 다섯 단어가 신명기를 요약하는 말씀이라고 할 수 있습니 다.

13절에서 하나님께서 율법을 주신 목적은 "네 행복을 위한 것"이라고 합 니다. 하나님께서는 우리들의 행복에 관해서 대단히 관심이 많으십니다. 죄로 물든 이 세속 사회에서 사는 우리 인생이 자칫하면 불행해질 수가 있 기 때문에 하나님은 우리들을 보호하시기를 원하십니다. **우리를 너무나 사 랑하시기 때문에 우리의 불행을 두고 보실 수가 없는 분입니다.** 하나님이 창조하 셨고 자기의 독생자를 내어주시기까지 사랑하신 자기 자녀가 한시라도 불 행한 것을 원하지 않으십니다.

저는 목회자가 된 것을 감사하게 생각합니다. 왜냐 하면 목회자들은 성 도들의 행복을 위해서 최선의 노력을 다하기 때문입니다. 하나님의 백성 들로 하여금 하나님께서 약속하신 풍성한 삶을 누릴 수 있도록 하려고 노 력하는 사람이 바로 목회자입니다. 그래서 하나님의 말씀을 전할 때에 마 음과 입술에 불이 타는 것입니다.

하나님의 말씀대로 살면 행복하고 말씀대로 살지 않으면 불행하다는 것을 목회자는 너무나 잘 알고 있습니다. **말씀대로 살면 빛 속에 있을 것이요, 말씀대로 살지 않으면 어둠 속에 있을 것입니다.**

하나님은 우리의 행복에 대해서 관심이 많으신 분입니다. 그래서 불행의 가능성이 가득 찬 세상에서 어떻게 살아야 행복해질 수 있는지를 제시해 주신 것입니다. 그래서 우리들이 고집을 부리면 채찍질을 해서라도 하나님의 법대로 살도록 하십니다.

하나님은 부모의 마음과 똑같은 마음을 가진 분입니다. 부모가 된 사람들은 자신이 자식에 대해서 어떤 마음을 갖는지를 생각해 보면 하나님의 마음을 십분 알 수 있을 것입니다. 자기 자신보다도 더 자기를 사랑하는 사람이 바로 부모입니다. 자식이 잘못되면 본인보다 더 가슴 아파하는 사람이 바로 부모입니다. 부모 말씀을 잘 들어서 잘못되는 사람은 없습니다. 부모 말을 잘 듣지 않기 때문에 잘못된 길로 가는 것입니다.

저는 딸 셋을 두었는데 그 아이들도 속을 썩일 때가 가끔 있습니다. 어떤 때는 딸을 데리고 지하실로 내려가서 타이르다가 너무 속이 상하고 안타까운 마음에 그만 눈물을 흘리는 때도 있었습니다. 그러면 나중에는 딸과 아버지가 서로 끌어안고 웁니다. 그리고 나면 딸의 행동이 달라지고 부녀간의 관계도 훨씬 좋아집니다.

부모의 인간적인 사랑도 이렇게 절실한데 거룩하시고 자비로우시고 은혜가 많으시고 사랑이신 그 하나님의 순수한 사랑은 얼마나 더 절실하겠습니까. 하나님은 우리 인간의 사랑을 넘어서는 분이십니다.

때로는 부모의 사랑도 이기적일 때가 있습니다. 그러나 하나님의 사랑에는 이기적인 것이 없습니다. 오직 우리들의 행복만을 생각하시고 애타하십니다. 그와 같은 하나님께서 제시해 주신 질서를 지키는 것은 곧 행복으로 나아가는 길일 것입니다.

이렇게 신명기는 여호와을 경외하고 율법 안에서 행하고 하나님과 이웃을 사랑하고 섬기며 규례를 지키라는 다섯 가지 말씀을 풀어 놓은 책이라고 할 수 있습니다. 그래서 신명기는 율법이라기보다는 사랑의 편지라고 할 수 있습니다.

저는 옛날에 구약을 별로 좋아하지 않았습니다. 대학을 졸업하고 신학을 전공하기 전까지는 구약을 싫어하고 특히 율법책을 가까이 하지 않으려 했습니다. 읽기만 하면 죄의식을 느꼈기 때문입니다. 그런데 신학을 공부하면서 율법을 주신 본래의 의도를 깨닫고 나니까 이 말씀이 얼마나 고맙게 생각되는지 모릅니다. 우리가 율법을 다 지키지는 못하지만 하나라도 지켰을 때 주시는 축복은 엄청난 것입니다. 지금은 율법 시대가 아니고 은혜의 시대이지만 하나님의 은혜에 감사해서 율법을 지키면 반드시 그 속에는 행복이 있고 기쁨이 있고 은혜가 있습니다. 그래서 우리는 율법에 접근하는 기본적인 전제를 잘 알아야 합니다. 이것을 알 때에 신명기를 이해하는 새로운 방법을 알게 될 것입니다.

신명기의 주제 – 순종

신명기의 주제는 6장 3절에 나타나 있습니다.

"이스라엘아 듣고 삼가 그것을 행하라 그리하면 네가 복을 얻고 네 열조의 하나님 여호와께서 네게 허락하심같이 젖과 꿀이 흐르는 땅에서 너의 수효가 심히 번성하리라."

하나님의 말씀을 듣고 행하면 복을 얻고 번성하리라는 것이 하나님께서 우리들에게 주신 축복입니다. 이 말씀은 모세가 자기 백성들에게 하나님을 사랑하고 경외하는 마음으로 언제나 순종하고 충성할 것을 도전적으로 전한 말씀입니다. 새 세계에 들어가서 평화와 번영의 새 삶을 시작할 것을 그들에게 지시하고 있는 것입니다. 하나님께서는 이스라엘 백성들이 축복과 번영 속에 살기를 원하셨기 때문에 주신 규례라고 할 수 있겠습니다.

그러면 신명기의 핵심 단어라고 할 수 있는 '순종'에 대해 구체적으로 살펴보겠습니다. 왜 우리는 하나님의 율법을 순종해야 합니까?

순종의 필수성

이 말씀이 하나님의 율법이기 때문입니다. 모세 오경에는 각각 주제가 있습니다. 창세기는 하나님의 백성을 선택하는 것이고 출애굽기는 선택한 백성을 구원해 주는 것입니다. 레위기는 구원받은 백성의 경배이고 민수기는 하나님의 백성의 방황입니다. 믿는 사람들의 모습을 아주 적나라하게 보여 주는 것이라고 할 수 있습니다.

예수님을 영접하고 믿음을 가지고 있지만 나약한 존재이고 죄악과 유혹이 많은 세상에서 사는 까닭에 방황이 없을 수 없습니다. 그러나 예수 그리스도의 이름을 힘입어서 승리하는 삶을 사는 사람들이 바로 믿는 사람들이고 이것을 단적으로 보여 주는 것이 민수기입니다.

저 같은 경우는 겉으로 잘 드러나지는 않지만 속으로는 종종 방황을 합니다. 얼마 전에도 그런 일이 있었습니다. 예배 드리고 기도하고 나니까 그 방황이 끝나기는 했습니다만 이런 일들이 사는 동안 끊임없이 다가올 것이라는 것을 저는 압니다. 그러나 그 때마다 하나님을 찾고 그 말씀대로 따르면 하나님께서는 우리가 승리할 수 있도록 새 힘을 주십니다. 이것이 그리스도인의 특권입니다.

여러분들 중에는 가장 근본적인 문제로 방황을 할 때도 있을 것입니다. 바로 하나님이 계신가 안 계신가 하는 문제입니다.

제가 국민일보에 글을 쓰면서 하버드 대학의 법과대 학장 이야기를 했습니다. 그린 리프 박사님은 무신론자와 공개 토론을 했습니다. 무신론자는 하나님이 없다는 말로 결론을 내리려고 했습니다. 그러자 그린 리프 박사는 그 사람에게 "만일 당신 말대로 하나님이 계시지 않는다면 저는 아무런 걱정이 없습니다. 그러나 만일 내가 옳아서 하나님이 계시다면 당신은 영원한 형벌을 받게 된다는 것을 알아야 합니다."라고 말했습니다.

그의 말이 맞습니다. 어떤 때는 하나님이 정말 계신 것인지 아닌지 확신이 서지 않을 때도 있을 것입니다. 기도도 안 되고 누가 무슨 말을 해도 의심이 사라지지 않을 때가 있을 수 있습니다. 그런 때는 이렇게 생각해 보십시오. **하나님이 계시다고 믿었을 때에 누리는 그 평화, 그 행복, 그 즐거움은 다른 어떤 것으로도 바꿀 수 없는 것입니다.** 그래서 하나님을 믿는 우리에게도 방황은 있지만 그것을 충분히 극복하고 나아갈 수 있는 것입니다.

순종의 동기

우리가 하나님께 순종할 수 있는 것은 하나님의 선하심 때문입니다. **하나님은 선하신 분입니다. 순종은 좋은 관계에서 이루어져야 합니다.** 하나님은 우리에게 구원의 은혜를 베푸신 분입니다. 로마서 12장 1절은 '그러므로' 라는 말로 시작하고 있습니다. 로마서의 내용은 죄, 구원, 성화, 그 다음에는 봉사로 이루어져 있습니다. 12장은 봉사하는 삶의 시작으로 그리스도인이 어떻게 살아야 하는지 설명하면서 '그러므로'라는 단어를 사용하고 있는 것입니다. **하나님께서 우리를 죄에서 구원하시고 성화시켜 주신 선하신 분이기 때문에 우리는 그분께 순종하는 삶을 살아야 한다는 것입니다. 봉사하는 삶이 곧 하나님께 순종하는 삶입니다.**

순종의 기준

무엇에 순종해야 하는가의 유일한 기준은 하나님의 말씀이면 족합니다. 그 이상의 기준이 있을 수 없습니다. 신명기 6장에 보면 하나님의 말씀을 연구하고 그 말씀에 순종하라는 말이 나옵니다.

순종의 이유

우리가 하나님께 순종해야 하는 이유는 그분의 신실하심 때문입니다. **하나님은 신실하신 분이라서 과거에도 우리를 돌봐 주셨고 현재에도 우리를 돌보시며 미래에도 우리를 돌보실 분이십니다.**

데살로니가전서 5장 23절에 보면 "평강의 하나님이 친히 너희로 온전히 거룩하게 하시고 또 너희 온 영과 혼과 몸이 우리 주 예수 그리스도 강림하실 때에 흠없게 보전되기를 원하노라"라는 말씀이 나옵니다. 하나님께서는 '친히' 우리를 거룩하게 하시고 온전하게 하신다고 말씀하십니다. 이 '친히'라는 말은 아주 중요한 의미를 갖는 것입니다. 그리고 이어 24절에 말하기를 "너희를 부르시는 이는 미쁘시니 그가 또한 이루시리라"라고 하십니다. 여기서 미쁘시다는 말은 곧 신실하시다는 말입니다. 그래서 우리가 성화된 뒤에 방황하게 된다 할지라도 그분의 신실하심으로 끝까지 우리를 붙들어 주시는 것입니다.

저 자신의 마음을 살펴보면 하나님의 말씀에 순종하고 싶은 마음이 있는 것만은 분명합니다. 그리고 노력하는 것도 틀림없습니다. 그러나 그렇다고 해서 마음먹은 대로, 노력한 대로 순종하게 되는 것은 아닙니다. 어떤 때는 마음대로 되지 않아 저 스스로를 심하게 질책했습니다. 하나님의 은혜를 제대로 깨닫지 못했기 때문에 저 스스로를 많이 괴롭혔던 것입니다. 그런데 스스로를 질책하면 할수록 의욕이 떨어집니다. 나 같은 사람이 무얼 하겠는가, 한두 번도 아니고 매번 이렇게 실수를 반복하는데 하나님께서 어떻게 나 같은 사람을 쓰시려고 하겠는가 하면서 자신을 옭아매기 때문에 아무런 의욕이 생기지 않았던 것입니다. 그래서 자포자기한 일도 있었습니다.

이런 상태를 극복하기 위해서는 생각의 방향을 바꾸어야 합니다. 스스로에게 물어서 하나님을 사랑하고 하나님의 뜻대로 살기 위해서 나름대로 노력하고 있다면 설사 그 노력이 의도했던 성과를 거두지 못한다 하더라도 용서받을 수 있다고 스스로를 위로할 줄 알아야 합니다. 자기 스스로 자신을 용서하는 것입니다. 하나님께서 나의 심중을 보시고 아신다고 믿는 것입니다.

내가 쓰러지는 것은 내가 연약해서 쓰러지는 것이지 의도적으로 쓰러지는 것은 아니잖습니까. 쓰러지고 나서 기쁘게 생각한 적도 없었고 앞으로도 쓰러지고 싶다는 생각을 하지는 않습니다. 내 마음은 신명기의 말씀대로 여호와 하나님만을 경외하고 싶어합니다. 그분만을 섬기고 싶고 그분만을 따르고 싶고 그분에게만 순종하고 싶습니다. 그러나 그런 마음과는 상관없이 나의 연약함과 어리석음은 가끔 하나님과 반대편에 서게 만듭니다. 그것은 어쩔 수 없는 피조물의 한계이기도 합니다. 그것을 인정해야 합니다.

한번은 제가 거울을 보고 말했습니다. "내가 너를 용서한다." 내가 나를 용서한 것입니다. **창조주이신 하나님이 나를 용서해 주시는데 내가 나를 용서하지 못할 이유가 어디 있습니까?** 신실하신 하나님께서 우리의 심중을 보시고 용서하신다는 사실을 믿음으로 받아들이고 자기 스스로도 자신을 용서해야 하는 것입니다. 그것이 믿는 사람의 겸손입니다. 우리는 하나님의 자비하심을 믿고 그분에게 순종하면 됩니다. 그 순종이 생각만큼 잘 되지 않는다 할지라도 실망해서 포기하지 말고 끝까지 순종하고자 하는 노력이 있으면 족합니다.

불순종의 결과

불순종은 하나님의 심판을 가져옵니다. '만일' 이라는 단어가 신명기에도 여러 번 나옵니다. 특히 "'만일' 너희가 불순종하면"이라는 말이 나올 때에는 특히 조심해야 합니다. 우리가 불순종하면 하나님께서는 공의의 채찍을 들어서 우리를 징계하실 것입니다. 고통을 주어서라도 하나님께서는 기어코 우리를 하나님께로 돌이키도록 하시는 분이십니다.

하나님의 뜻대로 살아서 행복하고 온전하게 되는 것을 보시겠다는 것이 하나님의 결심입니다. 따라서 불순종의 결과는 하나님의 심판입니다.

이제는 신명기 내용을 세분해서 생각해 보겠습니다.

1-4장까지는 과거의 역사를 한 번 더듬어 보고 있습니다. 1장에서 3장까지는 하나님 말씀대로 순종했으면 빠른 시간에 갈 수 있는 가나안 땅을 불순종해서 40년 동안 방황을 하며 고난을 겪게 하는 원인이었던 가데스 바네아에서의 범죄 이야기가 나오고 4장에서는 이것을 경고하는 이야기가 나옵니다.

두 번째 5-26장은 현재의 이야기입니다. 지금 지켜야 할 율법들을 주시는 것입니다. 5-12장 사이는 이미 주신 율법을 반복한 것이고 13-26장까지는 율법에는 있지 않은 특수한 부분들에 대해서 이야기하고 있습니다.

그 다음 27-34장은 미래에 대한 이야기를 하고 있습니다. 하나님께서 바른 길로 인도하시기 위해서 하신 이러한 조치에도 불구하고 백성들의 불순종으로 말미암아 이스라엘 백성들이 뿔뿔이 흩어지고, 그렇게 분산된 이스라엘 백성들을 다시 돌이켜서 귀환하게 해 주겠다는 것입니다. 마지막에 여호수아의 작별인사가 부기되어 있기는 하지만 큰 골격은 이스라엘의 미래를 보여 주는 것으로 끝을 맺는다고 할 수 있겠습니다.

신명기 개관

기억하고 순종하라						
1　　　　　　4 과거 역사적			5　　　　　　26 현재 율법적		27　　　　　　34 미래 예언적	
가데스 1	방황 2	경고 4	율법 반복 5	규례 반복 12	이스라엘 미래 27	작별사 32

제2부
광야 40년을 기억하라

모세의 첫 번째 설교

"네 하나님 여호와가

너의 하는 모든 일에

네게 복을 주고

네가 이 큰 광야에

두루 행함을 알고

네 하나님 여호와가

이 사십 년 동안을

너와 함께 하였으므로

네게 부족함이 없었느니라

하셨다 하라 하시기로."

(신명기 2:7)

신명기를 시작하며

1:1-4

역사를 통해서 우리가 얻을 수 있는 교훈에서
중요한 것은 그 교훈을 통해
우리가 제대로 성장해 가고 있는가 하는 점입니다.

역사에서 얻는 교훈

이스라엘의 역사는 좋은 것만 기록된 것이 아닙니다. 잘한 것도 기록하지만 잘못한 것도 그대로 기록하는 것이 참된 역사입니다.

다윗은 이스라엘의 전무후무한 왕이었습니다. 그러나 그에게 장점만 있었던 것은 아니었습니다. 다윗은 하나님의 마음에 합한 자가 도저히 저질러서는 안 되는 잘못을 저질렀습니다. 바로 우리아의 아내 밧세바를 취하고 우리아를 의도적으로 살인한 사건입니다. 그러나 성경은 이 사건을 묻어 놓지 않았습니다. 있는 그대로를 기록함으로써 인간의 모든 면을 다 보여 주고 있는 것입니다. 한 인간의 실수마저도 역사의 교훈으로 삼고 후세에 대한 경고로 삼으려고 하기 때문입니다.

저는 얼마 전에 제가 알지 못하는 어떤 성도로부터 전화를 받았습니다.

그분은 저의 설교 테이프를 하나도 빼지 않고 다 샀는데 모두 합하니까 그 총액이 백만 원이 넘는다고 했습니다. 그리고 그것을 자기 전에 하루에 두 시간씩 듣고, 출근을 하면서 차 안에서도 듣는다고 했습니다. 그리고 덧붙이기를 그 내용 중에 아주 감동을 받은 부분이 있는데 그것은 실수마저도 하나님의 섭리 가운데 일어난다는 것이었습니다. 인간의 실수마저도 결국은 하나님께서 선하게 쓰신다는 말이 그 사람에게는 감동적으로 다가왔던 모양입니다. 짐작하기에는 그분도 가슴 아픈 실수를 한 적이 있었던 모양입니다. 그런데 실수조차도 하나님께서는 선하게 사용하신다는 말을 들었으니 얼마나 감격적이었겠습니까?

저도 또한 그분의 전화를 받고 감사했습니다. 내 설교를 듣고 마음에 감동을 받았다는 사람을 만났는데 어찌 감격하지 않을 수 있겠습니까? 그런 일이 있고 나면 얼마나 큰 힘이 되는지 모릅니다. 그렇게 생각하면 그분의 실수는 자신이 하나님께 감사할 수 있게 하는 조건이 되었고 저까지 감동과 감사하는 마음을 갖게 하는 요인이 된 것입니다.

역사를 통해서 우리가 얻을 수 있는 교훈에서 중요한 것은 그 교훈을 통해 우리가 제대로 성장해 가고 있는가 하는 점입니다. 과거에 어떤 잘못을 했느냐 하는 점은 현재에 어떤 생활을 하고 있느냐에 비해 본다면 그다지 중요하지 않습니다. 중요한 것은 과거로부터 어떤 교훈을 받고 있는가 하는 것입니다. 그래서 모세도 1-4장까지 과거를 회상하면서 지금 세대에게 교훈을 주고 있는 것입니다.

신명기 내용 요약

1절부터 4절 사이는 서론인데 신명기 내용에 대한 요약입니다.

우선 1-2절을 보겠습니다.

"이는 모세가 요단 저편 숩 맞은편에 아라바 광야 곧 바란과 도벨과 라반과 하세롯과 디사합 사이에서 이스라엘 무리에게 선포한 말씀이니라. 호렙산에서 세일산을 지나 가데스 바네아에까지 열 하룻길이었더라."

1절은 신명기가 모세가 쓴 글이라는 것을 분명하게 밝힙니다. 그리고 장소를 상세하게 밝히고 있습니다. 그러나 그 지명이 오늘날과 달라서 지금 어느 지역인지 정확하게 알 수는 없습니다. 다만 가나안을 중심으로 썼기 때문에 요단 저편 숩 맞은편이라고 말합니다.

2절에는 호렙에서 가데스 바네아까지로 11일 정도면 여행할 수 있는 거리임을 밝히고 있습니다. 그리고 거기서 가나안 땅까지도 11일 정도가 걸린다고 합니다. 그렇게 금방 갈 수 있는 거리를 40년을 걸려서 돌아서 들어간 것입니다. 이것이 바로 신앙과 불신앙의 차이입니다. 행복과 불행의 차이이고 사망과 생명의 차이입니다. 똑바로 가면 쉽고 빠르게 갈 수 있는 길을 돌아서 가려고 하니까 어렵게 되는 것입니다.

다음 3-4절을 보면 정확하게 날짜가 기록되고 그 때가 역사적으로는 어떤 사건이 있었던 때인지를 서술합니다.

"제 사십 년 십일 월 그 달 초 일일에 모세가 이스라엘 자손에게 여호와께서 그들을 위하여 자기에게 주신 명령을 다 고하였으니 때는 모세가 헤스본에 거하는 아모리 왕 시혼을 쳐 죽이고 에드레이에서 아스다롯에 거하는 바산 왕 옥을 쳐 죽인 후라."

여기에 따르면 날짜는 출애굽 이후 40년 11월 1일이고 시기적으로는 요단강 동편의 남부 지방인 아모리와 북부 지방인 바산을 점령한 후였습니다. 다시 말하면 40년의 방황이 거의 끝나는 시기에 가나안 주변 지방을 정복하고 나서 어느 정도 안정을 찾은 다음에 한 설교라고 할 수 있습니다.

이렇게 모든 정황을 분명하게 밝히고 날짜까지 밝힌 것은 자유주의 신학자들이 주장하고 있는 문서설을 반박하는 증거가 됩니다. 자유주의 신학자들은 이 신명기가 훨씬 후대에 기록된 것이라고 말하는데 성경은 분명히 모세의 생전에 모세 자신이 한 설교라는 것을 분명하게 밝히고 있는 것입니다.

하나님의 계획과 약속

1:5-46

우리에게 필요한 것은 두려워하지 않는 마음과 용기입니다.
용기는 믿음에서부터 나옵니다.
믿음이 있는 용기만이 진정한 용기입니다.

첫 번째 설교

1장 5절부터는 모세의 첫 번째 설교가 시작됩니다.
먼저 6-8절까지를 보겠습니다.

"우리 하나님 여호와께서 호렙산에서 우리에게 말씀하여 이르시기를 너희가 이 산에 거한 지 오래니 방향을 돌려 진행하여 아모리 족속의 산지로 가고 그 근지 곳곳으로 가고 아라바와 산지와 평지와 남방과 해변과 가나안 족속의 땅과 레바논과 큰 강 유브라데까지 가라 하셨나니 여호와께서 너희의 열조 아브라함과 이삭과 야곱에게 맹세하사 그들과 그 후손에게 주리라 하신 땅이 너희 앞에 있으니 들어가서 얻을지니라."

이 말씀을 통해 우리는 모세의 설교가 하나님의 몇 가지 명령으로부터 시작한다는 것을 알 수 있습니다.

그것은 모든 신앙의 출발이 하나님이라는 것을 나타내는 것입니다. 성경의 처음인 창세기가 "태초에 하나님이"라는 말로 시작한 것은 바로 신앙의 출발점을 제시합니다. 절대 주권자이신 하나님의 나타나심으로 모든 역사는 시작됩니다. 그분이 움직이면 신앙이 시작되는 것이고 그분이 움직이면 세계가 시작되는 것입니다. **하나님은 모든 역사의 출발점입니다.** 신앙이라고 하는 것은 출발점으로 돌아가는 것입니다. 곧 하나님에게로 돌아가는 것입니다.

하나님께서 주신 몇 가지 명령이 무엇인지 살펴보겠습니다.

첫째, 하나님께서는 약속받은 땅을 점령하라고 명령하셨습니다.

하나님께서 이미 주시고자 하신 축복을 차지하라는 말입니다. 하나님의 움직임은 축복입니다. 말씀하면 그것이 곧 축복입니다. 하나님께서는 자기 백성을 너무도 사랑하시고, 그들의 행복을 너무도 원해서 그들이 불행에 빠지는 것을 볼 수 없는 분이십니다. 우리가 하나님께 돌아가기만 하면 다른 어떤 조건도 없이 그분의 축복을 받을 수 있는 것입니다.

지난 주에 어떤 분을 만나서 다섯 시간 동안 그분의 간증을 들었습니다. 저는 평소에 성도들의 간증 듣는 것을 참 좋아하기 때문에 즐거운 마음으로 그분의 말씀을 들었습니다. 하나님께서 성도들의 삶에 어떻게 역사하고 계시는가 하는 것을 듣는 일은 마치 찬송가를 듣는 것과 같습니다. 그분 간증의 요지는 하나님께서 하라는 대로 하면 이루어진다는 것이었습니다. 전에는 그렇게 하면 손해볼 것 같아서 하지 않으려고 애를 썼는데, 한번 순종해 보니까 축복이고 은혜라는 것을 알았다고 했습니다. 그렇게 하나님께서 주신 축복을 이야기하는 데 다섯 시간이 걸렸습니다.

이미 하나님께서는 축복을 약속하셨습니다. 우리들은 그 말에 순종하여 그 땅을 점령하기만 하면 됩니다. 이스라엘 백성들도 하나님의 말씀을 듣고 그대로만 갔으면 모든 축복이 저절로 쏟아졌을 것인데 순종하지 않았기 때문에 그렇게 먼길을 돌아서 오랫동안 방황해야 했던 것입니다.

조상들에게 약속한 땅을 점령하라는 것은 하나님께서 그 백성들에게 목표와 비전을 제시해 주신 것입니다. 하나님의 말씀은 새로운 어떤 것이 아니라 이미 약속된 것을 우리에게 보여 주시는 것입니다. 순종하고 그 말씀대로 따르면 하나님의 축복은 자연히 나타나게 장치해 놓으셨습니다.

하나님께서는 계속해서 비전을 주십니다. 하나의 비전을 받은 것으로 끝나는 것이 아닙니다. 하나님의 축복을 계속 누리려면 한 가지 일의 결과에 안주해서는 안 됩니다. **끊임없이 하나님의 이끄심을 따라가는 것이 하나님의 축복을 지속시키는 방법이 되는 것입니다.**

제가 대학을 다닐 때에 친구 한 사람과 등산을 갔습니다. 산의 정상까지 갈 결심을 하고 올라갔는데 정상이라고 생각하고 힘들게 올라가 보면 더 높은 산봉우리가 보이고, 다시 그 봉우리로 올라가서 보면 또다시 더 큰 봉우리가 우뚝 서 있었습니다. 정상을 향해 올라간다고 해서 생각한 대로 금방 정상에 닿는 것은 아닙니다. 우리의 인생도 정상을 향해 오르는 사람처럼 하나님이 보여 주시는 작은 비전에서부터 점차로 큰 비전으로 옮겨가면서 사는 것입니다. 하나님이 주신 비전을 성실하게 따라가면 점점 높고 큰 비전으로 올라갈 수 있게 됩니다.

어떤 사람들은 작은 비전이나 작은 축복은 소홀하게 생각하기도 합니다.

그래서 하나님께서 자기에게는 왜 한 달란트의 축복만 주셨는지 모르겠다고 불평을 하기도 합니다. 그러나 어떤 사람은 미래에 올 축복과 은혜를 생각하면서 차분하게 자기에게 주어진 달란트에 감사하는 사람도 있습니다. 첫 걸음이 없이 먼길을 갈 수는 없습니다. 모든 일은 작은 것에서 출발합니다. 하나님의 비전을 성취하는 것도 마찬가지입니다. 가나안에 들어가고 나면 그 다음에는 레바논을 그 손에 붙이시고 그 다음에는 유브라데까지 그 손에 주시는 것입니다.

둘째, 지도자를 세우라고 명령하셨습니다.

큰 일은 많은 사람들이 함께 해야 하는 일이기 때문에 그 사람들을 통솔할 지도자가 필요합니다. 어떤 공동체든 효과적인 운영을 위해서는 조직과 권한 위임이 필요하다는 뜻입니다. 조직이 없이는 효율적으로 전체를 운영할 수 없습니다. 조직을 이루었을 때 생기는 힘은 그 사람들의 힘의 합을 뛰어넘는 막강한 것입니다.

권한을 위임한다는 것은 그 사람을 믿고 권위를 갖고 일할 수 있도록 힘을 준다는 말입니다. 권한과 책임을 분담하지 않고 혼자서 모든 일을 처리하려고 하는 사람은 큰 일을 할 수 없습니다. 교회도 마찬가지입니다. 혼자서 모든 일을 다 처리하려고 하는 목회자는 절대로 큰 목회를 할 수 없습니다. 다른 사람들과 권한을 나누고 일을 나누어서 한다면 아무리 힘든 일이라도 해낼 수 있는 것입니다. 혼자서 목회를 한다면 백 명도 힘이 부칩니다. 그러나 일을 나누어서 하면 천 명도 많은 숫자가 아닙니다. 어떤 단체나 공동체이든지 일과 권한을 나누는 것, 이것이 경영을 합리화하는 것입니다. 문제는 규모가 아니라 조직과 권한 위임에 있습니다.

1) 지도자를 세우려는 이유

9-12절을 보면 모세가 지도자를 세우려고 하는 이유가 잘 설명되어 있습니다.

"그 때에 내가 너희에게 말하여 이르기를 나는 홀로 너희 짐을 질 수 없도다. 너희 하나님 여호와께서 너희를 번성케 하셨으므로 너희가 오늘날 하늘의 별같이 많거니와 너희 열조의 하나님께서 너희를 현재보다 천 배나 많게 하시며 너희에게 허락하신 것과 같이 너희에게 복 주시기를 원하노라. 그런즉 나 홀로 어찌 능히 너희의 괴로운 것과 너희의 무거운 짐과 너희의 다툼을 담당할 수 있으랴."

백성의 수효와 그에 따른 일이 너무나 많아져서 혼자서는 도저히 일을 감당할 수 없으므로 지도자를 세워야 한다는 것이 모세의 말입니다. 모세는 주로 재판을 통해서 분쟁을 해결해 주는 일을 했었습니다. 그런데 사람의 수효가 많아지면서 자연히 분쟁도 혼자서 도저히 감당할 수 없을 정도로 많아진 것입니다. 200만이 넘는 사람들이 한 데 살고 있으니 얼마나 다툼이 많았겠습니까? 분쟁을 나누어서 해결할 사람이 필요하다는 말이 나온 것은 당연합니다.

일이 많으니 못 하겠다고 하거나 포기하는 것이 아니라 나누어서 하자는 생각은 일을 해결하는 아주 긍정적이고 발전적인 생각입니다.

지도자는 언제 어느 때든지 가능성을 생각해야 합니다. **남들이 절망적이고 부정적인 이야기를 해도 지도자만은 희망을 볼 수 있어야 합니다.** 그것이 지도자가 할 일입니다. 짐이 너무 무겁고 할 일이 너무 많아서 혼자서는 감당할 수 없다고 판단될 때 그저 주저앉는 것이 아니라 그 일들을 나누어 처리할 수 있는 방법을 찾아야 하는 것입니다. 그래서 생각한 방법이 동역자들을 세워 일을 나누어서 한다는 것입니다.

2) 지도자의 자격

13절에는 지도자의 자격이 보입니다.

"너희의 각 지파에서 지혜와 지식이 있는 유명한 자를 택하라. 내가 그들을
세워 너희 두령을 삼으리라 한즉."

지도자는 지혜와 지식이 있는 사람이어야 합니다. 이해력과 판단력을 갖춘 사람이어야 했습니다. 지도자가 지혜가 없으면 보통 사람이 지혜가 없을 때보다 훨씬 어려운 일을 많이 일으켜 따르는 사람들이 불필요하게 많은 고생을 하게 됩니다. 그래서 **지도자들은 무엇보다 하나님께 지혜를 구해야 합니다.** 솔로몬이 하나님께 구한 것처럼 명예나 재물이 아니라 지혜를 구해야 합니다.

물론 건강도 필요합니다. 그러나 기독교 역사를 돌이켜 보면 꼭 건강한 사람이 훌륭한 일을 한 것은 아니었습니다. 루터는 25가지의 질병을 가지고 있었습니다. 칼빈은 너무나 몸이 약해서 아침에 일찍 침대에서 일어날 수가 없을 정도였습니다. 그러나 이들에게는 지혜가 있었습니다. 그리고 믿음으로 일을 해 나갔습니다. 약한 체력이 반드시 지도자의 결격 사항이 되지는 못합니다.

그 다음에 요구되는 조건은 '유명한 사람'이라는 것이었습니다. 지도자는 공동체가 전문성과 권위를 다 인정해주는 사람이라야 합니다. 인정받지

못하는 사람을 인간관계나 정실(情實)에 의해 지도자로 세우는 것은 위험한 일입니다.

로마의 황제들 중에는 자신의 아들 대신 지도자적 자질을 가진 사람을 선택해서 아들을 삼고 황제 자리를 물려 준 경우가 있었습니다. 지도자로서 자질이 부족하다는 것을 알면서도 인정에 끌려서 사람을 등용하게 되면 나쁜 결과를 얻게 될 수도 있다는 것을 알아야 합니다.

미국의 어느 교회의 경우는 아버지가 아주 훌륭한 목사였습니다. 그런데 아버지가 은퇴하면서 자기 아들을 후임자로 세웠다가 그 교회가 쇠퇴하고 분열하는 것을 보았습니다. 아버지가 능력이 있었다고 해서 아들이 그 능력을 그대로 물려받는 것은 아닙니다. 또 아버지가 무능했다고 해서 그 아들도 무능하라는 법도 없습니다. 아버지와 아들의 능력은 별개입니다. 어떤 신학교에서도 그런 경우가 있었습니다. 아버지가 이사장으로 있다가 아들에게 그 자리를 물려주었는데 결국 그 학교는 문을 닫게 되었고 아들이 학교를 팔아 재산을 가져갔고 그 자리에 공원이 들어섰습니다. 자신의 필생의 사업을 근시안적인 사고 때문에 망치게 한 경우입니다. **지도자는 핏줄이나 인맥에 의한 것이 아니라 그 사람의 능력과 구성원들의 인정에 의해 선택되어야 합니다.**

3) 조직

조직 내의 지도자를 뽑는 방법은 지파에 따라 십부장, 오십부장, 백부장, 천부장을 선택하게 했습니다. 누구도 다섯 명 내지 열 명 이상을 관할하지 않도록 해놓았습니다. 15절을 보십시오.

"내가 너희 지파의 두령으로 지혜가 있는 유명한 자들을 취하여 너희의 어
른을 삼되 곧 각 지파를 따라 천부장과 백부장과 오십부장과 십부장과 패
장을 삼고."

가장 작은 기초 단위로는 열 명을 한 조직으로 묶어서 세운 십부장입니
다. 열 명씩 묶은 조직 다섯 개를 묶어서 오십부장을 세우고 백부장, 천부장
을 세우는 것입니다. 이것은 군대의 조직과 비슷합니다. 소대가 모여서 중
대가 되고 중대가 모여서 대대가 되고 각 조직마다 소대장, 중대장, 대대장
이라는 직책을 세우지 않습니까? 이런 군대의 조직을 생각한다면 이해가
쉬울 것입니다. 한 사람이 많은 사람을 관리하는 것은 비효율적입니다. 그
래서 조직이 필요한 것 입니다.

4) 지도자의 임무

그러나 이 조직의 지도자들인 십부장 백부장이 군인과 같은 임무를 담당
했던 것은 아니었습니다. 그들은 모세가 했던 역할인 분쟁 조절 역할을 위
임받았습니다. 재판관의 임무를 위임받은 것입니다.

5) 재판의 기준과 방법

재판을 하는 기준과 방법은 16-17절에 기록되어 있습니다.

"내가 그 때에 너의 재판장들에게 명하여 이르기를 너희가 너희 형제 중에
송사를 들을 때에 양방간에 공정히 판결할 것이며 그들 중의 타국인에게
도 그리 할 것이라. 재판은 하나님께 속한 것인즉 너희는 재판에 외모를

보지 말고 귀천을 일반으로 듣고 사람의 낯을 두려워 말 것이며 스스로 결
단하기 어려운 일이거든 내게로 돌리라. 내가 들으리라 하였고.”

이 말씀을 통해 우리는 지도자가 어떻게 재판을 진행해야 하는지 알 수
있습니다.

첫째, 잘 듣고 판단해야 합니다.

양측 이야기를 정확하게 듣는 것이 중요합니다. 때 “송사를 들을 때….”
(16절) 저는 개인적으로 목사가 잘해야 할 일 중 하나가 잘 듣는 일이라고
생각합니다. 다른 사람의 말을 정확하게 이해하고 정확하게 판단할 수 있
으려면 먼저 정확하게 듣는 것이 선행되어야 하는 것입니다. 듣는 훈련이
많이 필요합니다.

한번은 미국의 한인사회 지도자 모임에 참석한 적이 있었습니다. 앞으로
한인 사회가 어디로 가야 할 것인지를 주제로 토론하는 자리였습니다. 토
론에 참석한 사람들은 각자 자신이 전망하는 미래의 한인 사회의 모습을
이야기했습니다. 저는 한 마디도 하지 않고 그 사람들의 말을 들으면서 꼼
꼼하게 필기를 했습니다. 그런데 토론이 끝날 무렵 사회자가 저에게 말하
기를, 그 동안 한 마디도 말씀 안 하셨는데 결론적으로 한 마디 하라고 했습
니다.

저는 제가 필기한 것을 다섯 항목으로 정리해서 이야기를 했습니다. 그
러자 제가 정리한 다섯 항목으로 한인 사회를 위한 프로그램을 짜서 운영
하기로 결론이 났습니다. 저는 그 때 말을 많이 한다고 좋은 것이 아니라는
것을 깨달았습니다. 말하는 것보다 잘 듣고 이해하고 정리하고 판단하는
것이 더 중요할 때가 많습니다.

둘째, 공정하게 판단해야 합니다.

재판관이 공평하게 판단하지 않고 뇌물이나 개인적 관계 때문에 한 쪽으로 기울면 그 재판은 안 하느니만 못하게 됩니다.

셋째, 하나님의 대행자로서 재판해야 합니다.

그 말은 재판에 임할 때에 내가 아니라 하나님의 역할을 대신하고 있다는 사명감에서 해야 한다는 말입니다. 그것을 잊어버리면 그 때부터는 하나님의 이름을 더럽히고 죄악된 길로 들어서게 되는 것입니다.

넷째, 한 쪽 말만 듣고 재판하지 말아야 합니다.

이것은 공정하라는 말입니다. 한 쪽 말만 듣고 판단을 하게 되면 잘못된 판단을 하게 되어 있습니다. 사람은 누구나 자신에게 유리한 쪽으로 이야기하는 습성이 있기 때문입니다. 그리고 한 쪽 말만 듣게 되면 그 다음부터는 다른 사람이 무슨 말을 해도 정당하게 듣고 사리를 판단할 생각을 하지 못하게 됩니다. 선입견으로 인해서 한번 삐뚤어진 시각은 여간해서 바로잡기가 힘듭니다.

미국에서 쓰는 관용어구 중에 "사실을 가지고 내 마음을 혼동시키지 말라. 나는 이미 마음에 결정을 했다"(Don't confuse me with facts. I have already made up my mind.)라는 말이 있습니다. 아무리 진실과 사실을 이야기해도 그 사람은 마음속에 이미 결론을 내렸기 때문에 자신의 결론이 틀린 것으로 증명된다 할지라도 요지부동으로 변하지 않는다는 뜻입니다. 사실이 편견을 바꿀 수 없는 지경에 이르게 되는 것입니다.

지도자는 이런 태도를 가져서는 안 됩니다. 지도자는 누가 뭐라고 말해도 사실에 의해서 정확한 판단을 해야 합니다. 자신과 가까운 사람이든 잘 알지 못하는 사람이든 인간 관계에 매여 판단을 해서도 안 됩니다. **그래서**

지도자는 큰 가슴을 가진 대범하고 지혜로운 사람이어야 하는 것입니다.

다섯째, 말할 기회를 공평하게 주어야 합니다.

이것 역시 재판을 하는 데 있어서 판단력을 흐리지 않게 하기 위한 방법입니다. 서로 반대 입장에 있는 사람의 말을 공정하게 들어주어야 바른 판단을 할 수 있는 것입니다. 비단 재판을 하는 사람뿐이 아니라 많은 사람들 가운데 지도자 역할을 하는 사람들은 모두 이 모범에 따라야 합니다. 그렇지 않고 특별히 누구만 기까이 한다거나 편애하는 기미가 보이면 그것은 당장에 회중 가운데 큰 파장으로 나타나게 되기 때문입니다. 심지어는 송사를 하는 사람이 외국인이라 할지라도 그가 외국인이라는 이유로 부당한 판결을 해서는 안 된다고 말씀하십니다. 그 역시 자기 국민과 똑같은 권리를 가진 사람으로 인정하고 대우해 주어야 진정으로 공정한 판단을 한다고 할 수 있는 것입니다. 민족적 편견이 사실을 왜곡해도 부당합니다.

여섯째, 사람의 외모를 보고 빈부귀천을 따져서 재판을 하지 말아야 합니다.

하나님께서는 사람의 외모가 아닌 중심을 보시는 분입니다. 지도자 역시 겉으로 드러나는 조건으로 사람을 판단하지 말아야 하겠습니다.

일곱째, 사람의 낯을 두려워하지 말아야 합니다.

하나님을 대신하여 재판을 하는 위치에 있으면서 사람의 낯을 두려워하는 것은 하나님을 믿고 그 권한을 대신하는 사람의 태도라고 볼 수 없습니다.

마지막은 자신의 한계를 인정해야 합니다.

자신이 판단하기 어려운 일이면 무리하게 강행하지 말고 공정한 판단을 할 수 있는 윗사람에게 돌리는 것이 현명한 일입니다. 그것은 바로 자신의 한계를 인정하고 더 큰 권위에 복종하는 것을 말합니다.

저는 제 한계를 인정하고 낙심한 적이 있었습니다. 미국에서 목회를 할 때에 사이가 원만치 못한 한 쌍의 부부가 있었는데 30년이 된 부부인데도 고질적인 문제를 풀지 못하고 저에게 찾아왔습니다. 저는 당연히 그들을 돕기 위해서 최선을 다했습니다. 그런데 아무리 애를 써도 문제가 해결되지 않았습니다. 얼마나 힘이 들었던지 두 주만에 제가 병이 들어 누워버렸습니다. 그러고 나자 비참한 생각이 들었습니다. 그 때 처음으로 목회 가운데서 내가 못할 일이 있구나 하는 것을 생각하게 되었고 목회를 하고 싶지가 않았습니다. 그 때까지는 한계를 모르고 살아오다가 처음으로 벽에 부딪히니까 정말 모든 의욕이 떨어졌습니다.

내 힘으로 도저히 안 되겠다고 생각한 저는 버지니아에 있는 전문 가정상담소에 전화를 해서 자문을 구했습니다. 제 이야기를 들은 담당자는 그 부부를 자기들에게로 보내는 것이 좋겠다고 하였습니다. 그래서 그들을 버지니아로 보냈습니다. 그랬더니 두 주만에 문제를 깨끗이 해결하고 돌아왔습니다. 그 때 제 심정이 어땠겠습니까? 저는 그 후로 세상에는 나보다 유능하고 훌륭한 사람들이 얼마든지 있다는 것을 깨닫고 겸손하게 받아들였습니다. 자신이 할 수 없는 일은 깨끗하게 인정을 하고 전문가를 찾도록 해야 합니다. 그것이 문제를 가장 빠르고 바르게 해결하는 방법입니다.

어느 장로님의 간증에 이런 내용이 있습니다. 그분의 어머니께서 자궁암에 걸리셨다는 것을 알았을 때입니다. 의사는 지금 빨리 수술을 하면 암을 제거할 수 있을 것이라고 수술을 권했습니다. 그런데 그 당시 통일교에 있었던 그 어머니가 교주인 문선명한테 가서 물으니까 "내가 있는데 무슨 수술을 하느냐. 내가 낫게 해 주겠다"고 호언장담을 했다고 합니다. 그래서 그 말을 믿고 있다가 그만 돌아가실 지경이 되었습니다. 그 때서야 그분의 어머니는 통일교를 의지해서는 안 되겠다는 것을 깨닫고 목사님을 찾아가서 참된 신앙을 되찾게 되고, 마지막에 돌아가실 때에는 그 목사님께 자손들을 참된 신앙으로 잘 인도해 주실 것을 부탁하신 다음에 임종하셨습니다.

문 교주도 자신의 한계를 몰랐던 사람입니다. 자신의 힘으로 안 되는 것을 된다고 하는 바람에 한 사람의 생명이 단축되는 결과를 낳은 것입니다. 자신의 한계를 모르거나 인정하지 않는 사람이 지도자가 되면 이렇게 무서운 결과가 생깁니다.

잘못된 지도자 한 사람이 미치는 악영향은 아주 심각한 것입니다. 지도자의 주위에는 각 분야의 전문가들이 있어야 합니다. 그래서 지도자가 처리할 수 있는 능력 밖의 일은 전문가들의 자문을 구해서 해결할 수 있는 체제가 되야 합니다.

정찰대를 보내다

19-33절까지는 과거 가데스 바네아에서 모압까지의 여정이 다시 한 번 기술됩니다. 특히 가나안 땅을 정탐했던 이야기가 중점적으로 나옵니다.

가나안은 하나님께서 주시겠다고 약속한 땅이라서 그대로 순종만 하면 얻을 수 있는 땅이었습니다. 하나님이 주시기로 한 땅이었기 때문에 무장을 하지 않고 걸어들어가도 얻을 수 있는 땅이었을 것입니다. 단지 필요한 것은 두려워하지 않는 마음과 용기입니다. **용기는 믿음에서부터 나옵니다. 믿음이 있는 용기만이 진정한 용기입니다.**

21절을 보십시오.

"너희 하나님 여호와께서 이 땅을 너희 앞에 두셨은즉 너희 열조의 하나님 여호와
께서 너희에게 이르신 대로 올라가서 얻으라. 두려워 말라 주저하지 말라 한즉."

하나님의 말씀에 대한 믿음이 있는 사람은 두려워하지 않습니다. 주저하지 않
습니다. 하나님의 약속을 믿는 믿음은 지금의 자기 상황을 보지 않습니다.
어떤 상황에서든 역사하시는 하나님을 믿기 때문입니다. 이론적으로 가능
한 것만을 행하는 것은 인간적인 판단이지 하나님께 대한 믿음이라고 할
수 없습니다. 하나님께서 약속하신 것이라면 인간의 판단으로 불가능한 것
이라도 얼마든지 가능으로 바꿀 수 있는 분이 하나님이십니다.

그런데 사람의 믿음은 하나님의 약속에 비해 너무나 약합니다. 그래서
하나님의 주시겠다는 약속에도 불구하고 사람들은 가나안 땅을 정찰한 후
에 정복의 전략을 세우자는 대안을 내놓았습니다. 하나님께서 명령하실 때
즉시 순종을 해야지 그렇지 않으면 마치 내가 더 좋은 아이디어가 있는 사
람처럼 되고 맙니다. 하나님은 우리의 창의적인 도움이 필요없는 분입니
다. 하나님은 창의력의 근본이십니다. 하나님의 명령대로 따르지 않는 인
간적인 대안은 혼동을 일으켜서 불행한 결과를 가져오게 됩니다.

잘못된 해석

22-23절에 보면 한 지파에서 한 사람씩 정탐꾼을 선택해서 가나안 땅에
들여보낸 후에 그들이 가져온 결과를 보고 결정을 하자고 말합니다. 그 정
탐 후에 얻은 보고의 내용이 25절에 나타납니다.

"그 땅의 과실을 손에 가지고 우리에게로 돌아와서 우리에게 회보하여 이르
되 우리의 하나님 여호와께서 우리에게 주시는 땅이 좋더라 하였느니라."

하나님께서 우리에게 좋지 않은 것을 주실 리가 없습니다. 자신의 독생자를 죽이면서까지 우리를 구원하신 하나님께서 어떻게 우리에게 나쁜 일을 하실 수 있겠습니까? 바울도 말했습니다. "아들까지 주신 이가 어떻게 좋은 것으로 너희에게 주시지 아니하겠느냐?" 하나님께서 우리에게 주시는 것은 다 좋은 것입니다. 어떤 때는 그것이 진정 좋은 것인지 알 수 없을 때도 있지만 일단 믿는 마음으로 순종을 하면 그 결과는 틀림없이 좋은 것으로 나타납니다.

열두 명의 정탐꾼들이 보고한 객관적인 내용은 동일했습니다. 그러나 그 객관적인 사실에 대한 해석과 반응은 정반대의 것이었습니다. 똑같은 사실인데 믿음으로 반응했는가 불신앙으로 반응했는가 하는 데 따라서 전혀 다른 결론이 나온 것입니다. 열두 명 중 열 명이 비관적으로 해석했습니다. '우리는 그들에게 메뚜기처럼 당할 것이다' 라고 하면서 지레 겁을 먹고 물러서려고 했습니다. 믿음의 사람들이 많이 있지만 대부분은 믿음이 확고하지 못합니다. 그 중에 소수만이 하나님에 대한 절대적인 믿음을 가지고 있는 것입니다. 성숙하고 믿음이 있는 사람은 그 수가 많지 않습니다. 그래서 이스라엘 사람들은 하나님이 자신들을 애굽으로부터 구원해 내신 것을 오히려 원망하고 죽을 생각부터 하는 것입니다. 27-28절을 보십시오.

"장막 중에서 원망하여 이르기를 여호와께서 우리를 미워하시는고로 아모리 족속의 손에 붙여 멸하시려고 우리를 애굽 땅에서 인도하여 내셨도다. 우리가 어디로 갈꼬 우리의 형제들이 우리로 낙심케 하여 말하기를 그 백성은 우리보다 장대하며 그 성읍은 크고 그 성곽은 하늘에 닿았으며 우리가 또 거기서 아낙 자손을 보았노라 하는도다 하기로."

이 말은 전혀 사리에 맞지 않습니다. 하나님만큼 우리를 사랑하는 분이 어디 있습니까? 그분이 우리를 사랑하지 않는다면 어떻게 우리를 위해서 독생자를 내놓으셨으며, 우리를 끝까지 지키려고 하시겠습니까? 이들은 하나님을 잘 알지도 못하면서, 자신들의 믿음이 약해서 겁을 내고서 그 두려움을 하나님을 원망하는 것으로 돌리려 하고 있는 것입니다.

셀프 토크(Self Talk)가 중요합니다. 자기 스스로에게 어떤 내용으로 말하는가 하는 것이 중요하다는 말입니다. 하나님은 사랑이시고 하나님께서는 나를 축복하기를 원하시며 언제나 나와 함께하신다는 것을 늘 마음 가운데 되뇌이면 반드시 그대로 이루어지게 되어 있습니다. 그와 반대로 암시를 할 때는 또 반대의 상황이 그대로 벌어지게 되어 있습니다. 자기 자신이 암시를 해 놓으면 그 방향으로 나가서 그대로 됩니다. 그래서 미래를 예언한다고 하는 사람의 말을 조심해야 하는 것입니다. 아무도 우리를 불행하게 하지 못합니다. 자기 자신만이 자신을 불행하게 하고 행복하게도 하는 것입니다.

제 경우를 보더라도 셀프 토크를 잘못할 때는 반드시 낙심합니다. 지난 주간에도 자신과의 대화를 잘못해서 결론으로 나온 것이 낙심밖에 없었습니다. 그런 때는 재빨리 방향을 돌이켜서 긍정적이고 적극적인 내용으로 생각을 바꾸어야 합니다. 그러면 같은 상황에서도 전혀 다른 결과를 얻게 될 것입니다.

하나님은 사랑이시기 때문에 사랑 이외에 다른 것은 할 수 없는 분입니다. 설사 우리를 벌하시더라도 그것은 하나님의 사랑을 나타내시는 방법이라는 것을 알아야 합니다. 인간이 그걸 알지 못하기 때문에 엉뚱한 불평을 하고 있는 것뿐입니다.

망하는 사람은 자기 스스로 망하는 길로 갑니다. 다른 요인이 있어서가 아닙니다. 하나님께서 구원하기 위해서 애굽에서 나올 수 있도록 길을 내

주셨는데 이스라엘은 생각하기를 자신들을 죽이려고 데리고 나왔다고 합니다. 이것이 바로 망하는 길에 들어선 사람의 생각입니다. 하나님에 대한 믿음이 있는 사람이라면 어떻게 그런 생각을 할 수 있습니까? 그것은 믿음을 가진 사람의 생각이 아닙니다. **믿음이 있는 사람은 막다른 골목에서도 하나님의 구원의 손길을 믿습니다. 믿음을 확인할 수 있는 때는 잘 되고 행복할 때가 아니라 잘못되고 어려운 난관에 부딪혔을 때입니다.**

주께서 빌하시다

하나님께서는 하나님의 사랑을 의심하는 이스라엘에게 진노하셔서 35절에서 "좋은 땅을 볼 사람이 하나도 없고"라고 선언하셨습니다. 하나님께서는 불신앙을 싫어하십니다. 그것은 하나님을 인정하지 않는 태도이기 때문입니다.

순종하는 사람이 누리는 복

하나님의 축복은 오직 순종하는 사람만이 누릴 수 있는 것입니다. 갈렙이 하나님의 심판에서 제외된 것으로 이것을 알 수 있습니다. 36절에 보면 하나님께서는 "갈렙은 온전히 여호와를 순종하였은즉"이라고 하시며 그가 가나안 땅에 들어가리라고 말씀하셨습니다.

어려운 때에 믿음을 보인 또 한 사람은 바로 여호수아입니다. 여호수아는 하나님의 약속을 믿었기 때문에 가나안 사람들을 두려워하지 않았습니다. 하나님의 약속을 절대적으로 신뢰했던 여호수아는 용기있고 당당했습니다. 그리고 하나님께서는 그것을 아셨습니다. 38절을 보십시오.

"너의 종자 눈의 아들 여호수아는 그리로 들어갈 것이니 너는 그를 담대케 하라. 그가 이스라엘에서 그 땅을 기업으로 얻게 하리라."

싸움에는 용기가 필요합니다. 특히 상대가 자신보다 강해 보일 때는 더욱더 큰 용기가 필요한 것입니다. 하나님께서는 여호수아의 믿음을 보시고 그를 강하게 하사 애굽에서 나온 일 세대 중 특별히 그가 가나안 땅을 밟을 수 있도록 축복해 주셨습니다.

불순종한 이스라엘 백성에게 하나님은 "발길을 돌려 홍해로 가는 길을 따라 광야로 가라"고 명령하셨습니다. 가나안을 향한 이스라엘의 걸음을 되돌리게 하셔서 불신앙한 자들이 축복의 땅인 가나안 땅에 들어가지 못하도록 하셨습니다. 불신앙 때문에 불필요한 방황이 시작된 것입니다.

그런데 싸우라고 했을 때는 몸을 사리고 도망할 생각만 하던 사람들이 하나님께서 홍해를 거쳐 광야로 들어가라고 하시니까 이번에는 나가서 싸우겠다고 합니다. 꼭 이렇게 하나님의 말씀과 반대로 사는 사람들이 있습니다. 그들은 쉽고 평탄한 길을 두고 망하는 길로만 갑니다. 이것이 불신앙의 특징입니다. 하나님의 말씀을 듣지 않고 아모리 족속을 치러 올라갔던 사람들은 결국 크게 패하고 호르마까지 쫓겨오고 말았습니다.

불순종이 가져다주는 불행

그러나 하나님께서는 불순종한 후에 통곡하는 소리를 듣지 않으십니다. 45-46절을 보십시오.

"너희가 돌아와서 여호와 앞에서 통곡하나 여호와께서 너희의 소리를 듣
지 아니하시며 너희에게 귀를 기울이지 아니하셨으므로 너희가 가데스에
여러 날 동안 거하였나니 곧 너희가 그곳에 거하던 날 수대로니라."

신앙과 순종은 소수가 누리는 특권과 축복이고 불신앙과 불순종은 다수
가 겪는 불행입니다. 멸망의 넓은 길로 가는 사람은 많으나 좁고 바른 길을
가는 사람은 적습니다. 그래서 소수의 사람들이 보람 있는 생활을 하고 행
복을 얻는 것입니다. **믿음과 순종은 행복을 가져다 주고 반항과 불순종은 불행을
가져다 주는 것입니다.** 이것을 아는 우리들은 소수의 행복한 사람이 될 수 있
도록 우리의 신앙과 선택을 늘 점검해야 할 것입니다.

요단 동편으로의 행진

2:1-23

만약 우리에게 중요한 사건이 있다면
하나님의 음성에 귀를 기울이고
그 말씀을 따라서 움직이는 것이 매우 중요합니다.

신명기 2장은 신명기 1장에 이어지는 모세의 첫 번째 설교의 일부분으로서 이스라엘 백성의 방황과 가나안 정복에 관한 이야기입니다.

하나님께서 아브라함에게 약속하신 것이 비로소 이루어지기 시작하는 단계에 온 것입니다. 하나님께서 아브라함에게 약속을 주신 것은 이미 450년 전의 일이었습니다. 그렇게 오랜 시간이 지난 약속이지만 하나님께서는 잊지 않으시고 하나님의 때에 이루십니다.

우선, 2장을 개괄적으로 살펴보겠습니다. 먼저 1-8절까지에서 하나님께서는 에돔과는 싸우지 말라고 하십니다. 9-15절 사이에서는 모압과도 싸우지 말라고 하시고 16-23절까지에서는 암몬과도 싸우지 못하게 하십니다. 그러나 24-37절에서는 시혼을 정복하라고 명령하십니다.

신앙인의 태도

하나님께서 싸우지 말라고 하신 에돔과 모압과 암몬은 이스라엘과 친척 관계에 있는 족속들입니다. 저는 이 말씀을 보면서 디모데전서 5장 8절이 생각나서 너무나 큰 충격을 받았습니다.

"누구든지 자기 친족 특히 자기 가족을 돌아보지 아니하면 믿음을 배반한 자요 불신자보다 더 악한 자니라."

어떤 사람이라도 자기 가족뿐 아니라 친족까지도 돌보지 않는 사람은 믿음을 배반한 자이고 불신자보다 더 나쁜 사람이라고 말하고 있습니다. 이 얼마나 무서운 말입니까? 저는 이 말씀을 읽는 순간 아주 강한 충격을 받았습니다. 사람이 특히 가장이 자신의 가족을 제대로 돌보지 않는 것은 믿음을 부인한 행위라는 것을 알았기 때문입니다. 아니 믿음을 배반한 정도가 아니라 불신자보다 더 악한 자라고 말씀하고 있지 않습니까?

가장이 갖는 책임이 이토록 무서운 것입니다. 자신의 가족과, 나아가 친족까지 자신이 힘닿는 대로 돌보는 것이 신앙인의 태도라는 것을 다시금 생각하게 하는 말씀이었습니다.

성경을 여러 차례 읽으면서도 눈에 잘 들어오지 않고 그냥 지나가게 되는 구절이 있고 보자마자 눈에 번쩍 띄는 구절이 있습니다. 그리고 상황에 따라서 이전엔 그냥 지나쳤던 구절이 갑자기 가슴을 치면서 강하게 다가올 때도 있습니다. 저는 이 구절에 충격을 받고 난 후 강단에서 설교할 때에 성도들, 특히 한 가정을 이끄는 가장들에게 믿음을 가진 가족의 구성원으로서의 책임을 강조하고 도전하지 않을 수 없었습니다.

하나님께서 에돔과 모압과 암몬, 이 세 부족과는 싸우지 말고 그들을 잘

돌보아 주라고 말씀하신 것도 믿음의 사람으로서의 책임과 도리를 강조하
신 것이라고 할 수 있습니다.

에돔과는 다투지 말라

기나긴 방황의 여정

1절을 보면 이스라엘 백성들이 가데스 바네아까지 갔다가 곧바로 가나
안으로 들어가지 못하고 다시 남으로 회정해서 세일 산으로 가고 있는 것
을 알 수 있습니다. 38년간의 방황의 여정이 시작된 것입니다.
1절을 봅시다.

"우리가 회정하여 여호와께서 내게 명하신 대로 홍해 길로 광야에 들어가
서 여러 날 동안 세일 산을 두루 행하더니."

첫머리에 나오는 '우리' 라는 말에는 신명기를 쓰고 있는 사람, 즉 모세가
속해 있다는 뜻이 포함되어 있습니다. 그리고 '여러 날 동안' 이라는 표현
이 나오는데 이 '여러 날' 이라는 것은 바로 38년의 기간을 그렇게 뭉뚱그
려서 표현한 것입니다.

하나님의 명령

그 다음에는 하나님의 첫 명령이 나옵니다. 그것은 바로 에돔은 에서에
게 준 땅이니 정복할 생각을 하지 말고 바로 동북쪽으로 직행하라는 말씀
입니다. 그리고 그 이유에 대해서도 말씀하고 계십니다. 4-6절을 보십시오.

"너는 또 백성에게 명하여 이르기를 너희는 세일에 거하는 너희 동족 에서
의 자손의 지경으로 지날진대 그들이 너희를 두려워하리니 너희는 깊이 스
스로 삼가고 그들과 다투지 말라 그들의 땅은 한 발자국도 너희에게 주지
아니하리니 이는 내가 세일 산을 에서에게 기업으로 주었음이로라 너희는
돈으로 그들에게서 양식을 사서 먹으며 돈으로 그들에게서 물을 사서 마시
라."

하나님께서는 약속의 백성들에게 주신 땅만을 지키시는 것이 아닙니다.
그렇지 않은 백성에게 나누어 주신 기업이라도 다른 족속의 손에 넘기지
않으시는 분입니다. 뿐만 아니라 이스라엘 백성들에게 말하기를 양식이나
물을 구할 때에 반드시 대가를 치르고 사서 먹으라고 말씀하십니다. 물질
을 얻을 때는 정당한 보상을 하는 것을 원칙으로 하라는 말씀입니다.

함께하신 하나님

이 말씀을 하신 뒤에 이어서 하나님께서는 그 동안 이스라엘 백성들과 함
께하시며 축복하셨으므로 부족한 것이 없었다는 말씀을 하십니다. 7절을
보십시오.

"네 하나님 여호와가 너의 하는 모든 일에 네게 복을 주고 네가 이 큰 광야
에 두루 행함을 알고 네 하나님 여호와가 이 사십 년 동안을 너와 함께 하
였으므로 네게 부족함이 없었느니라 하셨다 하라 하시기로."

**하나님은 언제 어느 때나 자기 백성을 끊임없이 축복하시는 분이십니다. 그런데
우리들은 영의 눈이 어두워서 축복을 축복으로 보지 못할 때도 있습니다. 그러나**

우리의 생각과는 달리 그 때도 하나님께서는 우리를 축복하고 계십니다. 하나님의 축복은 오히려 어려울 때 힘이 되는 것입니다.

저희 교회 어떤 성도가 이러한 간증을 하였습니다.

직장이 불안하고 집이 없을 때에는 다른 생각하지 않고 열심히 일하는 것을 즐거움으로 삼고 살았는데, 그렇게 열심히 일하여 직장이 안정되고 아파트를 사고 나니까 그 다음부터는 일하는 재미도 없고 목표도 없어지더랍니다. 그렇게 재미가 없으니까 아무것도 하고 싶지 않게 되어 매사에 짜증을 내기 시작하는데 아들이 3등하고 오면 2등하지 않았다고 짜증을 내고, 월급을 이백만 원 주면 삼백만 원 안 준다고 불평을 했다고 합니다. 그런데 전도 훈련을 받고 난 지금은 누가 무어라고 해도 불평하지 않고 모든 것이 기쁘고 감사하기만 하답니다.

생활은 바뀐 것이 없는데 하나님의 은혜를 깨달은 후와 깨닫기 전이 이렇게 다릅니다. 또한 하나님께서 내 인생을 축복하셨다고 믿고 고백하고 사는 사람에게는 하나님의 축복이 자신의 대에서 끝나는 것이 아니라 자자손손 대대로 계속됩니다.

저의 설교 중에 '마지막 소원' 이라는 제목의 설교가 있었습니다. 설교를 하기 전에 성도들에게 "여러분들의 마지막 소원은 무엇입니까?" 하고 물어 보았습니다. 아마도 자기가 처한 상황에 따라 여러 가지 다른 소원들이 있을 것입니다. 집을 장만하는 것일 수도 있고, 돈을 많이 버는 것일 수도 있고 세계 여행을 하는 것일 수도 있습니다.

그런데 제 경우에는 아무리 깊이 생각을 해도 별로 특별히 원하는 것이 없었습니다. 왜 그런가 가만히 생각을 해 보니까 몇 년 전에 이미 제가 인생을 만족하게 사는 방법을 배웠기 때문이었습니다. 사도 바울의 가르침을 배운 것입니다. 먹을 것이 있고 입을 것이 있고 누울 곳이 있으면 만족하라는 것이 사도 바울의 가르침 아닙니까?

지금 처한 생활에 만족하는 법을 배운 다음부터는 불평이 없어졌고 불만이 없어졌습니다. 제 딸이 미국에서 나오면서 필요한 것이 있느냐고 물어도 말할 것이 아무것도 없습니다. 성도들이 저를 위하여 무엇인가를 선물해 주셔도 마음이 불편합니다. 꼭 필요한 물건도 아니고 딱히 놓을 곳도 없기 때문입니다. 그래서 그 물건이 필요한 사람에게 다시 줍니다.

주고 싶어하는 마음이 기쁨을 주는 것이지 물건이 기쁨을 주는 것은 아닙니다. 그리고 이렇게 **감사하는 삶을 사는 사람들에게는 하나님께서도 자꾸 주십니다.** 작은 것에도 진정으로 감사할 줄 알기 때문에 하나님께서도 자꾸 주고 싶으신 것입니다.

하나님께서는 이스라엘 백성들을 향해서 너희에게 부족한 것이 없었다고 말합니다. 물론 이스라엘 백성들이 생각할 때에는 그렇지 않을 수도 있습니다. 그들의 불평처럼 고기를 배불리 먹은 것도 아니고 한 자리에서 잠을 편안히 잔 것도 아니었습니다. 그러나 하나님께서는 부족한 것이 없었다고 하십니다. 그것이 그들에게 족하다는 말입니다.

지금 우리들은 그들보다 훨씬 풍족하고 편안한 삶을 살고 있습니다. 하나님께서 만약 오늘 우리에게 "너희에게 부족한 것이 없지?"라고 물으시면 어떻게 대답하시겠습니까? "그렇습니다. 부족한 것이 전혀 없습니다"라고 자신있게 대답할 수 있습니까?

저는 지금 하나님께서 데려가신다 해도 불평할 것이 하나도 없습니다. 이북에서 맨손으로 부산으로 내려온 사람인데 무슨 아쉬운 것이 있겠습니까? 아무 가진 것 없이 출발한 사람이 이만큼 살다가 가는 것만으로도 얼마나 감사한 일입니까? 하나님을 알았다는 것만으로도 우리는 다른 것을 바랄 수 없는 사람들입니다.

과거의 축복을 근거로 해서 현재를 확인해 보십시오. 자신이 과거에 어떤 삶을 살았는가를 뒤돌아보고 그 날부터 오늘에 이르게 된 과정을 한번 생각해 보십시오. 그런 다음에 과연 하나님이 나를 축복하신 것이 분명한 사실인지를 판단해 보십시오.

이 본문에서 하나님께서는 이스라엘 백성들에게 그들을 처음부터 끝까지 사랑하셨다고 말씀하시면서 과거를 돌이켜보게 하십니다. 지나온 역사를 복습시키시는 것입니다. 그리고 앞으로도 지키시며 축복하시겠다고 말씀하십니다.

하나님의 말씀을 들은 이스라엘은 그 말씀에 따라 순종하여 길을 돌이킵니다. 그리고 모압과도 싸우지 말라고 하신 다음 말씀에도 순종합니다.

모압도 괴롭히지 말라

하나님의 계획에 순종하라

하나님은 모압이 어떤 족속인지에 대해서 특별히 보충해서 설명을 해 주셨습니다. 10-12절입니다.

"옛적에 엠 사람이 거기 거하여 강하고 많고 아낙 족속과 같이 키가 크므로 그들을 아낙 족속과 같이 르바임이라 칭하였으나 모압 사람은 그들을 에밈이라 칭하였으며 호리 사람도 세일에 거하였더니 에서의 자손이 그들을 멸하고 대신하여 그 땅에 거하였으니 이스라엘이 여호와께서 주신 기업의 땅에서 행한 것과 일반이었느니라."

하나님께서는 이스라엘이 거쳐 갈 수밖에 없는 땅에 거하는 족속들이 어떻게 하여 거기에 있게 되었는지를 상세하게 말씀해 주심으로써 이스라엘 백성들이 그들을 해하지 말아야 할 이유를 알게 하십니다. 모압 사람들이 살고 있던 땅 역시 이스라엘에게 주신 기업과 마찬가지로 하나님께서 모압 족속에게 주신 것이었습니다.

이런 설명을 하시고 난 후에야 하나님께서는 이스라엘 백성에게 세렛 시내를 건널 것을 명하셨습니다. 어느 곳을 지나가야 하는지는 물론이고 언제 멈추고 언제 움직여야 하는가 하는 것까지 하나님께서는 일일이 가르쳐 주십니다. 하나님의 이런 자상하신 음성을 듣고 움직이는 자에게 하나님께서는 축복과 성공을 약속하십니다.

따라서 만약 우리에게 중요한 사건이 있다면 하나님의 음성에 귀를 기울이고 그 말씀을 따라서 움직이는 것이 매우 중요합니다. 어떤 때는 좀 기다리는 것도 좋습니다. 하나님께서 '이제 떠나라' 라고 말씀하시기 전까지 그 자리에 앉아서 휴식을 취하는 것도 떠나기 전의 준비 단계로 반드시 필요합니다.

대부분의 경우 우리는 보통 하나님의 속도보다 조금 더 빨리 서두르는 경향이 있습니다. 우리 생각에는 지금 반드시 움직여야 할 것 같은데 하나님께서는 아무런 말씀도 하시지 않을 때가 많이 있는 것입니다. 그래서 내 생각대로 움직이지 않으면 마음이 불안해지기도 합니다.

저도 그런 경험을 한 적이 있습니다. 우리가 계획한 것보다 석 달 이상 늦어지는 일이 생기자 저는 이렇게 기도했습니다. '하나님 이 일이 이렇게 늦어지면 우리가 계획했던 것과 많은 차이가 납니다. 그렇지만 우리의 계획이 있듯이 하나님의 계획도 있을 것이니 그때그때마다 잘 가르쳐 주십시오. 일이 늦어져서 속은 좀 타지만 하나님의 인도에 따르겠습니다.' 그런 기도를 하는 중에도 마음 가운데는 계획한 것이 속히 이루어지기를 원하는 마음이 없지 않았지만 인간의 뜻으로 할 수 없다는 것을 알기 때문에 인내하며 기다렸습니다. **모든 염려와 근심을 주께 맡기면 하나님께서 이루신다는 것을 믿고 기다리는 것입니다.**

저는 어렸을 때부터 장로교회를 다녔기 때문에 목사님께서 말씀하시는 칼빈주의를 귀에 못이 박히도록 들었습니다. 어떤 때는 짜증이 날 정도였습니다. 그러나 그럼에도 불구하고 감사하게 생각하는 것은 그렇게 짜증이 날 정도로 들은 내용 중의 하나가 하나님의 절대 주권에 대해서입니다. 이것은 틀림없는 진리입니다.

절대자 하나님을 만나는 것은 아는 것과 다릅니다. 머리로 알고 있다고 해서 하나님을 만나는 것이라고는 할 수 없습니다. 삶 속에서 실질적으로 하나님을 체험하지 못하면 그 사람의 인생은 평안할 수 없습니다. 괴로운 인생을 살 수밖에 없는 것입니다.

하나님을 만났다고 해서 자기 뜻대로 살 수 있는 것은 아닙니다. 그렇지만 자기 뜻대로 되지 않은 것도 나중에 생각해 보면 그것이 바로 축복이었다는 것을 알 수 있습니다. **하나님께서는 모든 것을 선하게 인도하시면서 합력하여 선을 이루도록 하십니다. 시련이나 문제마저도 나중에는 선한 열매를 맺게 됩니다.** 그러므로 우리는 절대자 하나님을 신뢰하지 않을 수 없습니다. "주님 인도해 주옵소서, 보여 주옵소서, 함께해 주옵소서" 하면서 한 발자국씩 따라가는 자에게는 반드시 승리가 있고 선한 결과가 있습니다.

세렛은 바로 애굽에서 탈출했던 이스라엘의 일 세대가 여호수아와 갈렙을 제외하고는 다 죽은 곳입니다. 14-15절을 보십시오.

"가데스 바네아에서 떠나 세렛 시내를 건너기까지 삼십 팔 년 동안이라 이

때에는 그 시대의 모든 군인들이 여호와께서 그들에게 맹세하신 대로 진중
에서 다 멸절되었나니 여호와께서 손으로 그들을 치사 진중에서 멸하신 고
로 필경은 다 멸절되었느니라.”

절대자이신 하나님의 말씀은 그대로 이루어집니다. 애굽을 탈출한 일 세
대는 여호수아와 갈렙을 빼고는 가나안 땅에 거하지 못할 것이라고 하신
하나님의 말씀이 38년 동안에 다 이루어진 것입니다. 하나님께서 손수 그
들을 치시고 다 멸절시키셨습니다.

하나님이 한 번 하시고자 한 계획은 반드시 정해진 시간에 이루어지게 되
어 있습니다.

암몬도 괴롭히지 말라

구 세대가 죽은 다음에 하나님께서는 명하시기를 암몬과도 역시 싸우지
말라고 하셨습니다. 19절을 보십시오.

“암몬 족속에게 가까이 이르거든 그들을 괴롭게 말라 그들과 다투지도 말
라 암몬 족속의 땅은 내가 네게 기업으로 주지 아니하리니 이는 내가 그것
을 롯 자손에게 기업으로 주었음이로라.”

암몬은 롯과 롯의 딸 사이에서 태어난 족속이었습니다. 암몬 족속이 어
떻게 해서 생겨났는가를 생각하면 너무도 민망하고 부끄러운 생각이 듭니
다. 그래서 성경에서 이 이야기가 등장하는 부분은 누군가와 함께 읽기가
곤란할 정도입니다.

인간의 어리석은 계획

롯은 자신의 욕심을 만족시키는 것을 기준으로 생각하고 판단했던 사람입니다. 그의 인간적인 생각에는 비옥한 옥토를 선택하는 것이 자신에게 유리할 것이라고 판단하고 소돔과 고모라 땅을 취했을 것입니다. 그러나 그 곳은 멸망으로 향하는 길목이었습니다.

롯의 이러한 선택은 하나님을 바로 알지 못한 결과입니다. 자신의 판단대로 모든 것이 되리라고 생각하는 것은 절대자 하나님의 주권을 모르는 사람의 생각입니다. 자신이 아무리 약삭빠르게 계산을 해서 행동해도 하나님이 상황을 변화시키시면 모든 것이 정반대가 되거나 수포로 돌아가는데 롯은 그것을 알지 못했습니다.

자신이 갖겠다고 결정하고 그것을 이루기 위해 노력하면 반드시 자기 것이 될 수 있으리라고 믿는 것은 어리석은 일입니다. 또한 지금 당장 보이는 상황만을 판단해서 그 상태가 영원할 것이라고 생각하는 것만큼 어리석은 일도 없습니다.

모든 상황은 다 하나님의 손에 의해 결정됩니다. 오늘 분명히 존재하고 있던 것도 하나님이 손을 들어 없애시면 그 즉시 사라집니다. 반대로 전혀 아무 일도 일어날 수 없는 상태라 할지라도 하나님은 새로운 것을 만들어 내십니다. 롯은 그것을 알지 못했습니다.

롯이 삼촌 생각은 전혀 하지 않고 욕심을 낸 이유는 고아로 커서 마음속에 불안감을 안고 살았기 때문일 것입니다. 자기 것은 자기 스스로 지켜야 한다고 생각했을 것입니다. 또한 이리저리 떠돌던 생활 속에서 안정을 찾기 위해서는 재산을 많이 가지고 있어야 한다는 생각도 했을 것입니다. 그러나 우리의 인생은 자신이 지킬 수 있는 것이 아닙니다. 하나님의 한 마디면 인간이 세운 것들은 티끌처럼 날아가 버립니다.

롯이 자신의 선택에 만족하며 의기양양해 있을 때에 하나님은 아브라함에게 눈을 들어 보이는 모든 땅을 주시겠다고 약속하셨습니다. 롯이 선택한 땅은 얼마 가지 않아 불바다가 되고 폐허가 될 곳이었습니다.

절대자 하나님을 의지하는 것을 우리의 재산과 명예와 모든 것으로 삼아야만 우리는 영원히 남는 자가 될 수 있습니다.

처음에는 단지 천막을 소돔과 고모라를 향해 쳤을 뿐이었던 롯이지만 나중에는 아예 그 곳에 들어가서 집을 짓고 살게 되었습니다. 두 딸은 소돔 남자와 정혼시키고 자신도 그들과 어울려 함께 살았습니다. 롯은 자신이 어떤 위치에 있어야 하며 어떻게 살아야 하는 사람인지를 잊고 있었습니다. 그러다가 하나님께서 그 도시를 멸하시자 사위 둘은 성 안에서 죽고 아내는 미련을 버리지 못하여 뒤를 돌아봤다가 소금기둥이 되어버렸습니다. 자신과 두 딸만 겨우 살아남았지만 동굴에서 지내야 하는 신세가 되고 말았습니다. 그리고 그 동굴에서의 삶은 소돔에서 자란 두 딸이 아버지를 범하여 임신을 하는 상황까지 가는 비참한 것이었습니다. 롯의 두 딸이 이런 생각을 갖게 된 것은 그들이 죄악의 도시인 소돔과 고모라에서 자랐기 때문이었습니다.

일단 소돔을 향하여, 세상을 향하여 천막을 치게 되면 자신도 모르는 사이에 그 세계로 빨려들어갑니다. 이것이 바로 세상에 미혹되는 인간의 모습인 것입니다. 이렇게 롯의 두 딸이 아버지에게 술을 먹이고 난 후에 동침해서 낳은 아들이 바로 모압과 암몬이었습니다.

죄인에게도 베푸신 하나님의 자비

그래도 하나님께서는 아브라함의 친족인 이들을 불쌍히 여기셔서 은혜와 자비를 베푸셨습니다. 이들에게 살아갈 수 있는 기업을 주시고 이스라엘에게는 이들이 친족이므로 싸우지 말라고 하셨습니다. 하나님의 은혜는 택한 백성의 친족에까지 이르는 넓고 크고 깊으신 은혜입니다.

내가 아브라함과 같은 믿음을 가진다면 내 주위에 있는 친족들에게까지 하나님의 축복이 임하게 된다는 것을 알아야 합니다.

이스라엘에게 모압과 암몬 족속과 싸우지 말라고 하시는 하나님의 말씀을 통해서 우리는 두 가지 점을 알 수 있습니다. 그것은 적을 물리치는 것도 하나님의 손에 달린 것이요, 땅을 유업으로 주시는 것도 하나님의 손에 달린 것이라는 점입니다. 그 모든 것을 하나님께서 주관하십니다.

모든 복은 하나님으로부터 비롯됩니다. 그것이 우리가 '만복의 근원 하나님, 온 백성 찬송 드리고' 라고 찬송하는 근거입니다.

요단 동편을 정복하다

2:24-3:11

하나님의 말씀을 따라 사는 것이
바로 승리로 가는 길이라는
참으로 귀한 진리를 얻을 수 있을 것입니다.

이제 시혼을 정복하라

그러나 모압과 암몬과는 달리 하나님께서 정복하라고 하신 족속이 있습니다. 바로 헤스본 왕 아모리 사람 시혼입니다. 그는 요단 동편에 살고 있었습니다. 24절 말씀을 보십시오.

"너희는 일어나 진행하여 아르논 골짜기를 건너라 내가 헤스본 왕 아모리 사람 시혼과 그 땅을 네 손에 붙였은즉 비로소 더불어 싸워서 그 땅을 얻으라."

하나님께서는 시혼의 땅을 이스라엘의 손에 붙였으니 일어나 싸워서 얻으라고 명하십니다. 이미 하나님께서 이스라엘에게 주시기로 결정한 땅이지만 이스라엘 자신의 손으로 정복하라고 말씀하고 계십니다. 이것으로 우리는 하나님께서 모든 것을 손수 해결하실 수 있지만 인간이 책임감을 가지고 스스로 행하도록 인도하신다는 것을 알 수 있습니다.

일에 시달리다 보면 가끔 두통을 느낄 때가 있습니다. 그 때 우리는 하나님께 두통을 낫게 해 달라고 기도를 한 뒤에 두통이 낫기를 기다릴 수도 있고, 일단 기도하고 나서 아스피린 두 개를 먹는 방법이 있습니다. 자신이 기도한 내용과 전혀 다른 행동을 하는 것은 경계해야 하지만 기도한 후에 기도에 맞게 행동하는 것은 믿음에 반하는 것이 아닙니다.

마찬가지입니다. 하나님께서 이미 주기로 결정하신 것이라고 해도 아무런 수고없이 받을 수 있는 것은 아닙니다. 하나님께서는 이스라엘이 싸움에 이길 수 있도록 모든 조치를 취하셨습니다. 그러나 싸움은 이스라엘이 직접 하도록 명령하셨습니다. 25절을 보십시오.

"오늘부터 내가 천하만민으로 너를 무서워하며 너를 두려워하게 하리니
그들이 네 명성을 듣고 떨며 너로 인하여 근심하리라 하셨느니라."

이스라엘이라는 말만 들어도 천하만민이 두려워하게 된 것은 그들이 싸움을 잘 해서가 아닙니다. 하나님께서 그렇게 만드셨기 때문입니다. 전투에서 승리하게 하신 이도 하나님이시고 다른 족속이 이스라엘을 향하여 두려운 마음을 가지도록 만드신 이도 하나님이셨습니다.

하나님께서 먼저 가셔서 다른 족속들이 겁에 질려 싸울 의욕이 없게 하셔서 결국 패하게 만드셨습니다. 그래서 우리가 하나님께 "먼저 가셔서 그들의 마음을 움직여 주시옵소서"라고 기도하는 것입니다.

이스라엘은 시혼과 싸우기 전에 모압과 암몬에게 했던 것처럼 일단 그 땅을 통과할 수 있게 해 달라고 청했습니다. 또한 먹을 것은 모두 값을 치르고

사 먹겠다고 약속했습니다. 선을 행할 기회를 준 것입니다. 그러나 시혼은 이스라엘의 제안을 거절했습니다. 그들이 이스라엘의 제안을 거절한 것은 하나님의 계획에 의한 것이었습니다. 30절을 보십시오.

> "헤스본 왕 시혼이 우리의 통과하기를 허락지 아니하였으니 이는 너의 하나님 여호와께서 그를 네 손에 붙이시려고 그 성품을 완강케 하셨고 그 마음을 강퍅케 하셨음이라 오늘날과 같으니라."

바로의 마음을 강퍅하게 하셨던 하나님은 시혼의 마음도 역시 강퍅하게 하셨습니다. 애굽을 탈출하는 것이 하나님의 뜻이었듯이 시혼 땅을 정복하는 것 역시 하나님의 뜻이셨습니다. 하나님께서는 시혼과 그 땅을 이스라엘의 손에 붙이시고 이스라엘에게 그 땅을 기업으로 삼으라고 명령하셨습니다. 31절을 보십시오.

> "때에 여호와께서 내게 이르시되 내가 비로소 시혼과 그 땅을 네게 붙이노니 너는 이제부터 그 땅을 얻어서 기업을 삼으라 하시더니."

이 부분을 영문 성경에서 보면 "내가 내 혼과 그 땅을 네게 주기 시작했다"고 표현되어 있습니다. 그리고는 이어서 "너는 이제 정복하기 시작하라"라는 말씀이 나옵니다. 이 말씀은 이제 모든 축복이 시작되었으니 그 축복을 거두기 시작하라는 뜻입니다.

시작이라는 말은 앞으로 그 일이 계속 진행된다는 것을 전제로 하는 단어입니다. 또한 앞으로 하나님의 축복이 계속될 것이라는 말입니다.

시혼을 치기 위해 나가는 순간에서 시작하여 모든 일들이 순조롭게 진행될 것을 예고하신 것입니다. 하나님께서 시혼을 이스라엘의 손에 넘겨주셨으니 앞으로는 그 말씀에 순종하기만 하면 얻을 수 있는 상태가 되어 있다는 뜻입니다. **모세는 자신들이 얻은 승리와 축복의 근원이 하나님께 있음을 밝혀놓았습니다.**

말씀대로 승리하다

33절 이하에는 하나님의 말씀에 순종한 이스라엘이 시혼을 쳐서 큰 승리를 거두는 모습이 묘사되어 있습니다. 37절을 보면 이스라엘이 하나님의 말씀에 순종한 것이 승리의 원인이었다는 것을 다시 한 번 밝히고 있습니다.

> "오직 암몬 족속의 땅 얍복 강가와 산지에 있는 성읍들과 무릇 우리 하나님 여호와께서 우리의 가기를 금하신 곳은 네가 가까이 하지 못하였느니라."

하지 말라고 하신 것은 하지 않고, 하라고 명령하신 것은 그대로 순종하는 것, 이것이 곧 승리의 비결이었던 것입니다.

옛날 가데스 바네아에서는 가라 하셨을 때 가지 않고 가지 말라고 하실 때에 가는 바람에 크게 패했었습니다. 그런데 그 교훈을 잊지 않고 이번에는 하나님의 말씀에 순종해서 승리를 얻었다는 것입니다. 우리는 이 사실을 통해서 **하나님의 말씀을 따라 사는 것이 바로 승리로 가는 길이라는 참으로 귀한 진리를 얻을 수 있습니다.**

바산 왕 옥의 정복

신명기 3장부터는 주로 본격적으로 요단강 동편을 정복하는 사건이 묘사되어 있습니다. 더 정확히 말하면 이스라엘이 요단 동편을 정복하는 과정 속에서 역사하신 하나님의 모습이 나타나 있는 것입니다.

하나님은 어떤 분이신가

제가 설교를 하는 도중에 제 말에 성도들이 강하게 "아멘"이라고 화답하는 경우가 두 가지 있습니다. 첫째는 하나님의 모습을 강하게 보여줄 때입니다. 예를 들어서 세가 상단 위에서 "하나님은 능력이 있으신 분입니다"라고 강하게 선포하면 그 말을 들은 사람들은 가슴이 벅차 올라 밝은 얼굴로 "아멘"을 외칩니다. 하나님을 제대로 알게 되면 마음으로부터 기쁨과 힘이 솟아나는 것입니다. 두 번째는 그 하나님께서 나를 통해서 무엇을 이루시는가 하는 것을 정확하게 알게 될 때입니다. 전능하신 하나님이 이렇게 보잘것없는 나를 들어서 하나님의 일에 사용하신다는 것을 깨닫게 될 때, 그 기쁨은 말로 표현할 수 없을 만큼 큽니다.

하나님이 어떤 분인지를 정확하게 알고 그분이 나를 통해서 무엇을 하시는가를 보는 것은 신앙생활의 큰 기쁨입니다.

신명기 3장에는 하나님의 모습이 여섯 가지로 나타납니다.

'하나님을 볼 수 있는 사람은 누구인가?' 에 대한 해답이 예수님께서 말씀하신 산상수훈에 나타나 있습니다.

어떤 사람입니까? 바로 마음이 정결한 사람이라고 하였습니다. 그 마음이 깨끗하고 정결할수록 하나님이 잘 보이는 법입니다. 또한 하나님을 본 사람은 그렇지 않은 사람보다 더욱 은혜와 축복이 충만합니다.

하나님께서 격려하심

1-11절까지는 바산 왕 옥과 싸웠던 일을 반복해서 기록하고 있습니다.
1-2절을 보십시오.

"우리가 돌이켜 바산으로 올라가매 바산 왕 옥이 그 모든 백성을 거느리고
나와서 우리를 대적하여 에드레이에서 싸우는지라 여호와께서 내게 이르
시되 그를 두려워 말라 내가 그와 그 모든 백성과 그 땅을 네 손에 붙였으
니 네가 헤스본에 거하던 아모리 족속의 왕 시혼에게 행한 것과 같이 그에
게도 행할 것이니라 하시고."

'우리' 라는 말이 거듭 등장하는 것을 보아 이 글을 쓴 사람은 실제 그 전
쟁에 참가한 사람 중에 하나라는 것을 알 수 있습니다.

여기서 우리는 자기 백성들을 격려하는 하나님을 봅니다. 하나님께서는
이스라엘 백성들에게 대적들을 두려워하지 말라고 하십니다. 두려움과 불
안은 우리의 내적인 힘을 잃게 하는 요인입니다. 신체적으로 피로하거나
기운이 없는 상태라면 충분히 수면을 취하고 음식을 잘 먹으면 금방 해결
되겠지만 정신적으로 공포를 느끼거나 기가 빠져버린 것은 그렇게 간단히
회복되지 않습니다.

우리는 불안감, 초조감, 패배감 같은 것들을 영적인 투쟁을 통해 극복해
야 합니다. 영적인 투쟁은 육체적인 투쟁보다 우리를 훨씬 더 피곤하게 만
듭니다. 근심과 염려는 우리 속에 있는 에너지를 단숨에 뽑아냅니다. 아무
리 수면을 취하고 음식을 잘 먹는다고 하여도 피곤이 풀리지 않고 의욕이
생기지를 않습니다. 이런 상태라면 어떤 문제에 부딪칠 때 그것을 실제보

다 훨씬 어렵게 생각하고 지레 겁을 먹고 손을 들기 마련입니다.

공포와 불안이 있으면 아무 일도 할 수 없습니다. 그래서 하나님께서는 이스라엘 백성들에게 힘을 주시고 격려하신 것입니다.

하나님께서는 우리들에게 늘 말씀하십니다. '두려워하지 말라, 낙심하지 말라, 내가 너와 함께하리라.' 하나님께서 함께하시면 실패하지 않습니다. 어떤 일을 시도할 때 할 수 없어서 실패하는 경우는 거의 없습니다. 대부분 충분히 할 수 있는데도 미리 겁을 먹거나 두려워하기 때문에 실패하는 것입니다.

자기 마음속에 일어나는 근심, 불안, 두려움을 이길 수 있는 사람은 성공적인 인생을 살 수 있습니다. 인간은 혼자 있을 때 계속 낙심하고 불안한 마음이 됩니다. **하나님의 끊임없는 격려와 사랑이 없으면 혼자 서 있기조차도 어렵습니다.** 시시때때로 주시는 하나님의 격려 가운데 있어야 나약한 본성에서 나오는 두려움을 떨치고 앞으로 나아갈 수 있게 됩니다.

좀 뒤로 가서 22절을 보십시오.

"너희는 그들을 두려워하지 말라 너희 하나님 여호와 그가 너희를 위하여
싸우시리라 하였노라."

이 말씀은 여호수아에게 하신 하나님의 말씀입니다. 이 전쟁은 단지 이스라엘의 전쟁만이 아닙니다. 하나님의 전쟁이므로 하나님이 그 백성을 위하여 친히 싸우시겠다는 것입니다. 하나님의 음성을 듣고 믿는 것이 중요합니다.

지금 우리가 하고 있는 전쟁도 우리의 전쟁이 아니라 하나님의 전쟁입니다. 우리가 동의하든 동의하지 않든 내가 싸우는 전쟁은 내 전쟁이 아닙니

다. 그것이 설사 내 욕심에 끌려서 하는 것일지라도 하나님은 그 욕심과도 싸우셔서 선한 싸움으로 바꾸실 것입니다. **우리는 하나님께서 격려하시는 말씀을 들을 수 있는 귀가 있어야 하고, 볼 수 있는 눈이 있어야 합니다.**

저는 하나님의 위로와 격려의 말씀을 직접 들을 때도 있지만 좀 다른 방법으로 위로를 받고 격려를 받기도 합니다. 성도들의 편지를 받는 일이 그것입니다. 성도들의 편지는 제게 아주 큰 힘을 줍니다. 교회 일을 하다보면 마음이 무겁고 근심이 될 때가 있는데 그런 때에 성도들의 격려 편지를 받으면 얼마나 기운이 나고 기쁜지 모릅니다. 길게 쓰여있거나 대단한 내용이 있는 것도 아니지만 그 편지를 읽고 나면 그렇게 힘이 될 수가 없습니다. 하나님께서 성도들을 통해서 저를 격려하시고 함께하신다는 증거입니다. 하나님께서는 직접 역사하시기도 하지만 다른 사람들을 통해서도 얼마든지 역사하실 수 있습니다.

지도자를 세우시는 하나님

28절을 더 보겠습니다.

"너는 여호수아에게 명하고 그를 담대케 하며 그를 강경케 하라 그는 이 백성을 거느리고 건너가서 네가 볼 땅을 그들로 기업으로 얻게 하리라 하셨느니라."

하나님께서 여호수아에게 주시는 격려가 모세를 통해서 이루어지고 있습니다. 하나님은 모세에게 여호수아를 격려하라고 말씀하셨습니다. 지도자에게 성도들을 격려하는 사역을 맡기신 것입니다. 하나님은 지도자를 통해서 우리에게 위로와 격려를 주실 때도 있습니다. 그것은 지도자의 권위를 세워주는 방법이기도 합니다.

하나님의 음성에 귀 기울이는 삶

하나님께서는 당신이 직접 싸우실 것이니 걱정하지 말고 담대히 나아가라고 말씀하십니다.

이러한 주님의 음성을 분명히 듣고 행동하면 마음에 확신이 생기고 불안한 마음이 없어집니다. 그래야 극심한 어려움이 닥쳐도 능히 이기고 그 사명을 감당할 수 있게 됩니다.

신앙으로 승리했던 모든 그리스도인들은 이렇게 부르시는 하나님의 분명한 음성을 들은 사람들이었습니다. 그들의 마음에는 하나님께서 나를 부르시고 또 나를 사용하신다는 확신이 분명하게 있었습니다. **하나님의 음성을 듣고 나가는 사람은 어떤 일이 닥쳐도 겁내지 않고 자신감을 가지고 그 일을 해결합니다.** 그래서 나보다 강한 적을 향해서도 얼마든지 도전할 수 있습니다. 하나님이 계획하시고 함께하신다는 분명한 확신이 있기 때문입니다.

그러므로 하나님의 음성을 정확하게 듣는 훈련은 매우 중요합니다.

저도 사역 중에 하나님의 음성을 듣지 못하고 확신이 없는 가운데에서 행한 일들이 몇 가지 있었습니다. 마음에 확신이 서지 않는데도 인간적인 설득에 의해서 할 수 없이 한 일들이었습니다. 그런데 몇 번의 경험을 통해서 그런 일이 당장은 아무렇지도 않을지 모르지만 조금 시간이 지나면 부작용들이 생긴다는 것을 알게 되었습니다. 결국 번번이 제가 더욱 고생스러워지는 결과를 낳곤 하였습니다. 하나님의 말씀을 따라 행하지 않았기 때문에 생긴 일이었습니다. 그래서 그 때마다 회개를 하곤 하였습니다.

어떤 때는 하나님께서 아무런 말씀도 하시지 않을 때가 있습니다. 제가 한국에 나오는 문제를 가지고 2년 동안 기도했지만 하나님께서는 한 마디 말씀이 없으셨습니다. 그렇게 간절하게 부르짖는데도 아무런 말씀이 없으니까 죽을 지경이었습니다. 그러다가 2년이 지나서야 제 기도에 응답해 주셨습니다.

하나님의 음성을 듣자 아무리 반대하는 사람들이 많더라도 하나님의 뜻에 따라서 행동해야겠다는 결심이 섰습니다. 어느 목사님은 그런 저를 향하여 가족들이 그토록 심하게 반대하는데 꼭 그렇게 할 필요가 있느냐고 말씀하셨습니다. 저는 그 목사님께 가족의 의견이 하나님의 뜻을 대신할 수는 없다고 했습니다. 하나님이 음성을 들려주시면 그 때는 어떤 사람이 가로막는다고 해도 말씀대로 해야 합니다. 그리고 흔들림이 없어야 합니다.

우리의 성경공부 시간 역시 말씀을 통해서 하나님의 음성을 듣는 시간입니다. 하나님께서는 개개인의 처지와 형편을 아시고 그에 맞는 말씀을 들려주십니다. 그것이 사람에 따라 한 가지일 수도 있고 열 가지일 수도 있고 스무 가지일 수도 있습니다. 중요한 것은 누구에게나 반드시 있다는 것입니다. 그리고 그 음성을 들을 때에 우리의 신앙이 살아나고 힘을 얻고 문제가 해결되는 것입니다.

그래서 저는 사무엘의 말을 좋아합니다. "주여, 말씀하시옵소서. 당신의 종이 듣고 있습니다." 사무엘처럼 이렇게 주님의 말씀을 기다리고 그 말씀과 손길을 따라서 움직이십시오. 살면서 서는 것이나 앉는 것이나 혹은 일어나서 다시 전진하는 것이나 모두 하나님의 말씀에 따른다면 참으로 편안한 마음으로 신앙의 삶을 살 수 있습니다. 모든 것을 하나님께 맡긴 삶이기 때문입니다.

바산 성읍의 정복

다시 처음으로 돌아가서 1-11절을 살펴보도록 하겠습니다. 여기에는 바산 성읍을 빼앗는 과정이 나타나 있습니다.

3절을 보십시오. 여기를 보면 모세가 '우리' 라는 말을 여러 번 쓰고 있음을 알 수 있습니다.

"우리 하나님 여호와께서 바산 왕 옥과 그 모든 백성을 우리 손에 붙이시매 우리가 그들을 쳐서 한 사람도 남기지 아니하였느니라."

'우리' 라는 단어에는 하나님이 함께하시는 사람들이라는 우월감과 그들만의 결속력이 나타나 있는 것입니다.

또 18, 21절에는 같은 의미로 '너희' 하나님이라는 말이 나오기도 합니다. 이 말에는 하나님과 우리가 밀접한 관계를 맺고 있다는 뜻이 담겨 있습니다. 그 위대하신 엘로힘 하나님께서 우리와 개인적으로 그리고 직접적으로 관계를 맺고 계시다는 것입니다. 그리고 우리가 하나님께 소속된 사람들이라는 것을 깨닫게 하십니다.

하나님과 우리가 직접적으로 연결되어 있다면 우리에게서 굉장한 힘이 솟아나게 되어 있습니다. 다윗이 골리앗을 이길 수 있었던 이유도 하나님을 자기 하나님으로 믿고 싸웠기 때문입니다. **우주의 주인이신 분이 바로 나의 하나님이신데 내가 두려워할 것이 무엇이겠습니까?**

이들은 60여 개의 성들을 정복한 다음에 그 성에 살고 있던 사람들은 남녀 노소를 불문하고 죽이고 가축과 전리품들만을 취했습니다.

이 곳 왕인 옥은 아마 거인이었던 것 같습니다. 11절을 보면 그가 사용하던 철 침대의 크기가 아홉 규빗, 네 규빗이라고 나타나 있습니다. 이것은 4 미터, 2미터 가량 되는 굉장한 넓이입니다. 지금은 사라진 종족이지만 그 당시에는 네피림이라고 하는 거인들이 많이 살고 있었다고 성경에 나와 있습니다.

요단 동편 땅의 분배

3:12-29

정복한 땅의 분할과 소유의 조건

12-17절까지는 그 때 정복한 땅을 지파별로 나눈 것을 기록한 것인데 아주 간단합니다. 요단강 동편의 북쪽은 므낫세 지파의 절반에게 주고 중부는 갓 족속에게 주고 남부는 르우벤 족속에게 주었습니다. 그런데 그 땅은 하나님께서 거져 주신 유업이 아니었습니다. 하나님의 일을 위해서 협력하는 자에게만 은혜로 주신다는 단 한 가지의 조건이 붙는 땅이었습니다. 18-20절을 보십시오.

"그 때에 내가 이 땅을 받은 너희에게 명하여 이르기를 너희의 하나님 여호와께서 이 땅을 너희에게 주어 기업이 되게 하셨은즉 너희 군인들은 무장하고 너희의 형제 이스라엘 자손의 선봉이 되어 건너가되 너희에게 육축이

많은 줄 내가 아노니 너희 처자와 육축은 내가 너희에게 준 성읍에 머무르
라 여호와께서 너희에게 주신 것 같이 너희 형제에게도 안식을 주시리니
그들도 요단 저편에서 너희 하나님의 여호와의 주시는 땅을 얻어 기업을
삼기에 이르거든 너희는 각기 내가 준 기업으로 돌아갈 것이니라 하고."

이 말씀을 통해 우리는 몇 가지 사실을 알 수 있습니다.

약속을 이루시는 하나님

첫째, 하나님은 능력이 있으십니다.
하나님은 무엇이든 주실 수 있는 분입니다. 하나님께서는 "내가 너희에
게 이 땅을 주었다"고 말씀하십니다. 이 말씀은 영문으로 보면 현재완료형
으로 표현되어 있습니다. 이미 받았다는 것입니다. 정확히 말하면 예언적
완료형입니다. 미래의 사건이라서 아직 이루어진 것은 아니지만 하나님의
말씀은 너무나 확실한 것이기 때문에 말씀을 하는 그 순간에 이미 이루어
진 것이나 다름없는 사건이라는 뜻입니다. 하나님이 약속하신 것은 아직
내 손에 들어오지 않았다 하더라도 내 것입니다.
성경을 통해 하나님께서 자녀들에게 하신 모든 약속은 바로 우리를 위한
것입니다. 성경에는 하나님의 자녀인 우리들을 위한 약속이 많이 있습니
다. 내가 너와 함께하겠다, 너를 인도하겠다, 너를 축복하겠다 하는 이 모
든 것이 하나님의 약속입니다. 따라서 우리가 이미 받은 것입니다.

신앙의 체험은 하나님께서 이미 주신 것을 완전히 나의 것으로 만드는 것
입니다. **하나님의 약속은 믿고 가서 가지는 사람의 것입니다.** 그런데 이미 주신
것이라고 하더라도 자신의 믿음이 없어서 갖지 않겠다는 사람에게는 주어

지지 않습니다. 아무리 좋은 것이 있어도 무용지물이 되고 맙니다. 마치 젖과 꿀이 흐르는 땅을 약속하셨는데도 자기들을 죽이려고 이 곳으로 데리고 나왔다고 불평하던 어리석은 이스라엘 백성들과 같습니다. 그런 사람에게는 하나님께서 약속하신 땅을 밟을 수 있는 기회가 영원히 사라지고 마는 것입니다.

구원도 마찬가지입니다. 복음이 좋은 이유는 '구원' 이 이미 완성되어 가져갈 수 있는 상태로 있기 때문입니다. 누구나 자기의 것을 스스로 찾기만 하면 됩니다. 마치 크리스마스 트리 아래에 이름까지 다 써서 선물을 놓아 두었는데 그것을 찾아가서 자기 것으로 만드는 사람이 있는가 하면 아무리 시간이 지나도 찾아가지 않아서 그 자리에 그대로 두는 사람이 있는 것과 같은 이치입니다. 선물을 찾아간 사람은 영원한 생명을 찾아간 사람이고 자신과 아무 관계없다고 그대로 둔 사람은 영원한 생명을 잃는 사람입니다. 무엇이든지 자기 것으로 수용하지 않으면 자기 것이 될 수 없습니다. 의심하고 두려워하고 고민하고 방황하는 사람이 가질 수 있는 것은 아무것도 없습니다.

하나님은 능력의 하나님이고 약속의 하나님이십니다. 하나님께서는 약속하신 것을 결코 잊거나 어기시는 일이 없습니다. 하나님께서 주겠다고 하신 것이면 이미 주신 것이고, 네 것이라고 하신 것이면 이미 내 것입니다. 그 약속을 자기 것으로 만드는 것이 믿음입니다. 여러분들 모두 이런 믿음을 가지시기 바랍니다.

모세는 세 부족에게 하나님의 약속을 믿고 함께 나가서 가나안 땅을 정복하고 그 정복이 끝나면 들어와서 유업을 차지하라고 말합니다. 하나님의 유업은 이렇게 함께 노력하여 얻는 것이지 이미 내 것을 얻었다고 해서 다른 사람들의 것은 어떻게 되든지 모르겠다고 해서는 안 되는 것입니다. 모

든 하나님의 식구들이 동역하면서 하나님께서 약속하신 것들을 함께 누리
는 것이야말로 참된 하나님의 축복입니다.

약한 자를 보호하시는 하나님

둘째, 하나님은 약자를 보호하십니다.

19절에 보면 긴박한 총력전을 하는 가운데서도 하나님께서는 약자인 여
자들과 아이들을 보호하신다는 것을 알 수 있습니다. 싸움을 능히 감당할
수 있을 만큼 건장한 사람들로만 군대를 이루어 싸움에 임하게 하십니다.

그래서 하나님을 일찍 알았던 서양인들에게 여자와 아이들을 보호하려
는 의식이 깊이 배어 있음을 볼 수 있습니다. 그들은 어떤 위급한 상황이 닥
쳐도 항상 여자와 아이들을 먼저 피하게 하고 보호합니다.

우리의 경우에는 아들을 선호하기 때문인지 어려운 상황에 처했을 때 가
장이나 장남부터 보호하려는 관습이 있습니다. 그러나 하나님의 관심은 약
한 자, 가난한 자에게 있습니다. 언제나 고아와 과부들을 돌아보라는 말씀
을 하시고 그것을 실천하게 하셨습니다. 그들이야말로 진정으로 보호와 보
살핌이 필요한 사람들이기 때문입니다.

하나님은 어리석고 모자라고 약한 사람들의 편에 서 계십니다. 예수님도
자신을 바로 그런 사람들의 친구라고 말씀하시지 않았습니까?

새로운 지도자 여호수아

21-22절에는 새 지도자가 된 여호수아를 격려하는 내용이 나옵니다. 먼
저 21절을 보겠습니다.

“그 때에 내가 여호수아에게 명하여 이르기를 너희 하나님 여호와께서 이
두 왕에게 행하신 일을 네가 목도하였거니와 네가 가는 모든 나라에서도
여호와께서 이와 같이 행하시리니”

이 말씀은 우리에게 과거의 역사를 통해 미래를 비추어 볼 수 있는 지혜
를 허락하십니다. 신앙인들에게 과거와 역사 의식이라는 것은 대단히 중요
합니다. 우리는 과거를 돌이켜봄으로써 하나님으로부터 힘을 얻을 수 있습
니다.

하나님께서 나를 오늘날까지 어떻게 인도하셨는가를 돌이켜 보면 현재
에 대한 확신이 생기고 미래에 대한 소망이 생깁니다. 그래서 역사 의식이
중요한 것입니다.

저도 제 삶 속에서 역사하신 하나님의 은혜를 쭉 되짚어보면 과거에 대한
감사와 현재에 대한 평안이 오는 것을 느낍니다. 하나님께서 나를 돌보아
주셨으므로 지금 이런 삶을 살 수 있다는 것과 현재도 돌보시며, 장래에도
돌보아 주실 것이라는 확신이 생기기 때문입니다. 지금까지 지내온 역사가
그것을 증명하고 있기 때문에 의심하지 않고 그것을 받아들일 수 있는 것
입니다.

모세는 여호수아에게 이제까지 두 왕을 어떻게 정복했는가 하는 증거가
있으니 앞으로 하나님께서 너를 어떻게 인도하실지 보라고 말합니다. 하나
님께서 여호수아의 앞길도 그렇게 인도하시겠다는 말씀입니다.

제 인생을 어려서부터 쭉 돌이켜 보면서 시련 당했던 일, 어려움 겪었던
일을 생각하면 마치 옭매인 매듭이 많은 밧줄과 같다는 생각이 듭니다. 옭
매인 매듭이 얼마나 많았는지 모릅니다. 그것들을 해결하기 위해서 고민하
고 기도하고 힘을 다해서 노력하다 보면 어느 때 탁 하고 풀립니다. 그러고

나면 기운이 쭉 빠집니다. 이제 됐다 싶어서 조금 쉬다 보면 다시 굵은 마디가 생깁니다. 그러면 다시 하나님께 부르짖고 몸부림을 치고 울며 기도하고 온 힘을 거기에 다 쏟습니다. 그렇게 일정한 시간이 가면 또 탁 하고 풀립니다. 제 일생을 거쳐서 그런 일들은 끊임없이 반복되곤 하였습니다.

어리고 신앙이 약했을 때는 "하나님, 왜 제 인생에는 이렇게 매듭이 많습니까?" 하고 하나님을 원망하기도 했습니다. 그러나 대학에 들어가고 난 뒤에, 삶에는 여전히 매듭이 많지만 그럼에도 불구하고 한 가지 깨달음을 얻을 수 있었습니다. 그것은 '아, 매듭은 풀리는 것이구나' 하는 것이었습니다. 과거를 돌이켜 보니까 삶에 매듭이 많기는 했지만 그것이 그대로 있는 것이 아니라 언젠가는 다 풀리게 되었다는 것을 깨닫게 된 것입니다. 하나님께서 정하신 때가 되면 다 풀리게 되어 있는 것입니다.

이런 확신이 생기기 전에는 인생이 불안하고 고통스러웠습니다. 내게 닥친 어려움의 매듭이 영원히 풀리지 않으면 어떡하나 하는 마음에 늘 염려하고 걱정하였기 때문이었습니다. 그럴 때는 인생이 재미없고 그저 고통스럽기만 했습니다.

그렇지만 매듭은 언젠가 풀리기 마련이라는 것을 깨닫게 되자 내 삶에 굵은 매듭이 나타나도 겁이 나지 않았습니다. 이것 역시 이제까지와 마찬가지로 언젠가는 풀리게 되리라는 것을 알기 때문이었습니다. 그리고 그 확신은 그대로 이루어졌습니다.

내가 푸는 것이 아니라 하나님이 푸시는 것이니 정확하게 풀리게 되어 있습니다. 이렇게 **역사를 통해서 현재를 읽고 현재를 통해서 미래를 확신할 수 있는 것입니다.**

성경은 수천 년 동안 하나님께서 자기 백성을 어떻게 인도하셨는지 그리고 어떻게 역사하셨는지를 수많은 기록을 통해서 보여주십니다. 그리고 그 기록된 내용의 주제는 "나는 너의 하나님"이라는 사실입니다. 하나님께서

"나는 너를 돌보았고 지금도 돌보고 있고 앞으로도 돌볼 것이니라"라고 말씀하시고 있는 것입니다. 이것을 우리가 듣게 하시려고 장마다 절마다 고함을 치고 계십니다. 어떤 때는 말씀을 통해서 어떤 때는 사건을 통해서 어떤 때는 예화를 통해서 어떤 때는 다른 사람의 말을 통해서 그것을 보이십니다. 그런데 그럼에도 불구하고 우리는 이것을 잘 깨닫지 못합니다.

이것을 잘 이해하고 깨닫고 사는 사람들은 좀더 편안하고 평화스러운 삶을 살 수 있게 되고, 이것을 잘 알지 못하는 사람들은 같은 인생을 어렵게 살게 되어 있는 것입니다.

우리를 위해 싸우시는 하나님

위와 같은 내용이 담긴 하나님의 말씀이 바로 22절에 나옵니다.

"너희는 그들을 두려워하지 말라 너희 하나님 여호와가 그를 너희를 위하여 싸우시리라 하였느니라 하였노라."

우리를 위하여 싸워주시는 하나님이 계시기 때문에 우리에게 승리가 있는 것입니다.

그런데 내가 싸우는 것과 하나님께서 싸우시는 것을 명확히 구분 짓기 어렵습니다. 그 경계선이 불분명할수록 하나님을 신뢰하면서도 자신이 싸워야 하는 일이 많습니다. 이런 분들은 고생을 많이 합니다. 그리고 이런 사람들 속에 저도 들어 있습니다. 주님을 의지한다고 하면서 내가 해결을 하려고 애를 씁니다. 말로는 의지한다고 하면서 행동은 자신이 모든 것을 해결해야 하는 것처럼 합니다. 그러니까 기진해서 쓰러지게 되는 것입니다.

시편 37장 7절을 보십시오.

"여호와 앞에 잠잠하고 참아 기다리라 자기 길이 형통하며 악한 꾀를 이루
는 자를 인하여 불평하지 말지어다."

여호와 앞에서 잠잠하라는 말은 괜히 자기가 문제를 해결하겠다고 애쓰
지 말라는 말입니다. 자신이 할 수 있는 일이 아닌데도 애를 쓰고 힘들어하
는 것을 보신 하나님께서 우리에게 잠잠하라, 애쓰지 말라고 타이르십니
다. 그렇게 야단하지 말고 주 안에서 쉬라는 것입니다. 그 앞의 5-6절을 보
십시오.

"너의 길을 여호와께 맡기라 저를 의지하면 저가 이루시고 네 의를 빛같이
나타내시며 네 공의를 정의의 빛같이 하시리로다."

또한 여호와를 기뻐하면 저가 네 마음의 소원을 이루어 주시리라고 하십
니다. 파도가 일 때는 그 파도를 타야지 파도와 정면으로 부딪히려 하면 파
도에 휩쓸리고 맙니다. **혈과 육으로 싸우지 말고 주님의 힘으로 강건하여져서 주
의 능력으로 싸워야 합니다.** 어디서부터 어디까지가 주님이 싸우시는 것이고
어디서부터 어디까지가 내가 싸우는 것인지 분명하지가 않지만 계속해서
주님을 의지하는 훈련을 의식적으로 한다면 인생이 훨씬 더 쉬워질 것입니
다.

모세의 기도

마지막 23-29절은 모세의 기도입니다. 24절을 보십시오.

"주 여호와여 주께서 주의 크심과 주의 권능을 주의 종에게 나타내시기를

시작하셨사오니 천지간에 무슨 신이 능히 주의 행하신 일 곧 주의 큰 능력
으로 행하신 일같이 행할 수 있으리이까."

여기서 모세는 강하신 하나님, 유일하신 하나님을 보고 있습니다. 하나
님께서 하신 일은 천지간의 어떤 신도 할 수 없는 일이라는 것을 직접 체험
하고 그것을 고백하고 있습니다.

위대한 사람들에게는 반드시 위대한 신학이 있습니다. 아브라함의 신학
을 연구해 봐도 그렇고 이삭의 신학을 봐도 그렇고 야곱과 요셉의 신학을
보아도 그렇습니다. 또한 이사야나 느헤미야의 신학을 보아도 마찬가지입
니다. 이런 분들의 신학을 보면 그들이 아주 대단하고 엄청나신 하나님을
만났다는 것을 발견하게 됩니다. 그런 위대한 신학이 위대한 일을 이루는
원동력이 되는 것입니다. 작은 하나님을 가진 사람들은 작은 일밖에 하지
못합니다.

약속의 땅을 바라보는 모세

모세는 이어서 25절에서 자신이 요단을 건너가서 레바논의 아름다운 땅
을 보게 해 달라고 간청을 하고 있습니다. 그러나 하나님께서는 단호하게
그것을 거절하셨습니다. 그만하면 족하다고 하고 있는 것입니다.

26절에 보면 모세는 이 이유를 "너희들 연고로 내게 진노하사"라고 하며
이스라엘 백성에게 돌리고 있지만 사실 이것은 핑계입니다. 민수기 27장
에서 하나님은 "너는 나를 영화롭게 하지 않았다, 나를 믿지 않았다"고 말
씀하시면서 모세가 하나님의 명령을 따라 바위를 쳐서 물을 낼 때에 하나
님의 영광을 가리고 자신의 힘을 과시하고 분노하였던 사건을 상기시키십

니다. 그 한 번의 실수로 인해 40년간 목표로 삼고 노력했던 것을 정작 모세 자신은 얻지 못하게 된 것입니다.

죄는 이렇게 심각하고도 냉정한 결과를 낳습니다. "네가 나를 믿지 않았다"는 말은 순종하지 않았다는 말입니다. 순종과 믿음은 같은 것입니다. **순종만이 믿음입니다. 머리로 아는 것은 믿음이라고 할 수 없습니다. 순종만이 신앙입니다.**

하나님께서 '과연 성도들의 기도에 언제나 응답하시는가' 라는 질문에 대한 대답은 '언제나 응답하신다' 입니다. 그러나 항상 원하는 대로 응답하여 주시는 것은 아닙니다. "안 된다"라는 것도 응답입니다. 또한 어떤 때는 즉시 주시고 어떤 때는 거절하시고 어떤 때는 기다리라고 하십니다. 이 세 가지가 모두 응답입니다. 하나님께서 어떻게 응답하실지 우리는 알 수 없습니다. 그러나 우리는 우리의 간구를 하나님께 드리고 그 응답을 기다려야 합니다. 구할 것을 구했으면 그 다음에는 응답을 기다리면 됩니다. 그 이상은 미리 생각하지 않아도 좋습니다. 그저 응답이 오는 대로 받아들이면 되는 것입니다.

28절에서 하나님은 모세에게 후계자인 여호수아를 다시 한 번 격려하고 담대하게 하라고 명령하십니다. 그리고 벧브올 맞은편 골짜기에 있을 때에 일어난 일이라고 알리는 것으로 3장의 끝을 맺습니다.

모세의 마지막 일은 후계자를 세우고 그를 격려하는 것이었습니다. 지도자의 임무는 자신의 일을 다하는 데서 끝나는 것이 아니라 그 다음 후계자가 일을 잘 할 수 있도록 격려하고 도와주는 데까지라는 것을 알아야 하겠습니다.

철저히 지키라

4:1-43

하나님의 사랑을 변함없이 누리고
자손들에게도 대대로 물려주는 방법은
하나님께서 주신 규례와 명령을 지키는 것입니다.

신명기 4장은 지난날의 역사를 돌이켜보면서 이스라엘 백성들에게 권고하는 모세의 첫 번째 설교의 마지막 부분입니다. 이 부분에서 하나님은 하나님의 말씀에 대한 철저한 순종을 요구하시는 한편, 하나님을 저버리고 우상을 숭배하는 이스라엘에게 닥칠 미래의 재난을 시사하시면서 강력하게 경고하십니다.

철저한 순종과 강력한 경고, 이 두 가지가 4장의 기본 개념이라고 할 수 있습니다.

하나님의 말씀을 철저히 순종하라

하나님이 우리에게 무언가를 적극적으로 요구하실 때는 그것을 지키지 않았을 때 닥칠 재난도 함께 제시하십니다. 한 사건에 대해 긍정적인 면과

부정적인 면을 동시에 보이시는 것입니다.

저는 우리 정부에서 만든 법조문을 읽을 때마다 가슴이 서늘해지고 기분이 나빠집니다. 지키면 어떤 상을 주겠다는 말은 없고 지키지 않으면 어떻게 하겠다는 처벌조항만 잔뜩 들어 있습니다. 그러나 하나님의 법은 그렇게 일방적으로 부정적이지 않습니다. 어떤 것을 **지키면 반드시 축복을 주는 반면에 지키지 않는 사람에게는 확실한 벌을 내리시는 것입니다.**
어떤 일이든지 동기를 유발하는 것은 매우 중요합니다. 그런데 처벌만을 일방적으로 강조하면 그 일을 하고자 하는 동기가 저하될 수밖에 없습니다.
교통법도 마찬가지입니다. 교통난이 심각해지니까 점점 법규를 세밀화하기 시작했습니다. 그리고 교통난을 해결하기 위해서 기껏 취하는 조치가 어느 경우에는 어떻게 범칙금을 높이자 하는 것입니다. 이런 식으로 모든 문제를 해결하려고 합니다.
그러나 이것은 좋은 방법이 아닙니다. 그렇게 되면 사람들이 그 법규를 지키려는 의지보다는 반발심리가 커져서 어떻게 해서든 피해갈 궁리만 하게 됩니다. 하루 이틀 있다가 없어질 법규도 아닌데 이런 식으로 단순한 정책을 세우는 것은 지양해야 될 일 중에 하나라는 생각이 듭니다.

말씀을 듣고 순종하라

1-8절 사이의 말씀의 내용은 **하나님의 말씀을 잘 듣고 철저하게 순종하라는 것입니다.**
1절에는 다섯 가지의 중요한 동사가 나타납니다.

"이스라엘아 이제 내가 가르치는 규례와 법도를 듣고 준행하라 그리하면
너희가 살 것이요 너희 열조의 하나님의 여호와께서 너희에게 주시는 땅에
들어가서 그것을 얻게 되리라."

첫 번째는 귀담아 **'들으라'** 입니다.

순종을 하기 위해서는 하나님이 무엇을 원하시는지 알아야 합니다. 그러기 위해서는 '귀담아서' 바르게 듣는 훈련이 필요합니다. 여기서 '듣는' 이라는 단어에 쓰인 것은 '하큰'(Hearken)이라는 단어로서 그냥 듣는다는 의미가 아니라 마음을 한 곳에 모아서 한 마디도 놓치지 않으려는 자세로 듣는다는 뜻입니다.

우리가 성경에 접근하는 태도를 다섯 손가락을 이용해 물건을 잡는 것에 비유할 수 있습니다. 그것은 바로 읽고, 듣고, 묵상하고, 연구하고, 지키는 것입니다. 엄지손가락 하나만으로 물건을 잡을 수는 없듯이 읽는 것 하나만으로는 성경이 내 것이 되지 않습니다. 손가락 두 개를 이용해서 물건을 잡으면 잡을 수는 있지만 금방 떨어뜨리게 됩니다. 세 손가락, 네 손가락으로 붙드는 것은 두 손가락보다는 안정적이나 상대방이 다섯 손가락으로 빼앗으면 금방 빼앗기게 되어 있습니다.

그러나 다섯 손가락으로 꽉 붙들면 스스로 내동댕이치지 않는 한 떨어지지 않습니다. 이처럼 성경을 읽을 때는 그저 읽는 데 그치는 것이 아니라 다섯 손가락으로 물건을 꽉 잡듯이 읽고, 듣고, 묵상하고, 연구하고, 지키는 일이 병행되어야 하는 것입니다.

두 번째는 **'준행하라'** 입니다.

하나님의 말씀을 듣고도 준행하지 않는다면 아무리 열심히 묵상하고 연

구한다 해도 소용이 없습니다. 아무 곳에도 쓰지 않고 자기 속에 담아두기 위해서 성경을 읽고 연구해서는 안 됩니다. 그것은 마치 한 달란트를 땅에 묻어 두었던 어리석은 종과 같은 행위입니다.

세 번째는 그렇게 하면 **'산다'** 입니다.

아무리 열심히 듣고 그것을 그대로 준행했더라도 그 사람이 살아있지 않는다면 무슨 소용이 있겠습니까? 열매나 상급이라는 것은 모두 살아있는 사람에게만 해당되는 것이지 죽은 사람에게는 아무 소용이 없습니다. 살아 있다는 것은 모든 축복의 기본 조건입니다.

네 번째는 **'땅에 들어간다'** 입니다.

일단 살아서 활동하게 되면 그 길을 인도하여 주사 약속하신 땅으로 들어가게 하신다는 것으로 축복의 시작을 나타냅니다.

다섯 번째는 일단 들어간 **'땅을 얻게 된다'** 입니다.

단지 그 땅에 들어가는 것으로 그치는 것이 아니라 나그네 되었던 그들이 그 땅의 주인이 되게 하신다는 것입니다. 이것은 하나님께서 말씀하신 약속을 완전하게 성취하신다는 뜻입니다.

'산다', '땅에 들어간다', 그리고 '땅을 얻게 된다' 이 세 가지 말은 성공적인 삶, 승리하는 삶을 제시하고 있습니다. 그것은 하나님의 백성된 우리가 영웅적이고도 행복한 삶을 살 수 있다는 것을 의미합니다. 이런 열매를 얻기 위해서는 하나님의 말씀을 가감하지 말고 들은 그대로 지켜야 합니다. 자신의 마음대로 편한 대로 변형시켜서 지키려고 해서는 안 된다는 말입니다. **하나님의 말씀은 말씀하신 그대로 지켜야 합니다. 하나님께서는 철저한**

순종을 요구하십니다.

더하지도 말고, 빼지도 말고 그대로 지키라

2절을 보십시오.

"내가 너희에게 명하는 말을 너희는 가감하지 말고 내가 너희에게 명하는
니희 하나님 여호와의 명령을 지키라."

저는 요즘의 현대 신학을 실패한 신학이라고 생각합니다.

왜냐하면 이 2절을 지키지 않았기 때문입니다. 하나님의 말씀을 빼버리
거나 부인하고 마음대로 섞기도 합니다. 그런가 하면 자기 생각을 집어넣
어서 해석하기도 합니다. 그렇게 하면서도 아주 고상하게 학문적으로 접근
을 하니까 사람들이 거기에 마음을 빼앗기는 것입니다. 가만히 보면 머리
가 좋은 사람들이 그런 것에 더 잘 넘어갑니다. 학교 다닐 때 상위권에서 두
각을 나타내던 사람들이 그리로 가곤 합니다. 자기의 머리를 과신하게 되
면 지성이 제일이라고 생각하게 되고 이렇게 잘못된 길로 나가기 쉽습니
다. 이런 경우는 차라리 머리가 나빠서 공부를 적당히 한 경우가 결과적으
로 낫다고 할 수 있습니다.

현대 신학이 실패했다는 것은 그 신학이 시작된 교회를 보면 압니다. 현
대 신학의 본산인 유럽의 교회들은 거의 문을 닫고 있는 형편입니다. 그래
서 교회사가들은 지금을 기독교 후기시대라고 말하고 있습니다. 그런데 아
직도 그 실패한 신학을 배워 와서 한국에서 가르치는 사람들이 있습니다.
그리고 그 신학을 배워오고 싶어하는 사람들이 아직도 있습니다. 그 신학
은 하나님과 교회에 득이 될 것이 하나도 없이 시간만 낭비하는 것입니다.

한국 교회에는 서양의 실패한 신학이 필요하지 않습니다. 우리에게는 영을 분별하는 눈이 필요합니다. 하나님의 말씀을 귀담아 듣고 가감하지 않는 것만이 한국 교회의 살 길입니다.

교회가 힘을 잃어가고 있는 이런 때에 그나마 버티고 있는 미국을 격려해야겠다는 생각이 듭니다. 미국도 자유주의 신학자들이 많이 있기는 합니다. 그러나 아직 미국에는 건강한 교회가 많습니다. 그러므로 미국 교회가 유럽 교회의 전철을 밟지 않도록 우리는 끊임없이 도전을 주는 나라가 되어야 합니다. 그래서 저는 미국의 강단에 설 기회가 있을 때마다 그들에게 도전하기를 잊지 않습니다. 미국마저 제 길을 가지 않으면 우리 나라에 아주 중대한 영향을 미치게 될 것이기 때문입니다.

세계의 어느 곳을 다녀보아도 한국 교회만큼 이렇게 철저하게 말씀으로 교육하는 교회가 별로 없습니다. 우리는 이 전통을 그대로 지켜서 좌로나 우로나 치우치지 않고 정도를 지킬 수 있도록 우리의 있는 힘을 기울여야 할 것입니다.

우상숭배하는 자는 진멸하리라

실패한 신학을 좇게 되면 결국 우상숭배에 빠지게 됩니다. 3절을 보십시오

"여호와께서 바알브올의 일을 인하여 행하신 바를 너희가 목도하였거니와 바알브올을 좇은 모든 사람을 너의 하나님 여호와께서 너의 중에서 진멸하셨으되."

하나님의 말씀을 그대로 따르지 않고 다른 곳으로 자꾸 눈을 돌리면 결국 죽을 수밖에 없습니다. 하나님께서는 우상을 숭배하는 자들을 그 무리 중

에서 진멸시켜 버리셨습니다. 마지막까지 성공하는 사람은 여호와께 붙어 있는 사람입니다.

"오직 너희의 하나님 여호와께 붙어 떠나지 않은 너희는 오늘날까지 다 생존하였느니라."(신 4:4)

여기서 '붙어' 라는 단어는 "남자가 자기 부모를 떠나 자기 아내에게 합하여"라는 구절에 나오는 '합하여' 라는 단어와 같은 단어입니다. 배우자는 하나님께서 짝지어 주신 사람이기 때문에 인간의 힘으로 절대로 뗄 수 없습니다. 본문에서는 그렇게 하나님께 붙어 있으라고 말하고 있습니다.

풀로 붙인 종이 두 장을 떼어내려고 하면 떼어지기는커녕 오히려 찢어져 버리기 쉽습니다. 마지막까지 하나님이 주시는 성공을 누리고자 한다면 만일 누군가가 하나님에게서 자신을 떼어내려고 해도 이렇게 하나님께 붙어 있어야 합니다.

그리스도와 나와의 연합 역시 이런 관계이어야 합니다. 부부처럼, 포도나무와 가지처럼, 빌딩과 초석처럼 뗄래야 뗄 수 없는 관계로 영원히 하나가 되어야 하는 것입니다. **그리스도인들은 예수님과 내가 영원히 하나라는 확신을 가져야 합니다.** 그런 확신이 없는 사람은 내가 완벽한 하나님의 백성이 되었다는 확신을 위해 간구해야 합니다. 그것이 없으면 확고한 신앙의 뿌리가 흔들리는 시험을 당하기 쉽기 때문입니다.

하나님의 말씀대로 사는 지혜로운 민족

이렇게 하나님께 붙어서 그 말씀대로 따라 살면 온 열방 백성들에게 과연 지혜 있고 지식 있는 민족이라는 소리를 듣게 될 것이라고 약속하십니다.

6절을 보십시오.

"너희는 지켜 행하라 그리함은 열국 앞에 너희의 지혜요 너희의 지식이라 그들이 이 모든 규례를 듣고 이르기를 이 큰 나라 사람은 과연 지혜와 지식이 있는 백성이로다 하리라."

이스라엘 백성들이 하나님의 말씀을 그대로 지켜 행하는 것을 본 다른 민족들이 그 행위의 바르고 온전하고 현명함으로 인하여 이스라엘을 지혜와 지식이 있는 백성이라고 우러러보게 될 것이라는 말씀입니다. 자신들은 가지지 못한 하나님의 법을 가지고 실천하는 백성이니 어떻게 그런 소리를 듣지 않을 수 있겠습니까?

위대한 민족의 두 가지 특징

이렇게 지혜롭고 위대한 민족에게는 두 가지의 특징이 있습니다. 7-8절을 보십시오.

"우리 하나님 여호와께서 우리가 그에게 기도할 때마다 우리에게 가까이 하심과 같이 그 신의 가까이 함을 얻은 나라가 어디 있느냐 오늘 내가 너희에게 선포하는 이 율법과 같이 그 규례와 법도가 공의로운 큰 나라가 어디 있느냐."

첫 번째 특징은 하나님을 가깝게 모시는 민족입니다.

하나님께서는 이스라엘 백성이 기도할 때마다 가까이 오셔서 그들의 문제를 해결해 주셨는데 다른 민족에게는 그렇게 하신 일이 없었다는 것입니다. 지혜롭고 위대한 민족이 아니면 결코 그렇게 할 수 없습니다. 그러니 어떻게 이스라엘을 특별한 영광을 입은 민족이라고 하지 않을 수 있겠습니까?

두 번째 특징은 의로운 하나님의 말씀을 가진 민족입니다.

그 시대에 율법과 규례와 법도를 가진 나라를 찾는 것은 어려운 일이었습니다. 하나님께서 함께하시지 않았다면 인간의 머리로는 이렇게 지혜롭고 슬기로운 율법을 가질 수 없었을 것입니다. 다른 모든 민족들이 우러러보고 위대하게 생각하는 율법을 가졌다는 것은 지혜로운 민족으로서의 특권이 아닐 수 없습니다.

1-8절을 통해 우리는 어떻게 하면 잘 살 수 있는가 하는 것을 너무나 분명하게 알 수 있습니다. 이 말씀을 통해 하나님께서는 우리에게 그냥 사는 것이 아니라 어떻게 하면 지혜롭고 슬기롭고 위대하게 살 수 있는가 하는 방법을 보여주고 계신 것입니다.

따라서 1-8절까지는 주로 개개인을 위한 말씀이라고 볼 수 있습니다. 즉 내가 어떻게 하면 지혜롭고 슬기롭고 위대한 사람으로 살 수 있는가 하는 것을 설명하고 있습니다.

하나님의 말씀을 가르치라

그런데 9-14절의 말씀은 나만, 지금의 우리 민족만 지혜롭고 슬기롭게 되는 것이 아니라 하나님께서 주신 그 영적인 유산을 어떻게 후손들에게 남겨줄 것인가 하는 것을 설명하고 있습니다.

기독교는 역사적인 종교입니다. 그러므로 후손에게 반드시 믿음의 대를 이어주고 대대손손이 똑같은 축복을 누릴 수 있도록 해 주어야 합니다. 말씀을 듣고 순종해서 축복받고 그것을 다시 후손에게, 그리고 다른 사람들에게 전해 주는 그런 종교가 되어야 합니다.

하나님은 자신을 나타내실 때에 "나는 아브라함과 이삭과 야곱의 하나님"이라고 말씀하십니다. 이 말을 통해 우리는 하나님이 한 가문의 계보를 대대로 지키시며 하나님을 섬기는 가족의 계보가 큰 민족의 계보가 되도록 하시는 분이심을 알 수 있습니다.

그러므로 **믿음의 사람들은 언제나 자신이 위대한 민족을 이루는 시발점이요 조상이 될 수 있다는 사실을 명심하고 사명감을 가지고 살아야 합니다.** 나에게서 모든 것이 출발합니다. 내가 어떻게 행동하는가에 따라서 내 후손들이 대대로 그 영향을 받습니다. 나에게 성공의 씨가 있고 소망의 피가 흘러나는 것입니다.

저는 예일대학교 총장이고 훌륭한 목사님이었던 조나단 에드워즈의 예를 자주 들곤 합니다. 그는 이백 년 전 사람인데 그의 후손들이 그 동안 어떤 사람들이 되어 어떻게 살았는지를 조사해 본 결과 거의 대부분이 사회의 지도자적 위치에서 활동하고 있다는 사실을 발견할 수 있었습니다. 조상 한 사람의 영향력이 이처럼 매우 큰 것입니다. 유다 한 사람이 하나님 앞에 바른 신앙을 가짐으로 그 후손들에게서 대대로 이스라엘의 왕들이 나온 것을 보아도 알 수 있습니다.

그러나 이와 정반대의 경우도 있습니다. 조나단 에드워즈와 같은 시대에 뉴욕의 한 살인범이 살고 있었는데 그 사람의 후손들을 조사해 보니까 거의 대부분이 사회의 밑바닥을 전전하면서 살고 있다는 것이 밝혀졌습니다. 조상 한 사람을 잘못 만나서 그 후손들까지 밝은 생활을 하지 못하고 어둠 가운데서 생활하게 된 것입니다. 조상 한 사람의 영향력은 이렇게 큰 것입니다.

그래서 저는 제 자신이 얼마나 중요한 존재인지 잘 알고 있습니다. 나부터 시작해야 한다는 것을 알고 있기 때문입니다. 나에게는 나와 내 자손들에게 경건한 피가 흐르도록 해야 할 책임이 있습니다. 누구나 마찬가지입니다. 언제든지 자신으로부터 출발하는 것은 늦지도 이르지도 않습니다.

저는 할머니 대에서부터 하나님을 믿기 시작하여 삼대에 이르고 있지만 자기 대부터 시작하는 사람들을 보면 정말 축하해 주고 싶습니다. 그는 그 집안의 신앙의 조상이 될 수 있기 때문입니다. 그 사람은 위대한 민족을 이룰 수 있는 출발을 하고 있는 것입니다.

신앙의 경험을 잊어버리지 말라

9절을 보십시오.

"오직 너는 스스로 삼가며 네 마음을 힘써 지키라 두렵건대 네가 그 목도한 일을 잊어버릴까 하노라 두렵건대 네 생존하는 날 동안에 그 일들이 네 마음에서 떠날까 하노라 너는 그 일들을 네 아들들과 네 손자들에게 알게 하라."

하나님께서 말씀을 주신 목적은 우선 내가 먼저 말씀을 듣고 그것에 순종하며 살게 하시기 위함입니다. 그뿐 아니라 그 말씀을 후손들에게 가르치게 하시기 위한 목적도 있습니다. 그러기 위해서 우리는 무엇보다도 신앙적 체험을 잊지 말아야 합니다.

인간은 속히 잊어버리는 경향이 있습니다. 그것은 우리 속에 죄성이 있기 때문입니다. 그래서 하나님께서는 싸움이 있을 때마다 철저하게 적을 멸절시키라고 하셨습니다. 한 사람도 남겨 놓지 말고 다 죽이라고 하셨습니다. 조금만 남겨 놓아도 그 이방 세력이 금방 커져서 이스라엘 백성들에게 스며든다는 것을 알고 계셨기 때문입니다. 그런데 이스라엘 백성들은 가나안을 정복하면서 이 말씀을 철저하게 지키지 못했습니다. 군데군데에 그 사람들을 남겨 놓았기 때문에 결국 그들의 우상숭배에 함께 빠지게 되는 결과를 낳게 되었습니다.

어느 교회 장로님 한 분이 병이 나셨습니다. 호흡이 곤란해서 교회에도 나오기 어려울 정도였습니다. 그것을 알고 교인들은 그 장로님을 위해 기도를 많이 했습니다. 반 년이 지나도록 장로님이 교회에 나오지 않으시자 걱정이 되면서 안타까운 마음이 들었습니다. 그런데 다른 사람을 통해 그 장로님이 회사에는 출근한다는 말을 듣게 되었습니다. 그래서 저는 그 장로님 댁에 심방을 갔습니다. 제가 장로님께 "요즘 좀 어떠십니까?" 하고 물었더니, 장로님은 사람이 많은 곳을 가면 숨쉬기가 어려워 교회에 갈 수 없다고 대답했습니다. 그래서 저는 다시 "만일 교회에서 예배를 드리다가 사람이 많아서 숨이 막혀서 죽었다 하면 하나님을 섬기다 순교했다는 간증이 될 수 있겠지만, 교회에 가면 숨이 막힌다고 나가지 않고 있다가 숨이 막혀서 죽었다고 하면 어떻게 되겠습니까? 장로님께서는 어떤 사람으로 남고 싶습니까?"라고 말씀드렸습니다. 그랬더니 그 장로님은 자신이 잘못했다고 하고는 그 이후부터 수요일 예배에도 빠지지 않고 참석하셨습니다.

나중에 그 장로님이 하시는 말씀이 교회를 한 번 빠질 때는 심령이 답답하고 죽을 것 같더니 한 달쯤 되니까 그런 것이 점점 없어지고 두 달 석 달 지나니까 너무 편해서 내가 교회를 왜 나갔던가 하는 생각이 들더라는 것입니다.

장로의 직분을 받은 사람이라 할지라도 이렇게 하나님의 은혜의 품을 잊기가 쉽습니다. 귀찮고 피곤한 일은 하지 않으려는 것이 인간의 속성입니다. 따라서 일단 핑계거리가 생기면 점점 게을러져서 곧 잊게 되고 태만해지는 것입니다.

우리는 날마다 순간순간 주님과 함께 살지 않으면 곧 기억상실증에 빠집니다. 그러므로 우리는 언제나 미래를 바라보며 얘기해야 합니다. **일평생 조심하며 주님과의 관계를 부지런히 돌보아야 합니다.** '힘써 지키라'는 말은 바로 부지런히 갈고 닦으라는 말입니다.

마음이 중요합니다. 하나님께서는 "두렵건대 네 생존하는 동안에 그 일들이 네 마음에서 떠날까 하노라"고 하셨습니다. 마음을 지키지 않아서 신앙의 경험이 마음에서 떠나게 되면 모든 것에서 떠난 것이 됩니다. 그러므로 자기 마음에 있는 것을 후손들에게 가르쳐야 합니다.

자손들에게 단지 말로 가르치는 것만으로는 부족합니다. 그들이 보고 배우는 것은 말이 아니라 부모들의 행동이기 때문입니다. 아이들은 자신들이 의식하지 못하는 사이에 부모를 그대로 따라 배웁니다. 그래서 부모의 말과 행동이 조심스러워야 하고 교훈과 훈계를 담고 있어야 하는 것입니다.

그리고 또 한 가지 중요한 점은 가르치는 그 교훈이 의미있고 재미있어야 합니다. 저는 어렸을 때에 교회에 가기만 하면 너무 재미없고 무료해서 도망가고 싶었습니다. 지금은 주일학교가 좀 달라지기는 했지만 아직도 계발하고 훈련해야 할 부분들이 많이 있습니다.

경건해야 한다고 해서 딱딱하고 경직된 분위기를 만들어야 한다는 고정관념은 버려야 합니다. 특히 아이들을 대상으로 하는 프로그램은 재미있어야 합니다. 아이들이 좋아하면서 즐길 수 있는 분위기를 만들어 주어야 합니다.

그러면서도 영적으로는 철저해야 합니다. 아이 때의 신앙이 평생의 뿌리가 되기 때문입니다. 어른이 되어 혹시 신앙을 잠시 떠나게 되더라도 교회에 대한 인상이 즐겁고 유쾌한 것으로 남아야 다시 돌아오고 싶은 마음이 생기는 것입니다.

목회자들도 성도들에게 즐겁고 유쾌한 사람이라는 인상을 심어주어야 합니다. 언제 보아도 웃는 얼굴이고 재미있는 일을 하고 있는 사람처럼 보여야 다른 사람들이 "나도 저 목사님과 같은 즐거움을 누리고 싶다"는 생각을 하게 될 것이 아니겠습니까? 그렇지 않고 심각하다 못해 늘 찌들고 짜증스러운 얼굴을 하고 있으면 교회 근처에도 가고 싶지 않다는 생각만 하게 될 것입니다. 매력적인 기독교, 매력적인 신앙생활 이런 변화가 필요합니다. '기독교인들은 자연스러우면서도 멋이 있는 사람들이다' 라는 말을 들을 수 있도록 믿는 사람들이 분위기를 바꾸는 것이 필요합니다.

존 스토트 목사님의 글을 읽어보면 현대인들이 공감할 수 있는 내용이 참 많습니다. 그 글은 일반인들이 볼 때에 예수를 믿는 것이 얼마나 아름답고 멋있는 일인가를 느끼게 해 줍니다.

일반인들이 '기독교' 하면 몇천 년 된 고리타분하고 오래된 종교로만 생각하는데, 참된 기독교는 세월이 아무리 흘러도 그 시대를 선도해 나가는 종교라는 것을 알려야 합니다.

존 스토트 목사님은 오래된 성경이 가장 최근에 나온 그 어떤 최고의 책보다 훌륭하다고 말씀하셨습니다. 그것은 성경이 사람이 지은 것이 아니라 이 세상을 주관하시는 하나님께서 말씀하신 것이기 때문입니다. 비그리스도인들과 이웃하여 살고 있는 성도들은 비그리스도인에게 이 사실을 느끼게 해 주어야 할 책임이 있습니다.

하나님 경외하는 것을 배우고 가르치라

하나님의 말씀을 후손들에게 가르치는 일은 매우 중요합니다. 예수님께서도 공생애를 시작하실 때에 처음에 하신 일이 두루 다니며 가르치시는 일이었습니다. 그런 다음에 하늘나라를 선포하시고 또 병자들을 치유하셨습니다.

맨 마지막에 예수님께서 하신 일도 가르치시는 것이었습니다. 제자들에게도 내가 너희에게 행한 모든 것을 가르쳐 지키게 하라는 사명을 주셨습니다. 예수님이 하신 일의 시작도 가르침이고 끝맺음도 가르침이었다는 사실을 우리는 기억해야 합니다.

10절에도 연이어서 "배우고 가르친다"는 말씀이 나옵니다.

"네가 호렙 산에서 네 하나님 여호와 앞에 섰던 날에 여호와께서 내게 이르시기를 나를 위하여 백성을 모으라 내가 그들에게 내 말을 들려서 그들로 세상을 사는 날 동안 나 경외함을 배우게 하며 그 자녀들에게 가르치게 하려 하노라 하시매."

기독교는 계속 배우고 또한 계속 가르치는 종교입니다. 하나님께서는 잘 잊어버리는 인간의 속성에 대해서 알고 계셨습니다. 계속 배우고 가르치지 않으면 이미 알고 있는 것이라도 곧 잊어버리게 되어 있습니다. 그래서 우리 나라에 수요 예배가 있다는 것이 아주 좋다고 생각합니다. 주일 예배를 드린 지 이틀쯤 지나서 수요 예배를 또 드리면 잠시 잊고 있다가도 다시 하나님을 생각하게 됩니다. 그리고 금요일 밤에 다시 모여서 기도하는 시간을 갖는 것도 얼마나 귀한 일인지 모릅니다. 잊지 않으려면 배우고 가르치고 그에 따라 행동해야 합니다. 배운 것에서 그치지 않고 가르치고 행동해야만 자기 것이 됩니다. 행동에 옮기는 데에까지 이르러야 비로소 제대로 배웠다고 할 수 있습니다.

하나님은 누구신가

그 다음에 하나님께서는 자신이 누구인가 하는 것을 이스라엘 백성들에게 강조하여 나타내셨습니다. 11-12절에는 모세가 하나님께로부터 십계명을 받을 당시의 상황이 묘사되어 있습니다.

"너희가 가까이 나아와서 산 아래 서니 그 산에 불이 붙어 화염이 충천하고 유암과 구름과 흑암이 덮였는데 여호와께서 화염 중에서 너희에게 말씀하시되 음성뿐이므로 너희가 그 말소리만 듣고 형상은 보지 못하였느니라."

하나님은 고요한 가운데에서 나타나시기도 하십니다. 그러나 꼭 그렇게만 모습을 보이시는 것은 아닙니다. 불이 붙어 화염에 싸이고 구름과 흑암이 덮인 가운데서도 하나님은 임재하십니다. 그렇지만 하나님이 어떤 형상으로 임재하시는 것은 아닙니다. 하나님은 자연을 움직이시는 분으로서 우주의 섭리 위에 계시는 분입니다. 우리는 그분이 누구신지 똑바로 알아야 합니다.

하나님은 인간에게 형상으로 나타나시지 않으셨기 때문에 형상을 가진 우상과 대조됩니다.
하나님께서 눈에 보이는 형상으로 나타나신 적이 없는데 인간의 마음대로 하나님이 이렇게 생겼다, 저렇게 생겼다 하는 것은 우상 숭배의 죄 가운데 빠지는 것이라는 것을 분명히 알아야 합니다. 하나님은 영이십니다.

반드시 지켜야 할 십계명

하나님께서는 두 돌판에 우리들이 지켜야 할 계명을 친히 써 주셨습니다. 이 열 가지 계명은 하나님을 사랑하는 것과 네 이웃을 사랑하라는 두 가지 내용으로 요약됩니다. 이것은 하나님께서 처음 이스라엘에게 계명을 주신 그 순간부터 오늘날까지 변하지 않고 우리가 지켜야 할 계명입니다. 보이지 않는 하나님과 보이는 이웃을 섬기고 사랑하는 것은 아무리 많은 세월이 지나고 아무리 세상이 변해도 변함없이 지켜야 할 계명입니다.

우상 숭배의 위험

하나님은 형상이 없으시다

15-24절에서는 형상을 만들어서 섬기려는 사람들을 경계하기 위해서 어떤 형상으로도 하나님을 만들지 말라고 말씀하십니다. 앞에서도 언급했듯이 하나님은 아무 형상도 갖고 계시지 않습니다. 호렙 산에서 이스라엘 백성들은 화염 중에 들려온 하나님의 음성을 들었을 뿐 아무 형상도 보지 못했습니다(신 4:15). 하나님께서는 사람이 우상을 만들어서 섬기는 것은 스스로 부패했기 때문이라고 하셨습니다. 16절을 보십시오.

"두렵건대 스스로 부패하여 자기를 위하여 아무 형상대로든지 우상을 새겨 만들되 남자의 형상이라든지 여자의 형상이라든지"

사람들이 형상을 새겨 만드는 것은 하나님을 더 잘 섬기려는 것이 아닙니다. 인간의 속에 있는 부패한 심성이 그 형상을 통해서 불의한 일을 행하기 위한 것입니다.

창조주이신 하나님을 인간이나 짐승, 해와 달과 별에 이르기까지 하나님께서 만드신 피조물의 형상 속에 가두고 사람들로 하여금 그를 섬기게 하고 마땅히 하나님께 돌려야 할 영광을 가로채서 자신의 유익을 위해서 이용합니다. 사람들을 미혹시키고 재물을 숭상하고 약하고 가난한 사람들을 불안에 빠지게 만들기도 합니다. 이런 것들은 하나님께서 원하시는 것이 아닙니다.

인간의 영이 부패하면 하나님이 보이지 않게 되고 그래서 눈에 보이는 형상에 마음을 쏟게 되어 있습니다. 돈이나 권력처럼 눈에 보이고 손에 잡히는 것들만을 섬기고 숭배하게 됩니다. 하나님의 영이 자기 안에 살아 있어야만 영이신 하나님을 제대로 섬길 수 있습니다.

무엇이든 하나님보다 더 사랑하면 우상이다

비단 형상을 가진 것만이 아닙니다. **하나님보다 더 숭배하고 더 사랑하는 것이 있다면 그 모든 것은 다 우상입니다.** 심지어 어떤 사람은 건강마저도 우상으로 숭배합니다. 자신의 건강에 조금이라도 해가 될 것 같다 싶으면 하나님의 일이든, 자신이 꼭 해야 할 일이든 모두 내팽개치고 자신의 건강을 위한 일만 하는 사람들이 있다는 것입니다. 그런 사람은 자신의 건강을 우상시하는 것입니다. 하나님께서 주신 생명과 건강을 잘 관리하는 것은 생명과 건강을 받은 자로서 마땅히 해야 할 일이지만 그것에만 매달리는 것은 죄입니다. 그렇게 한다고 해서 건강하고 오래 사는 것은 아닙니다. 이는 생명이 하나님께 달려 있다는 중요한 사실을 잊고 있는 것입니다.

하나님께서 쇠풀무와 같은 애굽의 혹독한 시련 가운데 있던 이스라엘 백성들을 구하여 하나님의 백성으로 삼아주셨습니다. 그러나 정작 이들을 이끌고 나온 모세 자신은 하나님께서 약속하신 아름다운 땅에 들어갈 수 없었습니다. 그래서 모세는 새로운 땅에 들어가게 될 새 세대에게 하나님께서 세우신 언약을 잊지 말고 우상을 철저히 금할 것을 신신당부합니다(신 4:20-23).

24절에 보면 하나님은 "소멸하는 불이시요 질투하는 하나님"이시라고 했습니다. 그래서 하나님의 백성이 하나님이 아닌 우상을 숭배하면 그들은 불에 타 소멸하게 됩니다. 하나님의 질투는 사랑의 질투입니다. 사랑하는 사람만이 질투합니다. 관심이 없고 사랑이 없으면 질투라는 감정을 알 수도 없습니다.

불순종하는 자에게 닥쳐올 재앙

하나님의 분노

25-31절에는 불순종했을 때 하나님께서 내리시는 징벌에 대한 내용이 나타나 있습니다. 하나님의 은혜를 입고 사는 사람들이라 할지라도 만일 우상을 숭배하여 하나님의 분노를 사게 되면 그 다음에는 걷잡을 수 없는 재앙을 맞게 됩니다.

27절을 보십시오.

"여호와께서 너희를 열국 중에 흩으실 것이요 여호와께서 너희를 쫓아 보내실 그 열국 중에 너희의 남은 수가 많지 못할 것이며."

하나님께서는 우상을 숭배하는 백성들의 기업을 잃게 하시고 그들을 열국으로 흩어지게 하십니다. 모세는 하나님의 명령을 잊고 우상 숭배에 빠져든 이스라엘 백성들에게 닥칠 심판을 예고하였습니다.

하나님께서는 그들이 거기서 사람의 손으로 만들어 듣지도 못하고 보지도 못하고 냄새도 맡지 못하는 목석 이방신을 섬기게 될 것이라고 하셨습니다(신 4:28). 우주를 통치하시는 만군의 주 하나님을 섬기던 사람들이 사람의 손으로 만든 목석을 신으로 섬기게 되는 일만큼 불행한 일은 없을 것입니다. 신이 아닌 것을 신으로 섬기는 것은 아무 유익이 없이 시간만 허비하는 것이며 죄를 더하는 일입니다.

환난 중의 회복의 길

그러나 이러한 환난 가운데에도 회복의 길이 있습니다. 29절입니다.

"그러나 네가 거기서 네 하나님 여호와를 구하게 되리니 만일 마음을 다하고 성품을 다하여 그를 구하면 만나리라."

하나님은 우리가 범죄하면 벌을 내리시지만 사랑하시기 때문에 끝까지 자기 백성을 포기하지 않으십니다. 하나님을 구하고 찾기만 하면 그들을 용서하시고 다시 만나주십니다. 그리고 그 환난의 구덩이에서 구해 주십니다. 하나님은 한 번 하신 약속을 잊지 않으시며 지키시기 위해서 최선을 다하십니다. 그래서 이스라엘이 지금은 하나님의 품을 떠나 있을지라도 언젠가 하나님께서 정하신 시간이 되면 다시 그 품으로 돌아가게 되어 있습니다. 31절을 보십시오.

"네 하나님 여호와는 자비하신 하나님이심이라 그가 너를 버리지 아니하시며 너를 멸하지 아니하시며 네 열조에게 맹세하신 언약을 잊지 아니하시리라."

이것이 우리의 희망입니다. 하나님은 자비하셔서 우리를 끝까지 버리지 않으시고 지켜주시며 약속을 지키시는 분이십니다.

하나님의 특별한 목적

택한 백성, 이스라엘

32-34절에 보면 모세는 이스라엘 민족에게 창세 이래로 자신들보다 더 특별한 대우를 받은 민족이 없었다고 말합니다. 그리고 세상의 다른 어느 민족이 하나님께서 직접 불 가운데서 말씀하시는 것을 듣고도 살아 있을 수 있었으며, 하나님께서 어떤 민족을 친히 그 손을 들어 인도하시며 대적들과 싸우셨는가 묻습니다.

이 고백은 오늘날 우리의 고백이라고 할 수 있습니다. 우리가 곧 하나님의 백성입니다. 하나님의 음성을 듣는 특권을 가지고 하나님의 인도하심을 받는 백성입니다. 세상에 참으로 많은 사람들이 있지만 모두가 이런 특권을 누리는 것은 아닙니다. 이것은 하나님께서 사랑하시고 하나님을 아는 사람만이 누릴 수 있는 특권입니다. 우리는 영적인 이스라엘입니다. 이러한 특권은 우리가 하나님을 사랑해서가 아니라 하나님께서 먼저 우리를 사랑하셨기 때문에 주어진 것입니다.

“이것을 네게 나타내심은 여호와는 하나님이시요 그 외에는 다른 신이 없
　음을 네게 알게 하려 하심이니라.”(신 4:35)

　하나님께서는 이적과 기사를 통해 이스라엘 백성들을 단련시키시고 유
일하신 하나님을 직접 체험하게 해 주셨습니다.

　이스라엘은 하나님의 사랑과 구원을 체험한 특별한 민족입니다. 하나님
께서 이같이 그들을 돌보신 것은 그들의 조상을 사랑하셨기 때문입니다.
그리고 그 후손을 사랑하리라고 약속하셨기 때문입니다. 그 사랑은 이스라
엘을 그들보다 더 강한 애굽으로부터 이끌어내시고 또 그들보다 강대한 열
국을 쫓아내고 그 땅을 유산으로 주시겠다고 약속하셨습니다(신 4:37-
38).

하나님의 법을 지키라

　이런 하나님의 사랑을 변함없이 누리고 자손들에게도 대대로 물려주는
방법은 하나님께서 주신 규례와 명령을 지키는 것입니다. 39-40절을 보십
시오.

“그런즉 너는 오늘날 상천 하지에 오직 여호와는 하나님이시요 다른 신은
없는 줄 알아 명심하고 오늘 내가 네게 명하는 여호와의 규례와 명령을 지
키라 너와 네 후손이 복을 받아 네 하나님 여호와께서 네게 주시는 땅에서
한없이 오래 살리라.”

　이 말씀의 내용은 하나님은 유일하신 신이시라는 것과 그에게 순종하면
큰 축복을 받고 오래 살 것이라는 것입니다. 다른 조건은 없습니다. **그저 하나**

님을 잘 섬기고 그가 주신 규례를 그대로 지켜 살면 됩니다. 그러면 우리는 물론이고 우리의 후손에 이르기까지 모든 것들은 하나님께서 축복해 주시겠다는 말씀입니다.

이 말씀은 바로 지금까지 우리가 공부해 온 신명기 1-4장에 담긴 모세의 첫 번째 설교의 결론입니다.

요단강 동쪽 세 도피성

설교를 마친 모세는 요단의 해 돋는 편, 즉 동쪽에서 세 성읍을 특별히 골랐습니다. 선택된 베셀, 라못, 골란은 과실로 사람을 죽이게 된 살인자의 생명을 보전하기 위한 도피성으로 르우벤, 갓, 므낫세 세 지파에 각각 하나씩 주어진 것입니다. 실수로 죄 지은 사람을 보호하시고 다시 세상으로 나와 살 수 있도록 하시는 하나님의 깊은 배려가 보이는 부분입니다.

하나님은 우리에게 철저한 삶을 요구하시지만 한편 우리의 연약함을 누구보다 잘 아시기 때문에 그에 대한 배려 또한 잊지 않으십니다. 순종을 요구하시면서도 자비와 은혜를 주시는 분입니다.

저는 이 자비하심 때문에 늘 위로를 받고 희망을 갖습니다. 일단 예수님을 영접한 사람들은 고의로 범죄하지는 않습니다. 그렇다고 해서 죄를 짓지 않는 것은 아닙니다. 인간인 이상 어쩔 수 없이 가진 약점 때문에 죄를 짓게 됩니다. 연약함과 약점 때문에 순간적으로 실수를 하고 범죄하게 됩니다.

제가 주일학교에 다닐 때에 전도사님께서 죄는 시한폭탄과 같다고 말씀하셨습니다. 일단 범죄하면 터지게 되어 있다는 것입니다. 그래서 저는 늘 전전긍긍하면서 살았습니다. 아무리 작은 것이라도, 부지중에라도 죄를 지으면 그 다음에는 어디에서 어떤 벌이 터질까 늘 걱정했습니다. 그러고 보니 신앙생활이 두려움의 연속일 수밖에 없었습니다. 나중에 하나님의 자비를 알고 나서야 그 시한폭탄의 짐에서 벗어나게 되었습니다.

하나님은 온전하신 분이며 우리에게도 온전하라고 하십니다. 그러나 우리의 실수를 전혀 용납하지 않으시는 무자비한 분은 아닙니다. 우리가 다시 하나님의 은혜를 의지하고 돌아올 수 있도록 기다리시고 기회를 주시고 힘을 주시는 사랑과 긍휼의 하나님이십니다. 여기에 우리는 희망을 가지고 과거의 실수나 잘못에 연연하거나 불안해하지 말고 감사하는 마음으로 하나님께 은혜를 구하는 성도들이 되어야 하겠습니다.

제3부
순종과 축복의 원리

모세의 두 번째 설교 1

"그런즉 너희 하나님 여호와께서

너희에게 명령하신 대로

너희는 삼가 행하여

좌로나 우로나 치우치지 말고

너희 하나님 여호와께서

너희에게 명하신

모든 도를 행하라

그리하면 너희가 삶을 얻고

복을 얻어서

너희의 얻은 땅에서

너희의 날이 장구하리라."

(신명기 5:32-33)

십계명

4:44-5:33

십계명은 인간이 지켜야 할 최소한의 법입니다.
그러므로 십계명을 그리스도인이 지켜야 할
최고의 법으로 생각하면 오산입니다.

율법의 서론

신명기 4장의 44-49절은 모세의 두 번째 설교의 서론이 시작되는 부분입니다.

모세는 이스라엘 백성과 함께 애굽에서 나와 요단 동편의 아모리 족속의 왕 시혼과 바산 왕 옥을 쳐서 그 땅을 기업으로 얻었습니다. 그리고 거기서 자손들에게 하나님의 율법을 선포하였습니다. 이스라엘 자손들이 개인적으로나 국가적으로 번영하기 위해서는 이 규례와 법도를 따라 순종해야만 했습니다.

신명기 5장부터는 모세의 두 번째 설교가 시작됩니다. 서론은 이미 4장 44-49절에서 언급되었고 설교는 26장까지 이어집니다. 그 중 5-11장은 이 설교의 핵심으로 십계명의 내용과 이 계명의 중요성이 주로 담겨 있습니다.

출애굽기의 십계명과 신명기의 십계명

5장에 나오는 십계명에 관한 이야기는 우리에게 비교적 익숙한 내용일 것입니다. 신명기와 출애굽기에 나오는 십계명의 내용은 거의 같은데 다른 부분이 있다면 제4계명을 설명하는 배경입니다. 출애굽기에서는 제4계명을 창조의 질서를 통해서 전 인류에게 전해주신 안식의 계명으로 설명합니다. 하나님께서 세상을 6일 동안 창조하시고 제7일에는 쉬셨으니 우리도 그에 따라 제7일은 안식일로 지키라고 합니다. 그런데 신명기에서는 애굽의 속박으로부터 구출된 사건에서 안식일의 의미를 찾습니다.

하나님께서는 이스라엘 백성들이 애굽에서 구출된 사건을 하나의 휴식으로 보십니다. 죄의 압제, 세상 사람들로부터의 압제 아래서 신음하던 이스라엘 사람들을 하나님께서 구출해 주셔서 비로소 안식을 얻게 된 것을 기념하기 위해서 안식일을 지키라고 말씀하십니다. 안식일을 지켜야 한다는 근본 뜻은 같지만 그 배경이 되는 의미는 조금 다르게 나타나는 것입니다.

그 외의 십계명은 사용하는 단어들이 약간의 차이를 보일 뿐 그 내용은 다르지 않습니다.

모세는 이미 씌어져서 법궤에 담겨져 있는 십계명을 문자 그대로 인용한 것이 아니었습니다. 돌판에 씌어진 것을 사람들이 잘 알아들을 수 있도록 나름대로 그 시대의 상황과 형편에 맞게 해석해서 선포했습니다. 그런 것을 고려하지 않은 구약학자들은 이렇게 두 성경에 다르게 나타난 십계명을 문서설이나 성경에도 오류가 있다는 이론의 증거로 사용합니다. 그러나 이러한 설명은 짧은 생각으로 판단한 것입니다. 모세가 십계명을 설명하고 있는 상황을 전혀 고려하지 않은 것입니다.

모세는 이 십계명을 출애굽 이후의 새 세대에게 전해 주고 있는 것입니다. 따라서 문자 그대로가 아니라 그들에게 맞는 최선의 설명을 붙여서 설명하고 있다는 것을 알아야 합니다.

이렇게 그 기본적인 내용은 전혀 다르지 않다는 것을 염두에 두고 십계명을 살펴보도록 하겠습니다.

십계명 선포의 배경

1-5절에는 이스라엘 백성들이 십계명을 받게 된 배경이 드러나 있습니다.

"모세가 온 이스라엘을 불러 그들에게 이르되 이스라엘아 오늘 내가 너희 귀에 말하는 규례와 법도를 듣고 그것을 배우며 지켜 행하라."(신 5:1)

1절에는 우리가 이미 4장에서 살펴본 것처럼 하나님의 말씀인 규례와 법도를 듣고 배우고 지켜 행하라는 말씀이 나와 있습니다. **하나님의 말씀을 배우고 가르치는 것은 신앙의 필수 조건입니다.** 배우지 않으면 신앙이 성숙하게 자랄 수 없고 그것을 다시 가르치지 않으면 자기 것으로 완벽하게 체득할 수도, 다음 세대들에게 물려줄 수도 없습니다. 배우고 가르치고 지켜 행하는 것이 중요한 이유가 바로 그 때문입니다.

새로 맺은 언약

2절은 이 말씀이 호렙 산에서 하나님과 이스라엘 백성들 사이에서 세운 것이라고 명확하게 기록하고 다음 3절에서는 이 언약이 그들의 조상들과 세운 것이 아니요 지금 살아 있는 세대들과 세운 것이라고 제시하고 있습니다.

> "우리 하나님 여호와께서 호렙 산에서 우리와 언약을 세우셨나니 이 언약은 여호와께서 우리 열조와 세우신 것이 아니요 오늘날 여기 살아 있는 우리 곧 우리와 세우신 것이라."

신명기 5장에 나오는 언약을 아브라함에게 주셨던 언약과 구별하기 위해서 호렙 산, 다른 말로 하면 시내 산의 언약이라고 합니다. 그리고 누구에게 주는 언약인지를 분명히 하기 위해서 때는 '오늘'이고 장소는 바로 '여기'이고 대상은 '살아 있는 우리'라고 조목조목 밝힙니다.

언약을 세울 때는 반드시 언약을 제시하는 쪽이 있고 그것을 받아들여서 지키는 쪽이 있어야 합니다. 양쪽의 의견이 일치되어야만 언약이 효력을 발휘하는 것입니다. 그리고 일단 합의를 했는데 그것을 파기하게 되면 그에 상응하는 대가를 치러야 합니다.

신명기에 나오는 언약은 과거로부터 전해 온 언약이 아니라 현재 새로 시작하는 언약이며, 개인끼리의 언약이 아니라 하나님과 백성 사이의 약속입니다. 이미 전에 하나님과 이스라엘 백성들이 언약을 맺은 일이 있었으나 지금 있는 사람들은 모세와 갈렙과 여호수아만 제외하고 거의 대부분 새 세대들이기 때문에 언약의 당사자가 아니었습니다. 그래서 이 새로운 세대들과 언약을 다시 맺을 필요가 있었던 것입니다.

하나님께서 산 위의 불 가운데서 나타나신 것을 보고 이스라엘 백성들이 모두 두려워하여 산에 오르지 못하자 모세가 하나님과 이스라엘 백성들의 중간에 서서 말씀을 전해야 했습니다.(신 5:4-5)

불은 하나님의 임재와 위엄을 나타내는 것이었습니다. 우리 역시 불 가운데 임재하시는 하나님을 만났다면 이스라엘 백성들처럼 두려움에 떨며 그 자리에서 엎드려서 그저 말씀하시는 대로 모든 것을 다 하겠다고 했을 것입니다. 이처럼 이스라엘이 하나님을 두려워했기 때문에 아마도 중간에 누군가가 나서서 하나님의 뜻을 전달해야 했을 것입니다.

언약의 십계명

말씀의 주체

하나님은 십계명을 주시기에 앞서 6절에서 그 계명을 주시는 분이 어떤 분인지를 분명하게 밝히셨습니다.

"나는 너를 애굽 땅에서 종 되었던 집에서 인도하여 낸 너희 하나님 여호와로라."

이 짧은 구절은 어느 것 하나 버릴 것이 없는 아주 중요한 단어들로 이루어져 있습니다. "애굽의 압제와 종살이에서 구해 낸 너희 하나님 여호와"라는 말에 주목하십시오.

'여호와' 는 언약을 세우시고 인간을 사랑하시는 하나님의 이름입니다.

하나님은 창조의 힘을 가진 유일하신 신입니다. 그런데 이와 같은 하나님이 다른 누구의 하나님이 아니라 바로 '너희'의 하나님이라는 것입니다. 이것은 이스라엘이 하나님과 직접적인 관계를 맺고 있다는 것을 나타내 줍니다. 이러한 관계의 직접성은 이스라엘에게 위안과 확신을 줍니다. 그리고 선택된 백성이라는 특별한 특권의식과 자격을 확인시켜 주는 것입니다.

저는 성경을 읽을 때마다 '이스라엘 사람들은 참 좋겠다' 하는 생각을 많이 해왔습니다. 우리 나라 사람들에게는 하나님께서 이스라엘 사람들에게 하신 이야기를 우리에게 맞게 다시 해석을 해서 적용해야 하는 불편함이 있습니다. 하지만 이스라엘 사람들은 하나님으로부터 직접 말씀을 듣고 그 말씀을 그대로 지키기만 하면 되니 얼마나 편합니까? 만일 우리가 하나님께 선택된 민족이었다면 이스라엘처럼 하나님과 직접적인 관계를 맺는 민족이 되었을텐데 그랬으면 얼마나 좋았을까 하는 생각이 들었습니다.

우리 민족의 복음화가 좀더 왕성해져서 최소한 전체 국민의 50퍼센트만이라도 그리스도인이 된다면 하나님이 과연 우리 민족의 하나님이라고 당당하게 말할 수 있을 것입니다. 물론 지금도 우리 민족의 하나님이 아니라는 것은 아니지만 전 국민이 하나님을 믿고 축복을 받는 백성이라고 보기에는 아직도 미약한 점이 있어 그것이 안타까운 것입니다.

그러나 마음에 위안이 되는 부분도 있습니다. 전에는 우리 백성들이 하나님을 몰랐기 때문에 다른 민족들이 우리를 넘보았지만 하나님을 알고 그 말씀을 따르는 국민들이 많아진 지금은 어떤 민족도 우리를 넘볼 수 없을 것이라는 점입니다. 만일 위기 상황을 맞게 된다면 우리 국민의 4분의 1이 한목소리로 만유의 주이신 하나님께 기도를 드릴텐데 감히 어떻게 우리 나라를 해할 수 있겠습니까? 오히려 그렇게 하려는 나라들을 하나님은 심판하실 것입니다. 이제 우리 민족은 하나님을 모를 때의 우리가 아닙니다. "나는 여호와 너희 하나님이로라" 할 때의 '너희'가 이제는 바로 '우리 민족'이 된 것입니다.

7절부터는 십계명의 구체적인 내용이 시작됩니다.

제1계명 – 유일하신 하나님

"나 외에는 위하는 신들을 네게 있게 말지니라."(신 5:7)

하나님 외에는 다른 신을 우리에게 두지 말라는 것이 첫 계명입니다. 이 말은 하나님 외에는 다른 신이 없다는 것입니다. 그래서 바울도 우상의 제물로 바쳤던 고기에 큰 의미를 두지 않고 기도하고 나서 먹을 수 있다고 했습니다. 우상 앞에 바친 것은 아무것도 아닌 것에 바친 것이기 때문에 해가 될 수 없다고 해석한 것입니다. 하나님 외에 다른 신은 없으므로 다른 신을 섬긴다는 것은 곧 아무것도 아닌 것을 섬기는 것과 같습니다.

제2계명 – 새긴 우상을 만들지 말라

"너는 자기를 위하여 새긴 우상을 만들지 말고 위로 하늘에 있는 것이나 아래로 땅에 있는 것이나 땅 밑 물 속에 있는 것의 아무 형상이든지 만들지 말며 그것들에게 절하지 말며 그것들을 섬기지 말라 나 여호와 너의 하나님은 질투하는 하나님인즉 나를 미워하는 자의 죄를 갚되 아비로부터 아들에게로 삼사 대까지 이르게 하거니와 나를 사랑하고 내 계명을 지키는 자에게는 천 대까지 은혜를 베푸느니라."(신 5:8-10)

두 번째 계명은 자신을 위해서 형상을 만들어서 우상으로 섬기지 말라는 것입니다. 하나님께서는 질투하시는 신이기 때문에 그렇게 하는 사람들에게는 벌을 내려 삼사 대에 이르게 하겠다고 하십니다. 그와 반대로 하나님을 사랑하고 하나님의 계명을 지키는 자에게는 은혜를 천 대까지 베풀겠다고 하십니다. 하나님은 벌과 은혜를 다 내리시는 분이지만 벌보다 은혜가 훨씬 더 길고 후하신 분입니다.

제3계명 - 하나님의 이름의 중요성

세 번째 계명에서는 하나님의 이름의 중요성을 드러내십니다. 11절입니다.

> "너는 너의 하나님 여호와의 이름을 망령되이 일컫지 말라 나 여호와는 나의 이름을 망령되이 일컫는 자를 죄 없는 줄로 인정치 아니하리라."

이름은 자신을 나타내는 얼굴과 같은 것입니다. 그래서 그의 이름을 믿는 자들에게는 그의 자녀가 되는 특권을 주시겠다고 한 것입니다. 이름은 그 사람을 지칭하는 것이기 때문에 곧 그 사람이 됩니다. 이름을 부르면 곧 그 사람을 부르는 것입니다.

그런데 우리가 한 가지 주의해야 할 것이 있습니다. 우리가 알고 있듯이 '예수'라고 하는 이름은 특별한 이름이 아닙니다. 예수라는 이름은 그 당시 유대 사회에서 아주 흔한 남자 이름 중 하나였습니다. 구약에서 '여호수아'에 해당하는 이름이 바로 예수라는 이름입니다. 그런데도 마치 그 이름 자체에 어떤 힘이 있는 것으로 착각하는 성도들이 있는 것 같습니다.

귀신론을 연구하는 독일학자 코크 박사의 책을 읽어보면 세계의 악령들 가운데 예수라는 이름을 가진 귀신이 일곱이나 된다고 했습니다. 이런 것을 보면 이름에 어떤 마력이 있어서 '예수'라는 이름만 들어도 다른 잡귀들이 꼼짝도 못하는 것이라고 생각해서는 안 된다는 것을 알 수 있습니다. 우리가 믿는 예수가 어떤 예수인가를 정확히 알고 분별할 수 있어야 합니다.

제가 미국에서 가르친 신학생 중에 공군 대령인 미국인이 있었습니다. 그런데 갑자기 아무 말도 없이 일 주일이나 결석을 하는 것이었습니다. 일 주일이 지나 다시 학교에 나온 그에게 그 동안 무슨 일이 있었느냐고 물었더니 이런 이야기를 했습니다. 일 주일 전에 공부를 마치고 집에 가서 보니 아내가 쪽지만 남기고 집을 나가버렸답니다. 그 쪽지에는 성령님께서 남편에게서 떠나라고 해서 떠난다고 써 있었다고 하였습니다. 그는 아내를 찾아서 갈 만한 곳을 다 찾아다녔지만 결국 못 찾았다는 것입니다.

그 이야기를 듣고 나는 그 공군의 아내가 아무런 소리도 듣지 않고 그렇게 했다는 생각은 들지 않았습니다. 무슨 소리를 듣긴 들었을 것입니다. 그런데 그 사람은 자기가 들은 소리를 성령의 소리라고 믿었던 것입니다. 그의 말을 들어보면 과거에도 자기 아내는 성령의 소리를 자주 들었다는 말을 했다고 했습니다. 그러나 정말 성령이라면 그렇게 아무런 이유도 없이 자기 남편을 떠나라는 명령을 하였겠습니까? 그 부인은 성령의 소리라고 믿고 있었지만 다른 영이었을 가능성이 많습니다.

예수의 이름을 부른다고 해서 모두 하나님의 신성한 영이라고 생각해서는 안 됩니다. 악한 영들이 얼마든지 하나님의 흉내를 내고 사람의 영을 흐리게 할 수 있다는 것을 알아야 합니다. 이름 자체가 중요한 것이 아닙니다. 그 이름 뒤에 무엇이 있는가 하는 것이 중요합니다.

예수의 이름으로 하나님의 말씀을 잘 따르게 하는가, 아니면 하나님의 말씀과는 전혀 다른 방향으로 인도하는가를 보아야 합니다. **이름보다 말의 내용과 행동이 중요합니다.**

제가 인디애나 신학교에 있을 때 남녀 학생 둘이 저를 찾아왔습니다. 그 둘은 그저 좋은 친구일 뿐이지 전혀 이성적인 감정이 없는 사이인데, 성령을 받아서 예언을 한다는 어떤 부인이 성령께서 이 두 사람이 결혼을 해야 한다고 했다는 것입니다. 그러나 그 두 사람은 전혀 그럴 마음이 없으니 어떻게 했으면 좋겠냐고 저를 찾아온 것이었습니다. 저는 그 학생들에게 결혼을 하는 사람은 그 부인이 아니고 두 사람이니 아무 걱정도 하지 말라고 했습니다. 만일 두 사람이 결혼하는 것이 하나님의 뜻이라면 하나님께서 직접 두 사람에게 말씀해 주실 것이니 그 부인의 말에는 상관하지 말라고 말해 주었습니다. 그랬더니 두 사람은 안도의 숨을 내쉬면서 평안한 마음으로 돌아갔습니다.

하나님의 이름으로, 성령의 이름으로, 예수님의 이름으로 누가 유혹할지 모릅니다. 우리가 깨어서 분별하고 조심하지 않으면 엉뚱한 유혹에 넘어갈 수 있습니다. 거짓 선지자는 마귀의 이름으로 오지 않습니다. 하나님의 이름으로 와서 이적을 행하고 예언을 하면서 사람들을 하나님과 멀어지도록 유도합니다. 그리고 **그가 하는 말은 하나님의 말씀과 전혀 부합되지 않습니다. 이런 사람이 바로 거짓 선지자입니다.** 우리는 이들을 경계해야 합니다.

진리를 고수하고 예수 그리스도의 참된 신앙을 유지하는 것이 그리 쉬운 일이 아닙니다. 정결한 신앙을 유지하기 위해서는 세심한 주의와 삼가하는 마음과 진리에 대한 깊은 이해와 관심이 있어야 합니다. 예수님의 이름으로 깃발을 흔든다고 해서 무턱대고 따라나서서는 안 됩니다. 조심스럽게 하나님의 말씀을 읽고 묵상하고 깨달아서 영을 분별하는 힘을 얻는 것이 그래서 중요합니다. **믿음이 자라면 자랄수록 더욱 분별하는 영이 있어야 믿음의 순결을 지킬 수 있습니다. 조금 안다 싶을 때에 가장 많은 유혹을 받을 수 있다는 사실을 잊지 않도록 하십시오.**

제4계명 – 노동의 신성함과 휴식의 중요성

네 번째 계명에서는 노동의 신성함과 휴식의 중요성에 대해 말하고 있습니다. 12-14절을 보십시오.

"여호와 너의 하나님이 네게 명한 대로 안식일을 지켜 거룩하게 하라 엿새 동안은 힘써 네 모든 일을 행할 것이나 제 칠일은 너의 하나님 여호와의 안식일인즉 너나 네 아들이나 네 딸이나 네 남종이나 네 여종이나 네 소나 네 나귀나 네 모든 육축이나 네 문 안에 유하는 객이라도 아무 일도 하지 말고 네 남종이나 네 여종으로 너같이 안식하게 할지니라."

안식일을 거룩하게 지키라 하면 보통 쉬는 것만 생각하는데, 이 말씀을 보면 두 가지 점을 발견할 수 있습니다. 하나는 노동이고 다른 하나는 휴식입니다. 그러므로 **제4계명은 단지 안식일에 대해 언급하는 계명이 아닙니다. 엿새 동안은 힘써 일하라는 것이 4계명의 선행 조건입니다.**

그저 일하는 것이 아니라 힘써 하라고 하십니다. 하나님께서 나에게 주신 자리에서 힘을 다해서 열심히 일하라는 것입니다. 그러고 나서야 칠 일째 되는 날에 쉬라는 말씀입니다. 노동에 관해서는 전혀 언급하지 않고 그저 안식에 대해서만 말하는 것은 4계명을 제대로 이해하지 못하고 있는 것입니다.

저는 어릴 때 주일을 지키는 데 대해서 상당히 율법적인 교훈을 받고 자랐습니다. 그래서 주일이 안식일이 되지 못하고 주일을 지키는 것이 짐처럼 무겁고 힘겹게 느껴지기도 했습니다. 안식일의 참된 의미를 알지 못하고 그저 율법적으로 지키려고만 했기 때문이었습니다. 그러나 안식일은 그야말로 영혼과 육신이 함께 편안히 쉬는 날입니다.

대개 휴식을 취한다는 것은 아무것도 안 하는 것이라고 생각하지만 꼭 그렇지는 않습니다. 어느 때는 아무것도 하지 않았는데도 아주 피곤할 때가 있습니다. 저는 늘 같은 일을 반복하다가 잠깐 전혀 다른 일을 하는 것이 휴식이라고 생각합니다. 늘 같은 일로 피곤해 있다가 다른 새로운 일을 접할 때 긴장해 있던 심신이 휴식을 취하게 되기 때문입니다. 육신이 피곤할 때는 몸만 쉬면 되지만, 정신적으로 피곤할 때는 쉬기만 해서 피곤이 풀리지는 않습니다.

앞에서 이미 말한 바 있지만 이 안식하라는 계명은 다른 계명과 달리 이스라엘의 역사와 아주 긴밀한 관계를 맺고 있습니다. 15절을 보십시오.

"너는 기억하라 네가 애굽 땅에서 종이 되었더니 너의 하나님 여호와가 강한 손과 편 팔로 너를 거기서 인도하여 내었나니 그러므로 너의 하나님 여호와가 너를 명하여 안식일을 지키라 하느니라."

안식일은 하나님께서 애굽의 착취와 억압 속에 있던 이스라엘 민족을 해방시키고 새 땅으로 인도하여 주신 것을 기념하기 위한 날이었습니다. 안식과 자유를 주신 분이 바로 여호와 하나님이라는 사실은 이스라엘 민족들이 영원토록 기억하고 기념해야 할 중요한 사항이자 계명이었습니다.

제5계명 – 부모 공경

다섯 번째 계명은 부모를 공경하라는 것입니다.

"너는 너의 하나님 여호와의 명한 대로 네 부모를 공경하라 그리하면 너의 하나님 여호와가 네게 준 땅에서 네가 생명이 길고 복을 누리리라."(신 5:16)

부모를 공경하라는 말에는 다른 설명이 필요 없습니다. 너무도 당연한 것이기 때문입니다. 그런데도 하나님께서는 이 계명을 잘 지켰을 때에도 두 가지 축복을 약속해 주셨습니다. 첫째는 이 땅에서 장수하는 것이고, 두 번째는 복을 누리는 것, 곧 성공을 보장해 주신다는 것입니다.

만일 자신이 하는 일들이 잘 되지 않고 하는 일마다 힘이 든다면 부모님과 자신과의 관계를 체크해봐야 할 것입니다. 부모를 공경하는 사람은 이 땅에서 잘 될 것이라고 하나님께서 보장을 하셨기 때문에 부모와의 관계가 좋다면 하는 일마다 잘 되는 것이 마땅할 것이고, 그렇지 않고 부모에게 불효하는 사람들은 하는 일들이 어렵고 힘들 것입니다.

물론 장수하는 것 하나만을 가지고 축복이라고는 할 수 없습니다. 다른 일들도 다 잘 되면서 오래 살아야지 죽고 싶을 정도로 고통스러운데 오래 살기만 한다면 그것은 고통을 연장하는 것이지 축복이라고 할 수 없습니다. 하는 일이 잘 되고 오래 사는 것, 이 두 가지가 온전히 합해져야 하나님의 축복입니다.

제6계명 – 살인 금지

여섯 번째 계명은 살인을 금지한 것입니다.

"살인하지 말지니라."(신 5:17)

어떤 경우라 하더라도 살인이 정당화되기는 어렵지만 여기에서 말하는 살인은 고의성이 있는 살인을 지칭합니다. 전혀 의도가 없었는데 사람을 죽이게 되었을 때는 하나님께서 그 목숨을 보존해 주시고 제사장이 죽으면 사면되도록 살 길을 열어두셨습니다. 그러나 고의로 저지른 살인은 용서될 수 없었습니다.

제7계명 – 간음 금지

일곱 번째 계명은 간음 금지입니다.

"간음하지도 말지니라."(신 5:18)

이것 역시 다른 설명이 필요 없습니다. 남자든 여자든 하나님께서 짝지어 주신 사람 외에는 순결을 지키고 어떤 유혹에도 넘어가지 말아야 합니다. 성이 개방되고 상품화되어 있는 요즘 특히 주의해서 지켜야 할 계명입니다.

제8계명 – 도적질 금지

여덟 번째 계명은 도적질의 금지입니다. 사유재산을 중요하게 여기시고 보호하시는 것입니다.

"도적질하지도 말지니라."(신 5:19)

여기서의 도적질은 꼭 금전이나 현물만을 말하는 것은 아닙니다. 훔치는 것에도 여러 가지가 있습니다. 남의 명예를 훔치는 것도 있고 남의 아이디어를 훔치는 것도 있고 시간을 훔치는 것도 있습니다. 이런 것들은 눈에 보이지 않기 때문에 도적질이라는 것을 인식하지 못하고 그냥 지나치기 쉽습니다.

그러나 앞으로의 사회에서는 보이는 것보다 보이지 않는 것을 훔치는 것을 더욱 엄격하게 통제하게 될 것입니다. 특히 정보의 가치가 점점 높아지고 있기 때문에 이런 부분에 관한 보호가 철저해질 것입니다. **8계명을 생각할 때는 사회가 변함에 따라 재산의 개념도 달라진다는 것을 염두에 두어야 하겠습니다.**

하나님 앞에 헌금을 하겠다고 약속을 하고서 지키지 않는 것도 일종의 도적질입니다. 제가 가끔 이런 설교를 하면 성도들 중에 몇몇 분이 과거에 하나님과 약속하고서 지키지 못한 헌금이 있는데 어떻게 했으면 좋겠느냐고 물을 때가 있습니다. 그러면 저는 이제라도 그때 약정했던 헌금 액수에 지난 날 수와 물가 인상률을 감안해서 헌금을 하라고 권유합니다. 그래야 평생의 채무감에서 벗어날 수 있기 때문입니다.

제9계명 - 거짓말 금지

아홉 번째 계명은 거짓말하지 말라는 것으로 진실의 중요성을 강조하신 것입니다.

"네 이웃에 대하여 거짓 증거하지도 말지니라."(신 5:20)

하나님께서는 있지도 않은 말을 꾸며서 하거나 사실과는 전혀 다른 이야기를 전하는 것을 금하셨습니다. 그 거짓말로 인하여 다른 사람이 피해를 보거나 억울한 일을 당하게 되면 거기에 대한 벌은 거짓말을 한 사람이 받을 것입니다.

제10계명 - 탐욕 금지

열 번째 계명은 탐심을 갖지 말라는 경고로 마음을 깨끗하게 가지라는 말씀입니다.

"네 이웃의 아내를 탐내지도 말지니라 네 이웃의 집이나 그의 밭이나 그의 남종이나 그의 여종이나 그의 소나 그의 나귀나 무릇 네 이웃의 소유를 탐내지도 말지니라."(신 5:21)

탐욕은 마음에서 나옵니다. 많은 사람들이 행동으로는 죄를 짓지 않을 수도 있지만 마음속으로는 언제든지 죄를 지을 수 있는 가능성을 지니고 있습니다.

죄는 네 가지 형태로 나누어 생각해 볼 수 있습니다. 첫째는 하지 말하야 할 것을 한 것, 둘째는 해야 할 것을 하지 않은 것, 셋째는 행하지는 않았지만 나쁜 생각을 한 것, 넷째는 악한 상태에 있는 것입니다. 죄는 이렇게 다양한 형태로 나타납니다. 따라서 내가 구체적으로 행하지 않았다고 해서 죄로부터 깨끗하다고 생각해서는 안 됩니다. 늘 경계해서 죄가 자신을 어떤 형태로든 점령하지 못하도록 해야 합니다.

언약의 성립

22-27절에는 십계명을 받은 이스라엘 백성들의 반응이 나타나 있습니다.

"여호와께서 이 모든 말씀을 산 위 불 가운데, 구름 가운데, 흑암 가운데서 큰 음성으로 너희 총회에 이르신 후에 더 말씀하지 아니하시고 그것을 두 돌판에 써서 내게 주셨느니라 산이 불에 타며 캄캄한 가운데서 나오는 그 소리를 너희가 듣고 너희 지파의 두령과 장로들이 내게 나아와."
(신 5:22-23)

모세는 하나님께서 친히 말씀하시는 십계명을 불과 구름과 흑암 가운데서 들었습니다. 하나님께서는 모습을 나타내시지 않았지만 이 십계명을 두 돌판에 써서 모세에게 주셨습니다.

백성들의 태도

27절 후반절에 보면 "우리에게 전하소서 우리가 듣고 행하겠나이다 하였느니라." 하는 말이 나옵니다.

하나님과 이스라엘 각 지파의 두령들과 장로들 사이에 언약이 성립되었습니다. 1절에서 하나님께서 내리신 명령을 이스라엘의 백성이 순종하겠다고 약속함으로써 시내 산 언약이 이루어진 것입니다. 그런데 이들이 언약을 맺은 중요한 이유는 하나님에 대한 큰 두려움 때문이었습니다. 불길 가운데에서 하나님의 음성을 들은 이스라엘 백성들은 하나님의 위엄과 영광을 보면서 생명의 위협을 느낄 만큼 두려웠습니다(신 5:24-26). 그래서 그들은 모세에게 이렇게 부탁합니다.

"당신은 가까이 나아가서 우리 하나님 여호와의 하시는 말씀을 다 듣고 우리 하나님 여호와의 당신에게 이르시는 것을 다 우리에게 전하소서."
(신 5:27)

하나님과의 언약이 성립되긴 하였으되 이것은 두려움에 순종한 것입니다. 사랑과 감사 가운데서 약속을 했으면 더 좋았을 텐데 그렇게 하지 못한 것이 안타깝습니다.

제가 하나님을 알게 된 것은 꽤 오래 전의 일이지만 예수 그리스도의 복음을 깨닫고 나서야 놀라운 변화가 생겼습니다. 복음을 바로 깨닫기 전에는 두려움이 많았습니다. 어떤 일을 해도 하나님께서 나에게 벌을 주시지나 않을까, 지금 하고 있는 일이 정말 괜찮은 것인가 하는 의심이 들어 마음 가운데 공포를 지울 수 없었습니다. 하나님만 생각하면 사랑과 감사를 느끼기보다는 겁이 났습니다.

그런데 예수님과 나와의 인격적이고 개인적인 구속의 은혜를 깨닫고 나서는 하나님을 대하는 자세가 달라졌습니다. 공포와 두려움이 사랑과 감사로 변한 것입니다. 같은 일을 하고 같은 행동을 해도 그 속에 있는 마음은 전혀 다른 상태가 되었습니다. 똑같은 행동도 결과가 다르게 나타나고 다른 열매를 맺게 되었습니다. 동기가 이렇게 중요한 것입니다.

인간의 모든 것을 감찰하시는 하나님

28절을 보면 아주 재미있는 말씀이 나옵니다.

> "여호와께서 너희가 내게 말할 때에 너희의 말하는 소리를 들으신지라 여호와께서 내게 이르시되 이 백성이 네게 말하는 그 말소리를 내가 들은즉 그 말이 다 옳도다."

하나님께서 이스라엘 장로들과 모세가 나눈 이야기를 다 듣고 계셨다는 것입니다. 이 말은 지금 이 시간에도 우리가 하는 이야기들을 하나님께서 다 듣고 계시다는 말입니다. 이것은 우리에게 굉장한 도전인 동시에 축복의 말씀입니다.

하나님께서는 하나님의 자녀들이 나누는 이야기들을 다 듣고 계십니다. 아무리 구석진 골방에서 이야기를 한다고 해도, 아무리 작은 소리로 속삭인다 해도 다 들으십니다. 심지어 우리 마음속에 일어나는 생각까지도 다 아십니다(시 139:1-6).

언제 어디서나 나의 모든 것을 민감하게 주시하고 계시는 하나님을 의식하고 산다면 우리의 삶은 아주 달라질 것입니다. 함부로 말하지도 않을 것이고, 지키지 못할 약속을 하지도 않을 것이며, 나쁜 말을 쓰지도 않을 것입니다. 또한 더욱 조심하고 경건한 삶을 살려고 노력할 것입니다.

하나님께서는 지금 이 순간에도 우리의 말소리를 들으시고 우리의 행동을 보고 계시다는 것을 늘 기억해야 할 것입니다.

택한 백성을 축복하시는 하나님

그들의 말을 다 들으신 하나님께서는 이스라엘 백성들을 축복하셨습니다. 29절을 보십시오.

"다만 그들이 항상 이 같은 마음을 품어 나를 경외하며 나의 모든 명령을
지켜서 그들과 그 자손이 영원히 복 받기를 원하노라."

하나님께서는 하나님을 경외하는 마음을 품고 하나님의 명령을 지켜서 행하여서 그들과 그 자손들에 이르기까지 영원히 복을 받기 원하신다고 말씀하셨습니다.

하나님을 경외하고 그 명령을 지키는 것은 마치 쭉 뻗은 고속도로를 달리는 것과 같습니다. 일단 진입해서 차선을 지키고 속도를 지켜서 달리면 목적지에 안전하게 도착하지만, 차선을 벗어나면 엄청난 사고를 당하게 되어 있습니다.

모세에게 내린 지시

이렇게 백성들을 축복하심으로 말씀을 마치신 하나님께서는 이스라엘의 장로들에게 장막으로 다 돌아가라고 하시고 모세만 그 곁에 서게 하셨습니다.

31절에는 하나님께서 그에게 지시하시는 말씀이 나옵니다.

"너는 여기 내 곁에 섰으라 내가 모든 명령과 규례와 법도를 네게 이르리니
너는 그것을 그들에게 가르쳐서 내가 그들에게 기업으로 주는 땅에서 그들

로 이를 행하게 하라 하셨나니.”

이런 것을 보면 영적인 지도자에게 얼마나 막중한 책임이 주어져 있는지 알 수 있습니다. 주님의 모든 명령을 듣고 그것을 가르쳐서 행하게 할 의무가 지도자들에게 주어져 있기 때문입니다. 또한 영적인 지도자는 평신도들보다 주님과 보내는 시간이 훨씬 더 많아야 한다는 점도 알 수 있습니다.

모세에게 주신 이 명령은 이스라엘에게 기업으로 주신 땅 가나안에서 행해야 할 것들이었습니다.

너희에게 명하신 모든 도를 행하라

32-33절은 모세가 이스라엘 백성들에게 하는 말입니다.

“그런즉 너희 하나님 여호와께서 너희에게 명령하신 대로 너희는 삼가 행하여 좌로나 우로나 치우치지 말고 너희 하나님 여호와께서 너희에게 명하신 모든 도를 행하라 그리하면 너희가 삶을 얻고 복을 얻어서 너희의 얻은 땅에서 너희의 날이 장구하리라.”

하나님께서 무엇을 하라고 명령하실 때에는 반드시 특별한 목적이 있습니다. 그 목적은 늘 동일합니다. 바로 그 백성들을 잘 살게 하는 것입니다. 부모가 자식에게 품는 마음으로 이런 저런 것을 명하시는 것입니다. 그런데 그 말씀을 잔소리처럼 생각해서 잘 듣지 않으면 망하는 길로 가게 됩니다. 행하라고 하실 때 벗어나지 말고 그대로 행하십시오. 그러면 그 모든 것이 풍성한 복으로 돌아올 것입니다.

그리스도인의 기초, 십계명

십계명에 대해서 다시 한 번 정리해 보겠습니다.

십계명은 인간이 지켜야 할 최소한의 법입니다. 그러므로 십계명을 그리스도인이 지켜야 할 최고의 법으로 생각하면 오산입니다. 저도 한때는 그렇게 생각했습니다만 십계명은 우리가 지켜야 할 최소한의 법입니다. 계명의 대부분이 무엇무엇을 하지 말라는 소극적인 명령으로 되어 있기 때문입니다. 이 법을 지키는 방법은 그저 아무것도 하지 않으면 되는 것입니다.

그러나 하나님의 법을 잘 지키려면 적극적인 행동이 필요합니다. 하나님과 인간에 대한 적극적인 사랑으로 하나님의 법을 지켜야 비로소 하나님의 법을 지키는 사람이라고 할 수 있습니다.

그리고 또 한 가지 주의할 것이 있습니다. 십계명이 자신의 자유를 제한한다고 생각해서는 안 된다는 것입니다. 십계명은 다른 하나님의 말씀처럼 축복의 편지이고 사랑의 편지입니다. **단순히 십계명에서 하지 말라고 하는 것을 하지 않으려고 애쓰기보다는 하나님과 사람을 사랑하는 마음을 가지고 하면 결과적으로 십계명을 적극적으로 지키게 되는 것임을 알아야 합니다.** 열 가지를 안 하려고 하는 것보다 사랑하는 것 하나만 하면 모든 것이 다 해결됩니다.

모든 율법의 완성은 사랑입니다. 다른 율법에 대해서는 일일이 생각할 필요가 없습니다. 사랑은 모든 문을 열 수 있는 마스터 키입니다. 그러나 이것 역시 인간이 행위만으로는 할 수 없습니다. 하나님의 자비와 은혜만이 그 명령에 순종하도록 인도하십니다.

위대한 첫 계명

6:1-25

예배는 체면치레로 드리는 것이 아닙니다.
하나님께서는 체면 때문에 마지못해 하는 인사가 아니라,
신령과 진정으로 드리는 예배만 열납하신다는 것을 기억하십시오.

신명기 6장은 기독교인의 신앙과 생활을 총망라하여 요약한 것입니다. 이는 율법의 세부 사항으로서 매우 중요한 명령과 경고를 담고 있습니다.

그 내용을 좀더 쉽고 구체적으로 표현하면 하나님께서 이스라엘 백성들에게 계명을 주신 목적과 그에 순종했을 때 돌아올 결과라고 하겠습니다.

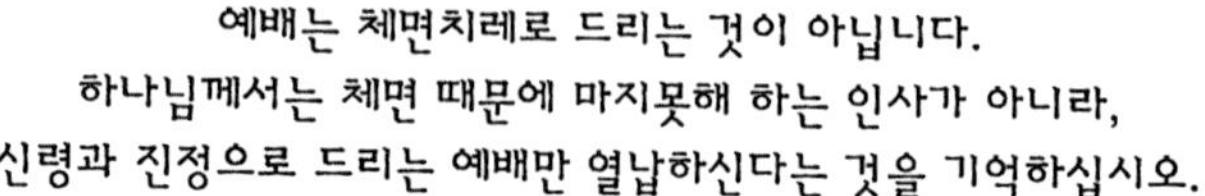

계명의 목적과 순종의 결과

계명의 목적

1-2절은 신명기 서두에 명하신 말씀이 반복된 것으로 계명을 주신 네 가지 목적이 나타나 있습니다.

첫째, 평생 하나님 여호와를 경외하며,

둘째, 하나님께서 주실 땅에 들어가 정복하고,

셋째, 하나님께서 주신 율례를 그대로 지켜 행하며,

넷째, 그것을 아들과 손자들에게 가르쳐 지키게 하기 위함이었습니다.

순종의 결과

그리고 이 모든 것에 순종할 때 하나님께로부터 복을 받고 허락하신 땅에서 장수하며 번성하리라는 것입니다. 3절에는 이 말씀을 종합하여 쓰고 있습니다.

"이스라엘아 듣고 삼가 그것을 행하라 그리하면 네가 복을 얻고 네 열조의 하나님 여호와께서 네게 허락하심같이 젖과 꿀이 흐르는 땅에서 너의 수효가 심히 번성하리라."

여기서 '삼가' 라는 단어를 유의해서 살펴보십시오. 하나님의 말씀을 듣고 행하되 조심스럽게 행해야 한다는 뜻입니다. 대충 하는 것이 아니라 하나님의 말씀을 분명하게 듣고 그 말씀 그대로 신중하게 순종해야 합니다. 하나님의 말씀의 권위를 생각할 때 마땅히 그러해야 한다는 말입니다.

그리하면 복을 얻고 하나님께서 허락하신 젖과 꿀이 흐르는 땅으로 들어가며 그 백성의 수효가 심히 번성하리라고 하십니다. 땅 위에서 번성하는 것은 고대 민족국가들에 있어서 아주 큰 축복이라고 할 수 있습니다. 민족이 가진 힘의 크기는 사람의 수와 비례하는 것이었습니다. 따라서 사람이 많다는 것은 그만큼 강대한 나라가 된다는 것을 의미했습니다.

하나님을 믿는 삶은 복된 삶입니다. 하나님께서 하라는 대로 하기만 하면 축복은 보장되어 있습니다. 그런데 이 사실을 모르는 사람들이 아직도 많이 있으니 매우 안타깝기 짝이 없습니다. 저는 설교를 할 때마다 이 사실을 전하기 위해서 몸이 달아 어쩔 줄 모르는데, 자리에 앉아서 그저 듣기만 하는 사람들은 이것을 알 리가 없습니다.

듣기만 한다고 이 진리가 깨달아지는 것이 아닙니다. 행해 봐야만 그 진리를 알 수 있습니다. 달고 맛있는 과일을 두고 얼마나 맛이 있는지를 잘 설명한다고 해도 그것을 먹어보기 전에는 알 수가 없습니다. 하나님의 말씀도 이와 같습니다. 일단 행해서 그 결과를 보아야만 하나님이 약속하신 축복이 어떻게 이루어지는지 알 수 있는 것입니다.

저는 그 말씀을 행하고 얻은 열매를 맛본 사람입니다. 그래서 하나님의 말씀에 불순종하고 싶은 생각이 조금도 없습니다. 하나님의 말씀에 순종했을 때의 그 달콤한 열매의 맛을 분명히 알기 때문에 그런 생각을 할 수가 없는 것입니다. 물론 저의 인간적인 연약함 때문에 실수를 할 수는 있지만 그 외에는 하나님의 말씀을 어기고 싶은 생각이 없습니다.

이와 같은 순종을 하는 데에는 원리가 필요합니다. 그 위대한 첫 번째 원리가 바로 사랑입니다. 하나님을 향한 간절한 사랑은 앞에서 말한 듣고 가르치고 행하고 얻는 목적을 단번에 이룹니다. 십계명을 다 지키려고 노력할 것이 아니라 사랑만 제대로 실천하면 되는 것과 마찬가지입니다. 옛날 바리새인들은 이천 가지나 되는 법을 다 지키려고 발버둥쳤는데 그것은 모두 소용없는 일이었습니다. 사랑 한 가지면 모든 것을 한꺼번에 해결할 수 있습니다.

위대한 첫째 계명-쉐마

크고 첫째되는 계명

4절부터는 이스라엘 민족들이 전통적으로 신앙고백으로 삼았던 '쉐마'가 있습니다.

'쉐마'는 '들으라'는 뜻의 히브리말에서 유래된 것으로 유일하신 여호와 하나님에 대한 사랑을 그 주제로 하고 있습니다. 이스라엘의 어린이들은 교육을 받기 시작하면서부터 이 '쉐마'를 듣고 자랍니다. 하나님의 말씀에 사는 길이 있다는 것을 알기 때문에 이 단어를 많이 사용하고 중요하게 여기는 것입니다.

모든 삶의 출발이 하나님께로부터 시작되는 것이므로 우리는 우리 자신의 말을 먼저 하는 것이 아니라 하나님의 말씀을 듣는 것을 먼저 해야 합니다.

> "이스라엘아 들으라 우리 하나님 여호와는 오직 하나인 여호와시니 너는
> 마음을 다하고 성품을 다고 힘을 다하여 네 하나님 여호와를 사랑하라."
> (신 6:4-5)

오직 하나뿐이신 여호와께서 계시하실 때 우리는 지체할 여지없이 반응해야 합니다. 4절에서 하나님을 가리키는 '엘로힘'은 복수로서 삼위일체를 의미합니다. '아도나이'는 영원하신 하나님을, '에하드'는 유일하신 하나님을 나타냅니다.

창조주께서 명령하실 때 피조물은 한 가지 태도로밖에 반응할 수 없습니다. 그것은 마음을 다하고 성품을 다하고 힘을 다하여서 내 앞에 나타나신 하나님을 순종하고 사랑하는 것입니다(신 6:5). 그 외의 반응을 나타낸다

는 것은 곧 기찻길에서 탈선하는 것과 같습니다. 아예 망할 생각이 아니라면 탈선의 길을 가려 하지는 않을 것입니다. 그 길은 자멸하는 길이기 때문입니다.

　매일 하나님의 말씀을 묵상하고 기도하다 보면 마음과 뜻과 정성을 다하여 하는 것이 아니라 습관처럼 그것을 하고 있는 제 자신을 발견하게 될 때가 있습니다. 이런 모습을 깨닫는 순간 정신이 번쩍 듭니다. '이거 내가 하나의 예식처럼 매일 이 일을 반복하고 있구나' 하는 것을 느끼면 그 다음부터는 다시 진정으로 하나님을 만나기 위해서 몸과 마음을 가다듬습니다. **마음과 뜻과 정성이 들어가 있지 않으면 그것은 그저 하나의 의식에 불과한 것입니다.** 하나님께 드리는 진정한 예배라고 볼 수 없습니다.

　사람과 사람 사이의 관계에서도 어떤 행위를 하느냐가 중요한 것이 아니라 그 행동에 애정이 있느냐 없느냐가 더 중요합니다. 애정이 없는 행동은 아무 의미가 없습니다. 볼 수 있고 만질 수 있는 것을 좋아하는 사람도 그 속에 마음이 담겨 있지 않으면 의미를 느끼지 못하는데 하물며 보이지 않는 영이신 하나님을 경배하는 데 마음과 뜻이 없다면 그것은 아무것도 아닙니다. 하나님이 보시는 것은 그 사람 마음의 중심입니다. 그리고 그 중심이 바로 서야만 바른 행동이 나오는 것입니다.

　또한, 하나님께 대한 인간의 반응은 전인적으로 나타나야 합니다. 부분적인 반응만으로는 온전한 것이 될 수 없습니다. 이것이 종교와 철학의 차이이기도 합니다. 철학은 머리로 생각하면 되지만 종교는 머리로만 할 수는 없습니다. 그래서 철학이 종교를 따라올 수 없는 한계를 갖고 있습니다. 마음과 의지와 힘을 전부 동원해야 하나님을 바로 섬기는 것이 가능해집니다.

　종교적인 헌신은 어떤 장애가 와도 중단시킬 수 없는 힘이 있습니다. 믿음을 가진 사람들이 죽음을 불사하는 힘을 갖게 되는 원동력이 바로 거기에 있습니다. 철학을 위해서 죽는 사람은 없습니다. 그러나 종교를 위해서 순교하는 사람은 언제 어디서나 있고 또 그들은 그런 순교를 자랑스럽게 여깁니다. 인간이 가장 두려워하는 죽음조차도 신앙을 넘어뜨릴 수 없습니다.

참된 신앙은 총체적이면서도 한편으로는 배타성을 갖습니다. 하나님은 한 분이시고 그분만이 창조주이시기 때문에 그분 안에서는 모든 것이 다 수용될 수 있습니다. 우주 전체와 공간과 시간과 역사와 이 모든 것들이 유일하신 하나님의 통치 아래 있습니다. 그렇기 때문에 하나님을 부인하는 사실들은 전혀 용납이 되지 않습니다. 하나님 안에 있는 것 외에는 배타적인 태도를 보이게 되는 것입니다.

불교나 유교는 뚜렷하게 배타성을 띠고 있지 않습니다. 그래서 사람들이 접촉하기가 쉽고 포용력이 있어 보입니다. 반면에 기독교는 다른 종교보다 배타성이 짙기 때문에 독선적이라는 평을 듣습니다. 기독교는 타협하지 않는 종교입니다. 기독교인들은 이 점을 자랑스럽게 생각해야 합니다. 그것은 곧 순결한 믿음을 지키기 위한 것이기 때문입니다.

인간의 세 가지 책임

6-9절에는 마음을 다하고 성품을 다하고 힘을 다하여 하나님을 사랑하기 위한 방법이 나옵니다. 하나님의 말씀을 듣기만 해서는 마음을 다해 하나님을 섬길 수 없습니다. 잊기 쉽고 의지가 약한 인간이 하나님을 사랑하고 그 말씀을 지켜 행하기 위해서는 지켜야 할 것들이 있습니다.

첫째, 하나님의 말씀을 마음에 새겨야 합니다.

하나님의 백성은 이 말씀을 마음에 새기고 전달할 책임이 있습니다. 모양새만으로는 되지 않습니다. 먼저 마음이 있어야 합니다. 6절을 보십시오.

"오늘날 내가 네게 명하는 이 말씀을 너는 마음에 새기고."

이것은 자식을 둔 부모를 향한 말씀으로 부모의 첫 번째 책임이기도 합니다. 하나님의 말씀을 '오늘', 나의 '가슴'에 먼저 새겨야 합니다. 그렇지 않으면 자녀들의 가슴속에 심어줄 수 없습니다. 모든 교육은 나로부터 시작합니다. 말로만 할 것이 아니라 먼저 자신의 마음에 새기고 그것을 행동으로 옮겨 보여주는 것이 참된 교육입니다.

기독교의 신앙교육은 교회의 주일학교에서 하는 것이 아니라 부모로부터 출발하는 것입니다. 모든 교육이 그렇지만 특히 신앙교육은 어떤 교육기관이 전적으로 맡아서 할 수 있는 것이 아닙니다. 부모의 가슴에 새겨져 있는 것이 자녀에게 전달되는 것입니다.

새긴다는 말은 돌을 쪼아서 글자를 박아 넣는다는 말입니다. 그러므로 새겨진 것은 지울 수가 없습니다. 종이가 아닌 가슴에 새겨 넣은 것은 더욱 오래 남습니다. 머리는 이성을 가슴은 감정을 담고 있습니다. 이성적인 판단은 감정적인 판단을 뛰어넘기 힘듭니다. 머리로는 오른쪽으로 가야 한다는 판단을 내려도 왼쪽으로 마음이 기울면 왼쪽으로 방향을 돌리기 쉽습니다.

행동을 이끌어내는 것은 머리보다는 마음이 움직일 때입니다. 머리로 생각한 것을 가슴으로 뜨겁게 느낀 후에야 행동으로 나타나는 것입니다. 그래서 행동에 있어서는 지식인이 신앙인을 이길 수 없습니다.

종종 많이 배운 지식인들보다 배우지 못한 사람들이 오히려 더 깊은 신앙을 가지는 것도 말씀을 머리가 아니라 마음에 새겼기 때문입니다. 특히 가족 구성원 중에서 가장이 하나님의 말씀을 가슴에 새기는 것은 매우 중요합니다.

최근에 한 부인이 저에게 상담을 청해 왔습니다. 그분의 남편은 사업가인데 주일이면 사업 관계로 꼭 골프를 치러 나가곤 해서 걱정이라는 것이었습니다. 그분 나름대로는 새벽기도를 드리거나 가까운 동네 교회에 가서 예배를 드리고 나가기도 하는데 어떤 때는 아예 교회에 못 가는 날도 있다면서 이렇게 해도 제대로 주일을 지키는 것이냐고 물어왔습니다.

저는 하나님께 드리는 예배는 그 사람이 출석을 했는가 안 했는가 보다 그 사람의 예배에 마음과 뜻과 정성이 들어 있는가 하는 것이 더 중요하다고 그분에게 대답해 드렸습니다. 예배에 빠지면 혹시 하나님께서 벌을 내리셔서 사업이 어렵게 될까 봐 교회에 나가는 것은 바람직한 예배의 태도라 할 수 없다고 말했습니다. 친구 결혼식에 가면서 진정으로 축하하는 마음이 아니라 얼굴이나 내밀러 간다는 생각으로 가는 사람들이 많이 있는데, 마음이 없이 드리는 예배도 그저 하나님께 얼굴 내밀러 가는 것과 같은 것입니다. 예배는 체면치레로 드리는 것이 아닙니다. 하나님께서는 체면 때문에 마지못해 하는 인사를 받으시는 분이 아닙니다. 하나님은 신령과 진정으로 드리는 예배만 열납하신다는 것을 기억하십시오.

둘째, 하나님의 말씀을 가르쳐야 합니다.

"네 자녀에게 부지런히 가르치며 집에 앉았을 때에든지 길에 행할 때에든지 누웠을 때에든지 일어날 때에든지 이 말씀을 강론할 것이며."(신 6:7)

　　가장은 하나님의 말씀을 '부지런히' 가르쳐야 합니다. 말씀을 가르침에 있어 가장의 첫 번째 책임은 자기 자신이고 두 번째 책임은 자기 가족입니다. 시간을 정해 놓고 가르치는 것이 아니라 집에 앉았을 때나 누웠을 때나 가리지 않고 '부지런히' 하나님의 말씀을 가르쳐야 합니다. 하나님의 법이 생활화되어야 한다는 말입니다.

셋째, 하나님의 말씀이 자신의 습관과 행동을 주관하게 해야 합니다.

> "너는 또 그것을 네 손목에 매어 기호를 삼으며 네 미간에 붙여 표를 삼
> 으며 네 미간에 붙여 표를 삼고 네 집 문설주와 바깥문에 기록할지니라."
> (신 6:8-9)

　　하나님의 말씀을 가르치는 것은 물론이거니와 그것을 늘 몸에 지니고 다니며 집의 안팎에 붙여서 그 집이 하나님을 믿는 사람의 집임을 나타내도록 하라는 말입니다.

　　사적이든 공적이든 하나님을 믿는 사람은 그가 하나님의 법을 따라 산다는 표가 나야 합니다. 그런데 사람들은 하나님의 말씀을 가르치는 일을 모두 교회에 맡겨 버리려고만 합니다. 일주일에 한 번 교회에 몇 시간 있는 것으로 모든 교육이 끝난 것처럼 생각합니다.

　　교회는 우선 가장을 교육하는 곳입니다. 그리고 가장이 가정에서 온 가족을 가르쳐야 합니다. 교회에서 받는 교육도 중요하지만 대부분의 시간을 보내는 가정에서 일상적으로 가르치고 배우는 것이 더욱 중요합니다. 이렇게 볼 때 신앙 교육의 책임을 맡고 있는 가장의 책임은 결코 가볍게 지나칠 수 없습니다.

불순종에 대한 경고

우리가 이렇게 하나님의 말씀에 순종한다면 하나님의 축복이 임하실 것입니다. 그럴 때에 우리가 꼭 기억해야 할 점이 있습니다.

첫 번째는 **'너를 구원하신 하나님을 잊지 말라'** 는 것입니다.
10-12절을 보십시오.

"네 하나님 여호와께서 네 열조 아브라함과 이삭과 야곱을 향하여 네게 주리라 맹세하신 땅으로 너로 들어가게 하시고 네가 건축하지 아니한 크고 아름다운 성읍을 얻게 하시며 네가 채우지 아니한 아름다운 물건이 가득한 집을 얻게 하시며 네가 파지 아니한 우물을 얻게 하시며 네가 심지 아니한 포도원과 감람나무를 얻게 하사 너로 배불리 먹게 하실 때에 너는 조심하여 저를 애굽 땅 종 되었던 집에서 인도하여 내신 여호와를 잊지 말고."

하나님께서는 인간의 속성을 너무나 잘 알고 계십니다. 성경을 읽고 묵상하면 할수록 그 사실을 깊이 깨닫게 됩니다. 인간은 하나님의 축복을 받아서 아무 걱정 없이 잘 살게 될 때 하나님을 쉽게 잊습니다. 이것은 의심할 수 없는 사실입니다.

어렵고 고통스러울 때는 하나님을 찾고 그 앞에 부르짖다가도 일단 하나님이 선하게 응답하시면 그 다음에는 언제 그랬느냐는 듯이 잊어버립니다.

목회자들도 옛날처럼 못 먹어서 고생하던 시대는 지나갔습니다. 최소한 목회 생활에서 경제적인 어려움을 우려하여 자식들이 목회하려는 것을 말리는 목사님들은 계시지 않을 것입니다. 옛날 어른들 중에는 지금도 목회자들이 고생하면서 살던 때를 생각하고 아들이 신학을 하겠다고 하면 걱정을 하면서 말리는 분들이 있습니다.

미국의 이민자들 중에도 같은 생각을 하는 경우가 있었습니다. 어떤 교회의 전도사 한 사람이 교회 학생들의 마음에 불을 붙여서 많은 학생들이 신학을 하겠다고 나서니까, 장로 권사인 부모들이 화가 나서 그 전도사를 교회에서 쫓아버린 사건도 있었습니다. 미국에 이민 올 때는 자식들이 좋은 대학을 나와서 사회적으로 인정받는 지위와 경제적인 풍요를 누리게 할 생각이었는데, 하버드나 프린스턴 같은 학교를 마친 엘리트들이 다시 신학교에 가겠다고 하니까 부모들이 믿는 사람들인데도 반대하고 나선 것입니다. 저는 그 이야기를 듣고 그분을 우리 교회에 모셔 와서 2세들을 지도하게 했습니다. 제가 생각한 대로 그분은 아주 훌륭히 학생들을 가르치고 바른 길로 인도하였습니다.

목회자들 역시 일단 고생에서 벗어나면 영적인 힘이 떨어지게 되는 경우가 있습니다. 겉보기에는 아주 화려해지고 안정이 되었는데 속에 있는 영혼은 점점 약해지고 심지어는 병까지 들게 되는 것입니다. 주님에 대한 갈증이 없어지면 그 다음에는 자기 욕심에 이끌려서 하나님을 잊게 됩니다. 그런 얄팍한 인간의 속성을 하나님께서는 너무도 잘 알고 계시기 때문에 축복을 받을 때 그 복을 주신 하나님을 잊지 말고 더욱 경외하며 섬기라고 말씀하고 계시는 것입니다.

하나님께서 축복하실수록 더 많이 기도하고 더 많이 성경을 읽고 더 많이 묵상해야 합니다. 그렇지 않으면 언제 하나님께서 그것들을 다시 거두어 가실지 모릅니다.

두 번째는 **'하나님만 경외하고 다른 신들을 섬기지 말라'** 는 것입니다.

하나님을 잊어버리고 다른 곳에 눈을 돌리면 벌써 경고가 옵니다. 13-15
절을 보십시오.

> "네 하나님 여호와를 경외하며 섬기며 그 이름으로 맹세할 것이니라 너희
> 는 다른 신들 곧 네 사면에 있는 백성의 신들을 좇지 말라 너희 중에 계신
> 너희 하나님 여호와는 질투하시는 하나님이신즉 너희 하나님 여호와께서
> 네게 진노하사 너를 지면에서 멸절시킬까 두려워하노라."

하나님 한 분만을 바라보고 곧게 걸어야 하는데 그렇지 않고 이곳 저곳을
기웃거리면서 한눈을 팔면 하나님께서는 진노하시고 축복을 쳐서 흩으시
며 멸절시키십니다. 하나님은 질투하시는 하나님이시고 진노하시는 하나
님이십니다. 혹 하나님을 필요한 때에 사용하는 요술 방망이처럼 생각한다
면 큰 잘못입니다.

그런데 때로는 자기 만족을 좇아 지나치게 열을 올리면서 하나님의 일을
하겠다고 하는 사람들도 있습니다. 이렇게 지나치게 하나님의 일에 매달리
는 사람은 그 동기가 심상치 않을 경우가 많습니다. 이런 잘못된 원인을 가
지고 하나님의 일을 하다보면 그만큼 시험에 빠져들기도 쉽고, 자신이 하
는 것과 남들이 하는 것을 비교하며 불평과 불만을 가지기 쉽습니다. 남들
에게도 자신과 똑같은 정도의 헌신을 요구하고 그렇게 하지 않는 사람들을
비난합니다. 이처럼 그 동기가 순수하지 못한 헌신은 경계해야 합니다.

주님의 일을 하면서도 하나님의 의가 아닌 다른 것을 구하고 있지는 않은
가 늘 점검해 보아야 합니다. 이렇게 자기 자신을 다스리는 것 하나도 너무
나 힘드는 것이 인간입니다. 그러나 하나님의 길에서 벗어나는 것은 죽음
을 자초하는 것입니다.

세 번째는 '**하나님을 시험하지 말라**' 는 것입니다.
16절을 보십시오.

"너희가 맛사에서 시험한 것같이 너희의 하나님 여호와를 시험하지 말고"

이스라엘 백성들은 맛사에서 목이 말라 죽을 고비를 넘기면서 하나님을 신뢰하지 못하고 불평하면서 하나님을 시험하였습니다.(출 17:7)
그러나 하나님은 시험을 당하는 분이 아니십니다. 믿음이 없는 자가 하나님을 시험합니다. 하나님이 어떤 분이신지 아는 사람은 감히 하나님을 시험할 생각을 하지 않습니다. 믿음이 있는 사람이라면 그것이 얼마나 위험하고 불경스러운 일인지 잘 알기 때문입니다.

네 번째는 '**하나님께 부지런히 순종하라**' 는 것입니다.
17-19절 말씀을 보십시오.

"너희의 하나님 여호와께서 너희에게 명하신 명령과 증거하신 것과 규례를 삼가 지키며 여호와의 보시기에 정직하고 선량한 일을 행하라 그리하면 네가 복을 얻고 여호와께서 네 열조에게 맹세하사 네 대적을 몰수이 네 앞에서 쫓아내리라 하신 아름다운 땅을 들어가서 얻으리니 여호와의 말씀과 같으리라."

오직 하나님께서 명하신 것을 잘 지키고 하나님 보시기에 정직하고 선량한 일을 행하는 것이 믿음 있는 사람의 행할 바입니다. 하나님 앞에서 옳은 일만 하십시오. 그러면 오랜 방황 끝에 비옥한 땅을 기업으로 받은 이스라엘 백성과 같이 어떤 시련 가운데서도 하나님의 복을 받게 될 것입니다.

말씀의 전달

20절에서 25절은 앞서 7절에 나온 명령을 설명한 것으로 자녀들에게 가르칠 율법의 내용을 담고 있습니다. 모세는 자녀들이 율법에 대한 의미를 질문하면 어떻게 대답할 것인가를 네 가지로 제시하고 있습니다.

첫째는 그들이 애굽에 노예로 있었던 사실을 말해 주고 둘째는 이스라엘 민족이 고통 가운데서 신음할 때에 하나님께서 권능의 손으로 그들을 구원하신 것을 말하라는 것입니다. 셋째는 그렇게 자신들을 인도하여 내실 때에 바로와 그 집에 보여주신 기사와 이적을 말해 주라는 것입니다. 그리고 넷째는 그런 이적을 통해서 이스라엘 백성들을 구원해 주신 하나님께서 그들 조상에게 약속하신 땅으로 인도하여 들어가게 하시고 그 땅에서 하나님께서 주신 계명과 율례를 지키라고 하셨다는 것을 말하라고 합니다.

일방적인 강요에서는 제대로 된 순종이 나올 수 없습니다. 납득할 만한 이유를 설명했을 때 온전한 마음으로 순종할 수 있게 됩니다. **하나님은 합리적인 분으로 맹목적인 순종을 강요하지 않으십니다.**

순종해야 할 이유를 설명하면서 그 순종의 결과가 어떻게 약속되어 있는가를 설명하는 것도 잊지 말아야 합니다. 24절입니다.

"여호와께서 우리에게 이 모든 규례를 지키라 명하셨으니 이는 우리로 우리 하나님 여호와를 경외하여 항상 복을 누리게 하기 위하심이며 또 여호와께서 우리로 오늘날과 같이 생활하게 하려 하심이라."

하나님께서 규례를 지키라고 하신 것은 우리로 하여금 복을 누리고 살게 하기 위한 것입니다. 어떻게 해서든지 복과 선함과 평안을 체험하면서 살게 하시려고 규례를 주신 것입니다. 그래서 같은 뜻의 말씀을 몇 번이고 반복해서 당부하시는 것입니다. 25절에서 보듯이 우리가 하나님께서 명하신 것을 삼가 지키는 것을 의롭게 보시고 우리를 축복하시겠다는 것은 신명기 6장을 아우르는 하나님 말씀의 결론입니다.

선택받은 백성
7:1-26

신앙의 체험은 하나님께서 이미 주신 것을
나의 것으로 만드는 것입니다.
하나님의 약속은 믿고 가서 가지는 사람의 것입니다.

신명기 7장에서는 이스라엘 백성이 하나님께서 허락하신 땅을 정복하면서 지켜야 할 규례를 설명하고 있습니다.

적을 철저히 제거하라

1-5절에서 하나님께서는 적을 철저하게 제거하라고 명령하십니다. '철저한 정복'이라는 말은 영적으로 상당한 도전을 주는 말입니다. 하나님이 보시기에 세계는 명확히 둘로 나뉘어져 있습니다. 하나님의 세계는 우리가 흔히 말하는 흑백논리의 세계입니다. 하나님과 사탄, 오직 선과 악이 있을 뿐 중간의 회색지대는 없습니다. **하나님이 아니면 사탄에게 속해 있는 것이지 그 사이에 하나님이기도 하고 사단이기도 한 것은 없습니다. 그래서 신앙생활에는 단호한 결단이 필요한 것입니다.**

알고 보면 하나님을 믿는 생활이라는 것은 쉽고 간단합니다. 제가 처음 신학교 강단에서 이런 이야기를 하자 신학생들 모두 놀랐습니다. 이 말뜻을 잘 이해하지 못했기 때문입니다. 그러나 이것은 어려운 일이 아닙니다. 일단 기독교인으로서 철저하게 살겠다고 과감하게 결단을 하면 모든 일이 단순하고 쉬워집니다. 성도로서의 삶이 어려워지는 이유는 양편에 한 다리씩 걸치고 어정쩡하게 살려고 하기 때문입니다. 헌신하지 않고, 결단하지 않는 것이 삶을 복잡하고 어렵게 만드는 것입니다.

하나님께서는 이스라엘 백성들에게 가나안 땅에 들어가서 적과 싸울 때 철저하게 싸우고 철저하게 섬멸하라고 명령하셨습니다. 적당하게 그들과 섞여서 살 생각을 하지 말라는 것입니다. 1-5절에는 하나님의 주권적인 결정과 그에 따라 행해야 할 인간의 책임이 어떠한 것인지가 잘 나타나 있습니다.

우리도 살면서 역시 여러 방면에서 적을 만날 수 있습니다. 그럴 때마다 단호한 헌신과 결단을 해야만 신앙의 순수성을 지킬 수 있습니다. 하나님께서는 우리에게 절대적인 성결을 요구하십니다. 신앙생활을 하는 데에 있어서 적을 섬멸하는 것은 하나님의 절대적인 뜻입니다. 절대선인 하나님 앞에서는 조금의 부정함도 용납되지 않는 것입니다.

1절을 보십시오.

"네 하나님 여호와께서 너를 인도하사 네가 가서 얻을 땅으로 들이시고 네 앞에서 여러 민족 헷 족속과 기르가스 족속과 아모리 족속과 가나안 족속과 브리스 족속과 히위 족속과 여부스 족속 곧 너보다 많고 힘이 있는 족속을 쫓아내실 때에."

여기서 '쫓아내실 때에' 라는 말을 보면 가나안 정복이 이미 결정된 일이라는 것을 알 수 있습니다. 정복을 할 수 있을지 없을지 모른다거나, 정복한다는 사실을 가정하면서 이야기하는 것이 아니라 이미 이루어져 사실이 된 것처럼 단정하고 있는 것입니다. 이는 하나님의 절대 주권 속에서 역사가 형성되고 있음을 보여주는 것입니다. 그리고 이 주권은 인간이 자신들의 책임을 수행함으로써 현실로 구체화됩니다. 하나님의 결정을 인간을 통해서 이루시는 것입니다. 승리는 이미 보장이 되어 있는 것인데 그것을 우리의 손을 통하여 맛보게 하시는 것입니다. 우리는 순종만 하면 됩니다.

2절입니다.

"네 하나님 여호와께서 그들을 네게 붙여 너로 치게 하리니 그때에 너는 그들을 진멸할 것이라 그들과 무슨 언약도 말 것이요 그들을 불쌍히 여기지도 말 것이며."

하나님께서는 승리를 이스라엘 백성들의 손에 넘겨주시면서 그들을 완전히 진멸하라고 말씀하십니다. 그리고 그들을 불쌍히 여겨서 자비를 베풀거나 마음이 흔들린다고 우호조약을 맺지도 말라고 하십니다. 그들을 손에 붙이신 분은 하나님이시기 때문에 우리의 인간적인 판단으로 결정을 내리면 안 됩니다. 그들을 진멸하라신 이유는 그들이 언젠가는 이스라엘 백성들을 삼키려 할 것이기 때문입니다. 그러나 이스라엘은 하나님의 명령에 불순종하고 그들과 우호조약을 맺었기 때문에 계속해서 많은 어려움에 시달리게 됩니다.

3-4절을 보십시오.

"또 그들과 혼인하지 말지니 네 딸을 그 아들에게 주지 말 것이요 그 딸로
네 며느리를 삼지 말 것은 그가 네 아들을 유혹하여 그로 여호와를 떠나고
다른 신들을 섬기게 하므로 여호와께서 너희에게 진노하사 갑자기 너희를
멸하실 것임이니라."

하나님께서는 그들과 혼인하지 말라고 명하십니다. 이 말씀은 신앙이 인
간의 정을 비롯한 어떤 것보다도 우선시 되어야 한다는 것을 뜻합니다. 인
간적으로는 이것이 어렵게 느껴집니다. 그러나 하나님의 말씀을 따라서 순
종하면 신앙도 정도 지킬 수 있습니다. 그렇지 않고 감정을 신앙 앞에 두면
신앙도 잃고 나중에는 정까지 잃게 되고 맙니다. 심지어 가족간의 정도 신
앙보다 앞세울 수 없습니다. 남편과 아내를 예수님보다 더 사랑하는 것도
하나님을 따르는 데 옳지 않다고 하셨습니다. 이 말씀은 우리 가족을 사랑
하지 말라는 것이 아니라 하나님께 우선 순위를 두어야 한다는 말입니다.
하나님을 우선으로 하면 나머지 문제는 저절로 풀리게 되어 있습니다.

조끼를 보면 단추가 여러 개 달려 있습니다. 맨 처음 단추를 잘 끼우면 나
머지 단추들은 자동적으로 제자리에 끼워집니다. 그런데 그렇지 못하고 첫
단추를 잘못 끼우면 다른 단추들까지 잘못 끼우게 되고 짝이 맞지 않게 됩
니다. 그렇다고 마지막에 남은 단추를 첫 번째 구멍에 맞출 수는 없지 않습
니까. 하나님을 먼저 구하면 그 외의 것은 자동적으로 따라와 제자리를 찾
게 되어 있습니다.

남녀간의 정에 이끌리면 자신도 모르는 사이에 이방의 신을 섬기게 되기
도 합니다. 사랑하는 사람이 이런 저런 이야기를 하면서 우상을 숭배하자
고 하면 큰 죄의식을 느끼지 않고 그에 따라가게 됩니다. 자기가 사랑하는
사람들을 기쁘게 해주기 위해서라면 어떤 일이든지 마다하지 않고 하려는

것이 사람의 속성 아닙니까. 하나님께서는 그것을 잘 알고 계시기 때문에 이방신을 섬기는 자들과는 혼인을 하지 말라고 특별히 명령하신 것입니다. 만일 하나님의 명령을 듣지 않고 이방신을 섬기게 되면 하나님께서는 진노하사 자기 백성이라 할지라도 진멸하실 것이라고 경고합니다. 이미 우상을 섬기는 사람들은 하나님의 백성에서 떠난 사람이고 그런 사람에 대한 하나님의 벌은 단호합니다.

사랑과 축복을 얻는 데는 시간이 걸리지만 축복을 잃고 망하는 것은 단번에 일어납니다. 그래서 4절에서 '갑자기'라는 단어를 쓴 것입니다. 하나님께서 돌아서시면 순식간에 멸망이 덮칩니다. 집을 하나 짓는 데는 얼마나 많은 시간과 노력이 필요한지 모릅니다. 그러나 그것을 무너뜨리는 것은 버튼 하나면 간단하게 끝납니다. 우리는 하나님의 이 경고를 마음 가운데 깊이 새겨야 할 것입니다. 우상을 철저하게 불사르고 없애지 않으면 우리가 진멸됩니다.

5절을 보십시오.

"오직 너희가 그들에게 행할 것은 이러하니 그들의 단을 헐며 주상을 깨뜨리며 아세라 목상을 찍으며 조각한 우상들을 불사를 것이니라."

우리는 이 말씀에 따라 우리 안에 있는 모든 우상을 깨뜨리고, 하나님을 섬기는 것을 나의 인생의 최우선으로 삼아야 하겠습니다.

성별된 민족

한때 교계를 떠들썩하게 했던 다원주의 신학을 생각할 때마다 늘 구약의 말씀을 떠올리게 됩니다. 지금의 다원주의 신학을 구약시대에 비추어 본다면 바알이든 아세라든 어떤 신을 섬기더라도 별 문제가 없다고 주장하는 것과 같습니다. 다른 종교도 하나님께로 가는 길이기 때문에 별 문제가 없다는 논리인 것입니다.

하나님 외에는 구원의 길이 없다는 말 때문에 기독교를 배타적인 종교라고 말하지만 그것은 배타적이 아니라 순결을 지키기 위한 것입니다. 그렇게 하지 않으면 진리를 지켜나갈 수가 없습니다.

진리의 순결을 지켜야 하는 이유

왜 우리가 진리의 순결을 지켜야 하는지 6절에 보면 아주 잘 나타나 있습니다.

"너는 여호와 네 하나님의 성민이라 네 하나님 여호와께서 지상의 만민 중에서 너를 자기 기업의 백성으로 택하셨나니."

첫째, 하나님의 거룩한 백성이기 때문입니다.

이스라엘 백성은 하나님이 택하신, 하나님께 속한 거룩한 백성입니다. 이것이 바로 그들이 하나님 외에 다른 신을 섬겨서는 안 되는 이유였습니다. 이 길에서 벗어나는 것은 거룩에서 떠나는 것이며 하나님의 선민 대열에서 이탈하는 것입니다.

둘째, 하나님께 선택받은 백성이기 때문입니다.

더구나 하나님께서 그들을 선택하신 것은 그들이 뛰어나서가 아닙니다. 7절을 보십시오.

> "여호와께서 너희를 기뻐하시고 너희를 택하심은 너희가 다른 민족보다
> 수효가 많은 연고가 아니라 너희는 모든 민족 중에서 가장 적으니라."

하나님께서는 이스라엘 백성을 사랑하셔서 선택하셨지만 그것은 그들에게 어떤 힘이 있어서가 아니었습니다. 오히려 그들은 다른 민족들보다 수도 적고 힘도 약했습니다.

하나님께서 우리를 사랑하시는 것은 우리가 사랑받을 만한 어떤 이유가 있어서가 아닙니다. 오직 무작정 베푸시는 하나님의 주권적인 사랑 때문입니다. 이 말은 하나님이 나의 어떤 점 때문에 나를 사랑하거나 미워하는 것이 아니라는 말입니다.

저는 이것을 처음 깨달았을 때 얼마나 마음에 감동이 되었는지 모릅니다. 어렸을 때는 하나님이 어떻게 하면 나를 좋아하실까 하는 문제를 가지고 얼마나 고민하며 애쓰고 노력을 했는지 모릅니다. 그랬기 때문에 반대로 하나님이 나를 싫어하시게 될까 봐 많이 고민하기도 했습니다. 하나님의 사랑을 받기 위해서 아주 추운 겨울에 혼자 쭈그리고 앉아서 밤을 새워서 기도하기도 했습니다. 담요를 쓰고 기도하면 정성이 떨어질 것 같아서 일부러 아무것도 덮지 않은 채 기도했습니다. 하나님을 위해서 고생하면 더 사랑해 주실 것이라고 생각했기 때문입니다.

그러나 이것은 하나님이 내 공로 때문에 나를 사랑하신다는 잘못된 생각이었습니다. 하나님은 우리가 세상에 있기 전부터 우리를 택하시고 우리를

사랑하셨습니다. 하나님의 사랑하심은 우리에게 어떤 공로가 있어서가 아니었습니다. 그저 사랑하신 것입니다. 하나님이 우리를 왜 사랑하는지 묻는다면 그저 사랑하기 때문에 사랑한다고 밖에 대답할 수 없을 것입니다. 다른 이유는 없습니다. 이것을 깨달은 사람은 인간이 공로에 의지해서 하나님의 사랑을 얻으려는 강박관념에서 해방될 수 있습니다.

저는 스물 다섯 살에 그 사실을 깨닫고 나서 변화하기 시작했습니다. 얼마나 이 사실이 기쁘던지 주체할 수 없을 정도로 하나님이 좋아졌습니다. 바로 전까지 무서웠던 하나님이 순식간에 사랑의 하나님으로 변했으니 그 자리에서 고꾸라져서 일어날 수가 없었습니다. 벅찬 감격만이 있을 뿐이었습니다. 지금도 그 때만 생각하면 감격이 되살아나서 눈물이 나려고 합니다. 이것이 복음을 올바로 접한 기쁨입니다.

내가 남보다 머리가 좋으면 얼마나 더 좋으며, 남보다 잘생겼으면 얼마나 더 잘생겼겠습니까. 내가 능력이 있으면 얼마나 더 있겠습니까. 얼마나 더 선한 행동을 할 수 있겠습니까. 사도 바울도 자신을 죄인 중에 괴수라고 고백하는데 그런 바울의 발끝도 따라가지 못하는 내가 어떻게 하나님 앞에 공로를 가질 수 있겠습니까. 오히려 다른 사람들보다도 훨씬 못하고 무능한 나를 하나님께서 사랑하시고 구원의 반열에 올려주신 것입니다.

이런 복음을 받아들이지 않으려고 하는 것은 아주 어리석은 행동입니다. 어떤 행동을 해서가 아니라 하나님께서 나 자신을 있는 그대로 사랑하신다는 것을 믿기만 하면 되는데 그것을 믿기 싫어서 이리저리 도망다니는 사람은 불쌍한 사람이 아닐 수 없습니다. 그것만큼 안타깝고 불행한 일도 없습니다.

하나님께서 우리를 선택하신 것은 하나님의 절대주권에 의한 것입니다. 다른 어떤 이유가 있을 수 없습니다. 조건을 보자면 가장 작고 낮고 없는 자들을 택하신 셈인데 어떻게 여기에 인간의 공로가 들어갈 수 있겠습니까. **크고 영원하신 하나님께서 나를 이유없이 사랑하시는 것입니다.**

> "여호와께서 다만 너희를 사랑하심을 인하여, 또는 너희 열조에게 하신 맹세를 지키려 하심을 인하여 자기의 권능의 손으로 너희를 인도하여 내시되 너희를 그 종 되었던 집에서 애굽 왕 바로의 손에서 속량하셨나니."(신 7:8)

하나님께서 이스라엘 백성을 택하신 것은 아무 이유 없이 그들을 사랑하셨기 때문이며 그 조상들에게 약속하셨기 때문입니다. 그래서 그들을 종 되었던 곳에서 구해내셨던 것입니다. 어디에도 그들의 공로 때문이라는 말은 없습니다. 조상들에게 하신 약속도 그들이 어떤 공을 세웠기 때문이 아니라 하나님께서 먼저 그들을 사랑하셨기 때문에 성립된 약속이었습니다.

하나님의 인애와 보응

우리를 그렇게 사랑하시고 선택하신 하나님께서 우리에게 원하시는 것이 있습니다. 우리가 그에 순종하느냐 거부하느냐에 따라 하나님은 우리에게 축복하시거나 보응하십니다. 9-10절을 보십시오.

> "그런즉 너희는 알라 오직 네 하나님 여호와는 하나님이시요 신실하신 하나님이시라 그를 사랑하고 그 계명을 지키는 자에게는 천대까지 그 언약을 이행하시며 인애를 베푸시되 그를 미워하는 자에게는 당장에 보응하며 멸하시나니 여호와께서는 자기를 미워하는 자에게 지체하지 아니하시고 당장에 그에게 보응하시느니라."

하나님은 그의 백성들을 두 가지 상반된 태도로 대하십니다. 바로 사랑과 미움입니다. 하나님에게서 사랑을 빼면 그 다음에 남는 것은 미움입니다. 하나님에게서 축복을 빼면 그 다음에 남는 것은 보응입니다. 어둠이 아니면 빛입니다.

하나님은 참되시며 신실하십니다. 사랑을 베푸시는 하나님이시며 언약을 지키시는 하나님이십니다. 그래서 그를 사랑하고 그 언약을 지키는 사람에게는 천대까지 은혜를 베푸십니다. 그러나 그 반대로 하나님을 미워하는 자들에게는 그에 대한 보응을 하십니다. 그것도 지체하지 않고 하십니다. 다른 구원의 길 없이 그 즉시 멸하십니다. 사랑이신 하나님에게서 사랑을 빼면 이렇게 무서운 결과를 맞게 되는 것입니다.

그러므로 모세는 이스라엘 백성들에게 이렇게 권고하고 있습니다. 이는 곧 우리를 향한 권고이기도 합니다.

"그런즉 너는 오늘날 내가 네게 명하는 명령과 규례와 법도를 지켜 행할지니라."(신 7:11)

순종으로 받는 복

우리가 하나님을 사랑하는 마음은 하나님의 말씀에 순종하는 것으로 나타납니다. 어떤 사람의 행동을 보면 그 사람이 하나님과 어떤 관계에 있는지 알 수 있습니다. 하나님께 순종하면 그로 인한 복을 받습니다.

하나님께 순종하는 방법은 간단합니다. 12절에 나와 있는 대로 "이 모든 법도를 듣고 지켜 행하면" 됩니다.

하나님의 약속

그러면 13-15절에 기록된 하나님의 축복을 받을 수 있습니다.

"곧 너를 사랑하고 복을 주사 너로 번성케 하시되 네게 주리라고 네 열조에게 맹세하신 땅에서 네 소생에게 은혜를 베푸시며 네 토지 소산과 곡식과 포도주와 기름을 풍성케 하시고 네 소와 양을 번식케 하시리니 네가 복을 받음이 만민보다 우승하여 너희 중의 남녀와 너희 짐승의 암수에 생육하지 못함이 없을 것이며 여호와께서 또 모든 질병을 네게서 멀리하사 너희가 아는 바 그 애굽의 악질이 네게 임하지 않게 하시고 너를 미워하는 모든 자에게 임하게 하실 것이라."

순종하는 이스라엘 백성에게 그들과 그들이 소유한 동물과 식물까지도 풍요의 축복을 누리게 될 것이라고 약속하셨습니다. 그리고 그들을 질병으로부터 지켜주실 것까지 말씀하셨습니다.

이 말씀처럼 하나님께 순종하면 복을 받습니다. 이렇게 말을 하면 마치 우리의 신앙이 기복신앙인 것처럼 느껴지기도 합니다만 하나님의 축복이 반드시 영적으로만 주어지는 것은 아닙니다. 그리고 여기서는 육신적인 복을 이야기하고 있지만 이 말씀을 영적인 부분에 비추어 생각할 수도 있습니다.

하나님께 순종하면 우리가 많은 전도를 하게 되고, 영적인 자녀들과 함께 열매를 맺게 된다는 것으로 대치시켜 말할 수도 있다는 것입니다. 사람은 육신과 영을 모두 가지고 있는 존재이기 때문에 축복이라고 하면 영적인 것과 육적인 것을 다함께 포함합니다.

중요한 것은, 물질이 풍요하다고 해서 그 자체가 축복이라고 할 수 없다는 것입니다. 아주 많은 소유를 가지고 있으면서도 가난하게 사는 사람이 있습니다. 그런가 하면 조금밖에 가진 것이 없어도 아주 풍요롭게 사는 사람들이 있습니다. 제가 성도들의 집을 심방하여 상담을 해보면 이 같은 경우를 아주 많이 봅니다.

얼마 전에 어떤 집사님을 만나서 집안 이야기를 들었습니다. 그분의 남편이 사십이 넘어서 직장을 그만두고 공부를 시작했다고 합니다. 그러니 가정 형편이 어려워질 수밖에 없었습니다. 그런데도 이 두 분은 누구보다도 즐겁고 풍요롭게 삽니다. 이와 반대인 다른 가정도 있습니다. 이 가정은 앞의 가정에 비하면 수만 배나 많은 재산을 가진 집입니다. 그런데도 얼마나 힘들고 가난하게 사는지 모릅니다.

부와 가난은 얼마나 많은 물질을 소유하였는가 하는 것과는 별로 상관이 없습니다. **하나님의 축복은 물질과는 상관없이 풍성하고 감사하는 삶을 사는 사람들의 것입니다.** 하나님에 대한 사랑이 있으면 그것으로도 있는 자리에서 감사와 기쁨이 솟아나게 되고 감사와 기쁨이 있는 삶은 결국 축복이 넘치는 삶이 되는 것입니다.

하나님의 격려–두려워하지 말라

하나님께서는 이스라엘 백성들에게 계속 약속된 땅에 들어가서 모든 민족을 멸하라고 명령하십니다.

"네 하나님 여호와께서 붙이신 모든 민족을 네 눈이 긍휼히 보지 말고 진멸하고 그 신을 섬기지 말라 그것이 네게 올무가 되리라."(신 7:16)

인간적인 동정심에 사로잡혀서 하나님의 명령을 거역하면 후에 그들 때문에 이스라엘이 우상숭배의 올무에 걸려 약속하신 축복을 잃게 되리라는 경고입니다.

다음 17절을 보겠습니다.

"네가 혹시 심중에 이르기를 이 민족들이 나보다 많으니 내가 어찌 그를 쫓아낼 수 있으리요 하리라마는 그들을 두려워 말고 네 하나님 여호와께서 바로와 온 애굽에 행하신 것을 잘 기억하되."

하나님께서는 이방 민족에게 긍휼을 베풀지 말 것과 함께 상대가 강하게 보일지라도 마음에 두려움을 가지지 말 것을 당부하십니다. 모든 패배는 마음의 두려움에서 시작되는 것입니다. 그러므로 싸움을 하기도 전에 두려움을 갖는다면 이미 싸움에 진 것이나 다름없습니다.

그래서 하나님께서는 이방 민족들이 눈으로 보기에 강해 보인다고 두려워하지 말고 하나님께서 바로와 애굽에게 하신 것을 기억하면서 담대하라고 말씀하시는 것입니다. 큰 적을 보지 말고 그들보다 더 큰 하나님을 보아야 합니다. 문제는 현실이 아니라 마음입니다.

자기 암시를 잘하면 그 암시대로 성공하는 경우가 많습니다. 그러나 반대로 자기 스스로에게 하는 말이 부정적인 사람은 성공할 수가 없습니다. '나는 아무 능력이 없는 사람인데 어떻게 할 수 있나, 아무 가진 것이 없는데 어떻게 하나' 이런 암시만을 계속 한다면 어떤 일도 자신있게 추진할 수 없게 되고 따라서 좋은 결과 역시 얻을 수가 없습니다. 그런 사람은 늘 걱정과 불평만 하면서 인생을 사는 사람입니다.

말은 생각을 바꾸고 생각이 바뀌면 상황을 해석하는 방법이 달라집니다. 그리고 해석하는 방법이 달라지면 행동하는 것도 달라지고 자연히 결과도 달라지는 것입니다.

대학시험에 떨어져서 의욕을 상실한 여학생을 상담한 적이 있습니다. 그 학생은 절망에 사로잡혀서 아무것도 하지 않으려고 했습니다. 이제는 어떤 일도 해내지 못할 것이라는 생각에 사로잡혀서 아무 일도 할 엄두를 내지 못하고 있었습니다. 저는 그 학생에게 제가 쓴 확신 시리즈 테이프를 사서 세 번씩 반복해서 들은 다음에 다시 찾아오라고 했습니다. 희망으로 가득 차 있는 14개의 메시지를 세 번씩 듣고 나면 그 사람의 마음이 달라지리라 믿었기 때문입니다. 마음이 달라지면 행동하는 것도 달라집니다. 속을 바꾸면 겉모습도 바뀝니다.

18-21절에서는 하나님의 능력을 상기시키며 이스라엘 백성들을 격려했습니다. 재앙과 기적을 행하시는 하나님, 강한 손과 편 팔을 가지신 하나님, 모든 민족을 애굽처럼 그 앞에 무릎꿇게 하실 수 있는 하나님이 바로 그들 편에 서 계시다는 것을 기억하게 하셨습니다. 우리가 가져야 할 신앙이 바로 이런 신앙입니다. 세상의 모든 권세 위에 계시는 하나님을 알고 그를 고백하고 믿는 것이 우리의 신앙이 되어야 합니다.

이런 말씀을 읽으면 얼마나 신이 납니까. 아무것도 두려울 것이 없고 겁낼 것이 없습니다. 현대인들의 정신 건강에 필요한 모든 것과 심리적인 안정에 필요한 모든 것이 하나님의 말씀 속에 들어 있습니다. 현대에 연구되고 계발되고 있는 상담과 심리학에 관한 이론들이 놀랍게도 이미 몇 천 년 전에 기록된 하나님의 말씀 속에 다 들어 있는 것입니다.

점진적이고도 확실한 승리의 약속

"네 하나님 여호와께서 이 민족들을 네 앞에서 점점 쫓아내시리니 너는 그
들을 급히 멸하지 말라 두렵건대 들짐승이 번성하여 너를 해할까 하노라."
(신 7:22)

이 말씀은 언뜻 보면 무슨 뜻인지 잘 이해가 가지 않지만 조금만 생각해
보면 아주 재미있는 말씀이라는 것을 알 수 있습니다. 하나님께서 힘을 주
셔서 적들을 한꺼번에 섬멸하게 되면 그 시체를 먹으려고 들짐승들이 나타
나게 될 것이니 한꺼번에 많은 사람들을 죽여서 많은 짐승들에게 엉뚱한
해를 당하지 말라는 뜻입니다. 그 정도로 많은 사람들을 섬멸하게 될 것이
라고 말씀하고 있습니다.

너를 당할 자가 없으리라

23-24절에서는 하나님께서 이스라엘의 손에 붙이신 민족들을 어떻게
정복하게 하실지 이야기하고 있습니다.

"네 하나님 여호와께서 그들을 네게 붙이신 그들을 크게 요란케 하여 필경
은 진멸하시고 그들의 왕들을 네 손에 붙이시리니 너는 그 이름을 천하에
서 제하여 버리라 너를 당할 자가 없이 네가 필경은 그들을 진멸하리라."

하나님께서 이스라엘의 적들을 큰 혼란에 빠지게 하여 마침내 그들을 징
벌하신다는 것입니다. 또한 그들의 왕을 넘겨주심으로 완전히 멸망시키실
것을 약속하셨습니다. 그리고 이스라엘에게는 그들을 그 이름이 기억도 나

지 않을 정도로 완전히 진멸하라고 명령하십니다. 또한 이스라엘을 당할 자가 아무도 없을 것이라고 격려하십니다.

신상을 불질러 버리라

25절에서는 신상을 없앨 때에 주의해야 할 일이 있음을 말씀하십니다.

"너는 그들의 조각한 신상을 불사르고 그것에 입힌 은이나 금을 탐내지 말 며 취하지 말라 두렵건대 네가 그것으로 인하여 올무에 들까 하노니 이는 네 하나님 여호와의 가증히 여기시는 것임이니라."

대개 우상의 신상에는 귀금속들이 많이 붙어 있습니다. 그래서 혹시라도 그 신상을 불태우면서 귀금속은 따로 떼어서 사용할까 봐 그렇게 하지 못 하도록 한 것입니다. 하나님이 미워하시는 이방 민족과 그들이 섬기는 우 상을 철저히 진멸하지 못하고 올무에 걸릴 것을 염려한 것입니다.

잘못된 쪽으로 사람의 눈을 끄는 것들에는 이렇게 매력적인 것들이 붙어 있습니다. 그래서 그 쪽으로 오도록 유인을 하는 것입니다. 금전적인 가치 가 있거나 명예를 얻게 해주거나 권력을 쥐게 해 주는 것들이 자신을 유혹 할 때 조심하십시오.

또 어떤 사람이 금과 은이 달린 신상처럼 사람들의 마음을 어지럽힐 수도 있습니다. 그러므로 조심해야 합니다. 가끔 교계 신문을 보면 어느날 갑자 기 180도로 달라진 사람들의 간증이 실리곤 합니다. 저는 그런 이야기를 듣 거나 읽으면 마음에 슬그머니 걱정이 되기도 합니다. 그런 사람들이 교인 가운데 있으면 흔한 경우에 많은 목사님들이 그 사람을 많은 사람들 앞에 내세워서 간증을 시키곤 합니다. 그러나 저는 그것이 매우 위험한 일이라고 생각합니다. 그 사람은 이제 막 태어난 사람입니다. 그런데 그런 사람을 다른 사람들 앞에서 자꾸 추켜세우는 것은 그 사람을 잘못된 길로 이끄는 것입니다. 변화한 정도가 크면 클수록 오래도록 지켜보는 검증기간이 필요한 법입니다.

제가 언젠가 목회자들 모임에 참석을 했는데, 원로 목사님들이 많이 와 계신 자리였습니다. 그 자리에 간증으로 유명한 어떤 분이 오셔서 말씀을 했습니다. 그분을 그 자리에 모신 취지는 개인적인 간증을 듣기 위함이었습니다. 그런데 그분은 그 간증은 하지 않고 설교를 하기 시작했습니다. 그런데 그 내용이 성경적으로 도저히 납득할 수 없는 내용이었습니다. 듣다 못한 원로 목사님 한 분께서 사회자에게 조용히 이야기를 해서 속히 그 '설교' 를 마무리 짓고 그 자리에서 내려오도록 하셨습니다.

사람은 누구나 시간을 들여서 키움을 받은 후에 일을 하도록 해야지 어느 날 아침 갑자기 다른 사람들을 가르치는 위치에 서게 하면 아주 위험합니다. 사회적으로 유명한 것과 신앙적으로 성숙한 것과는 엄연히 다르다는 것을 알아야 합니다.

마지막 26절을 보십시오.

"너는 가증한 것을 네 집에 들이지 말라 너도 그와 같이 진멸당할 것이 될까 하노라 너는 그것을 극히 꺼리며 심히 미워하라 그것은 진멸당할 것임이니라."

저는 일전에 갑자기 정신발작을 일으킨 분의 가정을 심방한 일이 있었습니다. 직장생활을 하고 있는 처녀였는데 그녀의 방에 들어갔다가 저는 침대 위에 큰 그림이 붙어 있는 것을 보았습니다. 그런데 그 그림이 귀신 그림이 아니겠습니까. 그래서 저는 그 처녀에게 어디서 난 그림이냐고 물었습니다. 대답하기를 태국에 여행을 갔다가 사 왔다는 것이었습니다. 만약에 여러분의 가정에 그런 그림이 있다면 얼른 치워야 합니다. 하나님께서는 그런 귀신 그림이 방에 붙어 있는 것을 좋아하시지 않습니다. 그 처녀가 정신적으로 문제가 생긴 것도 그런 것들의 영향을 받았기 때문입니다.

주님께서 미워하시는 것은 집안에 끌어들이지 마십시오. 우상은 물론이거니와 귀신 그림이나 좋지 않은 잡지들을 방에 둘 필요가 없습니다. 음란하고 폭력적인 내용으로 만들어진 비디오테이프도 집에 두지 마십시오. 그런 것들은 어른들에게도 나쁜 영향을 미치지만 부주의하게 방치해 두었다가 아이들이 보게 되면 얼마나 나쁜 영향을 미치게 되는지 모릅니다.

신문에 나는 청소년들의 탈선이 남의 집 아이들의 이야기라고만 생각해서는 안 됩니다. 무신경하고 부주의한 부모들이 불량 청소년들을 만들어내는 것입니다. 집을 치장할 때도 마귀가 어디 한 군데 쉴 곳이 없게 해야 합니다.

우리의 마음속도 마찬가지입니다. 하나님께서 싫어하는 것은 생각하지도 말고 마음에 두지도 말아야 합니다. 우리 마음은 성령의 전이고 그리스도의 집이어야 합니다. 조금이라도 들어올 기미가 보이면 얼른 밖으로 들어내서 버리고 문을 닫아버려야 합니다. 그리고 항상 마음의 구석구석을 청소하고 깨끗이 해야 합니다. 우리 집과 우리의 마음이 하나님의 전이 되고 하나님의 집이 되도록 우리는 노력해야 할 것입니다.

하나님을 잊지 말라

8:1-20

고난을 당하고 주리고 목마른 것이
나쁜 것이 아니라는 것을 알아야 합니다.
그것은 하나님의 사랑과 기적을 체험하는 기회가 되는 것입니다.

8장에는 두 가지의 중요한 내용이 있습니다.

첫 번째는 사십 년의 광야 생활 동안에 기적적으로 돌보아 주신 하나님의 은혜를 돌이켜 보면서 선조들에게 하나님께서 약속하신 대로 풍족한 삶을 살게 된 것을 기억하고 찬양을 드리는 것입니다.

두 번째는 위험에 대한 경고입니다. 잘 살게 되면 교만해지기 쉬운데 그런 때일수록 지금까지 돌보아 주신 하나님의 은혜를 잊지 말라는 내용입니다. 사람은 잘 안 될 때보다 잘 될 때에 더욱 조심해야 합니다. 복된 삶이 자신의 능력으로 성취된 것인 줄 알고 하나님의 은혜를 잊어버리면 그 축복은 금방 날아가 버립니다. 마치 이스라엘 백성들이 다 진멸시킨 가나안 사람들처럼 그렇게 처참한 최후를 만나게 되리라는 것이 하나님의 경고입니다.

이 8장 전체에서 가장 중요한 단어는 2절에 나오는 '기억하라' 입니다.

지난 사십 년의 세월과 그 동안 하나님께서 베푸신 은혜를 기억하라는 것입니다.

하나님께서 지켜주신 날들을 기억하라

순종에는 복이 따른다

1절에서는 전에 말한 바와 같이, 하나님의 명령을 지켜 행하면 하나님께서 주시겠다고 맹세하신 땅을 얻게 되리라는 것을 다시 한 번 반복하여 말하고 있습니다.

"내가 오늘날 명하는 모든 명령을 너희는 지켜 행하라 그리하면 너희가 살고 번성하고 여호와께서 너희의 열조에게 맹세하신 땅에 들어가서 그것을 얻으리라."

여기서는 '지켜 행하라' 와 '얻으리라' 는 동사가 핵심이라고 할 수 있습니다. 하나님의 모든 명령을 순종하면 반드시 축복이 따르게 되어 있고 그 축복의 내용은 잘 사는 것과 번성하는 것과 약속의 땅에 들어가는 것입니다.

이 말씀은 이스라엘 백성들에게 주어진 것이지만 오늘날 우리에게도 그대로 적용됩니다. 하나님의 말씀은 언제나 현재형이나 미래형으로 바꾸어 보아야 합니다. 그런 과정을 거치면 우리의 문제로, 우리에게 하시는 말씀으로 받아들이는 것이 수월해집니다.

40년 광야생활을 기억하라

그 다음 2절에는 핵심 단어인 '기억하라' 는 말이 나옵니다.

"네 하나님 여호와께서 이 사십 년 동안에 너로 광야의 길을 걷게 하신 것
을 기억하라 이는 너를 낮추시며 너를 시험하사 네 마음이 어떠한지 그 명
령을 지키는지 아니 지키는지 알려 하심이라."

먼저 하나님께서 이스라엘을 낮추셨던 것을 기억해야 합니다. 그들은 광
야를 지나면서 굶기도 하고 목마르기도 하고 피곤하기도 했습니다. 이런
모든 것들이 이스라엘을 낮추시기 위해서 하나님께서 하신 일입니다. 이스
라엘을 그렇게 낮추신 데에는 다 뜻이 있었습니다. 그들을 시험하기 위해
서였던 것입니다. 어려운 상황 속에서도 하나님께 순종하고 하나님을 따르
는지를 시험해 보고 그것을 통해서 진정으로 하나님을 사랑하는지를 알고
자 하셨습니다.

하나님은 그 사람이 진정으로 하나님을 사랑하는지 아니면 자신의 쾌락
과 편안함을 사랑하는지를 알고 싶을 때 그 사람을 시험하십니다. 시험을
받을 때에 "어떤 고난과 환란이 와도 나는 하나님을 사랑하겠습니다. 주의
뜻을 이루시옵소서" 하는 굳은 신앙을 보이는지 아니면 "내가 하나님께 잘
못한 것이 없는데 왜 이러십니까? 도대체 알 수가 없습니다. 내가 그 동안
에 순종하지 않은 것이 어디 있습니까?" 하고 하나님을 원망하는지를 보시
는 것입니다.

결국 인생은 시험의 연속입니다. 상급 학교에 진학하기 위해서 우리는

테스트를 거칩니다. 다음 단계를 수학할 능력이 되는가 하는 것을 테스트하는 것입니다. 그러므로 이런 테스트는 합격을 해서 그 다음 단계로 올라가라는 신호라고 할 수 있습니다.

따라서 우리에게 시험이 오면 이 시험에 합격을 해서 한 단계 더 올라가라는 뜻이구나 하고 깨달아야 합니다. 그래서 시험이 올 때 이제 나는 한 단계 발전하게 되겠구나, 전에 경험하지 못한 또 하나의 축복이 나타나게 되었구나 하는 기대감을 가지고 도전을 해야 합니다. 바로 이것이 시험을 대하는 적극적인 신앙인의 자세입니다.

시험 속에 축복의 길이 있다

이 모든 시험을 통해서 우리는 하나님의 말씀대로 살면 결국 축복이 있다는 것을 알게 됩니다. **하나님께서는 우리가 축복 속에 살기를 원하십니다. 축복 속에 살 수 있는 유일한 방법은 하나님께서 주신 명령을 잘 지키면서 사는 것입니다.**

대체로 사람들은 살면서 여섯 단계의 성장과정을 거친다고 합니다. 그 중 네 번째 단계가 바로 성숙하는 단계인데 이 때가 되면 인생의 꽃이 핀다고 할 수 있습니다. 대개는 사십을 전후해서 그런 때가 오게 됩니다. 인생의 꽃이 피고 나면 그 다음에는 추수를 할 수 있게 됩니다.

온갖 어려움에도 불구하고 하나님께서 가르쳐 주신 교훈을 꾸준히 지켜나가면 성숙의 단계에 이르렀을 때 열매가 열리고 추수하는 풍성한 시기를 맞게 됩니다. 그러나 하나님의 명령을 잘 지키지 못하고 사는 사람은 성숙의 단계가 되어서도 고난에서 벗어나지 못하는 것입니다.

8장 3절은 아주 중요한 구절이므로 꼭 기억해야 합니다.

"너를 낮추시며 너로 주리게 하시며 또 너도 알지 못하며 네 열조도 알지 못하던 만나를 네게 먹이신 것은 사람이 떡으로만 사는 것이 아니요 여호 와의 입에서 나오는 모든 말씀으로 사는 줄을 너로 알게 하려 하심이니라."

하나님께서 우리에게 어떤 과정을 겪게 하신다면 그것을 통하여 가르쳐 주시고자 의도하는 바가 반드시 있기 때문입니다. 그래서 말씀에 따라서 사는 사람들은 하나님께서 의도하신 모든 것을 얻게 되지만 그렇지 않고 자신의 뜻대로 행하는 사람은 아무것도 얻지 못하게 되는 것입니다.

이스라엘 백성이 굶주림을 경험하지 않았더라면 만나라고 하는 엄청난 기적의 음식을 경험할 수 없었을 것입니다. 하나님의 이런 시험이 없었다 면 없는 가운데도 있게 하시는 하나님에 대해서 아무것도 배울 수 없었을 것입니다. 언제나 먹을 것이 풍족한 사람은 만나를 체험할 수 없습니다. 이 것은 어려움에 빠져본 사람만이 경험할 수 있는 하나님의 기적입니다.

이스라엘은 굶주리고 목말랐기 때문에 사십 년 동안 하나님의 기적을 경 험하면서 살 수 있었습니다. 하나님의 가르침은 시험을 통해서 오는 것입 니다. 그러므로 고난을 당하고 주리고 목마른 것이 나쁜 것이 아니라는 것 을 알아야 합니다. 그것은 하나님의 사랑과 기적을 체험하는 기회가 되는 것입니다.

저도 어려서 많은 고생을 했습니다. 먹을 것이 없었던 적도 있었고 잘 곳 이 없었던 적도 있습니다. 그런데 그런 경험을 여러 번 하게 되자 육신의 문 제는 어떻게든 해결되기 마련이라는 것을 알았습니다. 또한 어떤 일을 만나도 하나님께서 다 해결해 주실 것이라는 자신감이 생겼습니다. 이미 밑바닥까지 가는 체험을 했기 때문에 어떤 일을 당해도 겁이 나지 않습니다. 제가 만일 편안하게 살았던 사람이라면 작은 문제도 넘지 못해 주저앉거나 절망하고 말았을 것입니다.

여러분도 태어나서 지금까지의 시간을 돌이켜 보십시오. 하나님께서 어떻게 자신을 돌보아 주셨는지 기억해 본다면 하나님의 인도하심에 감사하지 않을 수 없을 것입니다.

역사를 공부하고 더듬어보는 것은 미래를 어떻게 맞이할 것인가를 아는 중요한 시금석이 됩니다. 신약의 복음서를 보면 말씀에 정통하셨던 예수님께서 이 말씀을 가지고 먹을 것으로 유혹하는 사탄을 물리치는 것을 볼 수 있습니다.

사람이 먹는 것에다 소망을 두고 살면 만족할 수가 없습니다. 밥이라고 하는 것은 일정한 양을 먹으면 더 이상 먹을 수가 없습니다. 그러나 시간이 지나면 언제 그랬냐는 듯이 다시 배가 고파져서 또 음식을 먹어야 합니다. 이런 일들을 죽을 때까지 반복해야 합니다. 그러니 만족이 있을 수가 없습니다.

그러나 하나님의 말씀은 썩어지는 음식과는 다릅니다. 우리는 하나님의 영원한 말씀에 의지해서 살아야 합니다. **음식을 먹고서 무엇을 할 것인가가 중요한 것이지 무엇을 먹는가가 중요한 것이 아닙니다.**

삶을 돌아보라

하나님께서는 이스라엘의 40년 광야 생활을 돌아보게 하시고 그들이 하나님의 은혜로 얼마나 기적적인 삶을 살아왔는지를 일깨우셨습니다. 그들은 40년간 옷이 해어진 일도 없었고 발도 부르튼 일이 없었습니다.(신 8:4)

우리 인생을 돌이켜보면 하나님의 특별한 사랑의 손길이 아니었다면 도저히 극복할 수 없었던 일들이 몇 가지씩은 있었을 것입니다. 올바른 신앙의 눈을 가지고 있는 사람은 반드시 그런 기적적인 사건들을 발견할 수 있습니다. 같은 사건이라 할지라도 하나님의 눈으로 바라보는 것과 그저 자신의 생각으로 바라보는 것에는 천지 차이입니다. 히브리서 12장 5절부터 13절에서 말씀하신 바와 같이 영적인 훈련에는 반드시 영적인 유익이 따라오게 되어 있습니다. 그것이 쉬운 훈련이든 쉽지 않은 훈련이든 관계없이 하나님께서 주시는 유익이 따라오게 되어 있습니다.

하나님의 은혜를 생각하라

5절부터 10절에는 하나님을 생각해보라는 말씀이 나타납니다. 그저 지나가면서 잠깐 생각하는 것이 아니라 깊이 하나님을 상고해보라는 말씀입니다. 5절에서 6절은 하나님을 경외하고 그 도를 행하라고 합니다.

"너는 사람이 그 아들을 징계함 같이 네 하나님 여호와께서 너를 징계하시는 줄 마음에 생각하고 네 하나님 여호와의 명령을 지켜 그 도를 행하며 그를 경외할지니라."

하나님은 우리를 사랑하시기 때문에 우리가 잘못된 길로 가면 반드시 채찍을 드십니다. 그러므로 우리는 하나님의 축복을 생각해서 순종함과 동시에 하나님의 징계하심도 생각해서 순종해야 합니다. 부정적인 것이든지 긍정적인 것이든지 하나님께 순종할 수 있는 방법을 택해서 순종하는 사람이 현명한 사람입니다.

이렇게 하나님께서 말씀하신 도를 행하고 하나님을 경외하면서 살면 7-9절에서 묘사하고 있는 아름다운 옥토에 들어가서 결핍함이 없는 생활을 할 수 있게 됩니다. 시내와 샘이 흐르고 달고 맛있는 과일들이 열리고 철과 동이 풍족한 땅에서 살게 되는 것입니다. 그런 땅에서 사는 삶은 만족한 삶입니다. 만족한 삶을 살게 되면 그 다음에는 모든 것이 하나님의 은혜라는 것을 깨닫고 하나님께 찬양을 돌리는 일밖에 없습니다.(8:10) 그게 만족한 삶의 완성입니다.

예수님께서는 "지금까지는 너희가 내 이름으로 아무것도 구하지 아니하였으나 구하라 그리하면 받으리니 너희 기쁨이 충만하리라"라고 말씀하셨습니다. 또 "너희가 내 이름으로 무엇을 구하든지 내가 시행하리니 이는 아버지로 하여금 아들을 인하여 영광을 얻으시게 하려 함이라"라는 말씀도 하셨습니다.

예수님께서 우리에게 기도하고 구하라고 하신 데에는 두 가지 목적이 있습니다. 한 가지는 우리에게 받는 기쁨을 누리게 해 주시기 위함이고 다른 한 가지는 그것으로 인해서 하나님께서 영광 받으시기 위함입니다. 열 번을 구해서 열 번을 받았다면 하나님께 드리는 영광도 열 번입니다. 다섯 번 구해서 다섯 번 받았다면 하나님께서 받는 영광이 다섯 번일 것입니다. 많이 구하고 많이 받을수록 하나님께 드리는 영광도 커집니다. 기도하지 않아서 하나님께 받지 못하면 기도하지 않은 사람만 손해입니다.

그러므로 하나님께 영광 돌릴 수 있는 기회가 많으려면 많이 구하고 많이 받아야 합니다. 백 번 구해서 오십 번 받는 것이 열 번 구해서 열 번 받는 것보다 복되고 하나님께 영광을 돌리는 일도 훨씬 더 많은 것입니다. 하나님께 구하고 하나님께서 주신 복을 받으면서 사는 것이 재미있게 사는 방법입니다. 하나님께서도 우리가 즐겁고 재미있게 살기를 원하십니다.

저는 이렇게 하나님에 대한 이야기를 할 때마다 얼마나 즐겁고 재미있는지 모릅니다. 이 이야기를 들은 사람도 나처럼 하나님의 도를 알아서 구하고 응답받고 하나님께 영광돌리는 재미있는 삶을 살겠구나 하는 것을 생각하면 얼마나 즐거운지 모릅니다. 그럴 때마다 저는 목회자가 된 것이 얼마나 즐겁고 복된 일인가를 생각하며 하나님께 감사하지 않을 수 없습니다.

우리는 우리 삶에 어떤 축복이 있을 때 그것이 하나님의 은혜라는 것을 생각하며 즉시 하나님을 찬양하는 삶을 살아야 합니다.

잊지 않도록 조심하라

11절에서 하나님은 우리에게 말씀을 어기지 말고 하나님을 잊지 말라고 당부하고 계십니다.

> "내가 오늘날 네게 명하는 여호와의 명령과 법도와 규례를 지키지 아니하고 네 하나님 여호와를 잊어버리게 되지 않도록 삼갈지어다."

교만해지면 하나님을 잊어버린다

언제 성도들이 교만의 죄를 짓기 쉽습니까? 잘 살게 되어 아무것도 부족한 것이 없어져서 여호와 하나님을 잊어버리게 될 때입니다. 12-17절에서는 하나님을 잊어버리는 죄를 짓지 말라고 경고하고 계십니다.

14절을 보십시오. 우리가 번성하여지면 다음과 같은 근심이 생깁니다.

"두렵건대 네 마음이 교만하여 네 하나님 여호와를 잊어버릴까 하노라 여호와는 너를 애굽 땅 종 되었던 집에서 이끌어 내시고."

사람은 매우 잘 잊어버립니다. 조금만 잘 되는 일이 있으면 자기가 잘나서 잘 되는 것이라고 생각합니다. 내가 열심히 일해서 그렇구나, 내가 다른 사람보다 똑똑해서 그렇구나 그렇게 생각합니다.

제 자신을 곰곰이 생각해 보아도 위험천만할 때가 얼마나 많은지 모릅니다. 조금만 하나님의 은혜가 나타나는 기미가 보이면 '아 내가 그 동안 설교를 잘 했더니 이런 결과가 오는구나' 하는 교만한 마음이 슬며시 스며듭니다. 의도적으로 그것을 막기 위해 애쓰고 싸우지 않으면 자신도 모르는 사이에 교만의 노예가 되기 쉽습니다. 어떤 사람을 상담하고 나서 그 사람의 문제가 선하게 풀리면 '아 내가 아주 상담을 잘 해 주어서 문제가 해결이 됐구나. 나도 이제 누구 못지않은 현명한 상담가가 되었구나' 하는 생각을 하게 됩니다. 나를 통해서 성령께서 역사하신 것을 모르고 모든 것이 다 내 힘으로 된 것으로 여기고 우월감을 갖게 되는 것입니다.

인간은 위험한 존재입니다. 아예 망하려고 작정한 것처럼 교만한 생각과 행동을 할 때가 얼마나 많은지 모릅니다. **삶에 어떤 축복이 오더라도 모두 하나님께서 주신 은혜라는 것을 깨닫고 즉시 그 자리에서 하나님께 영광을 돌리고 교만이 들어서지 못하게 하는 것이 중요합니다.**

굶주림을 겪지 않을 만큼의 양식과 따뜻하게 살 수 있는 집이 있다면 그것만으로도 하나님께 찬송하고 감사하는 것을 잊지 말아야 합니다. 만일 그렇게 하지 않고 하나님의 영광을 가로채면 하나님께서 가만히 계시지 않으십니다.

하나님은 이스라엘을 애굽의 종살이에서 해방시켜 주신 하나님(8:14)이시고, 위험한 광야를 무사히 지나게 하신 하나님이시며, 반석에서 물을 내서 이스라엘의 갈급함을 채워 주시고(8:15) 이스라엘을 조상들도 먹어 보지 못한 만나로 배불리신 하나님이십니다.

이렇게 하나님의 은혜를 인정하는 것이 하나님의 복을 받는 길입니다.

사람은 겸손해져야 하나님을 찾습니다. 그래서 16절에 보면 하나님께서 "너를 낮추시며 너를 시험하사 마침내 네게 복을 주려 하심이었느니라"고 말씀하십니다. 먹을 것이 많고 편안하면 하나님을 잊어버리기 쉽습니다. 우리에게 어려움을 있다면 하나님께서 우리에게 복을 주시기 위해 시험하시는 것으로 알고 감사하십시오.

하나님께서 시험하실 때에는 반드시 뜻이 있습니다. 성경에는 우리를 괴롭히기 위한 것이 아니라 우리에게 복을 주고 우리를 잘 되게 하기 위해서 하나님께서 우리를 시험하시는 것이라고 분명하게 나와 있습니다. **하나님의 시험을 이기고 극복한 후에는 반드시 축복이 따르게 되어 있습니다.**

그런데 하는 일마다 잘 되고 편안해지면 자신에게 어떤 힘이 있어서 그렇게 된 줄로 생각합니다. 17절을 보십시오.

"또 두렵건대 네가 마음에 이르기를 내 능과 내 손의 힘으로 내가 이 재물을 얻었다 할까 하노라."

여기 보면 '나' 라는 말이 반복해서 나옵니다. 모든 것이 '내' 가 잘 해서

'내' 가 능력이 있어서 좋은 결과를 얻게 된 것이라는 교만한 마음은 하나님의 영광을 도둑질하는 것입니다. 내가 열심히 일해서 그 복을 받게 되었다면 일할 수 있는 능력도 하나님께서 주셨다는 사실을 기억하고 감사해야 합니다.

저는 부산에서 중학교를 다녔습니다. 그 때 제가 다니던 교회에는 저를 아들처럼 챙겨주시는 집사님이 한 분 계셨습니다. 그런데 그분은 제가 조금이라도 제 자신을 자랑하는 기미가 보이면 "지가 잘나서 그런 줄 안다"고 하시면서 저를 경고하셨습니다. 제가 중등부 회장을 할 때에도 그것 때문에 교만해질까 봐 늘 말씀으로 단속을 하셨습니다. 서울에서 고등학교를 다니다가 내려갔을 때에도, 대학을 다닐 때에도 "지가 잘나서"라고 끊임없이 저를 경고하시더니 미국에 가서 30년이나 있다가 왔는데 아직도 저를 보면 "지가 잘나서"라는 말씀을 하십니다. 저는 그분의 그 말씀을 늘 가슴에 새기고 살면서 교만해지지 않으려고 노력합니다. 그러나 조금만 정신을 차리지 않으면 곧 교만이 마음을 파고듭니다. 교만이라는 사탄은 얼마나 위험한지 모릅니다. 잘 될수록 두려워하지 않을 수가 없습니다.

성경이 씌어진 지가 3천5백 년이 지났지만 인간의 속성은 그대로입니다. 하나도 달라지지 않았습니다. 아무리 기술 문명이 발달을 했어도 인간성 자체에는 아무런 변화가 없습니다. 그래서 성경이 옛날 경전에 머무르지 않고 지금까지 계속해서 지침이 되는 현대의 경전이 될 수 있는 것입니다. **교만과 망각은 우리가 늘 경계하고 두려워해야 할 죄입니다.** 위험한 광야를 지날 수 있도록 인도하시고 반석에서 물을 내시고 만나를 내려주시는 하나님을 잊어버리고 자신에게 어떤 능력이 있어서 그런 일이 생긴 것으로 착각해서는 안 됩니다.

우리는 '두렵건대' 라는 말을 잘 상고해 보아야 합니다. 하나님 앞에 죄를 지을까 봐 두려워하는 마음을 잊으면 그 순간부터 그 사람은 두려움 당할 곳으로 가고 있는 것입니다. 하나님께 대한 두려움을 가진 사람만이 두려움을 피할 수 있습니다.

그런데 이 '두렵건대' 라는 말은 원문 성경에는 없는 단어입니다. 아마 번역을 하는 과정에서 삽입이 된 것 같습니다. 아주 중요한 단어라고 생각되기는 하지만 원문에 없는 것이 어떻게 들어간 것인지 모르겠습니다.

18절에는 우리가 왜 두려워해야 하며 교만해서는 안 되는지 잘 나와 있습니다.

"네 하나님 여호와를 기억하라 그가 네게 재물 얻을 능을 주셨음이라. 이같이 하심은 네 열조에게 맹세하신 언약을 오늘과 같이 이루려 하심이니라."

하나님께서는 우리의 선조들에게 하신 약속을 이루시기 위해서 우리에게 능력을 주신 것입니다. 지금 우리에게도 하나님께서 이루시겠다고 약속하신 것들이 많이 있습니다. 이렇게 하면 이렇게 축복하겠다, 저렇게 하면 저렇게 축복하겠다고 하신 것들이 얼마나 많은지 모릅니다. 우리가 그것을 찾아서 그대로 순종하기만 하면 그에 따른 축복이 우리에게 임하게 되는 것입니다.

그런데 하나님의 말씀에 순종하지 않고 교만한 마음을 먹는다면 그 즉시 멸망의 길로 들어서게 됩니다. **교만은 바로 우상 숭배입니다.** 오직 하나님만이 가장 중요한 분이시고 가장 높여야 할 분이십니다. 그런데 그 자리에 내가 들어서서 내가 원하는 대로 살면 그것이 바로 우상을 숭배하는 것입니다. 하나님을 뒤로 미루고 내가 원하는 길로 가는 것이 바로 우상숭배입니다. 적그리스도가 뭡니까? 하나님이 앉을 자리에 자기가 앉는 것이 적그리스도 아닙니까? 하나님께서 있으셔야 할 자리에 자신이 앉는다면 곧 자신이 적그리스도인 것입니다.

하나님의 말씀대로 순종하지 아니하면 반드시 망하는 길로 가게 되어 있습니다. 멸망한 가나안 민족은 우상 숭배로 인해서 망한 민족의 한 예라고 할 수 있습니다. 하나님께서는 19-20절에서 이스라엘이 하나님을 잊어버리고 다른 신들을 좇는다면 가나안의 다른 민족처럼 멸망시키리라고 엄중히 경고하셨습니다. 그러므로 우리는 가나안 사람들을 생각할 때마다 하나님 외에는 그 어떤 것도 중심에 놓아서는 안 된다는 것을 기억해야 할 것입니다. 하나님의 인도하심은 날마다 사건마다 나타나는 것입니다. 그러므로 우리는 모든 일상에서 하나님의 인도하심을 받으며 살아야 합니다.

저는 요즘 "최선의 노력을 다하겠습니다"라는 말을 하기가 어렵습니다. 만약 내가 최선을 다해서 일이 잘 된다면 내가 잘 해서 이루어진 것으로 여기게 될까 봐 걱정되어서입니다. 그래서 이제는 "주님, 최선의 노력을 다할 수 있도록 도와 주시옵소서"라고 기도합니다. 최선을 다하겠다고 해놓고 그렇게 하지 못한 경우도 너무 많거니와 최선의 노력을 할 수 있는 힘조차도 하나님께서 주시는 것이라는 것을 알기 때문에 그렇게 기도하는 것입니다. 제가 무엇을 어떻게 하겠다는 기도가 아니라 주님께서 나를 그렇게 되도록 만들어 달라는 기도만 하게 된다는 말입니다.

어려운 상황에 처하게 되면 반드시 하나님의 실체를 체험할 수 있는 기회가 생깁니다. 과거 우리 자신들이 겪었던 경험을 생각하고 작은 복이라 할

지라도 하나님의 은혜라는 것을 잊지 말고 감사와 찬양을 드려야 할 것입
니다.

우리가 어떤 것을 할 수 있다면 우리 자신이 잘나서가 아니라 그 모든 능
력을 하나님께서 주셨기 때문이라는 것을 잊지 말고 하나님께 영광을 드리
십시오. 이런 사람에게는 하나님의 축복이 지속될 것입니다.

승리를 약속하시는 하나님

9:1-26

하나님의 백성은 어떤 일에 대해서 그것이 가능한가 불가능한가를
따지지 않고 그 모든 일들이 하나님의 절대적인 능력 안에서
이루어진다는 것을 믿고 사는 사람들입니다.

모든 승리는 하나님께로부터 옵니다. 이스라엘 백성들이 가나안 땅에 들어가서 가나안 민족들과 싸워서 승리할 수 있었던 이유는 이스라엘 자신에게 있는 것이 아니었습니다. 첫째는 하나님의 은혜로 말미암은 것이었고, 둘째는 그 세대를 이끄는 탁월한 지도자의 간절한 중보 사역을 하나님께서 인정해 주셨기 때문이었습니다.

9장은 세 부분으로 나누어집니다. 그 첫 부분인 1절부터 6절에서 하나님은 이스라엘에게 승리를 약속하십니다. 7절부터 24절까지에는 이스라엘 백성들이 어떤 백성들인가 하는 것이 묘사되어 있습니다. 그들은 객관적으로 볼 때 승리할 수 있는 조건을 가진 백성들이 아니었습니다. 그러나 그런 죄악된 백성들에게 승리를 안겨 주신 이유가 25절부터 29절까지 나옵니다.

적의 정복을 약속하시는 하나님

하나님께서는 이스라엘에게 승리와 더불어 몇 가지 약속을 함께 하셨습니다. 첫 번째는 요단강을 건너가게 해 주겠다는 약속입니다. 두 번째는 이스라엘 민족들보다 훨씬 강한 민족을 이길 수 있도록 해 주겠다는 약속입니다.(9:1)

내가 나와 비슷한 힘을 가진 사람과 겨루어 이기는 일도 하나님의 은혜가 필요합니다. 그런데 하물며 나보다 훨씬 강한 사람과 겨루어 이기는 것은 어떠하겠습니까? 이것은 하나님의 전적인 은혜가 아니라면 도저히 불가능한 일입니다. 더구나 가나안의 거대한 성읍들을 점령하는 것은 하나님이 승리를 보장하지 않으시면 도저히 불가능한 일입니다.

그러나 아무리 하나님께서 승리를 보장해 주시는 전쟁을 치를지라도 한 가지 꼭 갖추어야 할 것이 있었습니다. 그것은 하나님의 말씀을 듣고 그 말씀을 의심없이 믿고 나아가는 것입니다.

하나님의 백성은 어떤 일에 대해서 그것이 가능한가 불가능한가를 따지지 않고 그 모든 일들이 하나님의 절대적인 능력 안에서 이루어진다는 것을 믿고 사는 사람들입니다. 다윗이 자신보다 열 배나 더 힘이 센 골리앗을 물리칠 수 있다고 믿었던 것은 그 싸움의 승패가 하나님께 있다는 것을 알았기 때문이었습니다.

로스앤젤레스에는 유리로 지어진 '크리스털 처치'라는 유명한 교회가 있습니다. 그 교회는 로버트 슐러 목사님이 시무하고 계신데 한번은 교회를 짓는 과정에서 생긴 일에 대한 그분의 말씀을 들을 기회가 있었습니다. 너무나 엄청난 계획을 세웠기 때문에 처음에 주변에서는 그것이 정말 이루어질 수 있겠는가에 대한 의견이 분분했다고 합니다. 그러나 슐러 목사님은 될 것이라고 믿었습니다. 그리고 그 목사님이 믿으신 대로 크리스털 교회가 세워졌습니다. 그 후로 많은 사람들로부터 편지와 전화를 받았는데 하나님께서 인간이 보기에 불가능한 일을 이루어 놓으신 것을 보고 자기들이 하려고 하는 일들도 반드시 이루어질 것이라고 믿게 되었다는 내용이 거의 대부분이었다고 합니다.

안 될 일 같은데 되는 것을 보는 것, 다들 불가능하다고 생각하는 것이 가능하게 되는 것을 보는 것, 이것이 믿음을 가진 사람들의 삶입니다. 우리보다 더 강한 적들을 물리치고 크고 견고한 성들을 정복하는 것이 바로 믿는 사람들의 삶입니다.

이것은 그 옛날 이스라엘 사람들에게뿐만이 아니라 우리에게도 해당이 되는 것입니다. 우리보다 강대한 민족 그리고 그들이 쌓아 놓은 큰 성읍을 하나님께서는 우리 손에 붙이셨습니다. 우리는 이것을 믿고 그대로 밀고 나가기만 하면 됩니다.

이스라엘 사람들이 물리쳐야 할 아낙 사람들은 소문난 거인들이었습니다.(9:2) 주변의 민족들이 "누가 아낙 사람들과 맞서 싸울 수 있으리요?" 하고 겁을 내며 피하던 민족이었습니다.

믿음이 있는 사람에게는 삶이 아주 흥미롭게 전개되는 법입니다. 우리 주변을 둘러싸고 있는 문제들이 얼마나 많은지 모릅니다. 인간 관계에서부터 금전 관계 건강 문제 등 문제가 아닌 것이 없습니다. 곳곳에 아낙 자손과 같은 거인들이 무기를 들고 서 있습니다. 사업에도 결혼 생활에도 자녀들에게도 아낙 자손이 손을 뻗치지 않은 곳이 없습니다.

그런데 이런 때에 하나님께서는 우리에게 승리를 보장하는 말씀을 들려 주십니다. "너는 요단강을 건널 것이다. 가나안 땅을 네 손에 붙였으므로 너는 그 땅을 점령할 것이다."

이 말은 들을 귀가 있는 사람만 들을 수 있는 말입니다. 아무리 아낙 자손이 거대해도 하나님보다는 크지 않습니다. 그리고 나는 하나님과 연결되어 있는 사람입니다. 내가 커서가 아니라 하나님이 크시기 때문에 아무 문제가 없는 것입니다. 하나님은 인간들이 가진 개념을 초월해 계시는 분입니다.

승리는 하나님께로부터 오는 것

3절을 보십시오.

> "오늘날 너는 알라 네 하나님 여호와께서 맹렬한 불과 같이 네 앞에 나아가
> 신즉 여호와께서 그들을 파하사 네 앞에 엎드러지게 하시리니 여호와께서
> 네게 말씀하신 것같이 너는 그들을 쫓아내며 속히 멸할 것이라."

승리는 맹렬한 불이신 하나님에게서 오는 것입니다. 그분의 불길이 모든 것을 사르도록 우리는 믿고 옆에 서 있기만 하면 됩니다. 우리는 이 인생의 전쟁에 증인들입니다. 우리는 그저 증인으로 현장에 서 있을 뿐 하나님을 도울 수 있는 능력이 없는 사람들입니다. **그러므로 하나님이 하시는 말씀을 들을 수 있는 귀와 하나님이 하시는 일을 볼 수 있는 눈이 중요합니다.** 보고 듣고 믿으면서 그 곁에 서 있기만 하면 승리는 우리 것이 됩니다.

그러나 그 땅을 얻는 것은 우리가 의롭기 때문이 아닙니다. 5절을 보십시오

> "네가 가서 그 땅을 얻음은 너의 의로움을 인함도 아니며 네 마음이 정직함
> 을 인함도 아니요 이 민족들의 악함을 인하여 네 하나님 여호와께서 그들
> 을 네 앞에서 쫓아내심이라 여호와께서 이같이 하심은 네 열조 아브라함과
> 이삭과 야곱에게 하신 맹세를 이루려 하심이니라."

하나님께서 우리에게 승리를 주신 것은 결코 우리에게 어떤 의가 있어서
가 아닙니다. 8장 17절에서 말한 바와 같이 "내가 내 힘으로 재물을 얻었도
다" 하는 것은 믿음을 실족하게 하는 교만입니다. 하나님께서 아낙 자손과
가나안 이방 민족들을 이스라엘 손에 붙이신 것은 이들 이방 족속들이 하
나님이 보시기에 악하기 때문이지 이스라엘 백성들이 의로워서가 아니라
는 말입니다.

인간이 선하게 행동한다 할지라도 그것 때문에 어떤 일이 이루어지는 것
은 아닙니다. 아무리 선한 일을 많이 하여 성인이라 칭송 받는 사람이라 할
지라도 그의 근본이 죄이기 때문에 그는 의인이 될 수 없습니다. 순종을 잘
하는 사람이라 해도 그 가슴에 죄성이 있기 때문에 자주 불순종하는 마음
이 생깁니다. 그리고 자신의 일이 잘 되면 내가 잘 해서 잘 되었다는 생각을
하기 쉽습니다. 다른 사람들과 이야기를 나누다 보면 어느새 내가 잘 해서
이런 저런 일들이 이루어졌다고 말하고 있는 것을 발견하게 됩니다.
사람의 마음은 이렇게 약하고 간사합니다. 모든 일이 전적으로 하나님의
은혜라는 사실을 잊어버리면 곧 교만하게 됩니다.

하나님께서는 창세기 15장에서 아브라함에게 사 대째가 되면 많은 재물
을 가지고 다시 가나안 땅에 돌아오게 될 것이라고 말씀하셨습니다. 그러
면서 그렇게 긴 시간 동안 기다려야 하는 이유는 아직 아모리 사람들의 죄
가 가득 차지 않았기 때문이라고 하셨습니다. 하나님께서는 본문에서 가나
안 민족들의 죄가 관영해서 그들을 이스라엘 사람의 손에 붙인 것이지 이
스라엘 사람들이 잘나서가 아니라는 것을 분명히 하고 계십니다.
우리에게는 아무런 의가 없습니다. 오직 예수 그리스도의 의만이 우리에
게 승리를 보장할 뿐입니다.

약속을 지키시는 하나님

하나님은 약속을 소중히 여기시는 분입니다. 그래서 아브라함과 이삭과 야곱에게 한 약속을 지키기 위해서 가나안을 이스라엘 손에 붙이셨습니다. 경건한 조상들을 가졌기 때문에 이스라엘은 승리를 얻을 수 있었던 것입니다.

우리 성도들 가운데서도 자신이 지금 받고 있는 축복이 할머니나 할아버지 혹은 부모님 때문이라고 고백하는 사람들이 많이 있습니다. 경건한 조상을 가진 사람들에게는 자손 대대까지 큰 축복이 있습니다. 제가 하나님의 은총을 입은 것도 경건한 어머니의 신앙과 기도가 저에게까지 미쳤기 때문입니다.

조상들의 신앙이 중요하다는 말에서 우리는 우리들의 신앙도 그만큼 중요하다는 것을 알 수 있습니다. 우리가 우리 집안의 믿음의 첫 씨앗을 뿌린 사람이라면 그 의미는 더욱 큽니다. 나의 신앙으로 인하여 내 자식과 손자와 그 후손들이 하나님의 약속을 받고 축복을 받는 사람들이 될 수 있는 것입니다.

우리는 하나님의 축복을 이어지게 하는 사람도 될 수 있고 그 축복을 끊어버리는 사람도 될 수 있습니다. 비록 우리 대에는 열매 맺는 것을 볼 수 없을지라도 우리의 자손 대에서는 크고 아름다운 열매가 열리게 된다는 것을 믿어야 합니다.

하나님께서 아브라함에게 하신 약속은 사백 년이 지난 다음에 이루어지지 않았습니까. 아브라함이 심어 놓은 믿음의 씨가 사백 년 후에 열매를 맺게 된 것입니다. 그러므로 믿음의 조상이 된 사람들은 마음에 사명감과 두려움을 가지고 바른 신앙생활을 해야 하겠습니다.

멸망당할 만한 이스라엘

사실 이스라엘은 멸망당해 없어져도 마땅한 죄악된 백성이었습니다. 이스라엘 자체로는 전혀 하나님의 축복을 받을 자격이 없었습니다.

첫째, 이스라엘은 제멋대로 사는 백성들이었기 때문입니다.
6절을 보십시오.

"그러므로 네가 알 것은 네 하나님 여호와께서 네게 이 아름다운 땅을 기업으로 주신 것이 네 의로움을 인함이 아니니라 너는 목이 곧은 백성이니라."

하나님께서는 이스라엘 백성들에게 가나안 땅을 얻게 하신 이유가 그들의 의로움에 있지 않다는 것을 반복해서 강조하십니다.

이 점을 계속 강조하시는 이유는 혹시라도 이스라엘 백성들이 자신들의 공으로 가나안을 정복했다고 생각할까 걱정하셨기 때문입니다. 자꾸 반복해서 말씀하심으로 그들의 마음에 교만한 생각이 들지 못하게 하시려는 것입니다.

'목이 곧은 백성'이라는 말은 하나님의 말씀을 듣지 않는 불순종한 백성이라는 말입니다. 하나님 앞에 서서도 겸손하게 고개를 숙이고 순종할 줄 모르는 백성이라는 것을 목이 뻣뻣하게 굳은 백성이라고 표현한 것입니다. 하나님의 뜻을 따르는 것이 아니라 자기 멋대로 하는 백성이라는 말입니다. 이어지는 7절을 보십시오.

"너는 광야에서 네 하나님 여호와를 격노케 하던 일을 잊지 말고 기억하라 네가 애굽 땅에서 나오던 날부터 이곳에 이르기까지 늘 여호와를 거

　역하였으되."

둘째, 이스라엘은 하나님을 노엽게 한 백성이었기 때문입니다.

이스라엘은 애굽에서 출발해서 가나안을 눈앞에 둔 지금까지 줄곧 하나님을 거역하고 격노하게 하였습니다. 그들은 거의 습관적으로 하나님께 불순종하곤 하였습니다. 하나님의 말씀이라면 으레 불순종할 생각부터 하는 민족이었습니다.

9-21절에는 모세가 이스라엘 백성들이 호렙 산에서 하나님을 격노케 했던 사건을 상기시키는 장면이 나옵니다. 호렙 산에서 하나님께서는 진노하사 그들을 멸할 생각까지 하셨습니다. 만일 모세의 간곡한 매달림이 없었다면 이스라엘 백성들은 가나안 땅을 방황하다가 멸망당했을지도 모릅니다.

12절을 보면 이스라엘 백성들이 "스스로 부패하여 내가 그들에게 명한 도를 속히 떠나 자기를 위하여 우상을 부어 만들었"다고 기록되어 있습니다. 하나님께서 그렇게 오랫동안 베풀어주신 은혜에도 불구하고 일단 스스로 부패한 이스라엘 백성들은 하나님을 '속히' 떠났다는 것입니다.

어떤 일을 이루기 위해서는 상당한 시간과 노력이 들지만 망하는 것은 눈 깜짝할 순간에 일어납니다. 계란 하나를 만들어내는 데는 오랜 시간과 노력이 들지만 그것을 깨는 것은 일순간인 것과 마찬가지입니다.

이것은 인간이 가진 나쁜 속성 중의 하나입니다. 누구나 이런 경향을 가지고 있습니다. 저도 마찬가지입니다. 만일 이런 모든 것들이 겉으로 드러난다면 누구도 하나님의 말씀을 전하는 자리에 있지 못할 것입니다. 그래서 성령님을 늘 의존하고 성령님의 인도하심을 받아서 살아야 하는 것입니다.

이스라엘 백성들이 얼마나 심각하게 하나님을 배반하고 빠르게 돌아섰던지 하나님께서 그들을 세상에서 도말하시고 모세로부터 다시 시작하여 강대한 나라를 만들겠다고 하실 정도였습니다. 16절을 보면 하나님께서는 이스라엘 백성이 돌아서는 것이 얼마나 빠른가에 대해서 다시 말씀하십니다.

> "내가 본즉 너희가 너희 하나님 여호와께 범죄하여 자기를 위하여 송아지
> 를 부어 만들어서 급속히 여호와의 명하신 도를 떠났기로 내가 그 두 돌판
> 을 내 두 손에서 들어 던져 너희의 목전에서 깨뜨렸었노라."

이렇게 급속히 하나님을 저버린 이스라엘 백성들이 멸절되지 않고 그 생명을 대대로 유지할 수 있었던 것은 중보하는 지도자의 간절한 기도가 있었기 때문입니다.

이스라엘 백성 전체를 멸절하시고 모세로 하여금 새로운 민족을 이루도록 하시려고 생각하실 만큼 하나님은 모세를 귀하게 여기셨습니다. 모세는 이스라엘과 하나님께 매우 중요한 사람이었습니다. 바로 모세로 인하여, 사십 주야를 엎드려 간구한 그의 간절한 기도로 인하여 이스라엘은 지금까지 그 대를 이을 수 있었던 것입니다.

그러나 이스라엘 백성들은 하나님을 알게 된 그 때부터 하나님을 거역한 사람들이었습니다. 24절을 보십시오.

> "내가 너희를 알던 날부터 옴으로 너희가 항상 여호와를 거역하였느니라."

이스라엘 백성들은 모세와 만난 날로부터 지금까지 늘 여호와를 거역했습니다. 이 모습을 바라보는 모세의 가슴은 얼마나 안타까웠겠습니까. 또한 하나님 앞에서 그 백성들을 변호하고 은혜를 구하기 위해서 얼마나 많은 힘을 쏟아 기도하고 간구했겠습니까. 하나님께서는 이스라엘 백성이 그토록 끊임없이 하나님 앞에 범죄하였건만 모세의 간구를 들으시고 그 백성을 돌보시는 은혜를 베푸신 것입니다.

이스라엘 백성들은 있는 그대로의 모습으로는 절대로 하나님의 은총을 받을 수 없는 사람들이었습니다. 지도자의 중보가 이렇게 중요한 것입니다.

그럼 이제 우리의 모습을 봅시다. 우리는 이스라엘 백성들의 모습과 다르다고 할 수 있습니까? 아마 그렇지 않을 것입니다. 이스라엘 백성들의 모습을 보는 것은 바로 우리의 모습을 보는 것과 같을 것입니다.

성경을 읽을 때는 이스라엘 백성들이 어리석고 완악한 백성들로 생각되지만 곰곰이 생각해 본다면 우리 역시 그들과 똑같은 속성을 지닌 사람이라는 것을 알 수 있을 것입니다. 그러므로 이들을 통해 우리의 모습을 되돌아보는 일은 매우 중요합니다. 이들의 모습을 거울 삼아서 같은 잘못을 되풀이하지 않도록 해야 할 것입니다.

모세는 이스라엘 백성들이 잘못할 때마다 하나님 앞에 엎드려 금식했습니다. 두 번에 걸친 사십 주야를 금식했으므로 합해서 80일을 금식하며 기도한 것입니다. 이러한 모세의 노력으로 인해 하나님께서는 하나님의 마음을 돌리기 위한 모세의 기도를 들어주시지 않을 수 없었을 것입니다. 모세가 이렇게 하지 않았으면 이스라엘 백성들은 광야 생활을 제대로 겪어내지 못했을 것이고 가나안 땅을 정복하지도 못했을 것입니다.

한 공동체가 잘 되기 위해서는 지도자들의 피눈물 나는 수고가 있어야 합니다. 사도 바울은 이것을 가리켜 해산의 수고라고 했습니다. 산모가 목숨을 걸고 해산을 하는 것 같은 정도의 각오와 고통을 지도자가 겪지 않으면 결코 훌륭한 공동체가 될 수 없는 것입니다.

우리 교회에는 중보기도 위원회라고 하는 모임이 조직되어 있습니다. 그분들은 교회의 모든 기도제목을 가지고 매주 교회에 모여서 중보기도를 합니다. 교회 전체는 물론이고 교구별로도 기도 카드를 만들어서 기도를 담당합니다.

제가 얼마 전에 중보기도 위원회의 보고서를 받아보았는데 그 동안 기도한 것이 어떻게 응답되었는지가 기록되어 있었습니다. 저는 그것을 읽으면서 하나님께 마음으로부터 깊은 감사를 올렸습니다. 기도가 꾸준히 지속적으로 이루어지고 있다는 것은 얼마나 고맙고 복된 일인지 모릅니다. 지도자 한 사람이 교회와 교인들의 문제를 모두 가지고 기도한다는 것은 얼마나 어려운 일입니까. 그러므로 기도를 전담해서 하는 사람들이 있다는 것은 목회자는 물론이고 모든 교인들에게 위로가 되고 힘이 되는 것입니다.

제가 교수로 있었던 아세아 연합신학대학에는 은퇴하신 목사님 한 분이 계십니다. 학교에서는 그분을 학교를 위해서 중보기도를 하는 목사님으로 세웠습니다. 그래서 그 목사님은 매일 학교에 오십니다. 와서 학교를 위해서 기도하는 것이 그분의 사역입니다. 학교에서는 그분을 위해서 직원들과 똑같이 매달 일정액을 지불합니다. 기도의 은사를 받은 사람이 많은 사람들을 위해서 중보기도할 수 있도록 자리를 마련해 준 것입니다.

26절을 보면 모세가 하나님께 이 백성을 멸하지 말아달라고 기도하는 부분이 나옵니다. 모세는 하나님께서 이스라엘을 멸하지 말아야 하는 이유를 다섯 가지로 제시합니다. 첫째는 이 백성이 하나님의 백성이라는 것입니다. "이스라엘은 하나님께서 친히 선택하여 애굽에서 구원하여 낸 백성들인데 어떻게 하나님께서 이 백성을 멸망시킬 수 있겠습니까"라고 말합니다. 이스라엘은 하나님의 소유된 백성이라는 것을 강조하여 말합니다. 둘째는 조상들과의 약속을 생각해서라도 그렇게 해서는 안 된다고 합니다.

이스라엘 백성들의 선조들이 얼마나 하나님께 순종했는가를 생각하사 그 후손들에게 자비를 베풀어 달라는 말입니다. 아브라함은 아들 이삭을 하나님께 바치려고 했을 만큼 하나님께 충성한 사람이었으니 제발 그를 보아서라도 그 후손들을 구해 달라는 말입니다.

그 다음 셋째는 하나님의 체면을 생각해서 넷째는 하나님의 명예를 생각해서 그렇게 하지 말라고 기도합니다. 28절에서 제시한 바와 같이 애굽 백성들이 "여호와께서 그들에게 허락하신 땅으로 그들을 인도하여 들일 능력도 없고 그들을 미워도 하사 광야에서 죽이려고 인도하여 내셨다"고 할까 두렵다는 것이 이유였습니다. 사람들이 하나님을 무능한 분이라고 생각하거나 분노만 가득한 분으로 생각할 수 있으니 기왕에 인도하여 내신 이스라엘 백성들을 지켜달라는 말입니다. 모세의 논리적이고 재치있는 변증이 돋보이는 부분이라고 할 수 있습니다.

마지막 다섯째 이유는 29절에 나옵니다.

"그들은 주의 큰 능력과 펴신 팔로 인도하여 내신 주의 백성 곧 주의 기업
이로소이다 하였었노라."

이스라엘 백성이 하나님이 구원하여 내신 하나님의 기업이기 때문에 멸망시킬 수 없다는 것입니다. 다른 어떤 신이나 사람들의 기업이 아니라 하나님의 기업이 되는 백성인데 그 백성을 멸하시면 하나님의 기업이 없어지는 것이 될 터이니 하나님께서 친히 택하신 기업을 보전하기 위해서도 이스라엘 백성들을 구원해 주셔야 한다는 것이 모세의 마지막 이유였습니다.

하나님께서는 이스라엘의 범죄에 매우 노하시고 이스라엘을 멸망시켜

야겠다고 생각하셨지만 모세의 이런 말을 듣고 화를 가라앉히사 다시 이스라엘 백성들에게 긍휼을 베풀 생각을 하게 되었을 것입니다. 하나님을 설득할 수 있는 모세를 지도자로 둔 덕분에 이스라엘은 하나님의 인도하심 가운데 끝까지 있을 수 있었던 것입니다.

시편 23편 3절에 보면 "내 영혼을 소생시키시고 자기 이름을 위하여 의의 길로 인도하시는도다"라고 했습니다. 우리들이 의로워서가 아니라 하나님의 이름이 손상되지 않도록 하기 위해서 우리를 의의 길로 인도하신다는 말입니다.

제가 신학교에 다닐 때 이 시편 23편을 히브리어로 주석하다가 깨달은 점이 있습니다. 그것은 하나님께서 나를 구원하셨으므로 하나님의 책임이 크다는 것입니다. 나와 하나님의 명예는 별개가 아니라 연결이 되어 있는 것입니다. 따라서 내가 바르지 못하다면 하나님의 명예에 손상을 입게 되기 때문에 하나님께서 나를 똑바로 인도하지 않으실 수 없는 것입니다. 내가 잘못되면 하나님의 이름에 손상을 입게 되기 때문입니다.

저는 이것을 깨달은 후에 가끔 설교하기 전에 "하나님 나를 보지 마시고 하나님의 백성들을 보시고 성령께서 역사해 주시옵소서" 하고 기도합니다. 나는 보잘것없지만 하나님의 백성들을 올바로 인도하기 위해서 도구로 선택하셨으니 하나님의 뜻에 맞게 올바로 사용해 달라는 기도인 것입니다.

하나님께서는 모세의 중보기도를 들은 후에 그 기도를 들어주셨습니다. 이처럼 **하나님께 기도하는 것은 모든 선을 이루는 첫걸음입니다. 모든 선과 모든 축복은 하나님께로부터 오는 것입니다. 그러므로 어떤 일을 하더라도 하나님께 먼저 구하고 그 응답을 받아서 행하는 것이 중요합니다.** 그런 과정을 통해서 하나님께서는 우리들을 선하게 인도하실 것입니다. 우리는 바로 하나님께서 선택해서 세우신 하나님의 기업이기 때문입니다.

여러분들을 주님께서 선함과 의로움으로 인도하셔서 하나님의 기업이 되게 하시는 은혜가 있으시기를 기도합니다.

두 번째 십계명

10:1-22

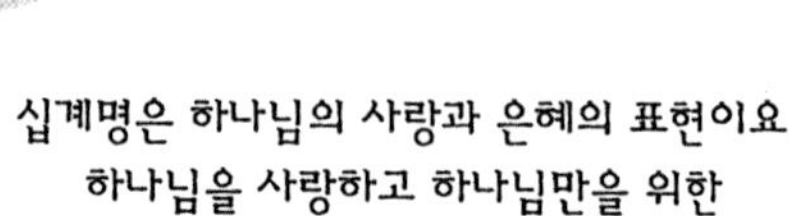

십계명은 하나님의 사랑과 은혜의 표현이요,
하나님을 사랑하고 하나님만을 위한
삶을 살도록 하기 위해서 주신 것입니다.

이스라엘 백성들을 다 멸망시켜 버리겠다고 하신 하나님께서는 모세의 중보기도를 들으신 후에 그 마음을 돌이키시고 다시 그 백성들에게 자비를 베푸십니다.

10장은 하나님의 사랑을 다시 확인시키시기 위해서 모세에게 십계명을 다시 주겠다고 하시는 것으로 시작합니다.

모세가 십계명을 다시 받다(출 33-34장)

직접 돌판을 깎다

이번에는 첫 번째 십계명과는 달리 모세에게 돌판 두 개와 그것을 담을 나무 궤를 깎아서 직접 준비해 오라고 말씀하시고 전에 모세가 하나님께서 주신 돌판을 깨뜨렸던 것을 상기시키십니다. 2절입니다.

"네가 깨뜨린 처음 판에 쓴 말을 내가 그 판에 쓰리니 너는 그것을 그 궤에 넣으라 하시기로."

하나님께서는 모세가 돌판을 깨뜨린 사건을 다시 말씀하시면서 모세의 불같은 성격을 돌아보게 하십니다. 자신의 분을 이기지 못하고 돌판을 깨뜨린 데 대한 하나님의 책망이 그 속에 들어있는 것입니다.

그래서 모세는 첫 번째 돌판과는 달리 이번에는 자신이 힘을 들여서 돌판을 만들어야 했습니다. 그리고 결국 그 불같은 성질 때문에 가나안에 들어갈 수가 없었습니다.

우리들에게도 단점이 한두 가지씩은 있습니다. 이런 것들을 철저하게 하나님 앞에 내놓고 변화시키지 않으면 결국 하나님의 영광을 드러내지 못하고 자신의 인생을 망치는 결과를 낳습니다. 그러므로 자신이 알고 있는 자신의 약점이 고쳐지고 변화 받도록 하나님께 간절히 기도해야 합니다. 비록 단점은 한두 가지일지 모르지만 그것 때문에 인생에서 받는 피해와 고통은 얼마나 큰지 모릅니다.

<오늘의 양식>을 발행하시는 MR. 디한 목사님은 원래 의사였지만 후에 신학을 공부하고 목사가 되신 분으로서 매우 영민하고 훌륭하신 분입니다. 그런데 성격에 모가 난 분이었습니다. 제직회를 하다가 큰소리를 지르는 등 자신의 성격적 결함을 극복하지 못한 몇 가지 일로 인하여 결국은 두 교회에서나 쫓겨나는 일을 겪게 되었습니다.

다른 사람에게 성경을 가르치는 일에는 매우 유능한 분이었지만 당회를

이끄는 데는 실패한 것입니다. 그래서 결국은 목회를 하지 않고 방송 활동만 평생 하셔야 했습니다. 자서전에서 그분은 젊었을 때 성격 때문에 자꾸 문제를 일으키다가 60세가 되어서야 조금 부드러워졌다고 고백하고 있습니다. 그러면서 만일 자신에게 그런 나쁜 성격이 없었더라면 하나님께 무릎을 꿇지 않았을 것이라고 했습니다. 자신의 성질이 나빴기 때문에 계속해서 눈물을 흘리면서 기도하고 회개할 수 있었다는 말입니다.

저는 그분의 자서전을 읽고 큰 위로를 받았습니다. 디한 목사님이 60세가 되어서야 비로소 자신의 문제를 해결했다는 말을 듣고 저도 그 때까지는 제가 가진 문제가 해결되리라는 기대를 갖게 되었기 때문입니다. 몇 년만 지나면 제 개인적인 약점도 보완되어 좀더 성숙한 인간으로 변화할 수 있지 않을까 하고 기대하고 있습니다. 그러나 시간이 지난다고 해서 자연히 해결이 되는 것은 아닙니다. 끊임없이 자기 자신을 하나님 앞에서 쳐서 복종시키고 회개하며 무릎을 꿇는 일을 계속해야 극복됩니다.

하나님께서는 모세에게 돌판을 준비시킨 후에 다시 십계명을 친히 써 주셨습니다. 하나님께서 이와 같은 수고를 하신 이유는 이 십계명이 하나님께서 직접 내리신 명령이라는 것을 나타내기 위한 작업이었을 것이라고 생각됩니다.

명령에 그대로 순종하는 하나님의 종

10장 1-5절까지에는 하나님께서 하신 명령이 짤막하게 기록되어 있습니다. 그 명령은 네 가지 말로 요약될 수 있습니다. 첫째는 돌판 두 개를 만들라는 것이고 둘째는 산으로 올라오라, 셋째는 나무 궤를 만들라, 그리고 넷째는 돌판을 법궤에 넣으라는 말입니다. 모세는 하나님의 명령에 그대로 순종했습니다.

하나님의 종된 자의 사역은 바로 이런 특징이 있습니다. 하나님이 시키시는 대로 하는 것, 하나님이 하라고 하신 것에 거역하지 않는 것입니다. **작은 것이라도 자신의 마음대로 하는 것이 아니라 일일이 하나님께 구하고 하나님의 지시를 받고 그 받은 그대로 행하는 것이 하나님의 종된 자의 사역입니다.**

하나님께서 세우신 사역자

6절에 보면 아론이 모세라에서 죽고 그의 아들 엘르아살이 그 뒤를 이어서 제사장의 직분을 행하게 되었다고 기술되어 있습니다. 한 사람의 사역이 끝나면 하나님께서는 곧바로 그 사람의 뒤를 이어서 일할 사람을 반드시 다시 세워주십니다. 그것이 하나님의 일이기 때문에 공백이 있을 수가 없는 것입니다. 이것은 '내가 없으면 안 된다' 는 식의 생각이 얼마나 교만한 것인가를 잘 나타내주는 단적인 예입니다. 내가 없으면 교회가 안 된다던가, 회사가 안 될 것이라든가 하는 자만심을 가지고 있는 사람들이 많이 있는데 하나님의 역사는 어떤 사람 하나로 인해서 이루어지는 것이 아닙니다.

하나님께서 원하시면 어떤 사람도 하나님의 역사에 중요한 인물이 될 수 있는 것이고 아무리 유능한 능력을 가진 사람이라 할지라도 버려질 수 있다는 것을 알아야 합니다. 하나님의 역사는 누구를 통해서라도 반드시 계속되기 마련입니다.

목사님들 중에도 만나서 이야기를 하다 보면 은근히 자신이 아니면 교계가 안 된다든가 심지어 나라가 안 된다든가 하는 과신을 드러내는 분들이 있습니다. 그런 분들은 아론이 없으면 엘르아살이, 모세가 없으면 여호수아가 그 일을 물려받아서 하나님의 일을 훌륭하게 이루어 나갔다는 사실을 간과하고 계신 것입니다. 누구라도 그 사람 하나가 없음으로 인해 하나님의 계획이 중단되는 일은 없습니다.

하나님께서 자신에게 하나님의 사업을 맡겨 주셨다면 그것을 감사하게 여기고 최선을 다하여 할 수 있는 데까지 일을 하는 것이 우리의 할 일입니다. 만약 그 이상을 넘어가면 그 때부터는 교만입니다.

구별된 사람이 해야 할 말

8-9절 사이에는 레위 족속을 세우신 이야기가 나옵니다. 그들은 구별된 사람들로서 주님 앞에서 법궤를 나르고 주의 이름으로 축복하는 일을 맡은 사람들입니다. 하나님의 이름으로 축복을 해야 할 사람의 입에서 좋지 않은 소리가 나오면 아주 듣기가 거북합니다. 하나님의 사람의 입에서는 계속해서 축복하는 소리만 나오도록 해야 합니다. 그래야만 듣는 사람도 복이 되고 축복하는 사람도 복을 얻을 수 있습니다.

제가 중국에 갔을 때 여러 분야에서 선교를 하고 계신 분들을 만나고 아쉬웠던 점이 있었습니다. 그것은 그분들이 좋지 않은 말들을 하고 있다는 것이었습니다. 저는 하나님이 세우신 사람들인 그들의 입술에서 나오는 말이 남을 축복하는 내용이 아니라 헐뜯는 내용이라는 것이 마음에 걸렸습니다. 그 말의 내용은 대부분 중국인들을 욕하는 것이었습니다. 거기서 선교하고 계신 분들은 그 사람들을 돕겠다는 사명을 가지고 가 있는 분들입니다. 그런데 그런 분들이 마음에 들지 않는 점이 있다고 자꾸 나쁜 말을 하고 다니면 어떻게 하겠습니까. 그 사람들에게 그런 점들이 있다는 것은 이미 다 알고 있는 사실이고 그것을 각오하고 중국에 갔으면 거기에 맞는 대책을 세우고 애정을 갖도록 노력해야지 그것을 화제로 하여 이야기하는 것으로 소일을 삼는다면 좋은 결과를 기대하기 어려울 것입니다.

또한 그렇게 중국인들을 헐뜯는 이야기가 중국인들의 귀에 들어가면 그 사람들의 속이 상하기도 하려니와 선교하시는 분들을 신뢰하기 어려울 것입니다. 자신들끼리 자신들의 이야기를 나쁘게 하는 것은 아무렇지도 않게 들을 수 있지만 다 아는 이야기라 할지라도 남들이 하면 기분이 나쁘고 싫은 법 아니겠습니까?

그래서 제가 그분들에게 말씀을 좀 조심해서 하시라고 말씀드렸습니다. 기왕에 거기에 와서 사역할 생각이라면 좋은 점들을 많이 보고 좋은 점들만을 이야기하고 축복하는 자세를 가져야지 자꾸 나쁜 점만 들추면 제대로 일을 할 수가 없지 않겠느냐고 했습니다. 우선 말에 있어서 본이 되고 그 다음에는 행동에 있어서 본이 되어야 복음을 전하는 기반을 세울 수 있다고 생각하기 때문입니다.

사람들은 자신을 축복하는 사람을 만나고 싶어합니다. 일단 만나면 기분이 좋고 마음에 평안이 생기는 사람을 보고 싶은 것이 당연합니다. 그러므로 복음을 이야기하는 사람은 언제나 좋은 말, 축복이 되는 말만을 해야 합니다. 그 사람을 만나면 은혜가 쏟아지고 격려가 쏟아지는 사람이 되어야 하겠습니다. 입만 열었다 하면 비판만 하는 사람들은 다른 사람들이 기피하는 인물이 될 수밖에 없습니다. 여호와의 이름으로 축복하라는 것은 하나님의 자녀인 우리들에게 아주 중요한 교훈입니다.

하나님이 친히 기업이 되신 레위인

레위인들은 다른 지파처럼 차지할 유산의 몫은 없었습니다. 그러나 하나님께서 친히 그들의 기업이 되어 주셨습니다. 하나님이 자신들의 기업이라는 것은 얼마나 큰 축복인지 모릅니다. 이것을 제대로 깨닫지 못하면 많은 문제가 발생합니다. **하나님이 기업이시면 그 외에 다른 것은 필요없습니다.** 그런데 그것을 깨닫지 못하고 아무것도 가진 것이 없다고 표현하면 모든 것을 갖고도 아무것도 얻지 못하는 사람이나 마찬가지인 것입니다.

모세가 40일 동안 시내 산에 머물면서 기도하자 하나님께서 그 기도를 들으시고 이스라엘을 멸하지 않으셨습니다. 지도자의 수고가 민족 전체를 멸망에서 구한 것입니다. 지도자는 한 알의 썩는 밀알이 되어야 하고 열매를 위해서 기꺼이 희생할 각오를 해야 합니다. 지도자의 보따리 속에는 희생이라는 소지품이 꼭 들어 있어야 합니다. 자기 희생을 원치 않는 사람은 지도자가 될 자격이 없는 것입니다. 다른 방향으로 흘러갈 뻔한 역사를 바로 잡는 것도 이러한 지도자의 희생입니다.

행복의 비결

12-22절에는 하나님이 원하시는 것이 무엇인가 하는 것이 잘 나타나 있습니다. 하나님의 최대의 관심사는 우리가 하나님을 사랑하고 그 뜻대로 살아서 우리들이 행복해지는 것입니다.

하나님을 사랑하면 행복해진다

12-13절을 보십시오.

"이스라엘아 네 하나님 여호와께서 네게 요구하시는 것이 무엇이냐 곧 네 하나님 여호와를 경외하며 그 모든 도를 행하고 그를 사랑하며 마음을 다하고 성품을 다하여 네 하나님 여호와를 섬기고 내가 오늘날 네 행복을 위하여 네게 명하는 여호와의 명령과 규례를 지킬 것이 아니냐."

이 말씀은 하나님을 나의 모든 것으로 여기고 살라는 이야기입니다. 인간이 하나님을 사랑하는 것은 가장 자연스러운 일입니다. 그리고 자연스러운 것을 행하는 것이 행복해지는 방법입니다. 하나님을 사랑하면서 사는 것은 우리에게 숨쉬고 밥 먹는 것과 똑같은 일입니다. 숨을 쉬거나 밥을 먹는 것은 아주 자연스럽고 별로 힘들지 않은 일이지만 하지 않으면 생명에 위협을 주는 것입니다. 하나님을 섬기는 일도 그렇습니다.

숨을 쉬지 않거나 밥을 먹지 않는다는 것은 곧 죽음을 의미합니다. 그런데도 마치 밥을 먹지 않으려고 떼쓰는 아이들처럼 몸부림을 치는 사람들이 있습니다. 그게 불순종하는 인간의 모습입니다. 인간의 마음속에 있는 자멸의 경향입니다.

하나님을 사랑하는 것은 인간이 할 수 있는 가장 자연스러운 일이고 마땅한 일입니다. 그런데 그렇게 자연스러운 일을 못 한다는 것은 그 사람에게 문제가 있다는 뜻입니다. 기왕에 예수를 믿을 바에는 철저하게 믿어야 합니다.

예수를 철저하게 믿지 않는 사람처럼 재미없게 사는 사람은 없을 것입니다. 하나님이 진리가 아니거나 예수님이 계시지 않는다면 모르거니와 예수님이 길이요 진리라는 것을 아는 사람은 전심으로 철저하게 믿는 것이 사는 길입니다. 하나님을 사랑하는 사람은 행복해지려고 따로 노력할 필요가 없습니다. 체험을 해본 사람들이라면 다 아는 이야기일 것입니다.

하나님께서는 우리의 행복을 위하여 모든 명령을 내리십니다. 감사하고 기뻐하고 즐거워하라는 말들이 많은 것은 그것이 곧 하나님의 기쁨이기 때문입니다. 우리의 행복 우리의 유익이 곧 하나님의 행복입니다. 사랑하는 자의 행복이 곧 자기의 행복 아닙니까. 우리의 행복이 곧 하나님의 행복입니다.

사랑하여 선택하신 하나님

하나님이 우리를 선택한 것부터가 우리를 사랑하셨기 때문이었습니다. 우리는 사랑받을 자격이 없는 사람들이지만 하나님께서는 그런 우리를 사랑하시고 축복을 베푸셨습니다.

그러므로 그 사랑과 그 은혜를 받은 우리는 해야 할 일들이 있습니다. 우선 16절에 있는 것처럼 마음에 할례를 받아야 합니다. 이 말의 뜻은 마음을 정결하게 하라는 것입니다. 예수님이 산상수훈에서 말씀하셨듯이 마음이 정결한 자는 하나님을 보게 되어 있습니다.

마음이 깨끗한 사람은 방종하지 않습니다. 목이 곧지도 않습니다. 자연스럽게 겸손해집니다. 그전까지 어떤 모습으로 살았든지 더 이상 목이 곧은 교만한 백성으로 살지 않게 됩니다. 이것이 마음에 할례를 받은 사람의 모습입니다.

우리는 미련한 양과 같아서 조금만 풀어주면 바른 곳이 아닌 엉뚱한 곳으로 갑니다. 교만해지고 목이 뻣뻣해집니다. 내 멋대로 살려고 고집을 부립니다. **하나님을 사랑하고 그 뜻대로 살고자 하는 사람은 마음에 할례를 받고 옛 모습을 벗어서 정결하게 살아야 합니다.**

하나님에 대해 알라

하나님의 계시를 지속적으로 받으려면 하나님에 대해서 잘 알아야 합니다. 모세가 하나님에 대해서 고백하는 위대한 신학을 보십시오. 17절입니다.

"너희의 하나님 여호와는 신의 신이시며 주의 주시요 크고 능하시며 두려우신 하나님이시라 사람을 외모로 보지 아니하시며 뇌물을 받지 아니하시고"

하나님은 바로 이런 분입니다. 신 중에 가장 큰 신이시요 가장 큰 능력을 행하시며 두려우신 분입니다. 사람의 중심을 보시는 분이십니다. 우리 신앙의 척도가 바로 우리의 신학입니다. 우리가 하나님에 대해서 가지고 있는 개념이 무엇인가 하는 것이 신앙의 척도입니다. 나에게 있는 하나님의 모습이 정확하고 가슴으로 분명하게 와 닿으면 그 사람의 신앙은 확실하다고 할 수 있습니다.

18-19절을 보십시오.

"고아와 과부를 위하여 신원하시며 나그네를 사랑하사 그에게 식물과 의복을 주시나니 너희는 나그네를 사랑하라 전에 너희도 나그네 되었었음이니라."

하나님은 모든 사람에게 다 관심을 갖고 계시지만 힘이 없는 사람에게는 더욱 특별한 관심을 가지고 계십니다. 그래서 의지할 곳이 없는 고아와 과부 그리고 나그네에게 특별한 애정을 보이시는 것입니다. 하나님께서는 이런 사람들을 책임지시고 이들과 함께하시며 이들의 편에 서시겠다고 말씀하셨습니다.

이런 말씀에 비추어서 우리는 우리가 가진 재래의 속신 중의 많은 것을 바꾸어야 합니다. 이를테면 '아침에 봉사를 보면 재수가 없다'는 말 같은 것들입니다. 이런 사고 방식으로는 우리 민족이 하나님께 축복을 받기 어렵습니다. 불쌍한 사람, 약한 사람들을 괴롭히고 천대하는 사람들은 하나님께서 직접 징치하시겠다고 하셨습니다.

그러므로 우리 민족이 **하나님의 축복을 받으려면 누구나 연약한 자를 돕는 일에 노력하는 풍토가 마련되어야 합니다.** 서양인들은 그런 면에서는 우리보다 훨씬 훈련이 잘 되어 있습니다. 그들은 대부분 연약한 사람들을 돕고 자연스럽게 대하며 그들을 위해서 솔선수범해서 일합니다. 우리도 각 교회에서 어려운 사람들이나 장애를 가진 사람들에 관심을 갖고 배려하는 훈련을 시키는 일과 장애인들에 대한 의식을 바꾸는 작업을 병행해야 합니다.

저는 미국에 있을 때 교회에서 장애아 주일학교를 운영하려고 시도했던 적이 있었습니다. 그런데 교인들은 그 아이들을 제대로 수용하지 못했습니다. 장애아를 둔 부모가 어렵게 아이를 데리고 교회에 나왔는데 어른들은 외면하거나 이상한 눈으로 쳐다보고 철없는 아이들은 장애를 가진 친구를 놀리는 것입니다. 그러니 그 장애아와 부모가 교회에 나오는 데 얼마나 어려움을 겪었겠습니까. 아마 다시는 교회에 나오고 싶은 생각이 들지 않았을 것입니다.

한인 교회에서 그런 대접을 받다가 이웃에 있는 미국인 교회를 갔는데 거기서는 마치 그 교회에 아이가 그 아이 하나밖에 없는 것처럼 사랑해 주고 관심을 가져주었다고 합니다. 결국은 한국 사람이면서도 한국인 교회에 다니지 않고 미국인 교회에 나가게 되었습니다. 얼마나 슬픈 일입니까. 그 일로 제가 얼마나 마음이 아프고 실망을 했는지 모릅니다. 다행히도 지금 우리 교회에는 사랑반이라는 장애인들을 위한 반이 잘 운영되고 있어서 아주 감사하게 생각하고 있습니다. 하나님도 기뻐하실 것입니다.

하나님만 죽도록 사랑하라

21절에 기록된 대로 하나님은 우리의 찬송이시며 주이십니다. 또한 우리가 살아오는 동안 보았듯이 우리를 위해서 크고 두려운 일들을 행하신 분입니다.

그 동안의 삶을 돌이켜보십시오. 하나님이 아니셨다면 어떻게 살 수 있었을까 하는 일들이 얼마나 많습니까. 하나님이 나를 위해 구원의 손을 베푸시고 행하지 아니하셨으면 어떻게 헤쳐나갈 수 있었을까 하는 일들이 얼마나 많이 있습니까. 아마 누구라도 하나님이 행하신 바를 목도하였노라고 고백할 수 있는 일들이 많이 있을 것입니다. 그러므로 우리는 20절에 있는 말씀처럼 "여호와를 경외하여 그를 섬기며 그에게 친근히 하고 그 이름으로 맹세" 해야 합니다. 체험한 것이 많은 사람일수록 더욱 그러해야 합니다.

십계명도 하나님의 사랑과 은혜의 표현이요, 하나님을 사랑하고 하나님만을 위한 삶을 살도록 주신 것입니다. 그것을 깨닫게 되면 율법이 은혜와 축복이라는 것을 알게 됩니다. 하나님이 우리에게 요구하시는 것은 모두 우리를 행복하게 살도록 하기 위한 것이므로 그대로 따르기만 하면 우리에게 유익이 있는 것입니다.

과거에 우리가 체험했던 하나님의 사랑을 현재에 돌이켜봄으로써 우리의 삶에 행복이 있기를 간절히 원하는 것이 하나님의 마음이라는 것을 10장을 통해서 깨달아야 하겠습니다.

행복을 선택하라

11:1-32

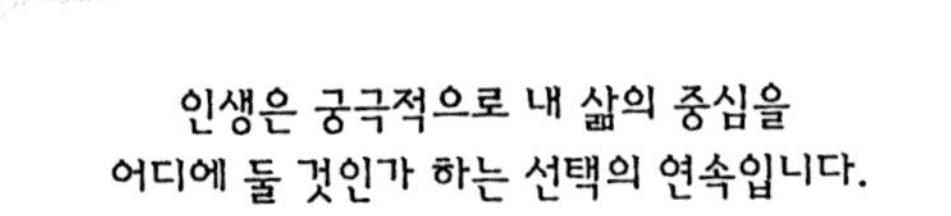

사람들에게 어떤 삶을 원하느냐고 물으면 흔히 '행복한 삶' 이라고 말을 합니다. 그런 기준에 비추어서 인생을 두 가지 유형으로 나누어 본다면 행복한 삶과 불행한 삶으로 구분할 수 있을 것입니다.

그런데 이 행복과 불행은 남이 우리에게 주는 것이 아니라 바로 우리 자신의 선택으로 인하여 결정되는 경우가 많이 있습니다. 선택의 순간이 올 때마다 행복해지는 쪽을 선택하면 그 사람의 인생은 행복해지는 것입니다.

사랑하라, 순종하라, 그리고 행복하라

1절부터 21절까지에는 세 가지 중요한 단어가 등장합니다. "**하나님을 사랑하라, 순종하라, 그러면 행복해질 것이다**" 이 세 가지입니다. 이 세 가지를 한 문장으로 요약하면 "하나님을 사랑하면 행복이 온다" 라고 할 수 있습니다.

순종은 사랑하면 자연히 따라오게 되어 있는 것이기 때문입니다.

시편 34편 12절에 보면 "생명을 사모하고 장수하여 복 받기를 원하는 사람이 누구뇨"라는 질문을 던지고 그 이후의 구절에서 해답을 제시하고 있습니다. 그 내용은 행복하게 살고 싶다면 혀에서 악을 금하고 행동에서 악을 버리고 선을 행하며 화평을 따라 살라는 것입니다.

이처럼 하나님께서 성경 곳곳에 행복해지려면 이렇게 해라, 저렇게 해라 하는 말씀을 많이 써 놓으신 이유는 하나님의 관심이 그만큼 우리의 행복에 집중되어 있기 때문입니다.

현실과 이상의 조화

1절에서 7절 사이를 읽어보면 이스라엘 민족을 구성하고 있는 구세대와 신세대 사이에 신앙적인 차이가 있다는 것을 알 수 있습니다. 구세대는 하나님의 기적과 이적을 많이 체험한 세대이기 때문에 하나님에 대한 사랑이 확고한 반면 신세대는 상대적으로 하나님의 기사와 이적을 체험하지 못한 세대이기 때문에 하나님에 대한 신앙이 튼튼하게 서 있지 못했습니다.

그래서 일반적으로 젊은이들은 이상적이고, 나이가 든 사람들은 현실적인 신앙을 갖게 됩니다. 우리의 신앙은 현실만 가지고 되는 것도 이상에 치우쳐서 되는 것도 아닙니다. 이상이라는 것이 모두 실현되는 것은 아니지만 또 너무 현실에 치우치면 꿈을 실현시키기 어렵습니다. **현실적인 감각이 있으면서도 이상을 가진 사람이 바람직한 신앙인의 모습이라고 할 수 있습니다.**

하나님에 대해서 잘 모르는 사람에게 하나님은 어떤 분이라고 막연하게 말하는 것으로는 하나님의 실체를 가르치기 어렵습니다. 과거에 그분이 한 일을 실증적인 자료로 제시하고 그것을 통해서 설명하는 방법이 좋습니다.

과거를 통해서 현재를 배우라

이스라엘의 젊은 세대들은 하나님의 축복을 경험치 못했고 징계의 경험 역시 없는 세대였습니다. 하나님의 위대하심도 잘 모르고 하나님의 강하신 팔과 이끄시는 힘도 모릅니다. 하나님의 징계하심이 얼마나 무서운지, 하나님의 진노하심으로 어떤 일들이 일어났는지도 알지 못했습니다.

그러나 구세대는 하나님의 크신 일을 목격한 세대입니다. 그래서 하나님이 어떤 분이신지를 잘 알았고 하나님의 명령을 따를 수 있는 마음가짐이 되어 있는 사람들이었습니다.

하나님에 대한 경험이 있는 사람들과 없는 사람들은 설교를 들을 때에도 차이가 나타납니다. 단 위에서 어떤 말씀을 선포하였을 때 그 말씀과 관련된 경험을 한 사람은 고개를 끄덕이며 그 설교에 동조하고 자기 신앙을 되돌아보아 하나님께 감사합니다. 그러나 그런 경험이 없는 사람들은 그저 흘러가는 이야기로만 듣고 잊어버립니다.

그러므로 신세대는 구세대의 경험을 통해서 배워야 합니다. 그리고 그것을 가지고 행복을 선택할 수 있는 기준을 터득해야 합니다.

같은 경험을 하지 않고도 그 사건이 주는 교훈까지 얻을 수 있고 발전적으로 자신에게 적용할 수 있다는 것이 얼마나 소중합니까. **지혜로운 사람은 과거의 경험을 통해서 배우고 그것을 현실에 적용할 수 있는 사람입니다.**

미국에서 처음 교수 생활을 시작했을 때 저의 동료 가운데서 73세 된 분이 계셨습니다. 역사학을 가르치는 분이었는데 어느 날 그분의 집에 가서 보니 책이 어마어마하게 많았습니다. 저녁을 먹고 편하게 앉아서 이런저런 이야기를 나누면서 그분에게서 아주 많은 것을 배울 수 있었습니다. 그 이야기들에 얼마나 감명을 받았는지 그분의 머릿속에 들어있는 지식과 경험을 내 머리로 옮길 수 있는 기계가 있었으면 좋겠다는 생각까지 했습니다. 그렇게 귀한 지식과 경험들을 다 전수해 주지 못하고 그분이 돌아가실 것을 생각하니 참으로 안타깝게 느껴졌습니다.

과거를 통해서 배우는 사람들은 시행착오를 덜하게 됨은 물론 행복을 선택할 수 있습니다. 8-9절을 보십시오.

"그러므로 너희는 내가 오늘날 너희에게 명령하는 모든 명령을 지키라 그리하면 너희가 강성할 것이요 너희가 건너가서 얻을 땅에 들어가서 그것을 얻을 것이며 또 여호와께서 너희 열조에게 맹세하사 그와 그 후손에게 주리라고 하신 땅 곧 젖과 꿀이 흐르는 땅에서 너희의 날이 장구하리라."

이 말씀은 과거의 경험을 돌이켜보면, 행복한 삶을 살기 위해서는 하나님의 명령을 지키면서 살아야 한다는 결론이 나온다는 것을 설명하고 있습니다.

하나님의 말씀대로 살면 좋은 결과가 있기 때문입니다.

하나님의 말씀대로 살면 강해진다

성경에는 '강하라' 는 말이 여기저기에서 나옵니다. 그 말은 곧 약한 사람은 이 땅에서 행복하게 살기 어렵다는 말입니다. 몸이 약하든, 영혼이 약하든, 정신이 약하든, 약한 구석이 있는 사람은 행복하게 살기 힘듭니다.

이 땅은 약자의 행복을 보장해 주지 못합니다. 강해야만 약속의 땅에 들어갈 수 있습니다. 들어가서 그 땅을 차지하고 복을 누리면서 장구하게 살수 있습니다.

제가 상담을 해 보니 부부가 불행할 때는 약해졌을 때라는 것을 알 수 있었습니다. 둘 다 같이 약해지면 감당을 하지 못하고 휘청거리며 헤매고 다닙니다. 영적으로 약해지면 건강도 약해지고 마음도 약해집니다.

그래서 저는 가장 먼저 자유로워지라고 권합니다. '남편' 혹은 '아내'로서의 삶을 부담으로 여겨 무거운 짐으로 지고 고생하고 찌들려 살지 말고여호와께 맡기고 평안함을 가지라고 말해줍니다. 그 짐을 자기가 계속해서지고 있으면 자꾸 넘어지게 되어 있습니다. 약한 힘으로 아무리 일어나서다시 걸어가려 해도 한계가 있는 것입니다.

일단은 그 짐을 다 내려놓고 자기 자신을 강하게 만드는 작업을 해야 합니다. 나 이외의 문제는 모두 떼어놓고 나 자신만을 위해서, 자신을 강하게만들기 위해서 훈련을 합니다. 성경보고 기도하고 운동하고 잘 먹고 이런것들을 하라고 합니다. 그렇게 생활하라고 한 다음에 한 달 후에 만나면 거의 대부분 모든 문제가 해결되어 있습니다.

자기 자신이 강해지면 다른 문제들에 눌리지 않게 되는 것입니다. 내가약하면 모든 것이 다 무겁고 힘들게 느껴지는 법입니다. 그러나 아무리 무거운 것이라도 내가 강하면 힘들게 느껴지지 않습니다.

약한 사람은 땅을 차지하러 들어가기도 어렵지만 일단 들어갔다 하더라도 그 땅에서 사는 것이 그렇게 쉽거나 행복하기 어렵습니다. 약해서 조금만 시험이 와도 감당하지 못하고 쓰러지고 넘어지는데 어떻게 행복하게 살수 있겠습니까. 따라서 자신을 강건하게 하는 것이 행복의 가장 큰 조건입니다.

에베소서 6장 10절에도 보면 "종말로 너희가 주 안에서와 그 힘의 능력으로 강건하여지고"라고 말하고 있습니다. 혈과 육으로 강해지라는 것이 아니라 주님 안에서 주님의 힘으로 인하여 강해지라는 것입니다. **우리가 싸워야 할 대상은 사람이 아니라 악의 세력이기 때문에 하나님의 힘을 받아서 영육간에 강건하여져야 합니다.**

특별히 이스라엘이 강건해져야 하는 데는 토양의 차이에서 오는 이유가 있었습니다. 10-11절을 보십시오.

"네가 들어가 얻으려 하는 땅은 네가 나온 애굽 땅과 같지 아니하니 거기서는 너희가 파종한 후에 발로 물대기를 채소밭에 댐과 같이 하였거니와 너희가 건너가서 얻을 땅은 산과 골짜기가 있어서 하늘에서 내리는 비를 흡수하는 땅이요."

애굽 땅은 비옥하고 물을 대기도 쉬웠습니다. 비가 오지 않아도 강에서 물을 끌어다 발로 물을 댈 수 있는 땅이었습니다. 그러나 이스라엘이 차지할 땅은 그렇지가 못했습니다. 계곡도 많고 언덕도 많아서 농사를 짓기가 힘든데다가 땅이 말라서 비가 오면 모두 흡수해버리는 땅이었습니다. 그 말은 사람이 노력한다고 해서 되는 땅이 아니라는 말입니다.

이스라엘을 갔다오신 분들은 이 말이 무슨 뜻인지 알 수 있을 것입니다. 예루살렘에서 광야까지 가는 그 길은 아주 메마른 돌밭입니다. 그 땅에는 아무리 비가 와도 물이 고이지 않습니다. 그런데 그나마 비가 오지 않으면 물을 축일 수 있는 다른 방도가 없습니다.

이집트는 이스라엘과는 달리 물이 풍부한 곳이었습니다. 그래서 이집트를 나일강의 선물이라고 하지 않습니까. 물이 많고 풍부한 곳에 문명도 발

달하게 되어 있습니다. 물이 없으면 사람이 살기 어렵기 때문에 그저 먹고
사는 것이 전부일 뿐 다른 생각을 할 수 없게 됩니다.

이스라엘은 전적으로 하나님이 주시는 비에 의존하지 않으면 안 되는 민
족이었습니다. 비단 농사뿐만 아니라 인생 전반적인 것이 모두 그러하였습
니다.

인생이라는 것은 사막이요 광야입니다. 전적으로 하나님께서 내려주시
는 이른 비와 늦은 비에 의존해서만 무언가를 생산할 수 있는 삶인 것입니
다. 그렇지 않으면 메마른 광야를 그저 힘겹게 지나가는 삶일 뿐입니다. 믿
지 않는 사람들의 삶은 그래서 각박하고 무의미합니다.

축복의 근원이신 하나님

그러나 하나님을 사랑하고 순종하며 살면 하나님께서 적절한 때에 비를
보내시고 풍성한 은혜를 주십니다. 13-15절을 보십시오.

"내가 오늘날 너희에게 명하는 나의 명령을 너희가 만일 청종하고 너희의
하나님 여호와를 사랑하여 마음을 다하고 뜻을 다하고 성품을 다하여 섬기
면 여호와께서 너희 땅에 이른 비 늦은 비를 적당한 때에 내리시리니 너희
가 곡식과 포도주와 기름을 얻을 것이요 또 육축을 위하여 들에 풀이 나게
하시리니 네가 먹고 배부를 것이라."

하나님은 축복의 근원이시기 때문에 하나님을 섬기고 그 명령을 따르면
늦은 비와 이른 비를 주시고 들에 풀이 나게 하십니다. 비가 오고 풀이 나야
곡식을 키우고 짐승을 먹일 수 있습니다. 먹는 것이 풍성하고 다음날에 대
한 걱정이 없어야 사람은 행복감을 맛볼 수 있습니다. 적당한 때에 적절한

하나님의 은혜가 내려야 모든 것이 풍성해질 수 있는 것입니다. 비를 내리고 거두는 것은 하나님만이 할 수 있는 일입니다. 과학이 발달하여 우주에 위성을 쏘아 올리는 이 시대에도 비를 필요한 때에 만들거나 오는 비를 멈추게 하는 일은 할 수 없습니다. 오직 하나님만이 자연을 다스리고 우주를 통치하시는 분입니다.

땅이나 가축을 아무리 많이 가지고 있어도 하늘에서 비가 내리지 않으면 다 소용없습니다. 비가 내리지 않으면 땅에 심은 곡식들은 열매를 맺지 못하고 또 가축들은 먹을 풀이 없을 터이니 그 모든 소유가 없는 것이나 마찬가지입니다. 하나님의 크신 손이 늘 덮으시고 감싸 주셔야 모든 소유가 자신의 것으로 지켜지는 것입니다.

주님을 사랑하는 것 하나로 생의 모든 것이 보장됩니다. 하나님께서 주시는 축복의 조건은 그리 복잡한 것이 아닙니다. 사랑 하나만으로 모든 것을 충족시킵니다. 이것이 축복의 조건이고 행복의 조건입니다.

사랑하면서 살면 행복해진다는데 안 할 이유가 있습니까? 미워하고 악을 행하면서 살라고 하면 지키기 어렵겠지만 사랑하면서 살라고 하는데 무엇이 힘들겠습니까. 기왕에 사는 것 사랑하면서 살라는 것인데 얼마나 쉽습니까.

그런데도 사랑만 하면서 살기가 왜 이렇게 어려운지 모르겠습니다. 그냥 보기에는 간단하고 좋은 것인데도 자기 마음대로 안 됩니다. 사람은 사랑하는 것조차도 하나님께 도움을 청해야 제대로 할 수 있습니다.

하나님을 사랑하지 않는다면 곧 우상을 섬기는 것이다

또한 하나님을 사랑하며 살지 못하면 엉뚱한 것을 사랑하면서 섬기려고 하게 됩니다. 우상을 숭배하는 것입니다. 16-17절을 보십시오.

"너희는 스스로 삼가라 두렵건대 마음에 미혹하여 돌이켜 다른 신들을 섬기며 그것에게 절하므로 여호와께서 너희에게 진노하사 하늘을 닫아 비를 내리지 아니하여 땅으로 소산을 내지 않게 하시므로 너희가 여호와의 주신 아름다운 땅에서 속히 멸망할까 하노라."

하나님을 사랑하는 일에만 인생의 초점을 맞춘다면 다른 곳에 정신을 쓸 여유가 없습니다. 그렇게 되면 우상 숭배를 걱정할 필요도 없습니다. **하나님을 사랑하는 데 열중하면 다른 것은 머리에 들어오지도 않습니다.** 그런데 만약에 하나님을 떠나면 그 다음에는 저절로 우상이 달려듭니다. 하나님을 사랑하는 데 마음을 다하고 정열을 쏟지 않으면 그 빈자리에 쉽게 우상이 들어앉게 됩니다. 빈 곳은 아무것으로라도 채워지기 마련입니다. 하나님이 계시지 않으면 그곳에 우상이 자리를 틀게 되는 것입니다.

'스스로 삼가' 하는 것이 얼마나 중요하고도 어려운 일인지 모릅니다. '삼가는' 행위는 어느 한 순간 동안 한다고 해결되는 것도 아니고 평생을 걸려서 해야 할 일입니다. 또 '미혹하여' 란 단어 속에는 '속히' 라는 의미가 숨어 있습니다.

사탄에 미혹당하는 것은 금방입니다. 잠깐 사이에 넘어갑니다. 그리고 그 잠깐 사이 축복의 하늘문도 닫힙니다. 아름다운 땅에서 멸망하는 것도 '속히' 일어납니다. 하나님이 지시하는 땅에 들어갔어도 속히 망할 수 있다는 사실에 주의해야 합니다. 좋은 땅에 들어가지도 못하고 멸망하는 사람도 불쌍하지만 일단 들어갔어도 그 땅의 기쁨을 향유하지도 못하고 망하는 사람은 더 불쌍합니다. 들어가기 위한 힘든 싸움을 다 하고 나서 망하는 것이니 얼마나 억울하겠습니까.

우리들은 기관차에 매달린 객차처럼 절대로 철로를 벗어나서는 안 됩니다. 잠깐이라도 철로를 벗어난다는 것은 곧 탈선해서 전복된다는 것을 의미합니다. 주의 자녀들은 주님을 떠나면 그 즉시 망하게 되어 있습니다. 생명줄에서 끊어졌기 때문입니다.

예수님께서도 주님은 포도나무이고 우리는 가지니 주 안에 거하면 더 많은 열매를 맺게 될 것이라고 하셨습니다. 시편에도 의로운 사람은 시냇가에 심은 나무처럼 흔들리지 않을 것이라는 말씀이 있습니다.

하나님의 말씀을 마음에 새기라

그러므로 18절에서 말씀하신 것처럼 하나님의 말씀을 마음에 새겨야 합니다. 좋은 생각을 심으면 좋은 행동이 나오고 좋은 행동은 좋은 습관을 낳습니다. 그 좋은 습관이 굳어지면 좋은 인격이 형성되는 것입니다.

마음에 새기는 것이 출발입니다. 마음에 새겨 넣으면 온 몸으로 퍼져나가게 되어 있습니다. 그 다음에는 손에 매어 두어야 합니다. 이 말은 손에서 떠나지 않게 하고 늘 읽으라는 이야기를 상징적으로 한 것입니다. 유대 사람들은 실제로 하나님의 말씀을 기록해서 손에다 매고 다닙니다. 또 눈 사이의 이마에 붙이라고 합니다. 이 말은 하나님의 말씀을 늘 생각하고 묵상하라는 의미입니다. 시편에도 복 있는 사람은 하나님의 법을 주야로 묵상하는 자라고 했습니다.

자신의 심신에 새기는 일이 끝나면 그 후에는 자녀들에게 가르쳐야 합니다. 자녀들을 가르치는 교재로 성경만큼 좋은 것이 없습니다. 사람들이 하는 교육에는 한계가 있습니다. 성경 교육 이상의 교육이 없습니다. 유명한 사상가의 이론을 배운다고 해도 그 사람의 인격이 변화하거나 행동으로 그 사상이 옮겨지기는 힘듭니다. 이론은 이론으로 끝나고 학문은 학문 자체로 끝나는 일이 대부분입니다.

저도 처음에 유학을 갔을 때 세계의 유명한 석학들의 책들을 읽느라고 밤을 새워 공부했습니다. 그런데 어느 날 너무 머리가 아파서 머리를 식히려고 산책을 하다가 불현듯 예수님께 대한 감사의 마음이 솟아올랐습니다. 우리 예수님은 간단하게 진리를 말씀해 주셨는데 인간이 쓴 것은 너무 복잡하고 어렵다는 생각이 떠올랐기 때문이었습니다.

그 순간 마음속에부터 예수님에게 생명의 말씀이 있는데 왜 다른 곳을 헤매고 다니느라고 힘들어하고 있는가 하는 생각이 솟아올랐습니다. 그리고는 어렵고 두꺼운 책에서 해방을 받았습니다. 진리는 단순한 법입니다. 하나님의 말씀 속에 바로 사는 길이 있습니다.

하나님의 말씀을 묵상하고 그 뜻대로 살면 우리와 우리 후손이 번성하는 결과를 낳게 되는 것입니다. 21절입니다.

"그리하면 여호와께서 너희 열조에게 주리라고 맹세하신 땅에서 너희의 날과 너희 자녀의 날이 많아서 하늘이 땅을 덮는 날의 장구함 같으리라."

하나님께 순종하는 자에게는 행복과 승리가 보장되어 있습니다.

순종하는 자는 승리하리라

22절을 보면 하나님께 부종하라는 말이 나옵니다. 이 말의 뜻은 하나님께 붙되 종이 두 장을 풀로 붙이듯이 딱 달라붙으라는 말입니다. 앞에서 남편과 아내가 부모를 떠나서 서로 합한 것을 이를 때에도 이 단어를 사용한다고 설명한 바가 있습니다. 인간의 힘으로 뗄 수 없을 정도로 하나님께 붙어 있어야 실족하지 않고 하나님을 따라갈 수 있는 것입니다. 하나님께 붙어 있으면서 그 말씀을 순종하고 살면 발로 밟는 곳마다 다 내 것이 될 수 있게 해 주겠다는 것이 하나님의 약속입니다.

하나님의 영광을 위하여 싸우라

사람이 승리하면서 살 수 있는 비결은 자기 능력에 있는 것이 아닙니다. 다윗이 돌팔매를 잘해서 골리앗을 이긴 것이 아닙니다. 그가 던진 돌에 하나님이 힘을 실어주었기 때문입니다. 하나님의 이름으로 하나님의 영광을 위해서 던졌기 때문에 골리앗이 단번에 쓰러질 정도로 정통으로 맞은 것이지 그렇지 않았으면 골리앗을 물리칠 수 없었을 것입니다.

상대를 명중해서 쓰러뜨리는 것은 하나님이 함께하실 때에만 가능한 일입니다. 내가 잘 한다고 해서 할 수 있는 일은 아닙니다.

24절을 보십시오.

"너희의 발바닥으로 밟는 곳은 다 너희 소유가 되리니 너희의 경계는 곧 광야에서부터 레바논까지와 유브라데 하수라 하는 하수에서 서해까지라."

'네가 밟는 땅마다 다 네 것이 될 것이다.' 이 얼마나 가슴 뿌듯한 말씀입니까. 이런 사실을 적이 알면 나 때문이 아니라 내 뒤에 계신 하나님 때문에 지레 겁을 먹고 손을 들게 되어 있습니다. 25절 말씀에서는 사람들이 "너희를 두려워하고 무서워하게 하시리니 너희를 능히 당할 사람이 없으리라"고 말씀하고 계십니다.

행복과 불행은 개인적 선택이다

승리와 패배는 하나님께 달려 있는 것이지만 승리를 주시는 하나님을 선택할 것인가 다른 길을 따라갈 것인가 하는 것은 자기 자신의 선택에 달려 있습니다. 26-28절입니다.

"내가 오늘날 복과 저주를 너희 앞에 두나니 너희가 만일 내가 오늘날 너희에게 명하는 너희 하나님 여호와의 명령을 들으면 복이 될 것이요 너희가 만일 내가 오늘날 너희에게 명하는 도에서 돌이켜 떠나 너희 하나님 여호와의 명령을 듣지 아니하고 본래 알지 못하던 다른 신들을 좇으면 저주를 받으리라."

복과 저주가 우리 앞에 놓여 있습니다. 순종하면 복을 받고 불순종하면 저주를 받습니다. 인생은 궁극적인 내 삶의 중심을 어디에 둘 것인가 하는 선택의 연속입니다. 순간순간 선택하는 것들이 행복과 불행을 결정합니다.

가나안 땅을 들어가자마자 만날 수 있는 땅으로서 길갈이라는 곳이 있습니다. 그 평야에는 산이 두 개가 있는데 하나는 그리심 산이고 하나는 에발 산입니다.

29절에는 이 두 산을 통하여 우리에게 주시는 하나님의 말씀이 있습니다.

"네 하나님 여호와께서 네가 가서 얻을 땅으로 너를 인도하여 들이실 때에 너는 그리심 산에서 축복을 선포하고 에발 산에서 저주를 선포하라."

‘그리심’ 이라는 말은 푸르다는 뜻을 가지고 있습니다. 수풀이 많아서 푸르기 때문에 그러한 이름을 가진 산이 된 것입니다. 반대로 ‘에발’ 이라는 말은 아무것도 없이 매끈하다는 뜻입니다. 초목이 없는 산으로서 그리심 산과는 정반대의 모양과 색깔을 가진 산이라고 할 수 있을 것입니다. 그래서 이 두 산은 축복과 저주의 가시적인 상징이 되었습니다. 하나님께서는 그리심 산에서는 축복을 에발 산에서는 저주를 선포하라고 말씀하십니다.

주님의 말씀에 순종하고 사랑하면 그리심 산처럼 푸르고 울창한 산이 되지만 그렇지 않으면 에발 산처럼 아무것도 자라지 않는 민둥산이 될 것이라는 말입니다.

하나님께서 이스라엘 백성이 가나안으로 들어가도록 약속하셨기 때문에 가나안 땅에 들어가는 것은 문제가 되지 않습니다. 그러나 일단 들어간 다음에는 그 백성들이 어떻게 행동하는가에 따라서 행복이냐 불행이냐가 판가름나게 되어 있습니다.

이것을 영적으로 본다면 다음과 같은 것을 알 수 있습니다.

구원은 하나님의 선물입니다. 누구든지 믿기만 하면 그것으로 구원에 이르게 되어 있습니다. 구원에 관한 한 인간이 할 수 있는 일은 아무것도 없습니다. 그러나 **구원을 받고 나서 내가 행복하게 사는가 불행하게 사는가 하는 것은 우리가 어떤 선택을 하는가에 달려 있습니다.**

예수를 믿으면서 아주 재미있게 사는 사람이 있는가 하면 큰 고생만 하는 사람이 있습니다. 육신적인 고난을 이야기하는 것이 아니라 마음으로 겪는 고생과 삶의 고생을 말하는 것입니다.

사실 육신이 고통스러워서 불행하다고 느끼는 사람보다 마음과 환경에서 오는 고통이 훨씬 많습니다. 가난하면서도 행복하게 사는 사람들은 얼마든지 있습니다. 믿는 사람이라고 다 부자로 사는 것도 아닙니다. **같은 환경에 처해 있다고 해도 어떻게 사는가에 따라 느끼는 행복과 불행은 큰 차이가 있을 수 있습니다.** 그것을 결정하는 것은 전적으로 자신의 의지입니다. 자신의 결정에 따라 행복하게 살 수도 있고 불행하게 살 수도 있습니다.

매사에 주님의 방법을 선택한다면 반드시 그리심 산에서 사는 백성이 될 수 있습니다. 날마다 순간순간을 살면서 하나님의 뜻에 맞는 결정을 내려 행복한 삶을 영위하는 여러분들이 되시기 바랍니다.

제4부
하나님의 사람이 지켜야 할 법

모세의 두 번째 설교 2

"이 율법서를 등사하여

평생에 자기 옆에 두고 읽어서

그 하나님 여호와 경외하기를 배우며

이 율법의 모든 말과

이 규례를 지켜 행할 것이라.

그리하면 여호와께서 그 진노를 그치시고

너를 긍휼히 여기시고 자비를 더하사

너의 열조에게 맹세하심같이

네 수효를 번성케 하실 것이라.

네가 만일 네 하나님 여호와의 말씀을 듣고

오늘날 내가 네게 명하는 그 모든 명령을 지켜

네 하나님 여호와의 목전에 정직을 행하면

이같이 되리라."

(신명기 17:19-20)

하나님의 때에 하나님의 방법으로

12:1-32

절대자 하나님께서 인도하는 대로 가십시오.
그것이 평안과 은혜를 얻는 길입니다.
어린아이와 같은 심성을 가지고 하나님을 따라가십시오.

5장부터 11장까지는 순종과 축복이라는 큰 원리를 제시하면서 하나님의 섭리의 부분과 우리의 선택의 부분에 대해 이야기했습니다. 그리고 이 땅에서 누리는 행복은 우리의 순종과 직결되어 있다는 것을 알았습니다. 구원의 문제와는 별도로 우리가 축복을 받고 행복하게 사는 것은 우리의 선택과 순종에 달린 것입니다.

이러한 것들을 생활 속의 여러 분야에 적용할 수 있도록 12장부터 26장에서는 가나안 땅에서 이스라엘 백성들이 지켜야 할 특별법을 주십니다. 이 말씀을 통해 우리는 하나님의 백성된 사람으로서 어떻게 살아가야 할지를 비추어 볼 수 있을 것입니다.

신명기 12장은 예배 처소에 관한 내용으로 이루어져 있습니다.

우상과 우상의 전을 다 제거하라

12장은 가나안에 정착한 후에 해야 할 일들을 제시하는 것으로부터 시작합니다.

첫째 명령은 **우상과 우상의 전을 철저하게 파괴하라는 것입니다.**

하나님을 믿는 사람들은 완전히 하나님께 헌신해야 합니다. **하나님만을 섬기고 하나님의 방법대로 살 때에 참 행복이 오는 것입니다.** 마음이 두 갈래, 세 갈래로 갈라지기 시작하면 그 다음부터는 행복도 갈라지게 됩니다. 하나님의 말씀에 대한 순종은 단번에 끝날 수 있는 것이 아닙니다.

세상을 살아가는 동안 일평생에 걸쳐서 철저하게 지켜져야 합니다. 어느 한 순간만 하다가 마는 것이 아니라 1절의 말씀에 나와 있는 것과 같이 "너희가 평생에 지켜야 할 규례와 법도"인 것입니다.

우상을 숭배하는 자들은 우상을 언덕과 산 같은 높은 곳에 만들었습니다. 높은 곳에 가면 그들이 섬기는 신들에게 가까이 갈 수 있을 것이라고 생각했기 때문입니다. 하나님께서는 그 모든 우상을 철저하게 파괴하라고 명령하고 계십니다.

이 말씀을 읽고 저는 얼마 전에 신학계에 물의를 일으켰던 종교다원주의를 생각해 보았습니다. 종교다원주의는 성경과는 전혀 맞지 않습니다. 성경은 분명히 하나님 외의 우상은 철저하게 제거하라고 명령하고 있습니다. 더구나 신학을 가르치는 사람들이 다원론을 주장한다는 것은 큰 문제가 아닐 수 없습니다.

하나님께서 선택하신 예배 처소

하나님이 원하시는 것이 무엇인지 생각하라

5절을 보면 하나님을 예배하는 장소는 하나님께서 친히 정하셔서 "자기 이름을 두시려고 택하신 곳"에만 두게 되어 있었습니다. **하나님의 백성은 하나님께서 원하시는 것을 하나님이 원하시는 방법대로 하나님의 때에 드려야 합니다.** 자기 마음대로 자기가 원하는 때에 할 수 있는 것이 아닙니다.

신구약 전체를 통해 우리는 기독교 신앙이 아주 간단하다는 것을 발견할 수 있습니다. 하라는 것은 하고 하지 말라는 것은 하지 않으면 됩니다. 성경에서 바치라는 대로 바치고 금하는 일은 안 하면 됩니다. 그런데 최초의 인간이었던 아담과 하와부터 그것을 제대로 실천할 수 없었습니다.

하지 말라고 하면 하고 싶어지고, 하라고 하면 어떻게 해서든 하지 않으려고 합니다. 하나님을 예배한다고 하면서 하나님의 방법에 따르지 않고 자기의 방법대로 하겠다고 고집을 부립니다. 쉽고 간단한 것을 어렵고 복잡하게 만드는 것입니다.

하나님께서 하라는 대로 하면서 사는 사람들은 신앙생활이 그렇게 어렵지 않습니다. 그런데 하나님보다 자신의 생각이 더 옳다고 생각하는 사람이나 자기 자신이 먼저 앞서 가려고 하는 사람은 어렵고 힘든 인생을 살게 되는 것입니다.

예수를 믿으면 어린아이처럼 된다는 말은 참으로 맞는 말입니다. 하나님께서 하라는 대로 하고 사니까 얼마나 단순하고 명쾌합니까. 자신이 무언가를 해보려고 하면 쓸데없이 걱정이 많아지고 그에 따라 고민과 문젯거리 역시 많아집니다. 하나님께 맡기면 알아서 다 해결해 주실 것인데 그것을 자기 힘으로 어떻게 해 보려고 하니까 골칫거리가 되는 것입니다.

현재의 일뿐만이 아닙니다. 미래의 일도 자기 나름대로 상상하고 그것을 생각하니 고민스러워져서 번민에 빠지고 힘을 잃고 의욕을 상실하는 것입니다.

미래에 대한 고민으로 괴로울 때에는 지난날을 돌이켜보십시오. 지금까지 하나님께서 우리를 어떻게 인도하셨는가, 어떻게 우리에게 은혜를 베푸셨는가 하는 것을 보면 됩니다. 그러면 앞으로 일어날 일들을 미리 걱정하고 염려해서 고민할 필요가 없다는 것을 알게 될 것입니다. 걱정한다고 해결되지도 않는 일을 가지고 걱정하고 염려하면 고생을 사서 하는 꼴이 됩니다.

절대자 하나님께서 인도하는 대로 가십시오. 그것이 평안과 은혜를 얻는 길입니다. 어린아이와 같은 심성을 가지고 하나님을 따라가십시오.

예물의 종류

6절에는 하나님께 드리는 제사에 대하여 언급되어 있습니다. 구약 시대 율법 밑에 살던 사람들은 많은 예물을 하나님께 드렸습니다. 그런데 은혜 시대에 사는 하나님의 백성들은 십일조를 해야 되나 말아야 되나 하는 것을 가지고 문제를 삼고 있습니다.

온전한 십일조를 드리는 것도 의견이 분분하고 말이 많습니다. 그리고 그나마 십일조를 드리는 사람은 마치 온전한 기독교인이라도 된 양 자타가 인정해 주기도 합니다.

그러나 **실제로 십일조는 하나님께 드리는 예물의 가장 기본적인 출발일 뿐입니다.** 십일조는 마땅히 해야 하는 의무일 뿐이고 그 외의 예물을 어떻게 드려야 하는가를 생각하는 것이 성숙한 기독교인의 자세입니다. 고작 십일조를 드리는 것을 가지고 할 일을 다한 성도처럼 여겨서는 안 됩니다.

미국의 스탠리 템이라는 분은 자신의 수입 중 99퍼센트를 주님께 드리는 분입니다. 엄청난 부자라서 1퍼센트만으로도 생활이 충분한 분이었기 때문입니다. 99퍼센트를 바치고 남은 1퍼센트가 보통 사람의 백 퍼센트보다 많기 때문에 그런 생활이 가능한 것입니다.

이처럼 사람에 따라서는 십의 일조라는 것이 무의미할 수도 있습니다. 능력이 되어 십의 오조, 십의 구조를 할 수 있다면 더 좋은 일이 아니겠습니까. 십의 구조를 바치고 남은 일을 가지고도 다른 사람의 십의 구보다 풍요롭게 살 수 있다면 그것이 훨씬 나은 것입니다. 그러나 부자의 십분의 오가 가난한 사람의 십일조보다 귀하다고 할 수는 없습니다. 중요한 것은 바친 것이 얼마이고 나머지가 얼마인데 그것을 가지고 어떻게 사는가 하는 것입니다.

복 주심을 인하여 즐거워하라

이제 7절을 보십시오.

"거기 곧 너희 하나님 여호와 앞에서 먹고 너희 하나님 여호와께서 너희 손으로 수고한 일에 복 주심을 인하여 너희와 너희 가족이 즐거워할지니라."

하나님이 주신 것을 가지고 하나님 앞에서 먹고 즐기는 일은 복된 것입니다. 전도서에 보면 모든 것이 헛되다고 하였지만 그렇지 않은 것이 두 가지 있습니다. 그것은 **내가 수고하여 얻은 것과 하나님이 주신 것입니다.** 그래서 하나님께서 우리 손으로 수고한 일에 복을 내려 주셔서 얻게 된 것은 먹고 마시고 즐기라고 합니다. 그것이 인생을 즐기는 방법입니다. 도적질을 했거나 부정한 방법으로 얻게 된 것이라면 비난을 받아야 마땅하지만 그렇지 않고 수고하여 모으고 하나님의 은총으로 얻은 것은 충분히 즐길 필요가 있습니다.

하나님의 뜻대로만

8절을 보십시오.

"우리가 오늘날 여기서는 각기 소견대로 하였거니와 너희가 거기서는 하지 말지니라."

이 부분은 그 동안 이스라엘 백성들이 광야 생활을 시작한 이후부터 가나안 땅을 정복할 때까지 하나님께서 원하시는 바른 방법으로 제사를 드리지 않았었지만 이제 하나님께서 선택해주신 장소에서는 하나님께서 원하시는 방법으로 제사를 드리라고 하면서 바른 제사 방법이 어떠한 것인가를 일러주는 부분입니다.

그러나 이 부분을 장소적인 개념으로 생각하는 것이 아니라 인물적인 개념으로 생각해 본다면 가나안 사람들은 이제까지 자기 멋대로 행동하고 살았지만 하나님의 백성인 이스라엘은 가나안 백성처럼 살지 말라는 뜻으로도 해석할 수도 있습니다.

다시 말해 하나님의 백성은 언제나 하나님이 원하시는 것이 무엇인가를 찾아서 살지만 하나님이 없는 사람들은 제멋대로 살게 되니 그렇게 하지 말라는 것입니다. 하나님이 없이 사는 사람들은 줏대도 없고 자제력도 없이 사는 사람들입니다. 성령의 마지막 열매가 바로 절제입니다. 절제는 중요한 순간에 자신을 다스리는 기능을 합니다.

자신은 솔직한 사람이기 때문에 하고 싶은 이야기를 다 하고 산다고 말하는 사람들이 있습니다. 그러나 하나님이 원하시는 것은, 하고 싶은 이야기를 다 하고 사는 것이 아닙니다. 화내고 싶으면 화내고 거절하고 싶으면 거절하고 그렇게 살아야 위선이 없는 삶이라고 생각하는 사람이 있는데 그렇지 않습니다.

그러한 행동으로 인해서 마음에 깊은 상처를 받는 사람이 생긴다거나 사람과 사람 사이의 관계가 잘못되는 일들이 벌어진다면 그 책임은 누구에게 가는 것이겠습니까. 하나님을 믿는 사람들은 자기 멋대로 생각하지 않고 자기 멋대로 말하지 않고 자기 멋대로 행동하지 않습니다. 이것이 성령 충만한 사람의 특징입니다.

나에게 악을 행한 사람에게는 악으로 갚고 싶은 것이 사람의 마음입니다. 그러나 성령의 마지막 열매를 맺는 사람은 그런 본능을 누르고 악을 오히려 선으로 갚습니다.

자기는 하고 싶지 않지만 성령의 명령에 순종해서 하는 것이 하나님을 따라 사는 사람의 태도입니다. **하나님의 뜻대로 사는 것이 중요하지 소신껏 사는 것이 중요한 것이 아닙니다.** 소신이 성경대로 사는 것이라면 모르지만 그렇지 않다면 소신은 하나님 앞에서 얼마든지 버릴 수 있는 것이어야 합니다. **자기의 멋대로 사는 것보다 절제하면서 사는 것이 하나님의 방법입니다.**

하나님의 말씀에 따라 절제하고 사는 사람은 문제를 일으키거나 다른 사람의 입에 나쁘게 오르내리는 일을 하지 않습니다. 자기 마음대로 사는 사람들이 다른 사람들에게 책잡히는 행동을 하고 물의를 일으키면서 사는 것입니다. 자기 삶을 통제하고 절제한다는 것은 대단히 중요한 일입니다.

9-14절까지는 가나안에서는 하나님께서 정해 주신 곳에서 예배하라는 말이 나옵니다. 하나님께서 정하신 대로 예물을 드리면서 가족들과 함께 기뻐하라는 말입니다. 11-12절입니다.

"너희는 너희 하나님 여호와께서 자기 이름을 두시려고 한 곳을 택하실 그곳으로 나의 명하는 것을 모두 가지고 갈지니 곧 너희의 번제와 너희 희생과 너희 십일조와 너희 손의 거제와 너희가 여호와께 서원하는 모든 아름다운 서원물을 가져가고 너희와 너희 자녀와 노비와 함께 너희 하나님 여호와 앞에서 즐거워할 것이요 네 성중에 거하는 레위인과도 그리할지니 레위인은 너희 중에 분깃이나 기업이 없음이니라."

웨스트민스터 신앙고백을 보면 예배를 드리는 태도에 대해서 나와 있습니다. 예배를 신중한 태도로 드려야 한다는 내용입니다. 저는 그 부분에 대해 의문을 가졌습니다. 예배의 분위기가 언제나 심각하고 무거워야만 하는가 하는 생각이 들었기 때문입니다. 하나님 앞에서 예배를 드릴 때는 온 가족들이 하나님 앞에 와서 즐거워하라고 말씀하셨습니다. 그러면 자연히 밝고 즐거운 분위기가 될 텐데 일부러 심각한 분위기를 만들려고 할 필요는 없다고 생각합니다. 경건하기 위해서 꼭 심각한 표정을 지어야 하는 것은 아닙니다. 아버지 집에 온 자식들이라면 그저 즐겁고 기쁘게 지내는 것이 마땅하지 않겠습니까?

하나님의 것을 구별하라

15절에서 28절을 보면 두 가지 음식에 관한 이야기가 나옵니다. 한 가지는 일반적인 음식이고 다른 하나는 하나님께 드리는 음식입니다.

하나님의 종을 귀하게 여기라

하나님께서 주신 일반 음식은 짐승의 피를 제외하고는 다 먹을 수 있었습니다. 그리고 하나님께 드린 제사 음식은 반드시 성전에서 가족들과 레위인들과 함께 즐겁게 먹게 되어 있었습니다. 18-19절을 보십시오.

"오직 네 하나님 여호와께서 택하실 곳에서 네 하나님 여호와 앞에서 너는 네 자녀와 노비와 성중에 거하는 레위인과 함께 그것을 먹고 또 네 손으로 수고한 모든 일을 인하여 네 하나님 여호와 앞에서 즐거워하되 너는 삼가서 네 땅에 거하는 동안에 레위인을 저버리지 말지니라."

이 부분에서도 손으로 수고하는 것과 그 수고로 얻은 것을 인하여 즐거워하는 것에 중점을 두고 있습니다.

그리고 자기의 기업이 없는 레위인들을 잘 돌볼 것을 덧붙여서 당부하고 계십니다. 레위인을 잘 돌보는가 그렇지 않은가를 보고서 하나님에 대한 태도가 어떠한가를 판가름할 수 있는 것입니다. 하나님의 종들을 무시하고 소홀히 하고 고생시키는 사람들을 살펴보면 반드시 신앙에 문제가 있다는 것을 알 수 있습니다. 그것은 오늘날에도 마찬가지입니다. **하나님을 사랑하는 사람들은 목회자들도 사랑하고 존중하게 되어 있습니다.** 목회자가 귀해서가 아니라 그 사람이 하나님을 대신하고 있다는 것을 알기 때문에 그러는 것입니다.

제가 아는 권사님이나 집사님들 가운데는 목회자를 사랑하는 것을 하나님을 사랑하는 방법 중의 하나로 여기고 목회자를 잘 대접하고 섬기는 분들이 많이 있었습니다. 물론 그것이 지나쳐서 우상을 숭배하는 것에 이르면 안 되겠지만 하나님의 일을 전적으로 맡아서 하는 사람들에 대한 섬김은 하나님에 대한 태도를 반영하는 것이라고 할 수 있습니다.

시대가 어렵고 악할수록 레위인들은 설 곳을 잃게 됩니다. 사사기의 마지막을 보면 레위인들이 일자리와 먹을 것을 찾아서 사방을 돌아다니는 모습이 묘사되어 있습니다. 이것은 그들의 생활이 얼마나 비참했는가와 함께 그 시대가 얼마나 악했던가를 단적으로 말해주는 것입니다. 옷 한 벌 준다는 조건으로 개인집의 제사장으로 있기도 하고, 옷을 열 벌을 준다고 다른 지파를 따라 떠나기도 했습니다. 얼마나 비참한 상황입니까.

하나님의 종을 어떻게 대하는가 하는 것은 하나님에 대한 기본적인 신앙의 표현 중 하나라고 볼 수 있습니다.

20절에서 28절까지는 앞부분의 내용을 거의 똑같이 반복한 것이기 때문에 다시 설명할 필요가 없을 것 같습니다. 이처럼 같은 명령이 반복되어 있는 것은 그것이 그만큼 중요하기 때문입니다. 중요한 것은 이 구절들에 서술된 명령들은 우리들이 하나님께 복을 받고 잘 살게 하기 위해서 주신 명령이라는 것입니다. 그래서 이 명령을 지키면 잘 되고 후손들이 복을 받을 것이라는 말이 두 번이나 반복해서 나옵니다. 그만큼 하나님께서는 우리의 복에 관심을 가지고 계신 것입니다. 하나님의 백성이 복을 받는 것, 그것이 하나님의 뜻입니다.

우리가 사석에서 "하나님께서 나를 참 사랑하시는 것 같다"라든가 "하나님께서 나에게 많은 은혜를 주셨습니다"라는 등의 이야기를 하는 것은 참 좋은 일입니다. 그러나 반대로 하나님과 자신의 관계를 부정적이고 나쁘게 이야기하는 것은 별로 좋은 일이 못 됩니다. 같은 일을 가지고도 감사하고 기뻐하는 삶을 사는 사람은 그로 인해서 더욱 큰 복을 받게 될 것입니다.

가진 자에게 더욱 큰 것을 가질 수 있도록 하시는 분이 하나님이십니다. 그러나 자신이 받은 것에 감사하고 만족하지 못하고 자꾸 불평하는 사람은 있는 것마저도 빼앗기게 되어 있습니다.

미국에 온 초기 이민자들은 아주 많은 고생을 했습니다. 그런데 새벽부터 밤늦게까지 일하고 늘 위험에 시달리면서도 어떤 분들은 하나님이 자신을 얼마나 축복해 주셨는지를 고백하고 간증합니다.

다른 사람들이 보기에는 별로 축복받은 인생처럼 보이지도 않는데 본인은 하나님의 축복에 감사하면서 사는 것입니다. 그런 분들을 보고 나면 주변의 사람들까지도 감사를 하게 되고 희망을 갖게 됩니다. 목회자로서도 그런 분을 보면 더욱 많은 축복을 빌어주고 싶고 더욱 감사할 것이 많아지도록 간구하고 싶어집니다. 이것이 얼마나 귀한 일입니까.

여러 차례 말했지만 인생에 있어서 '해석'은 매우 중요합니다. 마음가짐에 따라 행복과 불행을 선택할 수 있는 것입니다. 자기에게 유리하도록 긍정적이고 적극적으로 해석하면 그대로 이루어지는 것입니다. 내 인생을 다른 사람이 해석해 주는 것이 아닙니다. 내가 스스로 해석하고 그것으로 인해서 기뻐하고 감사하면 됩니다. 신앙도 마찬가지로 해석입니다. 같은 사건을 놓고도 하나님의 방법으로 해석하면 그것은 축복이 되는 것입니다. 반대로 같은 사건도 세속적으로 해석하면 불행이 됩니다.

가나안 땅에 들어간 정탐꾼들의 경우를 생각해 보십시오. 같은 시간 동안 같은 것을 보고 왔지만 마음가짐에 따라 해석하는 것이 얼마나 달랐습

니까. 한쪽은 하나님께서 적들을 우리에게 붙이셨다고 해석하고 승리를 예
감했는가 하면 다른 한쪽에서는 이미 패배한 싸움으로 생각하고 절망했습
니다.

**신앙의 눈으로 해석을 하면 절망이 희망으로, 슬픔이 기쁨으로 바뀝니다. 저주가
축복으로 바뀌는 것입니다.** 인생도 해석이고 신앙도 해석입니다. 해석을 잘
해내는 사람이 승리하는 사람이고 행복한 사람이고 축복받은 사람입니다.

악은 모양이라도 버리라

29-32절은 가나안에 정착하게 된 후에 결코 그들의 우상 숭배를 따르지
말라고 경고하는 부분입니다. 그들과 함께 우상 숭배를 하지 말아야 하는
것뿐 아니라 그들이 어떻게 자신의 신들을 섬겼는지를 알아서 그 방법대로
따르지도 말라고 하십니다. 30절입니다.

"너는 스스로 삼가서 네 앞에서 멸망한 그들의 자취를 밟아 올무에 들지 말
라 또 그들의 신을 탐구하여 이르기를 이 민족들은 그 신들을 어떻게 위하였
는고 나도 그와 같이 하겠다 하지 말라."

이방인들이 이방의 신들을 어떤 방법으로 섬겼는가 하는 것을 아예 알 생
각도 하지 말라는 말씀입니다. 악은 그저 알아볼 필요조차 없다는 것입니
다.

범죄소설을 읽게 되면 범죄를 저지르는 과정이 소상하게 쓰여 있는 경우
가 있습니다. 그것을 읽으면 평소에 아무 생각이 없었던 사람도 은근히 그
와 같은 모방을 한번 해보고 싶은 유혹을 느끼게 됩니다.

악은 자세한 내용을 알 필요가 없습니다. 호기심을 충족시키려고 물어보거나 읽어볼 필요도 없습니다. 아무것에도 쓸 데가 없는데 알아서 무엇하겠습니까. 악은 일단 머릿속으로 들어오면 그 순간부터 나를 괴롭히게 마련입니다. **그러므로 악은 어떤 모양일지라도 아는 바로 그 순간에 버리고 다시는 상종하지 말아야 합니다.**

악에 대해서 궁금하게 여기고 알고 싶은 생각이 있으면 그 마음을 선에 대한 관심으로 돌리십시오. 선한 것을 탐구하려고 하는 것은 얼마든지 권고할 만한 것입니다. 그것을 말리는 사람도 없고 금지하는 것도 없습니다.

선에 대한 끊임없는 관심과 행함은 하나님에 대한 헌신과 섬김으로 표현되게 되어 있습니다. 그러므로 선은 어떤 모양이든지 얼마든지 권장할 만한 것입니다.

그 당시 가나안 사람들의 종교는 자기 아들을 불에 태워서 제물로 바칠 정도로 타락하고 무자비한 것이었습니다. 고고학자들이 밝힌 바에 의하면 제의를 거행하면서 음란하고 광란에 찬 춤을 주면서 정신이 혼미해진 가운데서 자기의 아이를 제물로 불에 던졌다고 합니다. 아이가 불 속에 들어갈 때에 비명을 지르면 그것을 듣지 않기 위해서 크게 북을 두드리고 괴성을 지르고 춤을 추었다고 합니다. 이렇게 악하고 잔인한 종교에 대해서 알 것이 무엇이 있었겠습니까. 그래서 하나님께서는 가나안 족속들이 섬기는 우상에 대해서 알아보겠다고 하는 것조차도 금지시키신 것입니다.

각 사람에게는 여러 가지 다른 은사들이 있지만 특별히 악한 곳에서 복음을 전하는 사람들은 더욱 조심해야 합니다. 제가 아는 미국의 어느 풋볼 선수가 예수를 믿고 목사가 된 후 뉴올리언스 사창가에서 사역을 하게 되었습니다. 아주 유능하고 잘생긴 분이었습니다. 사역을 시작하고 난 후에 유

명해져서 매스컴을 많이 타기도 했습니다. 그런데 얼마 후에 그분의 소식
이 끊어져서 알아보니까 사창가에서 사역을 하다가 그만 자신이 타락해서
이제는 사역을 하지 않고 있다는 것이었습니다. 악한 곳에서 일할 때에는
아무리 자신감이 있다고 해도 방심해서는 안 됩니다. 자칫하면 자신이 그
악한 것 속으로 빨려 들어가 버립니다. 그러므로 그런 곳에서 일하는 사람
일수록 더 많이 기도하고 성경으로 무장하고 성령님의 인도하심을 구해야
합니다.

악이 번성한 곳이나 이단이 많은 곳에서 사역을 하거나 연구를 하시는 분
들은 자신도 모르는 사이에 악에 물들거나 이단의 색채를 띠게 되는 경우
가 있습니다. 너무 잘 알고 많이 안다고 생각한 나머지 방심하거나 그들을
부분적으로 인정하는 실수를 범할 수 있기 때문입니다.

그대로 순종하라

마지막 32절을 보십시오.

"내가 너희에게 명하는 이 모든 말을 너희는 지켜 행하고 그것에 가감하지
말지니라."

하나님의 말씀은 순종하라고 주신 것이지 그것을 산산조각내고 분해해
서 연구하라고 주신 것이 아닙니다. **순수한 마음으로 받아들이고 그대로 순종
하는 것이 하나님의 말씀에 대한 가장 바른 태도입니다.** 신앙인들이 모두 신학
자가 될 수는 없고 또 그렇게 되는 것이 바람직하지도 않습니다.
현대의 신학은 신앙을 잘 지킬 수 있도록 돕는 것이 아니라 오히려 더 갈

등하고 의심하게 하고 나중에는 배교하게 만드는 역할을 하기도 합니다. 이러한 것은 하나님께서 원하시는 것이 아닙니다.

하나님의 말씀을 통해 은혜를 받고 그것으로 인해서 마음에 변화가 일어나고 행동의 변화가 일어나는 것이 말씀을 제대로 알고 배우는 것입니다. **하나님의 말씀은 연구해서 가감하기 위해 있는 것이 아니라 순종하기 위해서 있다는 것을 알아야 합니다.** 그래야만 하나님이 약속하신 복된 삶을 살 수 있습니다.

신앙에는 결코 타협이 있을 수 없습니다. 그리고 하나님께서 주신 복을 누리면서 하나님 앞에서 즐겁게 살아가는 것은 하나님께서 원하시고 기뻐하시는 일입니다. 어디에 다른 도가 있을까 기웃거리지 말고 하나님의 말씀에 충실함으로 하나님의 축복과 승리를 얻는 성도들이 되십시오.

참 하나님만 섬기라

13:1-18

하나님께서는 마음과 뜻과 정성을 다해서
하나님을 따르느냐 아니냐 하는 것을 알고 싶으셔서
여러 거짓 선지자들을 그대로 두시고
우리의 반응을 보고 계신다는 것을 알아야 합니다.

예수를 잘 믿고 그 말씀대로 철저하게 살아가는 것이 그렇게 쉽지만은 않은 일입니다. 믿는 방법은 쉽게 알 수 있지만 그 말씀대로 실행하는 것은 어렵습니다. 악령의 영향력도 있고 세속의 영향력도 있고 내 자신 안에 있는 죄성도 있어서 참 하나님만을 철저하게 섬긴다는 것은 상당한 노력이 드는 일이라고 여겨집니다. 섬세한 귀가 필요하고 치밀한 말씀의 묵상이 필요합니다.

신명기 13장에서는 참 하나님만 철저하게 섬기는 길과 방법을 설명하고 있습니다.

유일하신 참 하나님을 충성스럽게 섬기고 순종하는 것은 상당히 조심스러운 일입니다. 유일하신 하나님께 순종하는 것은 그저 아무렇게나 하고 싶은 대로 한다고 해서 되는 일이 아니라는 말씀입니다.

의로운 삶은 거저 얻어지는 것이 아닙니다. 구원은 하나님의 은혜로 값없이 예수 그리스도를 믿는 것으로 오지만, 구원받은 이후에는 인간의 책임이 따르게 되어 있습니다. 구원 이후에 하늘나라에서 받을 보상은 우리의 수고에 의해서 얻어지는 것입니다.

하나님께서 땅을 주시겠다고 약속하시면 그 땅을 얻는 것은 틀림없지만 그 땅에 들어가는 것은 사람이 직접 해야 합니다. 방안에 앉아만 있는 사람에게 그냥 땅이 주어지는 것이 아니라 칼을 들고 정복해야 얻을 수 있는 것입니다. **하나님의 절대적인 주권과 우리의 책임이 만나야 땅을 정복하게 됩니다.**

힘을 다하고 정성을 다해서 하는 기도는 아주 힘든 노동입니다. 여느 일을 할 때의 집중력으로는 하나님께 드리는 기도를 하기가 어렵습니다. 30분을 기도하려면 얼마나 많은 에너지가 드는지 모릅니다. 신앙 생활의 전반적인 것들이 이처럼 상당한 노력과 수고를 필요로 합니다.

사탄의 세력은 이단, 사이비 종교 이런 것들을 통해서 하나님의 사람들을 현혹시킵니다. 신앙의 방향이 똑바로 잡혀 있지 않으면 조금만 건드려도 좌우로 흔들리는 것이 나약한 인간의 속성입니다. 라디오의 채널이 정해진 위치에서 조금만 더 가거나 덜 가도 잡음이 섞이는 것처럼 우리의 신앙도 조금만 정도에서 벗어나면 잡된 것이 섞이게 됩니다.

혼란은 작은 틈을 비집고 들어와서 전체를 흔들어 놓습니다. 기독교 이념으로 세운 대학들이 지금은 이름만 기독교 대학으로 남아있을 뿐이지 전혀 제 역할을 하고 있지 못한 것도 바로 그런 이유 때문입니다. 연세대나 숭실대나 이화여대가 말은 기독교 대학이라고 합니다만 학교가 처음 설립될 때 가지고 있던 기독교 정신이 그대로 살아있지는 않습니다. 학문의 자유가 있어야 하고 생각이 자유로워야 하고 유능한 교수가 있어야 하고 돈이 있어야 학교가 발전한다는 현실적인 판단들이 기독교 정신을 밀어낸 것입니다.

미국의 휘튼대 경우는 이런 현실적인 유혹들을 뿌리치고 기독성을 지키기 위해서 노력하고 있는 좋은 예에 속합니다. **한 번 양보하면 계속해서 양보해야 합니다.** 처음에 지키고자 하는 것을 굳게 지켜나가려는 의지가 있어야 하겠습니다.

목회자나 성도들이 애국 운동에 총력을 기울이는 것도 경계해야 합니다. 한 나라의 국민으로서 애국심을 갖는 것은 아주 좋은 일입니다. 그러나 애국 운동이 하나님보다 중요시되는 시험에 들면 안 됩니다. 월남전을 치를 때에 몇몇 미국 목사들을 보면 나라를 사랑하는 일을 하나님을 섬기는 일보다 중히 여겨 앞서서 외치고 행동하는 바람에 문제를 일으켰습니다. 물론 하나님의 백성인 우리는 이 땅에 사는 동안 사회개혁에 앞장서야 합니다. 그러나 그것을 하나님을 사랑하는 일보다 앞세운다면 그 사람을 그리스도인이라고 할 수 없습니다.

사회개혁도 주 안에서 이루어져야 합니다. 복음을 전하라고 부름받은 사람이 그 일보다 사회 문제에 더 많은 정열과 시간을 들이면 그 사람을 어떻게 복음 사역을 하는 사람이라고 할 수 있겠습니까. **아무리 좋은 일이라 할지라도 하나님이나 예수님보다 앞서면 우상이 됩니다.**

거짓 선지자들의 유혹

거짓 선지자를 삼가라

1절부터 5절은 거짓 선지자에 대한 내용으로 이루어져 있습니다. 거짓 선지자는 교묘한 모습으로 다가옵니다.

저는 처음 미국에 가서 공부할 때 자유주의 신학자들이 쓴 책들을 보면서 놀랐습니다. 마치 어떻게 하면 성경을 믿지 못하게 할 것인가만을 연구해서 쓴 것 같은 느낌이 들 정도였습니다. 그 책의 내용은 읽는 사람이 하나님과 성경에서 떠나도록 만들기 위해서 갖은 애를 쓰고 있는 것처럼 느껴졌습니다. 그런데 마침 아주 유명한 자유주의 신학자 한 사람이 우리 동네에 왔습니다. 저는 너무 궁금해서 그분이 설교하는 교회에 친구들과 함께 가 보았습니다. 교회 안에는 이미 유명한 신학자를 초청했다는 소리를 듣고 찾아온 사람들이 많이 있었습니다. 그 사람들 중에는 신교는 물론이고 카톨릭 신부님들도 많았습니다.

그날 그분의 강의 내용의 주제는 말로 '예수를 믿는다'라고 하지 말라는 것이었습니다. 말로는 하지 말고 그저 열심히 자기 삶을 사는 가운데 자기 신앙을 드러내는 방법으로 전하라는 내용으로 간단하게 강의를 진행했습니다.

물론 그 말도 옳은 말입니다. 그러나 저는 말도 행동과 생활의 일부라고 생각합니다. 말로도 자신이 그리스도인인 것을 드러내고 행동으로도 드러내서 할 수 있는 방법을 다해서 복음을 전하는 것이 옳은 것이지 어떻게 한쪽만을 강조하는 삶이 완전하다고 할 수 있겠습니까. 물론 말만 하고 행동은 하지 않는다면 문제가 되겠지만 말을 절대로 하지 않는다는 것은 할 수 있는 일을 하지 않는 것이 되니까 반쪽만 행하는 것이라고 할 수 있는 것입니다.

저는 그날 강의를 듣고서야 이렇게 반쪽의 이론을 가진 사람이기 때문에 그분의 책에 비성경적인 내용들이 많이 있는 것이라는 사실을 알았습니다. 중심이 되는 이야기는 옳게 여겨지지만 앞으로 가면서 조금씩 방향이 틀어지기 시작하니까 금방 다른 길로 접어들게 되는 것입니다. 그래서 한편으로는 아멘 하면서도 마음이 개운치가 않았습니다.

그런데 그 때 그분을 보고 한 가지 느낀 점이 있었습니다. 그것은 그분이 매우 매력적인 사람이라는 것입니다. 그분을 처음 보았을 때 만일 제가 그분의 책을 읽지 않았더라면 인간적으로 아주 흠뻑 빠질 정도라는 생각이 들었습니다. 얼마나 잘생기고 부드럽고 멋이 있는 분이었던지 지켜보면서 입에서 감탄이 나올 정도였습니다. 그 모습만 가지고도 많은 추종자를 거느릴 만한 분이었습니다. 말씀을 하시는 목소리나 태도도 아주 세련되고 멋이 있었습니다. 그러나 그런 사람이 하는 말일수록 조심하고 경계해서 듣지 않으면 안 됩니다. 악령은 그렇게 매력적인 사람들을 자신의 도구로 선택합니다. 조심하지 않으면 그 사람의 외모나 가지고 있는 재능 때문에 아무런 생각없이 끌려들어 갈 수 있습니다.

하나님만을 충성스럽게 따르고 섬긴다는 것은 이렇게 어려운 일입니다. 우리를 다른 곳으로 끌고 가려고 하는 것들이 너무나 많이 널려 있습니다. 특히 능력 있는 종교 지도자들이 우리를 유혹할 때에 조심해야 합니다. 더욱이 개인적인 능력이 있는 사람들을 경계해야 합니다. 그 사람들의 능력에 이끌리다 보면 하나님의 말씀보다도 유명한 분의 주장을 따라가기가 쉽습니다.

유럽의 신학을 보십시오. 거기는 신학과 철학에 있어서 수많은 학파가 있습니다. 그래서 어느 대학은 무슨 학파요 어느 대학은 무슨 학파라는 것이 분명합니다. 그래서 그 학교에 가는 학생들은 결국 그 학자들이 세운 학파를 따라가게 되어 있습니다. 하나님을 따르는 것이 아니라 하나님에 대해서 사람들이 세워 놓은 가설들을 맹신하는 것입니다. 유명한 종교적 지도자들 때문에 오히려 하나님으로부터 비껴갈 수 있습니다.

유명하고 능력 있고 지위가 있는 사람에게 끌리지 않는 것은 아주 어려운 일입니다. 보통의 결단을 가지고서는 불가능합니다. 평범한 사람들은 자기보다 훌륭한 생각을 가지고 있고 뛰어난 능력을 가진 사람을 보면 따라가고 흠모하게 되어 있습니다. 그래서 그분들의 책을 읽고 강의를 듣고 그분의 말대로 살려고 하고 그분을 닮으려고 합니다. 그러나 그것은 함정입니다. 우리가 우리의 눈을 예수님과 하나님으로부터 떼면 그 다음에는 엉뚱하게 사람을 따라가게 되어 있습니다.

꼭 자유주의 신학을 하는 사람들만이 아니라 보수적이고 복음적인 성도들에게도 이런 위험은 있습니다. 하나님을 따르는 것보다는 유명하고 성취해 놓은 것이 많은 목사님들의 말을 무조건적으로 따르고 그분의 말씀이 곧 하나님의 말씀인 것처럼 생각하는 것입니다. 사람들은 눈에 보이는 성과에 현혹되는 일이 많기 때문입니다.

하나님만 따르라

하나님께서 나를 어디로 인도하시는가에 관심을 가지기보다 유명한 종교 지도자가 나를 어디로 인도하는가를 더 신뢰할 가능성이 아주 많습니다. 학문적으로나 목회를 하는 데 있어서나 신앙생활을 하는 데 있어서 유행하고 있는 조류를 따라서 행동하는 것이 당연한 일처럼 여겨지는 세상입니다. 이런 현실 속에서 세상의 조류를 따라가지 않는 것은 아주 어려운 일입니다. 철저하게 참되신 하나님 앞에 서서, 강한 의지와 결단을 가지지 않는다면 할 수 없는 일입니다. **아무리 좋은 본보기라 하더라도 사람을 따르면 그것은 우상이 될 수 있다는 것을 명심하십시오.**

그럼 1-2절을 보십시오.

"너희 중에 선지자나 꿈꾸는 자가 일어나서 이적과 기사를 네게 보이고 네게 말하기를 네가 본래 알지 못하던 다른 신들을 우리가 좇아 섬기자 하며 이적과 기사가 그 말대로 이룰지라도."

만일 제가 몇 번 예언을 해서 그것이 맞아떨어진다면 제가 시무하고 있는 교회는 매주 강당이 차고 넘치게 될 것입니다. 저를 우상처럼 받들려고 하는 사람들 때문에 발디딜 틈이 없을 것입니다. 하나님이 주신 환상을 선포하면서 그것을 믿으라고 하면 구름떼 같은 사람들이 몰려들어 그 말을 믿고 저를 따르려 할 것입니다. 거기다가 앉은뱅이를 일으키고 봉사의 눈을 뜨게 하고 암을 고치는 신유의 은사를 행하면 제가 아마 교단 하나를 만들어서 교주가 될 수도 있을 것입니다. 아마 그런 사람을 보고도 따라가지 않을 사람은 거의 없을 것입니다.

그런데 본문에서 하나님께서는 바로 그런 사람들이 문제라고 말씀하십니다. 하나님이 말씀하신 것과 0.1퍼센트라도 다른 것을 말한다면 그 사람은 거짓 선지자라고 하십니다. 기사와 이적을 행하고 환상을 보고 신유의 은사를 행하는 사람들은 거의 그 능력을 자신을 우상화하는 데 사용합니다. 인간이 가진 기본적인 속성에 비추어 볼 때, 많은 사람들이 자신을 보고 열광을 하고 자기 보는 앞에서 자신도 놀랄 만한 일들이 일어나는데도 겸손하게 하나님만 전할 수 있는 사람은 흔하지 않습니다. 그래서 결국 자신도 모르는 사이에 거짓 선지자의 자리에 앉게 되는 것입니다. 사람의 욕심은 한없고 그 욕심은 다른 욕심을 불러서 나중에는 멸망으로 이끕니다.

저는 미국에서 교회를 세우면서 하나님 앞에 한 가지 목표를 세웠습니다. 그것은 이 교회가 예수 그리스도만을 사랑하고, 예수 그리스도의 영광만을 나타내는 교회가 되게 해 달라는 것이었습니다. 다시 말하면 하나님만을 섬길 뿐이지 결코 목회자를 보고 따르는 교회가 되지 않기를 바라는 것이었습니다.

그래서 첫 번째 설교도 히브리서를 선택해서 예수 그리스도만을 바라보자는 것으로 했습니다. 오직 예수 그리스도만을 바라보는 성도들이 되어서 목회자가 그 자리를 떠나게 된다고 하더라도 흔들리지 않고 굳건하게 신앙생활을 할 수 있는 사람이 되게 해 달라고 기도했습니다.

얼마 후에 사람들이 많이 몰려오면서 교회가 성장을 했고 소문이 나기 시작했습니다. 그런데 그 말 속에 예수님에 대한 소리는 점점 작아지고 있었습니다. 오직 김상복 목사가 이러하다 저러하다는 소리만 자자했습니다. 교회에 온 사람들과 이야기를 나누다 보면 "누가 김 목사님의 설교를 한번만 들어보면 달라진다고 해서 왔습니다"라는 소리들을 하는 것이었습니다. 저는 그런 소리를 들을 때에 깊은 죄의식에 빠졌습니다. 그리고 목회에 실패했다고 생각했습니다.

그래서 하루는 교회에서 '나는 예수님 이야기를 하려고 했는데 사람들이 기억하는 것은 예수가 아니라 내가 되었습니다. 나를 용서해 주옵소서'라고 깊이 회개하는 기도를 밤새도록 드렸습니다.

누가 자신을 좋아한다고 할 때 기쁜 마음이 드는 것은 사실입니다. 그러나 그 기쁨에 빠져서 헤어나오지 못하면 그 사람은 망하는 길로 들어가는 것입니다. **하나님의 일을 하다가 사람에게 칭찬을 받으면 주님께 모든 영광을 돌려야 합니다.**

주님께만 영광을

만약 그렇지 않다면 거짓 선지자는 아닐지 몰라도 그렇게 될 가능성을 가지고 있다는 것을 알아야 합니다. 놀라운 능력을 가진 종교적 지도자는 거짓 선지자가 될 가능성이 가장 큰 사람입니다. 따라서 꿈이든 환상이든 예언이든 신비한 능력을 가진 사람일수록 더욱 조심해야 합니다. 성도들을 하나님께로 이끌어가지 않고 자기 자신에게로 끌어갈 위험이 있는 사람이기 때문입니다.

마태복음 7장 21절에서 23절에도 보면 이러한 거짓 선지자를 경계하는 말씀이 있습니다. 마지막 심판 때에 많은 사람들이 "내가 주의 이름으로 마귀를 쫓아내고 예언을 하고 병을 고쳤습니다"라고 해도 그 때 주님께서 "나는 너를 도무지 알지 못한다"라고 말씀하신다고 기록되어 있습니다. 너는 그 능력으로 너 자신을 증거했지 나를 증거한 것이 아니라는 뜻입니다.

하나님께서 자기를 왜 불렀으며 그에게 주신 능력을 어디에 쓰라고 했는지를 모르고 자신을 우상화하는 일에 썼으므로 사람들은 그분을 알지 모르지만 하나님은 이 사람을 도무지 알지 못한다는 것입니다. 세상에서 탁월한 종교지도자로 추앙을 받는 사람들은 나중에 이런 일을 당하지 않도록 조심해야 합니다. 하나님의 말씀과 그 뜻만 따라가려는 강력한 결단이 없을 때에는 우리도 모르는 사이에 우상의 자리에 서고 맙니다.

그래서 탁월하고 능력있는 종교지도자라고 생각되는 사람들일수록 그 사람의 가르침의 내용을 잘 살펴보아야 합니다. 그 사람의 말을 듣고 나서 그가 하나님의 말씀을 제대로 가르치고 있는가, 그 사람의 행동이 하나님의 말씀에 어긋나지 않는가 하는 것을 유심히 살펴보아야 한다는 말입니다.

신앙촌의 박태선 장로가 처음 나왔을 때 저도 남산에 올라가서 그 설교를 들은 적이 있었습니다. 그러나 저는 그 사람의 설교를 듣고 그 내용이 하나님의 말씀과 일치하지 않는다는 것을 알 수 있었습니다. 얼마나 많은 목회자들과 신도들이 그것을 알지 못하고 그 사람을 따라갔습니까. 그리고 수십 년 동안 얼마나 많은 문제를 일으켰습니까. 통일교의 경우도 마찬가지입니다. 혹시라도 방심하는 사이에 외국 여행을 시켜주겠다는 비행기 티켓 한 장, 성지순례 10일에 깜빡 속아서 영적인 죄를 저지르게 되지 않도록 조심해야 합니다.

특히 기적적인 능력을 행한다고 소문난 사람이라면 더욱 조심스럽게 관찰하고 그 기적의 실체를 파악하는 데 주의를 기울여야 합니다. 그분의 행적이나 말씀이 하나님의 말씀과 일치하는가를 철저하게 알아본 다음에 판단을 내려야 합니다. 황홀한 기적의 능력에만 끌려 그 사람을 따라다녀서는 절대로 안 됩니다. 누가복음 21장 8절에도 예수님께서 말씀하시기를 이제 언젠가는 많은 거짓 선지자들이 나타나서 "이것이 진짜다. 내가 메시아다"라고 하면서 사람들을 미혹할 것이라고 하셨습니다. 그리고 그런 때에 그들을 좇아다니지 말라고 미리 말씀해 주셨습니다. 여기에 능력이 있다고 좇아다니고 저기에 예언이 있다고 좇아다니면 결국 거짓 선지자에게 미혹된다는 것입니다. 목회자든지 신학자든지 평신도든지 누구라도 사람들 앞에서 찬란한 능력을 행한다면 조심해야 합니다. 말세에는 거짓 종교지도자들도 기적을 행하는 능력을 갖게 됩니다.

요한계시록에 보면 거짓 선지자들이 베푸는 기적과 능력들이 나열됩니다. 정신을 바짝 차리지 않으면 그들을 따라 그대로 어둠 속으로 들어가게 되어 있습니다. 우리는 어느 때이든지 하나님만 따라가야 합니다.

왜 거짓 선지자들을 그냥 두시는가

거짓 선지자들을 대하는 자세는 우리의 신앙이 얼마나 철저한지를 재는 척도가 됩니다. 3절을 보십시오.

"너는 그 선지자나 꿈꾸는 자의 말을 청종하지 말라 이는 너희 하나님 여호와께서 너희가 마음을 다하고 성품을 다하여 너희 하나님 여호와를 사랑하는 여부를 알려 하사 너희를 시험하심이니라."

하나님은 사람들을 미혹하는 거짓 선지자들을 한꺼번에 세상에서 없앨 수도 있으십니다. 그러나 그들을 그대로 두시는 이유는 우리의 신앙을 시험하기 위해서입니다. 세상에 신학이 없고 철학이 없고 믿을만한 다른 것이 없어서 하나님을 찾는 것인지, 아니면 내 눈을 현혹하고 지적으로 미혹하는 것들이 많이 있지만 그럼에도 불구하고 진정으로 하나님을 사랑해서 믿는 것인지를 확인하시기 위한 것입니다. 마치 에덴 동산에 선악과가 없어서 하나님께 온전히 순종하는 것인가, 아니면 선악과라는 금단의 나무가 있는데도 하나님의 말씀을 따라서 그 금기에 순종하는가 하는 문제입니다. 나는 내 자의로 하나님의 금기를 깨뜨릴 수 있지만 하나님의 명령에 순종해서 깨뜨리지 않는 신앙을 보고자 하시는 것입니다.

다른 길로 갈 수 있는데도 그 길을 가는 것과 다른 갈 길이 없어서 별 수 없이 그 길을 가는 것은 엄연히 다릅니다. 믿음을 가질 수 있는 많은 종교가 있음에도 불구하고 길이요 진리요 생명이신 예수님만을 선택하는 것이 참된 신앙입니다. **하나님께서는 마음과 뜻과 정성을 다해서 하나님을 따르느냐 아니냐 하는 것을 알고 싶으셔서 여러 거짓 선지자들을 그대로 두시고 우리의 반응을 보고 계신다는 것을 알아야 합니다.**

거짓 선지자들에 대한 심판

거짓 선지자들에 대한 하나님의 심판은 단호합니다. 이런 거짓 선지자들은 변명의 기회를 주지 말고 죽이라는 것이 하나님의 명령입니다.
5절을 보십시오.

"그 선지자나 꿈꾸는 자는 죽이라 이는 그가 너희로 너희를 애굽 땅에서 인
도하여 내시며 종 되었던 집에서 속량하여 취하신 너희 하나님 여호와를 배
반케 하려 하며 너희 하나님 여호와께서 네게 하라 명하신 도에서 너를 꾀어
내려고 말하였음이라 너는 이같이 하여 너희 중에 악을 제할지니라."

참으로 엄청난 말씀이 아닐 수 없습니다. 지금 이 법을 그대로 적용시킨
다면 죽임을 당할 사람들이 얼마나 많겠습니까. 악의 뿌리를 뽑아 버릴 때
에는 철저하게 뽑아서 다시 싹이 돋을 자리를 주지 말아야 합니다. 하나님
께서 명하신 도에서 멀어지도록 꾀어내는 사람에 대한 징벌은 이토록 무서
운 것입니다. 하나님께로부터 눈을 돌리게 하거나 멀어지게 하는 것은 이
렇게 발견되는 대로 죽여도 무방할 만큼 심각한 죄입니다.

신앙은 보수여도 신학은 자유라는 말을 자주 듣습니다. 아주 그럴듯하게
들리는 말입니다. 신학은 학문이기 때문에 자유롭게 놓아두어야 한다는 논
리입니다. 언뜻 들으면 아주 멋있습니다. 그러나 신앙이라고 하는 것은 신
학을 바탕에 두고 있는 것입니다. 따라서 이 두 가지는 분리될 수 없습니다.
학문적으로 자유롭다고 하면서 자신을 매우 대범한 사람이라고 여기고 책
임을 질 수 없는 말들을 하고 글로 쓰는 사람들이 있습니다. 그건 착각이고
말도 안 되는 소리입니다. 신학에서 신앙이 나오는데 어떻게 이 두 가지를
전혀 다른 것처럼 분리해서 이야기한단 말입니까.
신앙은 하나님이 말씀하신 대로 믿지만 신학은 가나안의 신학을 해도 상
관이 없다고 생각한다면 이것이 신명기에 비추어 맞는 말입니까? **신학과 신
앙은 하나입니다.**

친 가족을 통한 유혹

거짓 선지자는 전혀 모르는 남뿐이 아니라 내 가족 가운데서도 나올 수 있습니다. 6절의 말씀처럼 "동복 형제나 네 자녀나 네 품의 아내나 너와 생명을 같이 하는 친구"도 거짓 선지자가 될 수 있습니다. 정 때문에 말을 듣지 않을 수 없는 사람들이 나를 꾀일 때에는 그것을 거절하기가 얼마나 어렵습니까. 그러나 아무리 사랑하는 사람이라 할지라도 그가 하나님에게서 나를 떠나게 하려고 꾀는 사람이라면 그를 가까이 해서는 안 됩니다. 단호하게 관계를 끊고 흔들리지 말아야 합니다.

가족보다 하나님이 먼저다

마태복음 10장 37절에서 예수님께서도 "아비나 어미를 나보다 더 사랑하는 자는 내게 합당치 아니하고 아들이나 딸을 나보다 더 사랑하는 자도 내게 합당치 아니하고"라고 말씀하셨습니다. 누가복음에는 더 단호하게 나가서 "미워하지 않으면" 안 된다고까지 말씀하셨습니다. 저는 어렸을 때 이 말씀을 전혀 이해하지 못하고 이상하게 여겼습니다. 이렇게까지 할 필요가 과연 있을까 하는 생각이 들었습니다. 그러나 그렇게 단호하게 물리치지 않으면 하나님에게서 멀어지고 멸망의 길을 걸을 수밖에 없기 때문에 그런 말씀을 하셨다는 것을 나중에야 깨달았습니다.

제가 미국에서 우리 나라로 돌아오는 문제로 저희 가족들과 의견이 달라서 고민을 하고 있을 때였습니다. 어떤 분이 제게 왜 가족들이 원하지 않는 일을 굳이 하려고 하느냐고 물었습니다. 그래서 저는 그분에게 "제 아내는 아내일 뿐이지 내 하나님은 아닙니다"라고 대답했습니다. 하나님이 하라고 하신 일을 내 마음대로 할 수는 없는 일이었습니다. 그런데 만일 우리 가족이 끝까지 반대했다면 어떻게 했을지 모르겠습니다. 다행스럽게도 마지막에는 다들 동의를 해 주었기 때문에 제가 하나님의 말씀에 순종할 수 있었던 것을 생각하면 감사하지 않을 수 없습니다.

그 때 가족들의 동의를 얻지 못해서 어쩔 수 없이 미국에 남아서 목회를 계속했더라면 저는 마음 가운데 늘 하나님께 불순종했다는 죄책감을 가지고 살아야 했을 것입니다. 하나님의 음성보다 가족들의 소리에 이끌려 살고 있다는 자괴감에서 벗어나지 못했을 것입니다. 엘리 제사장이 하나님보다 자기 자식을 더 소중하게 여겨서 하나님의 진노를 사지 않았습니까. 인정 때문에 진리를 저버리면 그 인생은 그 때부터 멸망으로 달려가게 되는 것입니다.

주기철 목사님이 신사 참배를 거부해서 감옥살이를 하실 때의 일입니다. 감옥에서 나와 며칠 동안 집에서 요양할 수 있는 기회를 얻어서 집으로 오게 되었습니다. 그런데 목사님을 맞으신 사모님은 목사님이 요양하실 수 있게 돕기는커녕 아주 냉정하게 감옥으로 다시 돌아가라고 하셨습니다. 왜 그랬겠습니까. 따뜻한 밥을 먹고 온돌방에서 며칠을 지내고 나면 그 다음에는 차디찬 감옥으로 다시 돌아가고 싶지 않아서 배교하게 될까 봐 그렇게 하신 것입니다. 여러분이라면 그렇게 할 수 있겠습니까. 아마 인정 때문에 그렇게 하기 힘드셨을 것입니다. 주 목사님도 대단한 분이시지만 그 사모님 또한 대단한 분이었습니다. 그 사모님의 신앙에 힘입어 목사님은 그렇게 순교도 불사하는 신앙을 가질 수 있었던 것입니다. 주님의 뜻만을 위해서 살겠다고 하는 반복된 헌신이 아니고는 이렇게 순교를 불사하는 신앙은 나올 수 없습니다.

하나님께서는 인간의 이런 약한 마음을 아시고 8절에 말씀하시기를 "너는 그를 좇지 말며 듣지 말며 긍휼히 보지 말며 애석히 여기지 말며 덮어 숨기지 말고"라고 하십니다. 그들의 말을 거부하고 그들과 단절하는 것을 애석하게 여기지 말고 철저하게 그들을 거부해야 합니다.

거짓 선지자의 문제는 그만큼 심각하고 어려운 문제입니다. **하나님께서는 어떤 사상이나 어떤 철학이나 어떤 이론이라도 참되신 하나님으로부터 조금이라도 벗어나게 하는 것은 다른 어떤 것보다도 미워하십니다.** 하나님을 떠나면 육체만 죽는 것이 아니라 영원히 죽게 되기 때문입니다.

거짓 선지자에게 이렇게 냉정한 벌을 내리는 것은 "그것을 보고 온 이스라엘이 두려워하여 이 같은 악을 다시는 행하지 않게 하기" 위해서였습니다. 일벌백계로 다스리는 방법을 택하신 것입니다.

유혹자를 물리치라

만일 하나님을 배반하는 도시가 생기면 그것에 대해서 철저하게 조사해 보고 그것이 사실인 경우에 주민과 짐승을 다 죽이고 그 소유를 모두 불태워 하나님께 바치라고 말씀하시고 있습니다. 그러면 그 성읍은 영원히 폐허가 되고 다시 그 자리에다가 집을 짓는 일도 없게 될 것이라고 했습니다.

하나님을 배반하는 죄는 이렇게 뿌리를 보존하지 못하도록 할 정도로 심각한 것입니다.

17절 하반절과 18절 말씀을 보십시오.

"…그리하면 여호와께서 그 진노를 그치시고 너를 긍휼히 여기시고 자비를 더하사 너의 열조에게 맹세하심같이 네 수효를 번성케 하실 것이라. 네가 만일 네 하나님 여호와의 말씀을 듣고 오늘날 내가 네게 명하는 그 모든 명령을 지켜 네 하나님 여호와의 목전에 정직을 행하면 이같이 되리라."

하나님께서 명하신 대로 그 성을 다 진멸해야만 하나님의 진노가 풀리고 너희를 하나님이 긍휼히 여기실 것이며, 그래야만 약속한 자비를 베푸실 것이요 번성하게 하신다고 하셨습니다.

우리 가운데서 모든 악을 제거해야 우리가 땅에서 사는 동안에 얻을 수 있는 축복을 전부 주겠다는 것입니다. 이 말은 반대로 이 땅에서의 축복을 누리고 살려면 그만큼 철저한 순종이 필요하다는 말입니다. **구원은 대가 없이 은혜로 받는 것이지만 축복은 그냥 얻는 것이 아닙니다. 철저한 순종이 있을 때에만 풍성한 축복이 따릅니다.**

자신에게 중요한 일이 생기면 그 일을 하기 전에 하나님께 기도하는 것은 물론 일을 진행하면서도 기도하면서 해야 합니다. 그리고 무엇보다도 아무리 그 일이 중요해도 주일이 되면 일단 제쳐놓고 하나님께 와서 예배를 드려야 합니다. 우선 순위를 분명하게 세우는 것이 성도의 자세입니다. 중요한 일일수록 주님을 앞장세우고 주님의 뜻대로 해야 합니다. 어떤 일이든지 하나님이 뒤로 밀려나게 된다면 그 일이 잘 될 리도 없거니와 설사 잘 된다 할지라도 자기의 영혼을 잃어버리면 무슨 소용이 있겠습니까. 중요한 일을 통해서 우리의 마음을 다른 곳으로 끌고 가려고 하는 사탄의 유혹에 넘어가지 않도록 주의하십시오. 하나님께 충성하는 자는 어떤 경우에도 하나님을 배반하지 않습니다. 또한 번성하는 삶은 하나님의 말씀에 귀기울여 듣고 순종하는 삶입니다. 우리의 신앙이 이런 신앙이 될 수 있도록 도전하시고 승리하십시오.

성결한 삶

14:1-29

우리는 하나님의 자녀라는 정체성을 가지고 있습니다.
그러므로 하나님의 자녀가 아닌 사람들과는
사고방식이나 생활방식이 다를 수밖에 없습니다.

14장은 음식에 관한 내용과 십일조에 대한 법으로 이루어져 있습니다. 성도의 성결한 삶이 어떠한 것인가를 제시해 주는 장이라고 할 수 있습니다. 특별히 음식에 관한 이야기에 많은 부분이 할애되어 있는데 그 이유는 음식에 관한 이야기를 통해서 하나님께서 우리에게 하시고 싶은 말씀이 있기 때문이라고 생각됩니다.

앞에서 말씀드린 바와 같이, 신명기 5-11장에서 순종과 축복의 원리에 대해서 설명한 다음에 12장부터는 구체적으로 적용을 하기 시작했습니다. 음식에 관한 부분은 그 구체적인 적용의 하나에 해당합니다.

하나님의 자녀의 성별된 삶

하나님의 자녀들은 삶의 방식이 이방인들과 달라야 합니다.

하나님의 자녀들은 그렇지 않은 사람들과 구별되는 점이 있어야 한다는 뜻입니다.

1-2절을 보십시오.

"너희는 너희 하나님 여호와의 자녀니 죽은 자를 위하여 자기 몸을 베지 말며 눈썹 사이 이마 위의 털을 밀지 말라 너는 너의 하나님 여호와의 성민이라 여호와께서 지상 만민 중에서 너를 택하여 자기의 기업의 백성을 삼으셨느니라."

우리는 하나님의 자녀라는 정체성을 가지고 있습니다. 그러므로 하나님의 자녀가 아닌 사람들과는 사고방식이나 생활방식이 다를 수밖에 없습니다.

예수님께서도 "너희는 세상의 빛이다. 세상의 소금이다"라고 우리의 정체성을 밝혀 주셨습니다. 이 말씀은 앞으로 빛이 되어야 한다거나 소금이 되어야 한다는 말과는 다릅니다. 이미 되어 있는 상태를 나타낸 것이기 때문입니다. 빛이 되어 보겠다고 하는 것과 자신이 빛이라고 인식하는 것은 엄연히 다릅니다.

율법과 은혜의 차이

성화의 문제도 같은 원리입니다. 어떻게 하면 거룩한 사람이 될까 생각하는 것과, 이미 거룩한 자로 선언받은 것과는 자신을 인식하는 면에서 엄청난 차이가 있습니다. 이것이 율법과 은혜의 차이입니다. **율법은 되어 보려고 애를 쓰는 것이지만 은혜는 되었다는 것을 인식하는 것입니다.** 다시 말해 그리스도로 말미암아 이루어졌다는 것을 깨닫는 놀라운 인식을 갖게 되는 것입니다. 신약이나 구약이나 하나님의 백성에 대한 선택은 하나님의 은혜로 이루어졌고 선택된 사람들은 그것을 인식하기만 하면 되었습니다.

율법은 사람을 정죄하는 역할을 하지만 하나님의 은혜는 그것을 깨닫고 돌이키게 하는 역할을 합니다. 그러므로 은혜를 깨닫기 전과 후는 하늘과 땅의 차이만큼 다릅니다. 율법시대에는 인간적인 힘으로 노력을 하다가 번번이 실패하고 좌절하는 모습으로 살았지만 은혜시대에 오면 자신이 잘못을 저질렀을 때에 죄의식에서 헤매는 것이 아니라 은혜를 힘입어서 돌이키고 회개하는 모습으로 변합니다. 이것이 율법과 은혜의 엄청난 차이입니다. 하나님의 은혜로 자녀가 되었다는 것을 깨닫는 사람과 그렇지 못한 사람과는 헤매는 모습도 다릅니다. 하나님의 자녀로 출발을 하기 때문에 당연히 돌아오는 곳도 다릅니다.

성령의 지배를 받는 삶

본문을 통해 이방인들은 사람이 죽으면 자기 몸을 베어서 자해를 하고 이마 위의 털을 미는 풍습이 있었다는 것을 알 수 있습니다. 하나님께서는 애도를 표하기 위해서 자기 몸에서 피를 내면서 예식을 행하거나 머리를 밀어서 변발하는 것을 금했습니다. 죽은 사람을 애도하고 슬픔을 나누는 것은 자연스러운 가운데 나타나는 행동입니다. 겉으로 피를 보이고 드러나는 행동으로 슬픔을 나타내는 것은 외식을 부추기는 것일 뿐 아무런 의미가 없습니다.

데살로니가전서 4장 13절에 보면, 우리가 슬퍼하되 소망 없는 이와 같이 슬퍼하지 말라고 하셨습니다. 모두들 죽음 자체에 대해서는 슬퍼하지만 나중에 다시 만날 것을 알고 희망을 가진 사람과 아무런 희망이 없이 슬퍼하는 사람의 모습은 같을 수 없습니다. 하나님을 믿는 사람에게는 죽음조차도 희망이 됩니다.

저는 최근에 어떤 목회자 가정의 장례식에 참석했다가 아주 큰 감명을 받은 일이 있습니다. 제가 늘 보았던 성도들 가정의 장례식과 이분 가정의 장례식은 아주 대조적이었습니다. 슬픔을 당하신 그 목사님은 자신의 감정을 아주 절제한 상태로 장례식에 임하고 계셨습니다. 그 모습을 보고 저는 만일 이런 일을 당하면 저렇게 절제된 모습을 보일 수 있을까 하는 생각으로 제 자신을 돌아보게 되었습니다. **어떤 일에서든 소망을 가진 사람과 그렇지 못한 사람은 사건을 대하고 해결하는 자세에 있어서 다르기 마련입니다.**

대개의 경우 장례식을 보면 믿는 가정과 안 믿는 가정의 모습에 별 차이가 없습니다. 극도의 슬픔이 있을 때에 자신의 감정을 절제한다는 것은 보통의 신앙 훈련을 거치지 않은 사람에게는 매우 힘든 일입니다. 그러나 그런 때에야말로 우리 신앙이 나타나게 된다는 것을 염두에 두고 감정이 완전히 노출될 그 순간에 우리는 어떻게 그 감정을 표현할 것인가를 자신에게 한 번 질문해 보십시오.

이런 감정훈련은 갑작스러운 상황을 맞은 그 순간에 노력함으로써 할 수 있는 것이 아닙니다. 평상시의 감정표현을 절제하는 훈련을 하고 있었는가 그렇지 않은가에 의해서 차이가 납니다.

매일 성령님의 통제하심 아래 있지 않으면 자기 의지로 감정을 절제하기란 어려운 일입니다. 늘 성령님 안에서 자신을 절제하고 통제하는 훈련을 한 사람만이 어떤 갑작스러운 충격을 받게 되더라도 자신을 다스리고 절제된 감정을 잘 처리하게 될 것입니다. 성령님의 지배를 받아서 사는 삶, 이런 삶이 다른 사람들의 눈에 비친 우리 삶의 모습이어야 하겠습니다.

저는 36년만에 제 어머니를 북에서 만났습니다. 일찍이 제 인생에서 경험해 보지 못했던 벅찬 감격이 끓어올랐습니다. 차를 타고 어머니를 만나러 들어가면서 흰머리로 변하신 어머니를 보았고 차 문을 열고 나가면서

12살 이후로 보지 못했던 어머니를 끌어안았습니다. 저는 그 때 기도했습니다. 제가 어머니를 만나는 모습을 그 동네에 사는 사람들이 다 보고 있고 호기심을 가질 텐데, 내가 하나님의 종으로서 일생 동안 기다리고 기도해 왔던 그 순간에 어떻게 보여야 할지를 인도해 달라는 기도였습니다. 저의 어머니는 저를 보자마자 끌어안고 그 자리에서 정신을 잃으셨습니다.

저는 눈물을 흘리지 않았습니다. 너무나 기뻐서 웃음이 나올 뿐 눈물이 나오지 않았습니다. 주변에서는 사진을 찍는 등 매우 소란스러웠지만 저는 그저 기쁠 따름이었습니다. 그리고 몇 년 후에 다시 어머니를 만나게 되었습니다. 그 때 주위 사람들이 물었습니다. 어떻게 그렇게 감격적인 순간에 눈물을 흘리지 않고 웃기만 할 수 있었느냐는 것이었습니다. 저는 그 때 제자신을 절제하는 모습을 보여줄 수 있었던 것에 대해서 하나님께 감사했습니다. 기쁨을 기쁨으로 느끼고 다른 사람들과 다른 모습을 보여줄 수 있었던 것에 대한 감사였습니다.

그러나 그 일은 기쁜 일이었기 때문에 감정을 절제하는 일이 가능했는데 만일 슬픈 일이 일어나게 될 때에도 감정을 절제할 수 있을까에 대해서는 자신할 수 없습니다. 만약 저의 어머니가 돌아가셨다는 소식을 듣거나 내 아내가 나보다 먼저 죽게 되면 어떻게 행동할 것인가에 대해서는 확신이 없다는 뜻입니다. 기쁨보다 슬픔을 다스리는 일이 더욱 힘들고 어려울 것이기 때문에 평상시에 철저하게 훈련하지 않으면 슬픔의 감정을 절제하기란 보통 어려운 일이 아닐 것입니다.

믿는 사람들은 언제나 믿지 않는 사람들보다 한 수 높은 태도를 지녀야 합니다. 그리고 믿는 사람들 가운데서도 지도자의 위치에 있는 사람은 한 수가 더 높아야 합니다. 남들과 똑같은 태도로 살아갈 수는 없습니다. 그래서 기도가 필요하고 말씀을 묵상하고 그 말씀에 철저하게 순종하는 자세가 있어야 합니다. 성령님이 우리 안에 계시지 않으면 다른 사람들과 분별되게 생각하고 행동하는 것이 거의 불가능합니다. **우리는 이미 하나님의 구원을 받은 사람들이기는 하지만 완벽하게 성화된 인격을 갖는 것은 끊임없이 자신을 하나님 앞에서 쳐서 복종해야만 가능한 것입니다.**

하나님의 자녀들은 하나님께서 주신 인간의 자연스러운 모습을 그대로 가지고 있어야 합니다. 요즘에 신문지상을 비롯하여 여러 곳에서 언급되고 있는 유전자 공학이라든지 인간 복제 공학 같은 것은 문제가 아닐 수 없습니다. 인간의 생명에까지 인공적인 힘을 사용하려고 하는 것은 하나님이 주시는 생명에 대한 위험한 도전입니다. 마치 바벨탑을 쌓는 사람들을 보는 것과 같은 공포를 느끼게 하는 일이 아닐 수 없습니다.

허용된 음식과 금지된 음식

우리들은 하나님께서 따로 떼어놓은 백성이기 때문에 이방인들과 구별된 삶을 살아야 합니다. 우리는 선택된 사람들이고 특별한 사람들이며 만민들 위에 세우신 사람들입니다.

그렇기 때문에 이스라엘 백성은 인간의 생활 중 가장 기본적인 것인 음식조차도 이방인들과 달랐습니다. 3절부터 20절까지는 먹을 수 있는 정한 음식과 먹어서는 안 되는 부정한 음식을 구별해 놓았습니다.

되새김질을 하고 굽이 갈라진 것은 먹을 수 있으나 그 외의 것은 부정하니 먹지 말 것이며, 어류도 비늘과 지느러미가 있는 것은 먹고 그렇지 않은 것은 먹지 말라고 되어 있었습니다. 조류도 정한 새만 먹고 날기도 하고 기기도 하는 것은 부정하므로 먹지 말라고 했습니다.

그런데 이 구절들을 읽다보면 의문나는 점이 있을 것입니다. 지금은 우리가 다 먹고 있는 것들, 예를 들면 돼지고기 같은 것들을 먹지 못하게 하신 것에 대한 납득할 만한 이유를 찾을 수 없다는 것입니다. 많은 신학자들과 의학자들이 이에 대해서 많은 연구를 했습니다. 위생적으로 볼 때 돼지고기는 빨리 부패하는 음식이기 때문에 금했다는 의견도 있었고 병균이 많아서 그렇다는 견해도 있었습니다. 그러나 적절하게 설명할 기준들을 발견하지는 못했습니다.

저는 이런 이유들을 찾아내려고 애쓸 필요가 없다고 생각합니다. 그저 하나님께서 부정하다고 하시면 부정한 것이고 정하다고 하시면 정한 것입니다. 여기서 중요한 것은 그 음식이 왜 부정하냐 정하냐 하는 것이 아니라 순종과 축복의 원리입니다. 하나님께서 하지 말라고 하시면 이유를 따질 것이 아니라 그대로 순종해야 합니다. 그래야 축복이 약속되는 것입니다.

하나님께서 태초에 만물을 창조하시고 나서 하신 말씀은 "보기에 좋다"는 것이었습니다. 하나님께서 창조하신 것이 나쁠 리가 없습니다. 그러나 인간이 하나님의 말을 믿고 사는가 그렇지 않은가를 보기 위해서 하지 말라는 것과 부정한 것을 나누어 놓으신 것입니다. 우리는 다른 것을 기준으로 삼고 애쓸 필요가 없습니다. **우리가 따라야 할 기준은 오직 하나님이 하라고 하신 것인가 그렇지 않은가 하는 것입니다.** 구약 성경 전체는 이것을 설명하는 것으로 이루어져 있습니다.

그러한 것을 통하여 하나님 중심적인 예배인가, 인간 중심적인 예배인가를 구분할 수 있습니다. 하나님께서 "이 돼지고기는 부정하니 먹지 말라"고 하시면 이유를 따지기 전에 "예, 하나님께서 명하시니 안 먹겠습니다" 하는 사람이 축복을 받습니다. 이렇게 순종하는 태도를 길러 주는 것이 신명기 전체의 주제인 것입니다.

깨끗한가 부정한가 하는 것은 하나님이 정하시는 것입니다. **우리는 하나님이 정하신 대로 순종하기만 하면 됩니다.** 아담과 하와의 잘못도 바로 여기서 비롯된 것입니다. 아무리 보암직도 하고 먹음직도 하고 지혜롭게 할 만하게 보여도 하나님께서 먹지 말라고 금하셨으면 먹지 말아야 했습니다. 사탄이 아무리 그럴듯하게 유혹을 해도 그 유혹을 뿌리쳐야 했습니다. 내가 생각하기에 보암직하고 내가 생각하기에 먹음직하고 내가 생각하기에 지혜롭게 할 만하다는 것은 '내'가 중심이 된 사고방식입니다. 하나님의 생각과 내 생각이 상충할 때에는 당연히 하나님 쪽을 선택해야 합니다. **정함과 부정함은 하나님께서 임의로 결정하시는 것입니다. 우리는 그 결정에 마땅히 따르기만 하면 됩니다.**

십일조와 제물

22절부터 29절 사이는 십일조와 제물에 대한 이야기입니다. 22-23절을 보십시오.

"너는 마땅히 매년에 토지 소산의 십일조를 드릴 것이며 네 하나님 여호와 앞 곧 여호와께서 그 이름을 두시려고 택하신 곳에서 네 곡식과 포도주와 기름의 십일조를 먹으며 또 네 우양의 처음 난 것을 먹고 네 하나님 여호와 경외하기를 항상 배울 것이니라."

하나님 제일주의

무엇이든지 생산한 것은 모두 십분의 일을 먼저 떼어내게 되어 있었습니다. **첫 번째 것은 하나님의 소유이기 때문입니다.** 하나님께서 십일조를 제정하신 이유가 23절 후반에 나옵니다. "하나님 여호와 경외하기를 항상 배우"게 하시기 위한 것으로써 일종의 교육방법이었던 것입니다. 따라서 먼저 십일 조를 떼서 하나님께 드리는 습관을 갖는 것은 하나님을 제일로 생각하는가 그렇지 않는가 하는 것의 척도가 되었습니다. **십일조는 하나님 제일주의, 하 나님 우선주의에 대한 훈련이었습니다.**

십일조는 하나님께 드리는 최소한의 예물일 뿐입니다. 겨우 십일조를 드 린 것을 가지고 하나님께 드릴 예물을 다 드렸다고 할 수는 없습니다. 십일 조 외에도 다른 예물들이 많이 있습니다.

그런데 지금의 그리스도인들은 겨우 십일조를 하는 것도 얼마나 애를 쓰 며 하는지 애처로울 정도입니다. 그런 사람들은 율법에 매여서 살았던 사 람들보다도 못한 신앙생활을 하고 있는 것입니다.

순종의 훈련

미국에서는 개인수표를 많이 쓰기 때문에 헌금도 수표로 많이 합니다. 그래서 월급을 받으면 그것을 일단 은행에 넣었다가 매월 지정된 장소에 냅니다. 맨 먼저 교회에 내는 십일조를 떼어놓습니다. 그리고 그 다음에 다 른 곳에 보내는 헌금을 뗍니다. 수입의 십일조는 교회에 하는 것이 원칙입 니다. 요즘 우리 나라 성도들 가운데는 십일조를 나누어서 여러 군데에 헌 금하는 사람들이 있습니다. 십일조에서 일부를 떼어서 잘 아는 사람의 교 회에도 보내고 선교회에도 보냅니다. 이것은 하나님의 소유인 십일조를 가 지고 자기 마음대로 쓰는 것과 같습니다.

요전에 우리 교회 성도 한 분이 집을 판 돈의 십일조를 다른 곳에다 보내 겠다고 해서 제가 안 된다고 했습니다. 십일조는 자기 마음 내키는 대로 조각조각 나누어서 쓰는 돈이 아닙니다. 하나님이 정해주신 곳에 드려야 하는 헌금입니다. 십일조의 액수가 많다고 해서 그것을 다른 사람들에게 인심쓰는 기회로 사용해서는 안 됩니다.

하나님께서 하나님께 바치라고 준 물질을 자기가 마음에 드는 곳에 보내서 마치 선심을 베풀듯이 사용하는 것은 남의 것으로 인심쓰는 것과 마찬가지입니다. 인심을 쓰고 싶으면 일단 하나님의 것은 하나님께 드리고 그 나머지를 가지고 인심을 써야지 자기 것은 숨겨 두고 하나님의 것을 가지고 자기 것처럼 인심을 쓰는 것을 옳다고 할 수 있습니까. 안타깝게도 한국 교회에는 그런 사람들이 많이 있습니다.

하나님께서는 하나님을 항상 먼저 생각하는 것을 훈련하고 배우게 하기 위해서 십일조를 먼저 떼어 하나님께 드리라고 하십니다. 하나님께 드리는 것은 알고 있다고 저절로 행해지는 것이 아니라 훈련을 통해서 이루어지는 것입니다. 훈련없이도 다 행할 수 있다면 굳이 반복해서 성경을 공부하고 회개하며 기도할 필요가 없을 것입니다. 그러나 하나님께서 하신 말씀을 실천하는 것도 훈련을 하지 않으면 자연스러운 행동으로 나타나지 않습니다.

자신에게 유익을 주고 도움이 되는 것도 잘 지키지 않는데 하물며 자신의 것을 떼어내어 바치는 일은 지키기 어려운 법입니다. 긴 시간 동안의 반복된 훈련으로 생활화하지 않으면 금방 잊어버리거나 알면서도 불순종하는 것이 인간의 속성입니다.

율법의 정신

24-26절에 보면 만일 하나님께서 정해 주신 곳이 너무 멀어서 예물을 가지고 갈 수 없으면 그것을 팔아서 정해진 장소에 와서 다시 원하는 것을 사서 예물로 바치라고 되어 있습니다.

너무 글자에 얽매어서 율법을 지키려고 하지 말라는 말씀입니다. 정성과 예물을 드리려는 마음가짐만 있으면 가능한 방법을 동원할 수 있도록 하셨습니다. 예물을 팔아서 다시 사는 융통성을 발휘할 수 있도록 조처를 취해 놓으신 것입니다. **율법은 문자 자체가 중요한 것이 아니라 그 문자 속에 담긴 정신이 중요합니다.** 너무 율법 문구에 매여 비효율적인 태도를 고집하는 것은 성경적인 태도가 아닙니다.

마태복음 23장 23절에는 법정신의 중요성에 대한 예수님의 말씀이 나옵니다.

"화 있을진저 외식하는 서기관들과 바리새인들이여 너희가 박하와 회향과 근채의 십일조를 드리되 율법의 더 중한 바 의와 인과 신은 버렸도다 그러나 이것도 행하고 저것도 버리지 말아야 할지니라."

예수님께서는 이 말씀을 통해 율법에 담겨 있는 근본정신은 의로움과 자비로운 마음과 믿음이라는 것을 강조하고 계십니다. 그러나 문자적인 계율을 무시하신 것은 아닙니다. **율법의 근본적인 정신을 행하되 문자로 기록된 계율도 버리지 말고 행해야 한다는 것이 예수님의 율법관입니다.** 아무리 정신을 잘 알고 있다고 하더라도 그것을 행동으로 옮기지 않으면 정신을 나타낼 수가 없습니다. 정신과 행위를 모두 갖추어서 바른 정신을 가지고 그에 맞는 행동을 하는 것이 율법을 제대로 지키는 것입니다.

제가 스물 네 살 때 직장 생활을 하고 있을 때의 일입니다. 주일날 제가 잘 아는 미국 청년이 교회로 저를 찾아왔습니다. 주한미군으로 있었던 그에게 점심을 먹었느냐고 물었더니 그날 점심뿐 아니라 어제 저녁부터 먹지 못했다고 대답했습니다. 저는 그 사람에게 점심을 대접해야겠다는 생각이 들었습니다. 그런데 그것이 큰일이었습니다. 그 때만 해도 저는 주일날 절대 물건을 사지 않았습니다. 버스도 타지 말아야 한다고 생각했기 때문에 신촌에서 시청에 있는 교회까지 걸어서 다녔고 그것을 당연하게 여겼습니다. 그래서 저는 얼마나 고민을 했는지 모릅니다. 이제까지 신앙생활을 하면서 한 번도 어긴 적이 없는 것을 어기느냐 마느냐 하는 기로에 서 있게 된 것입니다. 내가 굶는 것은 상관이 없지만 남이 굶는 것을 보고 그냥 있을 수도 없는 일이었습니다. 요즘 성도님들은 이해할 수 없는 일일 것입니다.

그 문제로 한참을 고민하다가 한 가지 결론에 도달하게 되었습니다. 그것은 하나님께서 세 끼 굶는 아이에게 점심 한 끼 사 먹였다고 해서 안식일을 범했다고 책망하실까 하는 것이었습니다. 아마 하나님께서 이런 경우는 율법을 범하는 경우에서 제해 주실 것이라는 결론을 내렸습니다. 그래서 그 친구를 데리고 식당에 가서 음식을 시켜 주고 저는 먹지 않았습니다. 그 때 저는 율법은 잘 알고 있었지만 그 속에 담겨 있는 정신은 알지 못했던 것입니다. 율법은 사람을 위해서, 사랑을 위해서, 의를 위해서 있다는 사실을 알지 못하고 그저 문자적으로 지키려고 발버둥을 쳤던 것입니다.

율법에 얽매여 사는 인생은 이렇게 힘들고 어렵습니다. 그 후에 은혜의 진리를 깨닫고 나서야 저는 율법의 고통에서 해방이 되었습니다. 예수 믿는 것이 이렇게 쉽고 기쁜 것인데 왜 그 동안 그렇게 힘들고 고통스럽게 신앙생활을 했는지 너무 억울했습니다. 진리를 알면 진리가 너희를 자유케 하리라는 말씀을 바로 그 때 깨달았습니다. 20년이 넘도록 신앙생활을 하고도 은혜의 진리를 깨닫고 나서야 비로소 자유롭게 된 것입니다.

레위인을 돌보라

27절에는 레위인들을 잘 돌보라는 말씀이 나옵니다. 레위인들은 그들의 분깃으로 받은 기업이 없기 때문에 다른 지파의 사람들이 도와주지 않으면 살 수 없는 사람들이었습니다. 하나님에 대한 태도는 레위인들을 어떻게 대하는가에서 나타납니다. 하나님의 일을 하는 사람들을 잘 섬기면서 자신이 받은 것을 나누는 사람들은 하나님께서 복을 주시겠다고 하셨습니다. 그들은 하나님을 섬기는 일을 이스라엘의 각 사람을 대신해서 맡아 하는 사람들이기 때문입니다.

목회자에게 잘못하는 사람이 하나님께 축복을 받는 일은 없습니다. 하나님께서는 하나님의 일을 하는 사람들을 도우시며 그를 지키시기 때문에 해하려고 하는 자들을 가만히 두시지 않습니다. 저는 목회를 하면서 이런 것을 많이 체험하고 느꼈습니다. 그래서 목회자들에게 잘못하는 사람에게 직접 맞서서 싸울 필요가 없다는 것을 알고 있습니다. 그저 조용히 참고 기다리면 하나님께서 다 해결해 주십니다. 그래서 저에게 대적하고 해하려는 사람을 보면 속이 상하기보다 하나님께서 그를 치실까 봐 걱정이 앞섭니다.

고아와 과부와 나그네를 돌보라

28-29절을 보십시오.

"매 삼 년 끝에 그 해 소산의 십분 일을 다 내어 네 성읍에 저축하여 너희 중에 분깃이나 기업이 없는 레위인과 네 성중에 우거하는 객과 및 고아와 과부들로 와서 먹어 배부르게 하라 그리하면 네 하나님 여호와께서 너의 손으로 하는 범사에 네게 복을 주시리라."

삼의 배수가 되는 해에는 십일조를 내어서 성읍에 저축하였다가 레위인과 고아와 과부와 나그네들을 위해서 사용하라고 하시고, 그러면 하나님께서 축복해 주시겠다고 하십니다. 이들은 모두 하나님께서 특별히 관심을 가지고 돌보시는 가난한 사람들이었습니다. 자기 땅을 가지지 못했고 힘이 없기 때문에 다른 사람들의 도움이 없이는 살아가기가 힘든 사람들인 것입니다. 이러한 사람들을 돌보는 것은 하나님의 축복을 배가시키는 일이었습니다. 다른 것도 그렇지만 이처럼 하나님께서 특별히 부탁하신 일을 행하는 것은 곧 하나님의 축복을 보장받는 지름길이라는 것을 알아야 합니다.

사랑과 긍휼의 법

15:1-23

어려운 사람을 도와주는 것은 결국 하나님을
기쁘시게 하는 일일 뿐만 아니라
나 자신에게도 축복의 길이 되는 것입니다.

15장에서는 사랑과 긍휼의 규례를 이야기하고 있습니다. 그리고 "그리하면 네게 복을 주시리라"는 표현이 반복해서 나옵니다. 하나님께서 복을 주시겠다고 약속하신 명령 중의 하나가 이 15장에 들어 있는데 그 내용은 비교적 간단합니다. 그것은 네 이웃을 돌보면 내가 꼭 너를 축복하겠다는 약속입니다. 특히 어려움에 빠져 있는 사람들을 돕는 것은 하나님으로부터 복을 받는 기회를 얻는 것입니다. 내 주위에 가난한 사람들이 있고 외로운 사람들이 있는 이유는 하나님께서 내게 축복해 주시기를 원하기 때문입니다.

가난한 네 형제의 빚을 탕감해 주라

1-11절까지는 가난해서 빚진 형제를 탕감해 주면 하나님께서 반드시 복을 주시리라는 내용이 담겨 있습니다.

'꾸어주었다'라는 말에서 우리는 두 가지 의미를 찾을 수 있습니다. 그것은 내가 필요한 것보다 더 많은 재물을 지니고 있다는 것입니다. 하나님께서 나에게 쓰고 남도록 축복해 주셨다는 것을 반증합니다. 자기가 쓰고 남은 것을 남을 돕는 일에 사용하면 하나님께서 다시 그 사람을 축복하십니다. 두 번째로는 나보다 못한 사람을 통해 내가 그 사람보다 더 큰 은총을 입은 사람이라는 것을 가르쳐 주는 것입니다.

열심히 노력을 했는데도 빚을 진 지 7년이 지나도록 빚진 것을 갚지 못했다면 7년이 지난 안식년에는 탕감을 해 주라고 말씀하십니다. 그렇게 함으로써 빚을 진 자는 다시 새롭게 시작하는 기회를 갖게 되고 탕감을 해 준 사람은 더 큰 하나님의 축복을 누리게 되는 것입니다. 하나님께서는 이런 명령을 지켜 행하는 사람에게 복을 주시겠다고 약속하셨습니다. 하나님의 약속은 믿고 순종하면 축복을 얻게 되지만 안 믿고 순종하지 않으면 복을 잃어버리게 됩니다. 빚을 탕감해 주는가 그렇지 않은가가 순종의 축복과 불순종의 저주 중 어느 한쪽을 임하게 하는 조건이 된다는 것을 잊지 마십시오.

빚을 탕감해 주라

빚을 탕감해 주는 것은 양자간의 정직성을 전제로 하고 있습니다. 빌린 사람이 그 빚을 갚으려고 최대한으로 애를 쓰고 또 일정 부분을 갚아 나가기도 하는 데에도 불구하고 도저히 갚을 수 없는 상태가 되면 그 때는 탕감을 해 주는 것입니다. 그러면 그 빚을 탕감해 준 사람을 하나님께서 축복해 주십니다.

사실 하나님을 믿는 사람들은 사랑의 빚 외에는 아무 빚도 지지 말라고 하셨습니다. 그러므로 믿는 사람들은 어쩔 수 없는 궁지에 몰리지 않은 이상은 가능한 한 빚을 지지 않고 살아야 합니다.

친한 친구일수록 서로에게 금전적인 빚은 지지 않아야 합니다. 일단 빚을 지고 그것을 갚는 문제로 감정이 생기면 아무리 좋은 친구 관계라 할지라도 서로간에 마음이 상하게 되어 있습니다. 저도 학생 때 한 친구에게 돈을 꾸어 준 적이 있는데 그 일이 40년이 지난 지금까지 잊혀지지 않은 채로 남아 있습니다. 아마 그 친구는 까맣게 다 잊어버렸을 것입니다. 꾼 사람은 쉽게 잊어도 꿔 준 사람은 쉽게 잊지 못하고 서운한 감정이 마음에 오래 남아 있는 법입니다.

예수님께서도 꾸고자 하는 자에게 거절하지 말라고 하셨습니다. 꾸러 온 일 자체만으로도 그 사람은 얼마나 부끄럽고 가슴 아프겠습니까. 그런 것을 무릅쓰고 돈을 꾸어달라고 할 때 거절하는 것은 그 사람의 마음에 두 번 상처를 주는 일입니다. 그런 사람에게 꾸어주는 일은 설사 그 돈을 받지 못한다 하더라도 그 친구의 마음을 얻는 것이요 하나님의 축복을 더하는 일인 것입니다. **하나님의 말씀을 따라서 사는 것이 당장은 손해를 보는 것 같지만 나중에 보면 훨씬 큰 것을 얻는 길입니다.**

그런데 3절에 보면 이방인에게는 조금 다른 기준이 적용됨을 알 수 있습니다.

"이방인에게는 네가 독촉하려니와 네 형제에게 꾸인 것은 네 손에서 면제하라."

이방인에게 면제년의 혜택이 돌아가지 않은 이유는 그들이 율법을 지키지 않는 사람들이었기 때문입니다. 율법을 무시하는 사람들이 하나님의 축복을 받을 수는 없다는 말씀입니다. 또한 이 부분에서는 특별히 동족에게 자비를 베푸는 것이 더욱 강조되고 있다는 느낌이 듭니다. 디모데전서 5장 8절에는 자기 친족과 가족을 돌보지 않는 사람은 불신자보다 더 악한 사람이라는 말씀이 나옵니다. 저는 이 말씀을 읽고 가장으로서, 또한 목회자로서 하나님 앞에서 깊은 책임감을 느꼈습니다. 원문에 보면 남자라는 주어가 분명하게 나와 있습니다. 따라서 남자로서는 반드시 마음에 새겨 두어야 할 구절일 것입니다.

감사하는 마음으로 드리라

4-5절을 보십시오.

"네가 만일 네 하나님 여호와의 말씀만 듣고 내가 오늘날 네게 명하는 그 명령을 다 지켜 행하면 네 하나님 여호와께서 네게 유업으로 주신 땅에서 네가 정녕 복을 받으리니 너희 중에 가난한 자가 없으리라."

어려운 성도들을 돕는 일에 힘을 기울이는 것은 곧 우리의 삶에 부족함이 없고 더욱 풍성한 은혜를 받게 하는 길입니다. 하나님께서는 주는 것만큼이 아니라 주는 것 이상으로 우리에게 갚아 주시는 분이십니다. 그러므로 **성도들은 구제하는 일과 서로 돕고 나누는 일에 인색하지 않아야 합니다.**

그리고 기왕에 돕는 것이면 기분 좋고 감사한 마음으로 베풀어야 합니다. 우리는 가끔 갑작스러운 헌금을 하게 될 때가 있습니다. 예상하지 못한 선교사님이 방문을 한다든가 어떤 단체에서 갑자기 찾아오는 경우가 생기기 때문입니다. 그러면 저는 성도들에게 그 자리에서 헌금을 하도록 하고 그것을 전부 방문하신 분들께 드립니다. 이렇게 하는 것에 대해서 어떤 분들은 불평을 합니다. 헌금을 자주 하는 것이 부담스럽다고 합니다. 그러나 저는 그런 소리에 별로 큰 영향을 받지 않습니다. 헌금은 자주 드릴수록 하나님의 은혜를 받을 기회를 만드는 것이라고 생각하기 때문입니다. **헌금은 언제나 자원하는 마음으로 드리는 것이지 억지로 하고 나중에 불평을 한다면 아무 소용이 없습니다.** 헌금을 바친 의미가 사라지는 것입니다. 기왕에 할 일이면 기쁘게 하는 태도를 가져야 합니다.

어려운 사람을 만나면 언제든지 주머니를 털어서 줄 수 있어야 합니다. 준 것은 자신에게 복이 되어 돌아옵니다.

주려는 마음을 늘 갖고 있는 사람은 아무리 없어도 줄 수 있는 사람이고, 그것 때문에 주며 사는 복받은 사람입니다. 말씀을 순종하는 사람에게는 하나님의 복이 약속되어 있습니다.

국민이 하나님의 말씀대로 살면 그 국가는 부유한 나라가 됩니다. 꾸어 줄지언정 빌리는 백성들이 되지는 않습니다. 다른 나라를 통치할지언정 다른 나라의 압제하에 들어가지는 않습니다. 하나님의 말씀을 실천하는 국민으로 이루어진 나라가 바로 부한 나라요 강한 나라입니다.

미국이라는 나라가 세계에서 가장 강한 나라가 된 것은 그 나라의 국민들이 베풀기를 좋아하는 국민들이기 때문입니다. 제가 미국에 가기 전에는 그 나라가 본래 부자이기 때문에 사람들이 풍족한 부분을 나누어 준다고 생각했습니다. 그런데 막상 그 분들과 함께 살면서 보니까 자기들이 쓰고 남아서 남에게 베푸는 것이 아니었습니다. 빠듯한 생활 가운데서도 구제할 것을 계획적으로 떼내어 자기보다 못한 사람들에게 주는 것이 생활화되어 있었습니다. 남는 것으로 남을 돕겠다는 생각을 하면 언제 도울 수 있을지 모릅니다.

제가 대학 4학년 때 미국의 목사님이 우리 나라 교회에 10만 불을 지원해 주신 적이 있습니다. 그 금액의 일부분으로 그 당시 용산에 있었던 총신

대 건물을 샀습니다. 제가 그분들의 통역을 했기 때문에 그 내용에 대해서는 잘 알고 있습니다. 저는 미국 사람들은 돈이 많으니까 10만 불은 별것 아닐 것이라고 생각했습니다. 그런데 나중에 미국에 가서 그 10만 불을 헌금해 주셨던 분들을 만나게 되었습니다.

어떤 할머니는 조그만 방 한 칸에서 혼자 살면서도 사회복지 연금으로 받은 몇푼 안 되는 수입에서 헌금을 하셨습니다. 그 10만 불이 그분뿐만이 아니라 대부분의 가난한 사람들이 생활비를 줄이고 아껴서 헌금을 한 돈이었다는 것을 알게 되었습니다. 적은 돈 5불 10불이 모여서 10만 불을 만들었던 것입니다. 저는 사실을 알고 나서 하나님께서 미국 사람들을 축복하신 이유가 바로 여기에 있었구나 하는 것을 느꼈습니다.

공부하는 동안 미국의 여러 단체나 교회들의 초청을 받아 설교나 간증을 하곤 했습니다. 그런데 설교가 끝나고 나면 사람들이 은혜 많이 받았다고 하면서 가끔 제 손을 잡으며 악수를 했는데 제 손에 따끔거리는 느낌이 나는 일이 자주 있었습니다. 그분들께서 보이지 않게 꼬깃꼬깃 접은 5불 10불짜리 지폐를 슬쩍 건네주셨기 때문이었습니다. 얼마나 감동스러운 경험이었는지 모릅니다.

한번은 타자기가 없어서 학교에 낼 논문을 쓰지 못하고 고민하고 있었습니다. 그러던 중에 필라델피아의 어느 교회에 가서 설교를 했는데 예배가 끝나자 한 남자 분이 와서 너무 감격했다면서 악수를 청하는데 역시 손이 따끔거리는 것이었습니다. 나중에 손을 펴보니까 손에 50불짜리 수표 한 장이 있었습니다. 그 때 가장 싼 타자기의 가격이 49불 95센트였습니다. 그것을 가지고 3년 동안 얼마나 잘 썼는지 모릅니다. 어떤 때는 제 우편함에 저에게 편지가 와 있는데 다른 말은 없고 "하나님은 당신을 사랑하십니다"라는 간단한 메모와 함께 10불이나 5불이 들어있기도 했습니다. 저는 미국에서 공부하는 동안 그런 은혜를 많이 경험했습니다.

하나님의 경제 원리 – 베풀수록 복을 받는다

한 가지 자신 있게 말할 수 있는 것이 있습니다. 하나님께서 그분들에게 저에게 준 것보다 수십 배나 많은 복을 부어 주셨으리라는 것입니다. 남을 돕는 것이 자신을 돕는 것입니다. 그것이 하나님의 경제원리입니다.

남을 도울 때는 다른 사람이 모르게 돕는 것이 중요합니다. 자신이 어떤 사람의 도움을 받고 있다는 것을 알면 서로가 거북합니다.

교회에서 구제위원회가 성도들을 도울 때에도 가능한 한 은밀하게 조용히 하는 것이 좋습니다. 자칫 잘못하면 하나님의 돈을 가지고 사람이 생색을 낼 수 있기 때문입니다. 이런 잘못을 범하지 않으려면 남이 알지 못하도록 하는 것이 최선의 방법입니다.

가난한 자를 도우라

7-11절까지는 가난한 자를 도와주면 범사에 복을 받는다는 원리가 있습니다. 하나님께서는 우리들이 복받는 삶을 살기 원하십니다. 7-8절을 보십시오.

"네 하나님 여호와께서 네게 주신 땅 어느 성읍에서든지 가난한 형제가 너와 함께 거하거든 그 가난한 형제에게 네 마음을 강퍅히 하지 말며 네 손을 움켜쥐지 말고 반드시 네 손을 그에게 펴서 그 요구하는 대로 쓸 것을 넉넉히 꾸어 주라."

자기에게 도울 능력이 있는데도 손에 움켜쥐고 주지 않는 것은 하나님의 뜻에 어긋나는 것입니다. 꾸어 줄 때에도 그저 꾸어 주는 것이 아니라 넉넉히 꾸어 주어야 합니다. 충분히 도와줄 수 있는 형편인데도 도와주지 않아 가난한 자가 그 어려움을 하나님께 하소연하면 그 사람을 도와주지 않는 자에게 그 죄가 돌아가게 되어 있습니다.

9절을 보십시오.

"삼가 너는 마음에 악념을 품지 말라 곧 이르기를 제 칠 년 면제년이 가까왔 다 하고 네 궁핍한 형제에게 악한 눈을 들고 아무것도 주지 아니하면 그가 너를 여호와께 호소하리니 네가 죄를 얻을 것이라."

모든 빚을 탕감해 주어야 할 안식년이 가까워올 때 자기가 준 빚을 영원 히 받지 못할까 봐 가난한 사람의 요청을 매정하게 거절하면 그 죄가 자신 에게 돌아온다는 것입니다. 내일이 안식년을 선포하는 날이라 할지라도 오 늘 도움을 청하러 온 사람을 거절하지 말고 도와주라는 것입니다. 자신에 게 할 수 있는 능력이 있는데도 도와주지 않으면 그것은 죄인 것입니다.

풍족하게 쓸 수 있도록 주신 분은 하나님이신데 하나님께서 주신 재물을 가지고 하나님이 원하시는 곳에 쓰지 않고 오히려 그것으로 인해서 가난한 형제들이 눈물을 흘리게 하면 그것이 곧 하나님 앞에 죄가 됩니다.

범사에 복을 받는 비결

필요한 사람에게 구제하는 것은 범사에 축복을 받는 비결입니다. 10절 을 보십시오.

"너는 반드시 그에게 구제할 것이요 구제할 때에는 아끼는 마음을 품지 말 것이니라 이로 인하여 네 하나님 여호와께서 네 범사와 네 손으로 하는 바에 네게 복을 주시리라."

여기서 '반드시'라는 말을 주의하여 보십시오. 이것은 꼭 해야 할 의무가 있다는 말입니다. 그리고 구제할 때는 즐거운 마음으로 해야 합니다. 이렇게 행해야 하나님께서 '범사'에, 즉 평소에 하는 모든 일에 복을 주실 것이라는 말입니다. 가난한 자를 구제하는 것은 개인적으로는 범사에 축복을 얻는 비결이고 나라로 보면 부강한 나라가 되는 열쇠입니다. **남을 도우며 사는 삶이 범사에 복을 누리며 사는 길입니다.**

12-18절에는 7년째 안식년이 되면 빚진 자를 탕감해주듯이 동족 노예에게 자유를 주라고 합니다. 같은 노예라 할지라도 동족과 이방인을 다르게 대접합니다. 그만큼 자기 민족과 혈육에 대한 사랑을 크게 생각하고 있다는 증거입니다. 그리고 노예를 놓아 줄 때에는 빈손으로 돌려보내지 말고 여호와 하나님께서 주신 대로 그에게 후하게 주어서 보내라고 하십니다. 일종의 전별금입니다.
13-14절을 보십시오.

"그를 놓아 자유하게 할 때에는 공수로 가게 하지 말고 네 양 무리 중에서와 타작마당에서와 포도주 틀에서 그에게 후히 줄지니 곧 네 하나님 여호와께서 네게 복을 주신 대로 그에게 줄지니라."

노예를 놓아 줄 때에도 아깝게 생각하지 말고 가난한 사람들을 구제할 때와 마찬가지로 늘 후하게 주라고 말씀하십니다. 하나님께서 복을 주신 대로 노예들에게 나누어주라는 말씀입니다.
그 이유는 이스라엘 역시 남의 나라에서 종살이를 한 적이 있었기 때문이었습니다. 그것을 기억해서 노예된 사람들을 자비롭게 대하고 풍족하게 베풀어서 그들에게 자신들이 당했던 고통이 되풀이되지 않도록 하라는 말씀입니다.

하나님의 공의

하나님께서는 공의로운 하나님이시기 때문에 악을 행하는 자를 그대로 두지 아니하시며 선을 행하는 자를 잊지 아니하십니다. 심은 대로 갚아 주시는 것이 하나님의 원리입니다. 그리고 우리에게 상대방이 생각하는 것보다 더 후하게 주라고 하십니다. 생각보다 더 후하게 받았을 때의 기쁨을 생각해 보십시오.

미국의 시카고에 유명한 아이스크림집이 있습니다. 형제가 운영하고 있는 그 가게는 아이스크림을 사러 온 사람들에게 달라는 것보다 한 스푼을 더 얹어 주는 경영으로 성공한 가게였습니다. 언뜻 생각할 때 더 주었으니 더 준 만큼 손해를 보겠다고 생각할 수도 있지만 나중에 계산을 해보면 절대 그렇지가 않습니다. 한 번 온 사람들이 다시 그 가게를 찾고 주변에 점점 소문이 나면 날로 번창하게 되었습니다. 조금 남기고 많이 파는 방식을 택한 것입니다.

또 다른 방법으로 성공한 아이스크림 가게도 있었습니다. 그 가게는 아이스크림을 더 주는 것이 아니라 아이스크림 위에 체리를 하나 얹어서 주었습니다. 작은 것이지만 사람들의 눈과 입을 동시에 만족시켜 주면서 센스 있게 팔았기 때문에 성공할 수 있었던 것입니다. 이것 역시 상대방이 생각한 것보다 앵두 하나를 더 준 경우에 해당합니다. 그것이 하나님의 축복을 받는 길입니다.

이런 법칙에 따르면 누가 사업을 해도 잘 됩니다. 제가 공부하는 동안 미국 백화점에서 일을 할 때입니다. 철물 코너에서 일했는데 한 사람이 자기 집 자물쇠를 떼 가지고 와서 이 회사 제품이니 바꿔달라고 했습니다. 잘 살펴보니까 제가 근무하는 회사에서 취급하는 품목이 아니었습니다. 그래서 여기서 판 것이 아니라고 했더니 그 사람은 일 년 전에 바로 여기서 사간 것이라고 우기는 것이었습니다. 제가 보기에는 1년은커녕 최소한 3년은 된 것처럼 보였고 게다가 서류를 아무리 뒤져봐도 그런 제품을 팔았다는 기록이 없었습니다. 그래서 저는 그분에게 교환이 불가능하다고 말씀드렸습니다. 그랬더니 그 사람이 펄쩍 뛰면서 만족하지 않으면 돈으로 돌려드리겠다고 여기에 써 붙이지 않았느냐고 억지를 썼습니다.

저와 그 사람은 자물쇠 때문에 몇 분 동안 실랑이를 벌였습니다. 그러다가 그 사람은 참지 못하고 그 백화점의 매니저를 찾아 올라갔습니다. 그런데 얼마 후에 매니저로부터 그 사람의 자물쇠를 바꿔주라는 연락이 온 것이었습니다. 저는 매니저에게 그것은 부당한 일이라고 항의를 했습니다. 그러자 그분이 "나에게 오면 다 해결해 준다"고 말씀하면서 "네가 영웅이 될래, 아니면 내가 영웅이 될까?" 하고 물으시는 것이었습니다. 그 말은 불평하는 손님이 왔을 때 잘 해결해 주면 손님들에게 영웅이 될 수 있다는 말이었습니다. 그러니 이 다음부터는 누가 와서 어떤 불평을 늘어놓든지 당장 해결해 주라는 것이었습니다. 한국에서 27년을 살다간 사람으로서 그 때 저는 도저히 이해가 되지 않았습니다. 그 백화점은 세계에서 가장 큰 백화점으로 성공한 백화점 체인입니다.

믿지 않는 사람들까지도 이렇게 성경의 원리를 받아들여서 사업을 하면 축복을 받는 법인데 하물며 믿는 사람이라면 당연히 하나님이 명하신 대로 해야 하고 그 이상의 축복을 받는 사람이 되어야 하지 않겠습니까?

하나님께서는 자기 백성들이 복을 받아서 꾸어 주며 살 수 있는 강하고 부요한 백성들이 되기를 원하십니다. 이것이 하나님의 뜻이고 그렇게 되는 길을 열어 두셨습니다. 하나님께서는 받지 않은 것을 주라고 하시지 않습니다. **하나님께서 주셨기 때문에 우리에게 그것을 나누라는 것입니다. 많은 것을 받은 사람일수록 많은 것을 나누어야 합니다.**

만일 충성된 종이 자유롭게 되는 것을 거절하고 함께 살기를 원하면 그의 귀를 문에 대고 송곳으로 구멍을 뚫어서 표하게 했습니다. 그리고 그를 가족처럼 여기고 함께 살았습니다. 여기에는 영적인 뜻이 있습니다.

그것은 우리가 한 번 하나님께 헌신하고 나면 평생 하나님의 자녀로서 그에게 충성하고 순종하면서 살아야 한다는 것입니다. 그렇게 살 때에 우리의 범사가 하나님 앞에서 축복을 받는 것입니다.

하나님의 것은 하나님에게로

하나님 우선주의

19-23절은 하나님 우선주의로 살아야 한다는 것을 가르칩니다.

짐승이 태어나면 그것을 주신 하나님의 은혜를 생각해서 처음 난 수컷을 구별하여 하나님께 드려야 했습니다. 다른 것도 처음 난 것은 하나님께 먼저 드리는 것이 하나님 우선주의의 삶입니다. 그러나 만일 흠이 있다면 하나님께 제물로 드릴 수 없었습니다. 하나님께 드리는 것은 흠이 없는 온전한 것이어야 했기 때문입니다.

이것은 **우리가 가진 것을 하나님께 드릴 때 가장 좋은 것으로 드려야 한다는 것을 나타내고 있는 것입니다.**

온전하지 못한 짐승은 모든 사람이 함께 나누어 먹되 부정한 자나 정한 자의 구별이 없이 다같이 먹을 수 있었습니다. 다만 짐승의 피는 먹지 말고 땅에 쏟으라고 하셨습니다.(15:23)

레위기 7:26-27에 이런 말씀이 있습니다.

"누구든지 너희 거처에서 새나 짐승의 어떤 피도 마시지 말라 어떤 피든지 마시는 자는 자기 백성으로부터 제거 당하리라."

피는 어떤 것이든지 먹을 수 없었습니다. 그것은 생명이 피에 있었으므로 그것을 상징적으로 선별하셔서 먹지 못하게 하신 것입니다. 피는 인공 심장이 발명된 지금의 의학으로도 만들 수 없는 생명의 근원입니다.

하나님께서는 그 속에 생명에 대한 주권과 경고를 상징적으로 규정하여 놓으셨습니다. 지금은 구약의 율법대로 음식을 가리는 시대는 아니지만 그래도 이 원리는 기억하면서 살 필요가 있다고 생각합니다. 또 죽은 짐승의 피 속에 어떤 질병의 균이 들어 있는지도 큰 문제입니다.

과거의 어려움에서 해방시켜 주신 하나님의 은혜를 기억하여 가난한 자를 도와주면 현재와 미래에 하나님은 반드시 복을 내려 주십니다. **어려운 사람을 도와주는 것은 결국 하나님을 기쁘시게 하는 일일 뿐만 아니라 나 자신에게도 축복의 길이 되는 것입니다.**

여러분들이 15장에 나온 원리에 따라 하나님의 축복을 많이 받고 받은 것을 나누며 더욱 풍성하게 사는 분들이 되기를 바랍니다.

절기를 지키라

16:1-17

절기를 지키는 것도 그 형식만을 지키는 것이 아니라
그것을 지키라고 하신 뜻을 살펴서 진정 기뻐하고 감사하는 마음으로
하나님께 예배하는 것이 중요합니다.

16장에서는 절기에 관한 법과 지도자에 관한 법이 나옵니다. 연례적인 세 가지 절기를 통해서 과거에 받은 구원의 은혜를 감사하고 현재에 주어진 은총을 기뻐하고 미래에 나타날 영광에 대한 소망을 갖고 살게 하기 위한 것이 절기의 법이었습니다. 절기에는 이렇게 과거와 현재와 미래에 대한 의미가 들어있습니다.

삼대 주요 절기

유월절

첫 번째 절기는 유월절입니다.

유월절은 과거에 주신 구원의 은혜를 감사하라고 주신 절기입니다. 이것은 출애굽기 12장과 23장을 통해 이미 살펴본 바가 있습니다.

이 절기는 예수님의 죽음을 통해서 받은 구원에 대한 감사와 같은 의미를 갖는 것입니다. 이 유월절이 있는 달은 유대인의 달력에는 아빕월이었습니다. 그래서 아빕월을 지키라는 말이 서두에 나옵니다.

1절을 보십시오.

"아빕월을 지켜 네 하나님 여호와의 유월절 예식을 행하라 이는 아빕월에 네 하나님 여호와께서 밤에 너를 애굽에서 인도하여 내셨음이라."

우리의 유월절은 바로 예수님을 영접하고 구원을 받은 날에 해당한다고 할 수 있습니다. 성도라면 누구라도 자신이 죄 가운데서 출애굽해서 구원을 받은 간증을 갖고 있을 것입니다. 이스라엘의 역사를 이야기할 때 출애굽 이야기를 빼 놓을 수 없듯이 우리들도 우리들의 구원받은 이야기를 빼 놓을 수 없을 것입니다. 그 이야기를 할 때마다 감격이 있고 눈물이 글썽거릴 정도의 감동이 있습니다. 그리고 아무리 이야기를 반복해도 지루하지가 않습니다. 저 같은 경우에도 제가 어떻게 구원을 받게 되었는가 하는 출애굽 이야기를 수백 번 했을 것입니다.

이야기할 때마다 새로운 감격이 늘 마음에 생기고 삶에 힘을 얻게 되기 때문에 저는 성도들이 서로 자신들의 출애굽 이야기를 즐겨 하시기를 권장합니다. 매일 주님의 은혜를 감사하면서 살아야 하지만 이렇게 특별한 절기를 정해 놓고 감사하지 않으면 그 감격을 잊기 쉽기 때문에 유대인들은 절기를 정해 놓고 기리고 있습니다.

제가 편집하여 발행한 책 가운데 『이것은 나의 간증입니다』라는 제목의 책이 있습니다. 이 책은 평신도목회연구원에서 훈련받은 분들의 구원 간증들을 모아서 한 권의 책으로 엮은 것입니다. 성격도 다르고 환경과 여건도 다르지만 그 이야기들을 읽으면 하나같이 그렇게 감격스러울 수가 없습니다. 그래서 가끔씩 그런 글을 읽거나 성도들의 간증을 들으면 나태해 있던 제 심령이 힘을 얻는 것을 느낄 수 있습니다.

유월절과 오순절과 초막절에는 꼭 하나님이 정해 주신 곳에 와서 예물을 드리고 절기를 지켜야 했습니다. 특히 집안의 가장인 남자들은 반드시 이 절기를 지키러 예루살렘에 올라가야 했습니다. 이것은 남자가 여자보다 우월해서가 아닙니다. 그들에게 가정에 대한 영적인 책임이 있기 때문이었습니다.

유월절에는 누룩을 넣지 않은 빵인 무교병을 7일간 먹어야 했습니다. 너무 급하게 애굽을 떠나느라고 누룩을 넣어서 빵을 구울 수 없었던 상황을 재현하기 위한 것이었습니다. 멸망을 벗어나 구원의 길에 들어선다는 것은 마치 달려오고 있는 기차가 있는 철로에 걸린 자동차에서 탈출하는 것과 같아 속히 차에서 나가야 합니다. 걱정하거나 고민하고 있을 여유가 없습니다. 그 자리에서 문을 열고 뛰어나가야 합니다. 그런 위급한 상황을 잘 보여주는 것이 바로 무교병이었습니다. 유월절이 끝나는 7일째는 안식일로 지키고 모두가 쉬게 했습니다.

오순절

두 번째 절기는 오순절인데 칠칠절이라고도 합니다.

유월절 이후 칠 일씩 일곱 번 즉 49일을 지나고 50일째에 지키는 날입니다. **오순절은 예수님의 부활을 통해 받은 현재의 은혜를 상징하는 절기입니다.** 9-11절을 봅시다.

"칠 주를 계수할지니 곡식에 낫을 대는 첫날부터 칠 주를 계수하여 네 하나님 여호와께서 네게 복을 주신 대로 네 힘을 헤아려 자원하는 예물을 드리고 너와 네 자녀와 노비와 네 성중에 거하는 레위인과 및 너희 중에 있는 객과 고아와 과부가 함께 네 하나님 여호와께서 그 이름을 두시려고 택하신 곳에서 네 하나님 여호와 앞에서 즐거워할지니라."

칠칠절의 예물은 우리가 받은 은혜의 분량대로 자원하는 마음으로 드리게 되어 있었습니다. 그리고 칠칠절 때는 하나님께서 그 동안에 베풀어주신 모든 축복을 생각하면서 즐거워하였습니다. 하나님께서 우리에게 얼마만큼의 축복을 주셨는가를 생각하고 그것에 비례하여 예물을 드린다는 것은 매우 중요합니다. **우리가 받은 은혜의 분량에 따라 자원하는 마음으로 예물을 드리면 됩니다.**

받은 축복의 분량대로 드리는 것이기 때문에 어느 한 사람도 마음에 거리낌이 있을 이유가 없습니다. 하나님이 나에게 어떻게 베푸셨는가 하는 것이 문제가 될 뿐이지 그 예물의 분량이 어느 만큼인가 하는 것은 정해져 있는 것이 아니었습니다.

내게 주어지는 축복의 분량을 내가 결정하는 것이 아닌 것처럼 예물의 양도 내가 결정하는 것이 아닙니다. 하나님이 열을 주셨으면 열에 해당하는 예물을, 백을 주셨으면 백에 해당하는 예물을 드리면 됩니다. 여기서 말하는 예물에는 건강이나 지혜, 능력 같은 무형의 축복도 해당됩니다.

저는 기독교인은 백 퍼센트 성공한 인생이라고 생각합니다. 사회에서는 60세를 기준으로 해서 5퍼센트가 성공한 인생을 산다는 통계를 내고 있습니다. 그러나 기독교인은 백 퍼센트가 성공한 인생을 산다고 할 수 있습니다. 내가 받지 않은 은사, 나에게 없는 건강, 나에게 없는 지식, 나에게 없는 능력은 하나님께서 원하시지 않으시기 때문입니다. 마태복음 25장의 달란트 비유에서도 "그들의 능력을 따라서 하나님께서 나누어주었다"라고 했습니다. 설사 내가 받지 못한 부분이 있더라도 남의 것은 상관 말고 내가 받아서 가지고 있는 것만 충실하게 관리하면 됩니다.

저는 마음에 평화를 가지고 신앙생활을 합니다. 그 비결은 다른 사람과 나를 비교하지 않는 데에 있습니다. 젊었을 때는 남보다 앞서려는 욕심이 있었기 때문에 늘 남과 나를 비교하면서 괴로워했습니다. 항상 어떤 분야에서든지 최고가 되려는 생각이 저를 괴롭히고 열등의식을 갖게 했습니다. 나보다 나은 사람이 있을 때마다 그 사람에 대한 질투 때문에 마음 상하면서도 겉으로는 전혀 내색을 하지 않았습니다. 그래서 더욱 속으로 많이 앓곤 하였습니다.

제가 신학교에 다닐 때에 화란 학생이 하나 있었는데 채플 시간에 나와서 이런 간증을 했습니다. 그는 늘 자기 반 친구들의 시험 성적이 어떤가에 대해 관심을 가지고 있었습니다. 그래서 시험결과가 발표될 때쯤에는 가장 먼저 우편함에 달려가서 다른 사람들의 성적표를 빼 보았다고 합니다. 특히 같은 반에서 경쟁을 하고 있는 서너 사람의 성적표는 반드시 먼저 확인하고 자신이 다른 친구들보다 잘 했다는 것을 확인해야 속이 편했다고 고백했습니다.

아마 우리들 중에도 이런 경쟁심을 가진 사람들이 있을 것입니다. 각박한 경쟁사회를 살아가면서 남보다 앞서가는 사람이 되기 위해서는 얼마나 마음을 졸이고 긴장해야 합니까. 그런데 말씀을 깨닫고 신앙이 자라게 되면 이런 것들이 얼마나 부질없는 일인가 하는 것을 알게 됩니다. 하나님께서 주시는 은혜의 분량은 전적으로 하나님의 주관입니다. 그것은 하나님께서 책임지셔야 할 일인 것입니다. 그걸 가지고 자신의 책임이라도 되는 것처럼 마음에 부담을 가지고 힘들게 살았으니 얼마나 어리석습니까. 부질없는 열등의식 때문에 쓸데없는 고민과 괴로움을 당해 온 것입니다. 이런 깨달음이 생긴 다음부터는 아주 편안한 마음으로 신앙생활을 할 수 있게 됩니다.

그러므로 **우리가 하나님께 바치는 예물은 하나님이 주신 은혜의 분량에 따라 하면 됩니다.** 내가 가진 것은 하나님께서 나에게 주신 것입니다. 얼마만큼 받았는가는 나의 책임이 아닙니다. 나는 내가 받은 것을 어떻게 잘 관리할까만 생각하면 됩니다. 하나님은 주시지도 않은 것을 요구하시는 분이 아닙니다.

겉모습이나 건강이나 능력과 같은 것은 내 의지와는 상관없이 이미 태어날 때부터 이루어져 있는 것입니다. 절대자 하나님께서 주권적으로 만들어 놓으신 것이니 그것에 관해서는 원망도 불평도 할 것이 없습니다. 그저 우리에게 주어진 그 축복의 분량에 따라서만 드리면 됩니다. 하나님은 그것으로 기뻐하시고 축복하십니다. 하나님을 위해서 열심히 했으면 하나님께서 잘 했다고 칭찬하십니다.

내가 내 받은 은사에 따라 최선을 다해서 우리를 바치고 주님을 섬기면 그것으로 된 것입니다. 고민과 괴로움이 아니라 감사와 기쁨이 우리 신앙의 주축을 이루어야 합니다.

중요한 것은 '자원하는 마음' 입니다. 바치라고 하시니까 할 수 없이 바치는 것이 아니라 주님께 바치기를 진정으로 원해서 바치는 마음이 받은 것 이상의 많은 예물을 마지못해서 드리는 것보다 훨씬 귀합니다.

초막절

세 번째는 초막절입니다.

이 절기는 추수를 다 끝내고 칠 일간 지내는 절기입니다. 15절을 보십시오.

"네 하나님 여호와께서 택하신 곳에서 너는 칠 일 동안 네 하나님 여호와 앞에서 절기를 지키고 네 하나님 여호와께서 네 모든 물산과 네 손을 댄 모든 일에 복 주실 것을 인하여 너는 온전히 즐거워할지니라."

초막절은 미래의 축복을 감사하는 절기입니다. 지금까지 축복해 주신 것처럼 앞으로도 계속해서 축복해 주실 것을 확신하고 그것을 인하여 즐거워하는 것입니다. 이 절기 역시 즐거운 마음으로 지켜야 합니다. 아직 주시지는 않았지만 틀림없이 주실 것이라는 것을 믿기 때문에 그것을 인하여 미리 예물을 드리고 즐거워하는 것입니다.

하나님을 믿는 사람들은 과거에 대해서도 현재에 대해서도 미래에 대해서도 감사하면서 즐거운 마음으로 살아야 합니다. 그래서 기뻐하고 즐거워하라는 말씀이 반복해서 나오는 것입니다. 앞으로 일어날 일에 대해서 미리 기뻐하는 것은 신앙인이 아니면 할 수 없는 일입니다. 믿는 사람의 특징은 이런 데에서 나타납니다. 미래에 대한 확신이 없으면 어떻게 미리 기뻐하고 즐거워하며 예물을 드릴 수 있겠습니까. 미래에 대한 감사는 신앙인만이 할 수 있는 일입니다.

초막절을 맞이하면서 우리는 세 가지의 하나님의 약속을 상기해야 합니다. 이 세 가지에 초막절을 지키는 의미가 있습니다.

첫째는 네 모든 소산으로 너를 복되게 하신다는 것입니다.

둘째는 네 손으로 하는 모든 일에 복을 주시겠다는 것입니다.

셋째는 네가 온전히 기뻐하며 살게 되리라는 것입니다.

이것은 모두 시제가 미래형입니다. 미래의 약속이라고 할 수 있습니다. 이 약속이 이루어질 것을 믿기 때문에 희망을 가지고 현재를 즐겁게 살 수 있는 것입니다. 하나님은 우리가 행복하고도 즐겁게 살기를 원하십니다. 그래서 성경의 여기저기에서 이러한 말씀을 반복하시는 것입니다.

율법을 지키는 자세와 태도

이 이야기들은 표면적으로는 절기의 규례를 설명하는 형식을 띠고 있지만 이것을 통해서 우리에게 말씀해 주시려는 것은 율법 자체가 아니라 그것을 지키는 자세와 태도입니다. 우리는 율법을 문자적으로만 지키는 것이 아니라 그 속에 담긴 뜻과 정신을 기리면서 지켜야 합니다. 우리가 성경을 읽을 때도 문자만 읽고 지나가면 그 말씀에 담겨 있는 실제적인 메시지는 그냥 지나치게 되기 쉽습니다. **절기를 지키는 것도 그 형식만을 지키는 것이 아니라 그것을 지키라고 하신 뜻을 살펴서 진정 기뻐하고 감사하는 마음으로 하나님께 예배하는 것이 중요합니다.**

절기를 지키라

유월절, 오순절, 초막절은 이스라엘 남자라면 모두 지켜야 하는 의무적인 절기였습니다. 자신이 선택한 절기만 지킬 수 있는 것이 아니었습니다. 반드시 일 년에 세 번은 정해진 성전에 가서 하나님께 이 절기를 지키고 예물을 드려야 했습니다.

살면서 찌들고 고통당하였던 모든 일들을 하나님 앞에 내려놓고 받은 은사에 따라 예물을 드리면서 다시 은총을 구하고 여러 사람들과 어울려 즐기면서 기쁨을 얻고 힘을 얻는 것입니다.

세상 가운데서 살다 보면 주위에서 아주 많은 일들이 일어납니다. 그런 여러 가지 일들 가운데는 우리에게 절망적인 생각이 들게 하는 것도 있고 두려움이나 고통 속에 빠지게 하는 것도 있습니다. 그런 일들이 생길 때에는 먼저 하나님께 나아가 그 일들을 고하는 것이 습관화되어 있어야 합니다. **다른 사람들에게는 위로받지 못해도 하나님의 말씀을 통해서 자기 스스로를 위로할 수 있어야 합니다.**

세상짐을 다 내려놓고 오로지 하나님께 감사하는 것으로만 칠 일을 보냈다고 생각해 보십시오. 얼마나 기쁨과 은혜가 충만하겠습니까. 그로 인해서 고단했던 심령이 얼마나 많이 회복되겠습니까. 그래서 이런 절기가 반드시 필요한 것입니다.

마음의 짐을 벗고 감사와 기쁨으로 돌아온 가장은 그 은혜를 가족들에게 전달하게 되고 그러면 온 가정이 밝은 기쁨과 희망에 찬 생활을 하게 됩니다. 남자들이 영적으로 얼마나 중요한 책임을 맞고 있는가 하는 것은 이런 면을 통해서도 알 수 있습니다.

이스라엘의 절기는 현실적으로 실생활을 영위해 나가는 데 있어서도 아주 효율적인 절기입니다. 그래서 저는 우리 나라도 이스라엘의 예를 따라 절기를 지켰으면 좋겠다는 생각을 합니다. 국가적으로 이런 절기를 지키게 된다면 영적으로는 물론이고 정신적으로 국민들에게 얼마나 큰 도움이 될 것인가 하는 생각을 하는 것입니다.

일 년에 세 번 마음과 영을 새롭게 하는 절기를 지킨다는 것은 항상 새로운 힘과 소망을 충전한 상태로 사는 것과 같습니다. 절기를 지키는 것을 하나님께 예물을 드리는 것이라고만 생각해서는 안 됩니다. 받은 은혜에 감사하고 앞으로 받을 은혜를 감사하는 은혜의 시간이라는 것을 알아야 하겠습니다.

우리가 성경을 볼 때 이러한 사건들을 3500년 전의 것으로만 보아서는 안 되겠습니다. 그 하나하나의 축제들은 지금 우리에게 적용해도 전혀 시대에 뒤떨어지거나 어긋나지 않는 것들입니다. 성경에 씌어진 원리는 3500년 전을 위한 것이 아니라 바로 오늘날의 우리를 위한 것입니다. 시간과 문화를 뛰어넘는 원리가 성경 속에 있습니다. 그리고 그 원리를 찾아내서 가르치는 것이 목회자의 일입니다.

현재의 교회에도 많은 절기들이 있습니다. 부활절이 있고 추수감사절이 있고 성탄절이 있습니다. 왜 이런 절기들이 있겠습니까. 그저 어떤 사건을 기념하기 위한 것이 아닙니다. 범사에 하나님께 감사해야 하지만 인간들이 그것을 자율적으로 잘 할 수 없기 때문에 이런 절기들을 만들어 지키면서 이 기간 동안을 통하여 하나님의 은혜에 감사하고 은혜 가운데 살게 하는 계기가 되기 위한 것입니다.

공의로운 지도자

16:18-17:20

정의는 지켜도 되고 지키지 않아도 되는 것이 아닙니다.
'마땅히' 지켜야만 하는 것입니다.

정의로운 재판을 하라

16장 18-20절은 재판에 대한 이야기입니다.

그 핵심은 **하나님의 정의를 이 땅에서 실현하라는 것입니다.** 이스라엘 백성들은 각 도시마다 재판관과 유사를 두고 백성들을 재판하게 했습니다. 그리고 그 재판의 장소는 도시로 들어가는 성문 입구에 두었습니다. 창세기에 보면 소돔성에 살고 있었던 롯이 문 입구에 앉아 있었다고 했는데 이것은 바로 롯이 그 지방의 지도자가 되어 있었다는 뜻입니다.

행정의 기본 원리는 사회의 질서를 유지하는 것입니다. 교회에 당회가 있는 것도 교회 내에 바른 운영과 질서를 세우기 위한 것입니다. 그리고 재판관들의 기본적인 법 정신은 공평과 정의였습니다.

많은 사람들이 기독교를 비난할 때에 "눈은 눈으로 이는 이로"라는 구절을 들먹입니다. 이 말씀만 보면 기독교가 잔인한 종교인 것처럼 여겨지기 쉽습니다. 그러나 중요한 것은 율법의 문자가 아니라 그 속에 담긴 정신을 깨닫는 것입니다. 그 뜻은 정의의 실현입니다. 외형만 보고 이렇다 저렇다고 단정하고 비난하는 것은 제대로 된 판단이라고 할 수 없습니다.

예수님께서도 더 중요한 것을 보라고 말씀하셨습니다. 마태복음 23장 23절입니다.

"화 있을진저 외식하는 서기관들과 바리새인들이여 너희가 박하와 회향과 근채의 십일조를 드리되 율법의 더 중한 바 의와 인과 신은 버렸도다. 그러나 이것도 행하고 저것도 버리지 말아야 할지니라."

예수님께서는 이것도 행하고 저것도 버리지 말라고 하셨습니다. 바리새인들은 십일조를 바치는 것으로 하나님을 섬기는 도리를 다한 줄로 생각했지만 그것은 법의 정신은 버리고 외향만 지키는 것이었습니다. 그들의 십일조는 참된 감사에서 우러나오는 것이 아니라 마음에도 없이 드리는 외식이었습니다. **하나님이 받으시는 것은 외식하는 겉모양이 아니라 제물과 함께 드리는 그 사람의 마음입니다. 법의 목적은 정의, 사랑, 신뢰라는 것입니다.**

국가의 법과 개인의 윤리는 다르다

마찬가지로 율법은 문자가 중요한 것이 아니라 그 속에 담겨진 내적인 윤리가 중요한 것입니다. "눈에는 눈으로 이에는 이로"라는 말씀이 기록된 성경의 문맥을 보면 그것이 개인적 행동규범이 아니라는 말입니다. 개인적으로 당한 것을 개인적으로 갚으라는 것이 아닙니다. 이것은 국가의 법률 제도 중 일부분의 내용입니다.

국가의 법과 개인의 윤리가 언제나 일치하는 것은 아닙니다. 국가의 법은 반드시 공평해야 하기 때문입니다. 질서를 유지하기 위해서는 범법 행위를 한 사람에게 그에 상응하는 대가를 치르도록 해야 합니다. 국가에서는 죄를 처벌하지 않고 그냥 넘어가서는 안 됩니다. 국가는 누구에게나 정의를 실행해야 하기 때문입니다.

그러나 같은 문제라도 개인에게 적용되면 그 내용이 달라질 수도 있습니다. 나에게 해를 끼친 사람이라 할지라도 내가 그를 용서하고 처벌을 원하지 않으면 그 사람은 용서받을 수 있는 것입니다. 자신을 저주하는 사람을 위해서 기도하고 미워하는 사람을 위해서 복을 빌어줄 수도 있습니다. 선으로 악을 이기라는 것이 예수님의 법입니다. 사랑은 율법을 넘어서는 개인의 윤리입니다.

그러나 국가는 이런 사랑의 원리를 적용할 수는 없는 것입니다. 국가는 공의에 의해 판단해야 합니다. 그러므로 개인의 윤리와 국가의 법을 혼동해서는 안 됩니다. 개인은 국가의 율법을 뛰어넘을 수 있지만 국가가 공식적으로 개인의 윤리를 집행할 수는 없는 것입니다.

만일 중형차를 소형차가 추돌해서 망가뜨려 놓았다면 국가는 소형차 운전자에게 중형차의 피해액에 상당하는 배상을 하라고 해야 합니다. 그런데 소형차 운전자가 가난해서 배상할 능력이 없다는 것을 알고 중형차 운전자가 그 배상을 받지 않고 없었던 일로 하겠다고 한다면 배상의 의무를 이행하지 않고도 선하게 사건이 해결될 수 있습니다. 그러나 국가가 소형차 운전자의 형편을 감안해서 배상을 할 필요가 없다는 판결을 내릴 수 있는 권리까지 가질 수는 없는 것입니다.

재판의 원리

재판하는 데 있어서는 몇 가지의 원리가 있습니다. 19-20절입니다.

"너는 굽게 판단하지 말며 사람을 외모로 보지 말며 또 뇌물을 받지 말라 뇌물은 지혜자의 눈을 어둡게 하고 의인의 말을 굽게 하느니라 너는 마땅히 공의만 좇으라 그리하면 네가 살겠고 네 하나님 여호와께서 네게 주시는 땅을 얻으리라."

첫째는 정의를 왜곡하지 말라, 둘째는 절대로 편견을 갖지 말라, 셋째는 뇌물을 받고 판결하지 말라는 것입니다.
하나님께서 금하신 이 세 가지는 지금까지 우리 나라에서 공공연한 나쁜 관행이었습니다. 그 동안 돈이면 무엇이든지 해결해 주는 부패한 관리들과 모든 일을 권력으로 해결하려는 사람들 때문에 옳게 살려고 하는 사람들이 손해를 보고 권모술수와 돈과 세력을 가진 사람들이 잘 되는 망국적인 일들이 벌어졌던 것이 사실입니다.

사회가 정의롭지 못하면 약한 백성들의 가슴에는 한이 생깁니다. 그 동안 불의한 소수가 약한 다수를 억압해 왔습니다. 이런 일은 지금도 계속되고 있습니다. 돈과 권력이 있는 사람들만이 잘 사는 나라이기 때문에 돈 없고 약한 백성들은 눈물과 한숨 속에 한만 쌓이고 있는 것입니다. 지금이라도 이런 불의를 제대로 풀어주어야 합니다. 이 일이야말로 정부가 해야 할 가장 큰 과제입니다. **정의가 사라진 나라는 바로 설 수 없습니다. 혼란을 겪다가 망할 뿐입니다.**

하나님께서는 "너는 마땅히 공의만 좇으라"라고 강조하시면서 그래야만 "네가 살겠고" 하나님께서 "주시는 땅을 얻으리라"고 말씀하십니다. 정의는 지켜도 되고 지키지 않아도 되는 것이 아닙니다. '마땅히' 지켜야만 하는 것입니다. 정의가 없는 사회는 파괴될 것이고 하나님의 축복이 없을 것입니다.

우상은 만들거나 세우지도 말라

21-22절은 우상숭배에 대한 경고입니다.

"네 하나님 여호와를 위하여 쌓은 단 곁에 아무 나무로든지 아세라 상을 세우지 말며 자기를 위하여 주상을 세우지 말라 네 하나님 여호와께서 미워하시느니라."

하나님은 우상을 미워하십니다. 혹시나 여러분의 가정에 하나님께서 미워하시는 우상과 같은 물건이 있는지 살펴보시고, 만일 있다면 없애 버리십시오.

여행을 하는 중에 산 기념상이라든가 어느 나라나 민족의 토속신상 같은 것들이 있다면 반드시 버리십시오. 한낱 나뭇조각이나 그림에 불과하다고 가볍게 생각하지 마십시오. 그런 것들은 은연중에 우리들의 영혼과 정신을 혼란시키고 혼탁하게 만듭니다.

영적으로 문제가 있는 집을 심방해 보면 이상한 우상이나 그림들이 있는 경우가 있습니다. 저는 심방한 집의 방을 다 들여다보고 만일 우상이나 흉물이 발견되면 그런 것들을 제거하면서 치유를 시작합니다. 심지어는 목회자의 집에도 그런 것들이 있는 경우를 보았습니다. 제가 심방한 어느 목사님 댁의 아들 방은 컴컴하게 해 놓고 방의 중앙에는 해골을 걸어 놓고 있었습니다. 그분은 목회를 평탄하게 하지 못하셨습니다. 우상은 이렇게 무서운 힘을 가지고 있습니다. 하나님께서 좋아하지 않는 것을 근처에 두지 않도록 하십시오.

하나님이 원하시는 것은 밝고 깨끗하고 바르고 아름다운 것들이라는 사실을 잊지 마십시오.

완전한 예배, 완전한 예물

17장에는 네 가지 이야기가 들어 있습니다. 그 중 첫 번째는 하나님께 드리는 예물에 대한 것입니다. 1절을 보십시오.

"무릇 흠이나 악질이 있는 우양은 네 하나님께 드리지 말지니 이는 네 하나님 여호와께 가증한 것이 됨이니라."

하나님께 드릴 때는 최선의 것을 드려야 합니다. 그것이 몸이나 시간이나 재능이나 물건이나 마찬가지입니다. 가장 좋은 것들은 나를 위해 사용하고 하나님을 위해서는 차선의 것을 드린다면 옳은 일이 아닙니다. **자신이 할 수 있는 한 최선의 것을 드리겠다는 자세가 필요합니다.** 하나님께서는 완전한 제물을 원하십니다. 그렇지 않은 것은 하나님 앞에 '가증한' 것이 됩니다.

하나님은 흠이 있는 제물을 바치는 것을 싫어하십니다. 그것은 거룩하신 하나님에 대한 모독입니다. 자신의 삶에서 하나님을 우선으로 생각한다면 자연스럽게 하나님께 드리는 것은 다른 것과 구별되는 최상의 것을 준비할 수밖에 없을 것입니다. 하나님께서는 우리를 위해 완전하신 그의 아들 예수 그리스도를 제물로 주셨습니다.

하나님만 섬기라

하나님을 저버리는 것은 죽음의 길을 택하는 것입니다. 산소호흡기로 호흡을 하던 중환자가 산소호흡기를 떼어낸 것과 마찬가지입니다. 일종의 자살행위인 것입니다.

2-7절 사이에는 그런 사람들을 어떻게 처벌할 것인가가 보입니다. 우상을 섬기는 사람들을 어떻게 할 것인가 하는 문제입니다.
5절을 보십시오.

"너는 그 악을 행한 남자나 여자를 네 성문으로 끌어내고 돌로 그 남자와 여자를 쳐 죽이되."

배교자는 돌로 쳐서 죽이라고 하십니다. 그러나 그런 형벌을 정해 놓은 것은 배교자를 죽이는 데에 그 의의가 있는 것이 아니라 하나님을 섬기지 않고 돌아서는 것이 곧 죽음을 의미한다는 사실을 가르치기 위한 것이었습니다.

하나님 목전에서 악을 행하는 것은 악령에게 뒷문을 열어주는 것입니다. 사람이 하루아침에 엄청난 악을 행하게 되는 것은 아닙니다. 처음에는 하나님께서 금하는 일들을 한두 번씩 저지르는 데서 시작합니다.
그것이 반복이 되면 그 다음에는 하나님께서 행하라고 한 것을 지키지 않습니다. 하나님께 대한 성실함이 없어지는 것입니다. 이것이 두 번째 단계입니다.
이 단계도 지나면 세 번째 단계로 들어갑니다. 하나님 대신에 사탄과 마귀를 섬기는 우상 숭배의 단계로 떨어지는 것입니다. 하나님이 제일이 되는 것이 아니라 다른 것이 하나님의 자리를 차지합니다. 나 자신 아니면 내가 하는 일이 제일이 되고 그 다음이 하나님이 됩니다.

2-7절을 보면 만일 이스라엘 중에 하나님이 아닌 가증한 것을 섬기는 배교자가 있다는 말을 들었을 때는 반드시 그것을 직접 눈으로 확인하고 사실이라는 것이 밝혀진 다음에는 그 남자나 여자를 성문으로 끌어내고 돌로 쳐서 죽이라고 했습니다. 그런데 두 사람이나 세 사람의 증인이 있어야 했습니다. 한 사람의 증인만 가지고는 사람을 돌로 쳐죽이는 일을 할 수 없었습니다. 이것은 하나님의 보호막입니다. 무고한 사람이 생기지 않도록 하신 것입니다.

다시 7절을 보십시오.

"이런 자를 죽임에는 증인이 먼저 그에게 손을 댄 후에 뭇 백성이 손을 댈지니라 너는 이와 같이하여 너희 중에 악을 제할지니라."

우상을 숭배하는 것이 사실로 판명되어 돌로 쳐서 죽일 때에는 반드시 증인이 먼저 돌을 던져야 하고 그 후에야 다른 사람들이 손을 댈 수 있었습니다. 이것은 증인이 된 사람에게는 상당히 부담이 되는 일입니다. 다른 사람보다 먼저 손을 대야 하기 때문에 무고한 사람을 죽이게 되면 그 사람이 살인자가 되는 것입니다.

다른 사람의 목숨이 걸린 일인만큼 자신의 목숨을 걸고 증인이 되도록 만들어 놓으신 것입니다. 하나님께서 얼마나 진실성을 중요하게 생각하셨는가 하는 것이 여기서 잘 나타납니다.

하나님을 택하지 않는 것은 곧 죽음을 선택한 것과 같습니다. 요한복음 1장에서 말하는 것처럼 이미 정죄를 받은 것입니다. 영원히 사는 길의 반대편에는 영원히 죽는 자멸의 길이 있습니다. 우리들에게는 이미 죽음을 선택한 사람이라 할지라도 그 사람들을 복음을 통해서 구해내 생명의 길로 인도해 주어야 할 의무가 있습니다. 이것이 하나님께서 우리에게 맡기신 사명입니다.

재판에 대한 규정

하나님께 지혜를 구하라

8-13절 사이에는 재판상의 어려운 것들에 대한 몇 가지 규정이 나와 있습니다.

8절을 보십시오.

"네 성 중에서 송사로 다투는 일이 있으되 서로 피를 흘렸거나 다투었거나 구타하였거나 하여 네가 판결하기 어려운 일이 생기거든 너는 일어나 네 하나님 여호와의 택하실 곳으로 올라가서."

어려운 일이 생겼을 때에는 가장 먼저 하나님의 도움을 구해야 합니다. 야고보서에도 우리들 가운데 누구든지 지혜가 부족하거든 후히 주시고 꾸짖지 아니하시는 하나님께 구하라고 나와 있습니다. 그러면 하나님께서 우리에게 주실 것입니다. 판단하기 어려운 중요한 일일수록 반드시 먼저 하나님께 지혜를 구하는 훈련을 해야 합니다. 자기 생각대로 자기 판단대로 행하면 욕심과 감정에 치우쳐서 큰 일을 그르치게 될 위험이 있습니다.

저는 판단하기 어려운 일이나 중요한 결정을 해야 할 일이 생기면 새벽기
도 때에 하나님의 판단을 구합니다. 이것이 하나님이 원하시는 것인지 원
하시지 않는 것인지, 내가 어떤 자세를 가지고 어떤 태도를 취해야 하는지
하나님께 그 해답을 구합니다. 그러면 하나님께서 그에 대한 응답을 내려
주십니다. 그 응답에 따라 행하면 실수하거나 잘못되는 일이 없습니다. **혼
자서 해결하기 어려운 일은 반드시 하나님의 해결책을 구해야 합니다.**

9절입니다.

"레위 사람 제사장과 당시 재판장에게로 나아가서 물으라 그리하면 그들이
어떻게 판결할 것을 네게 가르치리니."

이스라엘 백성들은 혼자 해결하기 어려운 구타 사건이나 피를 흘린 사건
은 레위인이나 제사장이나 재판장에게 상의를 한 후에 그분들의 지시에 따
랐습니다. 영적인 지도자들의 판단에 의지하는 것입니다.

현대에 와서는 목회자들이 그 역할을 해 주어야 합니다. 그러기 위해서
는 목회자들이 영적으로 늘 깨어 있고 하나님과 연결되어 있어야 합니다.
마지막 판단은 영적인 지도자를 통해서 하나님께서 해 주시기 때문입니다.

인간적으로 판단하기 어려운 일이 닥치면 하나님의 종인 영적 지도자들
의 도움을 구해야 합니다. 하나님과 깊은 교제 속에 있는 지도자들은 육체
적 정신적 판단력뿐 아니라 영적인 차원의 판단이 가능합니다. 모든 노력
이 실패로 끝날 때에 하나님의 도움으로 마지막 판단을 할 수 있게 도울 수
있는 것입니다. 그만큼 주의 종들인 목회자들의 책임도 무겁습니다. 늘 하
나님과 교통하지 않으면 그 책임을 감당하기가 어렵습니다. 항상 깨어서
기도하고 말씀을 밝히 알고 있어야 합니다. 그래서 하나님께서 선택하신

사람, 하나님께 대한 소명이 없는 사람은 하기 어려운 것이 목회입니다.

법을 집행하려고 할 때는 11절에 나와 있는 것처럼 "법률의 뜻대로" 행해야 합니다. 법률의 문자가 중요한 것이 아니라 그 법에 어떤 의미가 담겨 있는지를 깨달아서 행하는 것이 더 중요합니다. 앞에서 살펴본 마태복음 23장 23절 말씀의 뜻이 바로 이것과 일맥상통하는 것입니다. 율법 자체가 중요한 것이 아니라 그 속에 담긴 의와 자비와 믿음이 더 중요하다는 것을 깨달아야 합니다.

제사장과 재판장의 판결을 듣지 않는 사람은 죽이라고 기록되어 있습니다. 그것은 제사장은 하나님을 대신한 사람이라는 것을 밝히고 사람들이 제사장 앞에서 방자하고 무례하게 굴지 못하게 하기 위한 조치였던 것입니다. 이스라엘 사람들은 재판관을 보고 엘로힘이라고도 불렀습니다. 출애굽기 22:28에 나오는 '재판장'이라는 말에 바로 이 엘로힘이라는 말이 사용되었습니다. 신과 같은 이름으로 부른 것입니다. 이것은 재판하는 일이 매우 중요한 일이며 권위 있는 일이라는 것을 보여줍니다. 또한 그만큼 그것은 개인적인 사심으로 판단을 해서는 안 되는 절대 중립의 무거운 책임이 부가되는 일이었습니다.

법을 엄하게 집행하는 것은 두려움을 조성해서 다른 사람들이 이것을 보고 다시는 그와 같은 죄를 저지르지 않도록 하기 위한 것입니다. 그래서 법을 집행한 다음에는 소문을 내서 온 천하의 백성들이 다 들을 수 있게 했습니다. 일벌백계로 다스려서 다른 사람들에게 경고하는 것입니다. 동일한 범죄가 다시 일어나지 않게 하려는 조치였습니다.

하나님께서 세우신 통치자

14-20절에는 통치자의 자격에 대해서 나옵니다. 어떤 사람이 나라를 다스려야 하는가를 명시해 놓은 것입니다. 저는 국회의원 조찬기도회에서도 이 말씀을 그대로 전했습니다. 통치자는 하나님을 섬기고 순종하는 자라야 합니다. 그래야 제대로 나라를 다스릴 수 있습니다.

통치자의 조건

통치자의 몇 가지 필수 조건에 대해서 알아보겠습니다.

첫 번째 조건은 하나님이 선택한 자이어야 합니다.

지금 상황에 비추어 생각해 본다면 투표를 통해 다수가 원하는 사람을 세워야 한다는 말과 통한다고 할 수 있습니다. 어느 날 갑자기 손에 총과 칼로 무장을 하고 나와서 자기가 통치하겠다고 나서는 사람이 아닙니다. 탱크를 몰고 나와서 사람들을 위협하고 국민 위에 군림하려고 하는 사람은 하나님이 세우신 지도자가 아닙니다. 하나님께서 세워 주신 사람은 사람들의 절대적인 지지를 받아서 통치자가 됩니다. 하나님의 법은 순리를 거스르지 않기 때문입니다.

두 번째는 애국심이 있는 동족이어야 합니다.

외국인은 나라를 바르게 통치할 수 없습니다. 그 백성들을 사랑하는 마음이 없기 때문입니다. 자기 피가 섞인 백성이라야 목숨을 다해서 지키고 희생하려는 마음이 생깁니다.

세 번째는 통치자가 된 사람은 권력을 이용해서 치부를 해서는 안 됩니다.

국민들이 준 권력을 이용해서 자기 재산을 모으고 불리는 데 사용하는 사람은 바른 통치자가 아닙니다. 정치를 바르게 하라고 통치자로 세웠더니 정치를 할 생각은 하지 않고 그것을 이용해서 자기 주머니를 채우는 일에만 급급한 사람을 어떻게 지도자라고 할 수 있습니까.

그러나 그 동안 우리 나라의 정치가들 중에는 권력을 이용해서 거액을 축재한 사람들이 많이 있었습니다. 그런 사람들이 자리에서 물러나게 되면 부정 축재한 재산으로 미국에서 살면서 엄청난 호화생활을 하곤 했습니다. 심지어는 부인의 병을 치료하러 병원에 와서는 자기가 타고 온 캐딜락을 주치의에게 주고 가는 사람도 있었다고 합니다. 얼마나 치부를 했으면 그런 선물을 하겠습니까? 그 이야기를 듣고 한국 사람으로서 얼마나 불쾌했는지 모릅니다.

제가 30년만에 한국에 왔을 때 그 외형적인 발전상을 보고 정말 놀라고 하나님께 감사했습니다. 그러나 그 세월 동안에 하나도 발전하지 않은 것 두 가지가 있다는 것을 알았습니다. 바로 정치와 윤리의식이었습니다. 정치는 30년 전과 똑같고 윤리는 오히려 30년 뒤로 간 것 같았습니다. 그래서 저는 신학교에서 교회와 사회라는 과목을 만들어서 강의를 했습니다. 전에 있었던 과목도 아니고 저도 한 번도 강의해 본 적이 없는 과목이었지만 절실한 필요성을 느꼈기 때문에 가르치지 않을 수 없었습니다.

네 번째는 병력을 의지하지 않고 하나님을 의지하는 사람이어야 합니다.

최신 병기나 많은 병사 등 막강한 군사력에 의존하는 것이 아니라 오로지 하나님만 의존하는 사람만이 겸손하고 강한 통치자가 될 수 있습니다. 제 힘을 의지하는 것이 아니라 하나님의 인도하심을 의지하는 사람이어야 합니다.

다섯 번째는 성실한 가정 생활을 하는 사람이어야 합니다.

부부생활에 있어서 모범이 되어야 하고 여러 부인을 두거나 이방인을 아내로 맞이해서는 안 됩니다. 가정에서 마음에 미혹함을 받으면 나라 일을 제대로 돌볼 수가 없습니다. 그런데 이상하게도 평상시에는 아주 건전한 부부생활을 하던 사람도 지도자가 되면 타락의 길로 빠지는 경우가 많이 있습니다. 과거에 그런 일들이 얼마나 많이 있었습니까. 지도자가 될 사람은 이런 유혹을 경계하고 이길 수 있는 사람이라야 합니다.

여섯 번째는 하나님의 말씀을 항상 읽고 묵상하는 사람이어야 합니다.

18-19절을 보십시오.

"그가 왕위에 오르거든 레위 사람 제사장 앞에 보관한 이 율법서을 등사하여 평생에 자기 옆에 두고 읽어서 그 하나님 여호와 경외하기를 배우며 이 율법의 모든 말과 이 규례를 지켜 행할 것이라."

하나님의 말씀을 등사해서 가지고 다니며 항상 읽으면서 사는 사람이어야 합니다. 그래야 하나님의 말씀에서 떠나지 않는 사람이 됩니다. 읽는 것만으로는 부족합니다. 그 말씀을 지켜 행하는 사람이라야 나라를 제대로 다스릴 수 있는 통치자의 자격을 갖추었다고 할 수 있습니다.

마지막 일곱 번째는 겸손한 사람이어야 합니다.

자기 형제 위에서 교만하게 행하지 말아야 합니다. 하나님께서는 교만한 자를 물리치고 겸손한 자를 들어주신다고 하셨습니다. 그리고 좌로나 우로나 치우치지 않는 사람이어야 합니다. 극단적인 사람들은 항상 큰 문제를 일으켜 다른 사람들에게까지 피해만 줄 뿐 덕을 끼치지 못합니다. 온건하고 중도적인 입장을 취해서 균형있게 자란 사람이 하나님의 지도자가 되어야 합니다. **가장 성숙한 성도는 중간의 곧은 길을 가는 균형 잡힌 그리스도인입니다.**

이러한 자질을 갖춘 사람에게는 하나님께서 주시는 큰 축복이 있습니다. 그것은 자신의 대에만 아니라 자손 대대로 축복을 주시겠다고 약속하셨습니다. 나 한 사람으로 인해서 자손에게 이르는 날들이 풍성하고 장성해지리라고 하셨습니다.

모든 사람들이 다 지도자가 될 수는 없습니다. 그러나 지도자의 조건들을 묵상하면서 실천하려는 노력을 계속한다면 지도자가 되는 소명을 받을 수도 있습니다.

하나님의 계획은 우리가 감히 예측할 수 없는 것입니다. 또한 꼭 지도자가 되지 않더라도 이런 조건들을 갖춘다면 이웃들에게는 성도로서의 좋은 본보기를 보여서 하나님께 영광을 돌리고 믿지 않는 사람들을 하나님께로 이끄는 훌륭한 전도의 방법이 될 것입니다.

하나님께서 세우신 사람들

18:1-22

하나님의 이름으로 하는 일일수록 때와 시기와 상황을
정확히 판단해서 추진하는 신중함이 있어야겠습니다.

선지자에는 하나님께서 세우신 참 선지자가 있는가 하면 거짓 선지자도
있습니다. 18장은 이런 선지자에 대한 이야기입니다. 전반부는 제사장들
에 대한 이야기이고 후반부가 바로 선지자에 대한 것입니다.

자기 종들을 돌보시는 하나님

하나님의 종은 하나님이 친히 기업이 되신다

1-8절 사이의 말씀은 하나님께서 자기 종들을 돌보신다는 내용으로 요
약할 수 있습니다.

하나님께서는 자기를 섬기는 자들의 생계와 삶을 돌보아 주십니다. 주님의 종
들은 주님만을 전적으로 의지하고 살게 되어 있습니다. 주님만이 기업이요

주님만이 생명이요 주님만이 삶의 전체입니다. 그래서 전적으로 주님만을 의지하고 살게 되어 있습니다.

1절을 보십시오.

"레위 사람 제사장과 레위의 온 지파는 이스라엘 중에 분깃도 없고 기업도 없을지니 그들은 여호와의 화제물과 그 기업을 먹을 것이라."

다른 지파들은 땅과 가축들을 기업으로 받아서 살지만 레위 지파는 따로 받은 재산이 없었습니다. 오로지 다른 지파가 하나님께 드린 예물을 기업으로 먹고살아야 했습니다. 그래서 이들에게는 전적으로 하나님만 바라보고 산다는 기본적인 자세가 필요했습니다.

제가 미국에 있을 때 이민오신 목사님들 중에는 개척교회를 하는 것으로는 생활하기가 어려워서 목회 외에 다른 직업을 갖는 분들이 있었습니다. 그런 분들은 세탁소를 하거나 슈퍼에서 배달을 하다가 시커먼 손에 작업복을 입고 교인들을 만났습니다. 그분들은 이민 온 사람들이 어렵게 벌어서 아주 생색내듯이 주는 돈을 받기가 자존심이 상해 차라리 직접 벌어서 당당하게 쓰겠다고 생각하신 것이었습니다. 한국의 목회자들도 가끔 이런 마음이 들 때도 있을 것입니다. 그러나 목회자가 목회 외에 다른 직업을 갖는 것은 바람직하지 못합니다.

저는 박사학위를 받기 전까지는 직업을 가지고 있었습니다. 그런 대로 많은 월급을 받는 백화점의 매니저였습니다. 그런데 박사학위를 받고 나서 교수 생활을 시작했는데 그 월급으로는 아파트를 얻을 수가 없었습니다.

집주인은 제 월급이 너무 작아서 아파트를 세 줄 수 없다는 것이었습니다. 저는 인간적으로 아주 비참한 생각이 들었습니다. 다른 공부를 했어도 아파트 하나 못 얻을 만큼의 월급을 받을까 생각하니 기가 막혔습니다. 더구나 아이가 셋이면 법적으로 방도 셋인 집을 주어야 하는데 그 월급을 받는 저에게는 방이 셋인 아파트를 줄 수 없다는 것이었습니다.

그래서 저는 생각다 못해 나중에는 학교의 학장을 찾아가서 저의 사정을 그대로 이야기했습니다. 다른 공부를 했으면 얼마든지 얻을 수 있는 아파트인데도 신학을 했기 때문에 다른 학문을 전공한 사람들보다 월급을 적게 받아서 아파트를 얻을 수조차 없다면 뭔가 잘못된 것이 아니냐고 하소연까지 했습니다. 신학을 하는 사람은 하나님의 소명을 받아서 하는 것이지 무언가 부족한 사람들이 아니잖습니까. 사도 바울이 말한 것처럼 우리가 모든 사람으로부터 자유로운 사람이지만 모든 사람의 종이 된 것은 어떻게 해서든지 다른 사람들을 얻기 위한 것입니다. 그런데 이런 비참한 지경에 이른다는 것이 얼마나 가슴아픕니까.

제가 학장에게 제 딱한 사정을 이야기하자 학장님은 그 문제를 놓고 함께 기도하자고 대답했습니다. 적어도 집을 얻을 수 있을 만큼은 월급을 올려 줄 줄 알았는데 그게 아니었습니다. 그래서 우리 두 사람은 그 문제를 가지고 기도했습니다. 저는 그 방을 나오면서 지금까지 하나님이 나를 돌보아 주셨는데 내 문제를 해결하기 위해 하나님께 먼저 고하지 않고 먼저 학장에게 달려간 것을 깊이 회개했습니다. 다시는 내가 필요한 것에 대해서 사람에게 말하지 않겠다고 기도했습니다.

그리고 나서 힘을 얻고 좀전에 거절당한 아파트 주인에게 다시 가서 사정을 했습니다. 지금은 방 셋을 얻을 형편이 못 되니 두 개 반짜리라도 있으면 달라고 했습니다. 그러자 그런 방이 있기는 한데 그것을 얻으려면 앞으로 일 년 후에는 돈을 더 벌 수 있다는 보증이 있어야 한다는 것이었습니다. 그래서 어떻게 보증하면 되겠느냐고 했더니 각서를 쓰라고 했습니다. 저는 낮에는 강의를 하고 합기도가 2단이니 합기도를 가르쳐서라도 틀림없이 세를 올려 주겠다는 각서를 쓰고 그 아파트를 얻었습니다. 그러나 일 년이 지난 후에는 합기도를 가르칠 필요가 없었습니다. 하나님께서 조금도 모자람이 없이 해결해 주셨기 때문입니다. 하나님께서는 그 후부터 놀라운 은총으로 저를 축복해 주셨습니다.

목회자는 하나님만을 바라보고 살아야 합니다. 목회자는 하나님만 의지하고 하나님만 신뢰해야 합니다. 저는 어려운 상황에 처해 있을 때도 굶주리거나 헐벗지 않았습니다. 생활비를 낮추고 모든 것을 철저하게 절약하고 검소하게 살면 해결되는 법입니다. 가격이 저렴한 상점은 얼마든지 찾을 수 있고 물건만 잘 선택하면 일상생활을 하는 데는 불편이 없습니다. 세일을 하는 곳이나 경매를 하는 곳을 찾아가면 십분의 일 가격으로도 물건들을 살 수 있었습니다. 자신의 형편에 맞는 방식을 택하면 얼마든지 잘 살수 있습니다. 약간의 지혜가 필요할 뿐입니다.

미국에 페스턴 로이 니콜슨이라는 아주 가난한 목사님이 계셨는데 어느 날인가는 먹을 것이 떨어졌습니다. 그런데도 이분은 먹을 것이 없다는 이야기를 아무에게도 하지 않았습니다. 오로지 아내와 함께 **"하나님이 살아계심을 체험하게 하옵소서"**라고 기도했을 뿐이었습니다. 그리고 다음날 아침에는 마치 먹을 것 있는 것처럼 식탁을 차렸습니다. 그런데 테이블 세팅이 끝나자마자 그 교회의 주일학교 아이가 빵을 가지고 와서 문을 두드렸습니다. 그 아이를 맞이한 니콜슨 목사님의 눈에는 샘에서 물이 솟는 것처럼 눈물이 솟았습니다. 빵을 받고 나자 교인 중에 한 할머니가 작은 수레에 먹을 것을 잔뜩 싣고 왔습니다. 얼마나 감격스러웠겠습니까.

부부는 손을 잡고 하나님께 감사기도를 드렸습니다. 니콜슨 목사님은 먹을 것이 없었기 때문에 하나님의 살아계심을 체험할 수 있는 기회가 생긴 것입니다. 목사님께 먹을 것이 많이 있었으면 하나님께서 자신을 돌보신다는 것을 체험할 수 없었을 것입니다.

하나님의 종들은 하나님만 의지하고 살아야 합니다. 하나님께서는 자신의 종들을 반드시 돌보십니다. 다만 우리에게 약간의 부족함을 주시는 이유는 하나님이 살아계심을 체험하게 해 주시려는 뜻이 있는 것입니다. 그래서 우리에게 여러 가지 시험을 주시고 어려움을 주시는 것입니다. **자신에게 어려움이 오면 하나님을 체험할 수 있는 기회가 왔다고 생각하십시오.** 일단 주님께 말씀드리고 테이블을 준비하십시오. 그러면 누군가 문을 두드릴 것입니다.

레위인의 분깃

3절에 보면 제사장은 하나님께 드린 제물 가운데 넓적다리와 두 볼과 위를 먹을 수 있었습니다. 또 4절에 보면 처음 된 곡식과 포도주와 기름과 처음 깎은 양털도 제사장의 것이었습니다.

하나님의 자녀들은 이 가르침을 들어야 합니다. 그래서 언제든지 처음 것이나 좋은 것이 있으면 하나님의 종을 먼저 섬기려는 마음을 가져야 합니다. 지금도 그런 분들이 간혹 있기는 하지만 예전과 같지는 않습니다.

예전의 성도들 가운데는 목회자를 하나님을 섬기듯이 섬기는 사람들이 있었습니다. 그런 분들은 본인뿐만이 아니라 자손의 대에서도 하나님의 축복이 쏟아집니다. 제가 실제로 본 분만도 몇 분이나 됩니다. 하나님은 자신의 종을 섬기는 백성을 더욱 축복하십니다.

그러나 목회자라고 해서 이렇게 섬김을 받으면서도 너무 무리한 욕심을 부려서는 안 됩니다. 너무 무리한 성전건축이라든지 교회 형편에 맞지 않은 벅찬 대우를 요구하는 것은 바람직하지 않습니다. 교회 건축은 하나님이 원하시면 하나님이 해 주십니다. 그런데 하나님의 결재를 받지도 않고 먼저 앞질러 가면 교회도 망하고 목회자도 망합니다. 모든 것이 풍비박산하게 됩니다. 목회자는 하나님의 신호를 정확히 볼 줄 알아야 합니다. 하나님의 결재가 떨어진 다음에 행동하는 훈련을 해야 합니다. 목회자와 성도가 함께 보는 비전이 하나님께서 주신 비전입니다. **하나님의 이름으로 하는 일일수록 때와 시기와 상황을 정확히 판단해서 추진하는 신중함이 있어야겠습니다.**

6절 말씀을 보면 레위인들은 자기 마음에 소원이 생겨서 자기가 있는 지역을 떠나서 다른 지역에 가서 주님을 섬기고 싶다면 이주한 곳에서도 레위의 분깃을 받을 수 있다고 기록되어 있습니다. 어디서 하나님을 섬기든지 동일한 대우를 해 주는 것이 기업이 없는 레위인에게 주어진 특권이었습니다. 이주를 할 때는 자신이 상속받은 것들을 팔아서 가지고 갈 수가 있었습니다. 일단 그들에게 주어진 것은 그들 개인의 소유였습니다. 하나님께서 자기 종에게 주신 것은 그들의 것이기 때문에 보호를 받을 수 있습니다. 개인의 재산을 철저하게 인정하여 주시는 것입니다.

제가 안타깝게 생각하는 것 중에 하나가 목회자들이 집이 없는 것입니다. 늘 사택에 살다보니까 일평생 목회를 하고도 집을 얻지 못합니다. 미국은 교회에서 주택구입 비용을 장기적금으로 지급해서 퇴직을 하고 나갈 때는 집을 얻을 수 있도록 해 줍니다. 한국에는 이런 제도가 되어 있지 않아서 은퇴를 하고 나면 갈 곳이 없게 됩니다. 앞으로는 모든 목회자들이 은퇴할 때는 작더라도 집을 마련해 주는 제도가 있었으면 좋겠다는 생각을 합니다.

우상 숭배를 금지하라

9-14절 말씀에는 우상숭배를 금지하라는 내용이 있습니다.

하나님의 백성은 구별된 삶을 살아야 한다

하나님의 사람들은 세상의 사람들과 대조적인 삶을 살아야 합니다. 이방 사람들의 가증한 행위를 절대로 본받지 말아야 합니다.

요즘 세태를 살펴보면 우리 믿는 사람들은 안 믿는 사람들과 반대로만 살아야겠다는 생각이 들기도 합니다.

최근 청년일 때 보았던 〈닥터 지바고〉라는 영화의 비디오 테이프를 어떤 목사님이 선물을 해 주셔서 다시 보게 되었습니다. 그런데 아무리 음악이 좋고 유명한 영화라고 해도 이런 영화는 우리 기독교인들이 볼 영화가 아니라는 생각이 들었습니다. 결혼한 사람이 다른 여자를 사랑하고 아이까지 낳는 이야기를 그렇게 높이 평가할 필요가 없습니다. 이런 영화는 윤리적으로 옳지 않은 것을 동경하게 만듭니다.

저는 선물받은 것이긴 하지만 그 테이프를 없애 버렸습니다. 이런 테이프를 가지고 있다는 것을 다른 사람들이 보게 되면 덕이 되지 못한다고 판단했기 때문입니다. 하나님의 자녀들은 세상이 아무리 변해도 세상 사람들과는 다른 절대적인 윤리관을 가지고 살아야 합니다. 거룩하신 하나님이 보이는 삶을 살아야 합니다. 우리의 언어와 행동과 생활 습관 속에서 하나님이 나타나야 합니다.

안 믿는 사람들은 명예와 권력과 돈을 따라가고 그것을 얻기 위해서 자신을 바치지만 믿는 사람들은 하나님 외에 다른 것에 자신을 드려서는 안 됨니다. 믿는 집에서도 좋은 대학 나오고 좋은 직장 가져서 돈만 잘 벌면 모든 것이 해결된다는 식으로 생각하는 경우가 많습니다. 직분을 받은 장로나 집사 중에서도 돈을 하나님보다 앞서는 우상으로 삼는 사람이 있습니다. 돈이 우상이 되고 권력이 우상이 되고 학문이 우상이 되고 인기가 우상이 되는 세상입니다.

그래서 그런 우상들 앞에 자기를 바치고 자식을 바칩니다. 열심히 하나님을 섬겼다고 생각했는데 알고 보니 우상을 섬기고 자신을 우상 앞에 드렸다는 것을 발견하게 됩니다. 얼마나 끔찍한 일입니까.

성경 속의 이방인들이 자식들을 우상 앞에 제물로 불태워 죽인다고 비웃지만 자기도 모르는 사이에 자식들을 돈이나 권력과 같은 우상 앞에 바치는 것도 끔찍한 일이라는 걸 알아야 합니다.

가증한 것을 멸하라

10-11절에 기록된 대로 길흉을 말하는 자나 복술자나 무당이나 진언자나 신접자나 박수나 초혼자를 우리 중에 용납해서는 안 됩니다. 이런 사람들은 하나님 앞에 가증한 것입니다.

하나님 외에 다른 신을 인정하는 종교다원주의는 성경의 가르침과 어긋납니다. 가나안을 이스라엘을 통하여 멸한 것은 바로 이런 악 때문입니다. 13절을 보십시오.

"너는 네 하나님 여호와 앞에 완전하라."

하나님 앞에서 완전하다는 뜻은 옳게 산다, 믿음으로 산다, 의롭게 산다는 뜻입니다. 의롭게 사는 것은 하나님의 말씀대로 사는 것입니다.

하나님은 우상과 악령의 활동을 용납하지 않으십니다. 하나님은 우상과 함께 사실 수 없는 분입니다. **하나님의 자녀들은 우상과 하나님을 같이 섬길 수가 없습니다. 하나님만 섬기고 하나님의 방법으로 살아야 합니다.**

참된 선지자

15-19절에서는 참된 선지자에 대해서 말씀하십니다. 모세 이후에 모세와 같은 선지자를 일으키실 텐데 그는 유대인이요 하나님의 말씀을 대언하는 자니 이스라엘 백성들은 그의 말을 잘 들으라고 명령하십니다. **선지자는 하나님과 직접 대면하기를 두려워하는 백성들의 요구를 들으시고 하나님께서 세워주신 사람입니다.** 시내 산 꼭대기에서 불과 바람과 함께 산천초목을 흔들면서 나타나는 하나님을 본 이스라엘 백성들은 다시 하나님을 만나게 될 것이 두려워 백성들과 하나님 사이에 중재자를 세워 주실 것을 요청한 사실은 우리가 이미 민수기에게 보아서 알고 있습니다. 이 때부터 계속해서 사람들과 하나님 사이에 선지자가 있게 됩니다.

하나님의 뜻만 전하는 선지자

하나님께서 세워주신 참 선지자의 말을 듣지 않는 사람은 하나님께서 벌을 내리십니다. 선지자의 말은 하나님의 말씀이었습니다. 또 선지자는 하나님의 말씀만을 해야 했습니다. 자기 말을 하거나 다른 말을 하면 하나님을 대신하는 것이 아니었습니다. 백성들은 선지자의 말을 그대로 순종해야 하기 때문에 선지자가 함부로 말했다가는 엄청난 결과를 가져올 수 있었습니다. 조금이라도 하나님께 어긋나는 말을 해서는 안 되었습니다.

현대의 목회자들도 말을 조심해야 합니다. 목회자가 하는 말의 권위를 신뢰하고 자신의 지혜로 판단할 수 없는 일들을 물으러 오는 성도들이 많이 있는데 하나님의 말씀이 아닌 것을 가르쳐 주었다가는 망하는 결과를 가져오게 됩니다.

재판장도 할 수 없는 일을 하나님의 종이 해결해야 합니다. 목회자는 하나님과 교통하는 사람이고 하나님의 뜻을 세상에 전하는 역할을 해야 하기 때문입니다. 목회자에게도 유머 감각은 중요하지만 경박한 유머를 사용하는 것도 경계해야 합니다. 지도자는 반드시 유머 감각을 갖추어야 합니다. 그런데 그 유머는 깨끗하고 멋있는 것이어야 합니다. 지저분하고 경박한 유머는 지도자의 품위와 신뢰를 떨어뜨립니다. 하나님을 대변하는 자로서의 품격을 갖춘 말과 유머를 사용해서 하나님의 말씀을 전하고 조언을 하는 것이 중요합니다.

거짓 선지자

그 다음에 나오는 말씀이 거짓 선지자를 경계하라는 것입니다.

거짓 선지자란 무엇인가

거짓 선지자는 하나님께서 하지 않은 말씀을 하나님이 하신 것이라고 떠드는 자입니다. 자신의 마음대로 생각한 것을 하나님의 이름을 빌어서 전하는 사람이 거짓 선지자입니다.

목회자의 설교도 잘 선별해서 들어야 합니다. 자칫 잘못하면 하나님의 이름을 빌어 거짓을 말하는 사탄의 말을 듣게 됩니다. 시작은 성경에서 하는데 중간에는 자기 멋대로 생각나는 대로 늘어놓다가 나중에는 사탄의 결론을 내립니다. 하나님의 말씀을 전하는 사람은 자신의 생각에 맞추어서 말씀을 왜곡하지 말아야 합니다.

설교랍시고 자신의 경험만 늘어놓는 것으로 시간을 때우는 사람, 이렇게 중언부언하는 것이 설교라고 생각하는 사람은 하나님의 대변자가 될 자격이 없습니다. 이런 사람에게 속지 않도록 조심해야 합니다.

하나님의 말씀을 전하는 사람의 말은 나이에 상관없이 아멘으로 받아들여야 합니다. 참된 선지자는 어리다고 무시당하지 않습니다. 그러나 아무리 나이가 많은 사람이라도 허탄한 말을 하고 사탄의 말을 하는 사람은 대접을 받을 수 없습니다. 하나님이 하시지 않은 말을 마치 하나님의 말씀처럼 선포하는 사람이 바로 거짓 선지자입니다. 성도들은 이런 거짓 선지자들을 경계해야 합니다. 그들은 양의 탈을 쓴 이리입니다. 철학자들의 책이나 베껴서 말하는 자들도 조심해야 합니다. 이런 사람들은 하나님께 죽임을 당하게 되어 있습니다.

제가 미국의 신학교에서 이 부분을 학생들에게 가르치자 그 중의 한 학생이 얼굴이 새하얗게 질려서 뛰어왔습니다. 그리고 자기가 하나님께서 하지 않은 일을 하나님께서 하셨다고 간증하고 다녔으니 이제 큰일났다고 고백을 했습니다. 그게 무슨 소리냐고 되물었더니 이런 이야기를 했습니다. 그 학생은 눈이 아주 나쁜 편이었다고 합니다. 그런데 어느 치유집회에 갔더니 병이 있는 사람은 앞으로 나오라고 하더랍니다. 혹시 눈을 좀 고칠 수 있을까 하는 마음에 나갔다고 합니다. 그 목사님이 안수기도를 끝내시자 '아멘' 하고 눈을 떴더니 갑자기 눈앞이 환해지더라는 것이었습니다. 그래서 너무 큰 기쁨에 그 자리에서 큰 소리를 지르며 안경을 던져 버렸습니다. 그 후로 그 학생은 아주 유명해져서 전국적으로 다니면서 일 년 동안 전국을 다니면서 간증을 했다고 합니다.

그런데 문제가 생겼습니다. 사실은 겨우 3분밖에 눈앞이 환하지 않았던 것입니다. 그 후에는 예전처럼 다시 흐릿해졌는데 그 목사님이 말씀하시기를 그래도 나았다고 믿으라고 하셔서 그렇게 믿었다고 합니다. 그리고는 나았다는 믿음으로 간증도 하고 다녔지만 시력은 다시 회복되지 않았습니다. 결국 하나님이 하지 않은 일을 한 것처럼 거짓 증거하고 다녔던 것입니다.

이런 경우에는 아무리 기적적인 일을 말하고 다닌다고 하더라도 하나님의 말씀이 아닙니다. 실망스럽더라도 자신의 눈이 밝아진 것은 3분밖에 되지 않았다는 것을 솔직하게 밝히는 것이 하나님의 뜻을 전하는 것입니다. **화려하지 않더라도 진리가 하나님의 말씀입니다.** 저는 그 학생의 이야기를 다 듣고 나서 하나님께 회개의 기도를 하라고 했습니다. 그리고 다시 안경을 쓰도록 충고했습니다. 그 학생은 지난날의 잘못된 간증을 회개하고 안경을 통해 다시 분명하게 사물을 보게 해 주신 하나님께 감사기도를 드렸습니다.

저도 한때는 그런 적이 있습니다. 제가 대학에 다닐 때에 목사님께서 저에게 중고등부를 맡기셨습니다. 그 당시에는 교육을 제대로 받지 못하고 가르쳤기 때문에 제 나름대로 성경을 해석해서 가르쳤습니다.

성경을 제대로 알지 못했기 때문에 제가 좋아하는 철학책들을 많이 참고해서 가르쳤습니다. 7년 동안을 그렇게 철학자와 사상가들의 말을 성경을 가르친다는 명목으로 꿰어 맞춰서 가르쳤습니다. 저는 저 나름대로는 충성한다고 한 일이었습니다.

그런데 미국에 가서 신학교에서 성경을 제대로 공부하고 나서는 얼마나 울면서 회개했는지 모릅니다. 그 귀한 중고등학생들의 영혼을 잘못 인도하였다고 생각하니 죄책감 때문에 눈물을 흘리지 않을 수 없었습니다. 하나님의 말씀을 전한다고 하면서 거짓 선지자 노릇을 한 것입니다.

어느 날은 뉴욕에서 집회를 마치고 나오는데 한 여자분이 자기 남편이 학생부 때 저에게 배운 사람이라는 말을 하였습니다. 그러면서 그가 교회에 나오지 않으려고 해서 아주 고민을 많이 하고 있으니 가서 말씀 좀 해 달라고 하는 것이었습니다. 제가 이미 회개한 것이지만 얼마나 참담했던지 '하나님 저에게 말씀을 전할 수 있는 기회를 한 번만 더 주시면 다시는 그렇게 가르치지 않고 하나님의 말씀만 전하겠습니다' 하고 하나님께 기도했습니다.

제가 그 사람을 가르칠 때에 하나님의 말씀을 전하는 참 선지자의 역할을 했더라면 성인이 된 지금 이렇게 교회에 나오기 싫어하는 사람이 되지는 않았을 텐데, 제가 잘못 가르쳤기 때문에 그 사람이 하나님을 잃게 된 것입니다.

충성을 한다고 한 것이 저 자신도 모르게 오히려 거짓 선지자 노릇을 했다는 것이 제자였던 그 사람을 통해서 증명되었습니다. 이것이야말로 참람한 일이 아닐 수 없습니다.

참 선지자와 거짓 선지자를 구분하는 방법

참 선지자와 거짓 선지자를 구분하는 방법은 22절에 잘 나와 있습니다.

"만일 선지자가 있어서 여호와의 이름으로 말한 일에 증험도 없고 성취함도 없으면 이는 여호와의 말씀하신 것이 아니요 그 선지자가 방자히 한 말이니 너는 그를 두려워 말지니라."

그 사람의 말이 진실로 이루어지는가 아닌가를 보면 알게 된다는 말입니다. 그 말대로 이루어지지 않으면 그 사람은 하나님의 이름을 빌린 거짓 선지자입니다. 그런 선지자들은 철저하게 가려내어 처형하게 되어 있습니다.

어떻게 감히 인간이 하나님의 이름을 빙자해서 자기 멋대로 말할 수가 있습니까. 하나님의 말씀은 하나님께로부터 받은 것이 아니면 할 수 없습니다. 하나님의 말씀은 하나님께서 친히 진실을 입증해 주십니다. 그렇지 않으면 하나님의 말씀이 아닙니다.

하나님의 말씀이 어려우면 어려운 대로 딱딱하면 딱딱한 대로 전하는 사람이 참된 선지자입니다. 어렵다고 자기 멋대로 쉽게 만들고 딱딱하다고 자기 마음대로 휘어놓는 사람은 거짓된 말씀을 전할 위험이 다분히 있는 사람입니다. 하나님의 말씀은 아무리 어렵고 딱딱해도 재미있고, 그 어떤 부드러운 이야기보다 사람의 마음을 감동시키고 심령을 움직이는 힘이 강합니다. 그것이 하나님의 말씀이 가진 능력이고 신비입니다.

아름답고 부드럽고 매력적으로 보인다고 해서 사탄의 말에 속지 마십시오. 거짓된 혀의 유혹에 넘어가지 마십시오. 하나님의 말씀은 현란하지 않으나 진실하고 변하지 않습니다. **하나님께서 친히 증명하시는 말씀이 아니면 하나님의 말씀이 아니니 이로써 판단의 기준을 삼으십시오.** 심령이 깨어 있어서 참 선지자와 거짓 선지자를 구분하여 섬길 줄 아는 여러분이 되시기를 기도합니다.

자비의 성-도피성

19:1-21

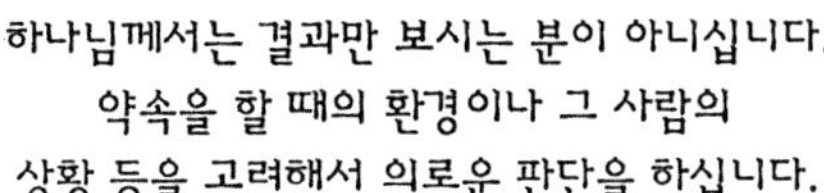

하나님께서는 결과만 보시는 분이 아니십니다.
약속을 할 때의 환경이나 그 사람의
상황 등을 고려해서 의로운 판단을 하십니다.

설교자로서 제가 경험한 바에 의하면 성도들의 입에서 "아멘" 소리가 강하고 크게 나올 때는 하나님의 속성을 전할 때인 것 같습니다.

하나님의 속성에 대해 의심이 생기기 시작하면 절망에 빠지게 됩니다. 하나님을 보고 느끼는 생활을 하면 골리앗이 두렵지 않지만 하나님이 보이지 않으면 골리앗이 실제보다 훨씬 크게 느껴지는 것입니다.

신명기 19장에는 여러 가지 내용이 담겨 있지만 하나님의 속성에 대한 실제적인 적용이 나타난 장이라고 할 수 있습니다.

신명기 19장에서 가장 주요한 내용은 도피성에 관한 것입니다. 이것도 하나님의 속성이 실제 생활에 적용되어 나타난 것이라고 할 수 있습니다. **여섯 개의 도피성은 하나님은 연약한 자를 돌보시고 긍휼이 많으신 분이라는 것을 나타내는 것입니다.**

진리의 하나님은 진실의 신성함을 강조하시고 연약함이나 실수로 잘못을 저질렀을 때는 긍휼과 자비를 베푸시고 용서하시기를 원하십니다. 그러나 악의에 찬 범죄는 공의로 다스리시는 의롭고 철저하신 하나님이십니다. 법은 개인이 가진 재산이나 권력에 따라 다르게 적용되어서는 안 되고 힘이 없는 사람들이 피해를 입는 일이 있어서도 안 됩니다.

여섯 도피성 설치

1-3절 사이에는 세 개의 도피성을 만들어서 실수한 사람들을 보호해 주라는 내용이 나옵니다.

2-3절을 보십시오.

"네 하나님 여호와께서 네게 기업으로 주신 땅 가운데서 세 성읍을 너를 위하여 구별하고 네 하나님 여호와께서 네게 유업으로 주시는 땅의 전체를 삼구로 분하여 그 도로를 닦고 무릇 살인자를 그 성읍으로 도피케 하라."

도피성으로 가는 길은 잘 닦아 놓아야 했습니다. 언제든지 도움이 필요한 사람은 빠르게 그리로 들어가서 보호를 받을 수 있도록 하기 위한 조치였습니다. 제사장이 해야 하는 일 가운데에는 늘 도피성으로 가는 길을 살펴서 돌멩이나 바위로 인해 그 길을 가는 사람이 불편을 겪지 않도록 하는 일이 포함되어 있었습니다.

그러나 아무나 이런 보호를 받을 수 있는 것은 아니었습니다. 아무런 의도 없이 과실치사를 한 경우에만 해당합니다. 이와 관련된 내용은 이미 민수기 35장과 신명기 4장에서 한 번씩 설명했던 바가 있습니다.

우리들도 하나님의 방법처럼 실수로 악을 저지른 자와 고의적으로 악을 행한 자는 구분해서 다루어야 합니다. 그리고 실수를 하였을 때에도 고의성이 있었는지의 여부를 가려 너무 심한 자책감을 갖지 않도록 해야 합니다.

전에 아주 신앙이 좋은 분이 저를 찾아온 일이 있었습니다. 그분이 어느 기도원에 갔었는데, 그 기도원의 목사님께서 안수기도를 하시기에 기도를 받으려고 앞으로 나갔다고 합니다. 그런데 그 목사님이 기도해주기를 거부하시더랍니다. 당황한 그분이 목사님께 이유가 무엇이냐고 물었더니 한 가지 약속을 하면 해 주겠다는 것이었습니다. 그분은 안수를 받고 싶은 마음에 일단 약속을 하겠다고 대답했습니다. 그랬더니 그 목사님께서 안수를 하면서 하는 말이 신학교를 가라는 것이었습니다. 그분은 박사학위를 받고 강단에 나가기로 되어 있었고 신학교는 꿈도 꾸어 본 적이 없고 스스로 영적인 은사도 없다고 생각하고 있었습니다. 그러니 얼마나 갈등이 되었겠습니까. 결국은 죄책감에 시달리다 못해 저를 찾아왔던 것입니다.

저는 그분에게 그렇게 중요한 신상의 문제는 하나님께서 직접 이야기해주실 테니까 다른 사람의 이야기를 듣지 말라고 말했습니다. 하나님께서 자기의 종으로 부르는 사람을 생이빨을 뽑듯이 뽑으실 리가 없습니다. 그것은 절대로 하나님의 방법이 아닙니다. 물론 성경에 무엇으로든 함부로 맹세하지 말라고 하셨는데 그것을 어기고 덜컥 약속을 한 것은 그분의 잘못입니다.

그러나 하나님의 종을 자처하는 사람이 그런 식으로 다른 사람의 심령을 혼란에 빠뜨리고 두려움에 떨게 만드는 것은 더욱 큰 잘못입니다. 성경에도 맞지 않는 방법입니다.

성경은 일단 약속을 하지 말라고 합니다. 만약 약속을 했다면 지키는 것이 원칙입니다. 그러나 이미 약속을 했어도 그것이 하나님의 뜻에 어긋나는 것이면 지키지 말아야 합니다. 이것이 성경이 가르치는 약속의 원리입니다. **하나님께서는 결과만 보시는 분이 아니십니다. 약속을 할 때의 환경이나 그 사람의 상황 등을 고려해서 의로운 판단을 하십니다.**

다른 범죄에 대해서도 마찬가지입니다. 이웃에서 도끼를 빌어다 나무를 찍다가 도끼 날이 헐거워서 날아가는 바람에 이웃집 아이를 죽게 했다면 그 사람은 의도하지 않은 살인을 한 것이므로 도피성을 찾아가서 목숨을 보존할 수 있습니다. 그러나 악의를 가지고 하나님의 뜻에 반해서 이웃을 해한 사람은 용서받을 길이 없습니다. **하나님의 긍휼하심과 자비하심은 연약하고 선한 자들에게만 베풀어지는 것입니다.**

저는 어릴 때에 사투리 때문에 아주 혼난 적이 있습니다. 제가 평양에서 피란을 떠나 서울 영등포역에 도착해 보니 제가 타려던 기차에는 지붕 꼭대기까지 사람들이 새까맣게 매달려 있었습니다. 저도 할 수 없이 기차 꼭대기로 올라가면서 앞에 있는 어른에게 "선생님 손 좀 잡아 달라요" 라고 했습니다. 그러자 그분은 아이가 어른보고 '달라요' 가 뭐냐고 하면서 저에게 화를 벌컥 냈습니다. '달라요' 는 평양에서는 존댓말이었습니다. 그렇지만 서울 사람이 그것을 알 리가 없었습니다. 저는 영문을 몰라 혼이 나면서도 왜 야단을 맞았는지 깨닫지 못했습니다. 나중에 고등학생이 되어서야 무엇이 잘못되었는지를 알게 되었습니다.

아이가 잘못했을 때에는 우선 이유와 원인을 따져서 바로잡아 주어야지 무작정 혼부터 내는 것은 좋은 방법이 아닙니다. 무조건 눈에 보이는 결과만을 가지고 야단부터 치기 시작하면 그 아이가 바른 것을 배울 틈도 없이 반감만 생깁니다. 겉으로 보이는 것만 가지고 정죄하기 시작하면 결국 과정이나 의도는 어떻든 간에 결과만 좋으면 다 좋다는 식의 잘못된 사고방식을 갖게 될 수도 있습니다.

어린아이 때부터 하나님의 방법대로 하나님의 너그러우심을 따라 형편에 맞게 양육하여야 합니다. **모든 사실과 사건들을 분간해 가면서 적절하게 대처하는 것이 우리가 실제 생활에 적용해야 할 하나님의 원리입니다.**

비록 살인을 한 자라도 고의가 없을 때에 보호해 주신 것은 생명의 신성함을 가르치기 위한 조치였습니다. 9-10절에 보면 하나님께서는 처음에 정하신 세 개의 도피성 외에도 영토가 확장되면 셋을 더 만들어 놓으라고 하셨지만 이스라엘 백성들이 하나님께 순종하지 않아서 영토를 더 넓히지도 못했기 때문에 세 개의 도피성을 더 만들지는 못했습니다. 그러나 하나님께서 생명을 존중하게 하시고 상황에 따라 사람을 판단하신다는 원리는 세 개의 도피성을 통해서도 충분히 나타났습니다.

생명의 신성함

11-13절에서는 생명의 신성함을 다른 측면으로 강조합니다. 만일 고의적으로 살인을 하였다면 그 사람을 사형에 처해야 했습니다. 11-12절을 보십시오.

"그러나 만일 사람이 그 이웃을 미워하여 엎드려 그를 기다리다가 일어나 쳐서 그 생명을 상하여 죽게 하고 이 한 성읍으로 도피하거든 그 본 성읍 장로들이 사람을 보내어 그를 거기서 잡아다가 보수자의 손에 넘겨 죽이게 할 것이라."

사람을 죽인 행위는 그에 상응하는 벌을 받아야 한다는 것이 하나님의 법입니다. 왜냐 하면 살인자가 파괴한 것은 다른 피조물이 아니라 바로 하나님의 형상을 닮은 인간이기 때문입니다. 그래서 모세의 십계명 이전 노아홍수 직후에 피를 흘린 자는 피를 흘려야 한다는 말씀이 나옵니다.

성읍의 장로들에게는 만일 고의로 살인을 한 자가 도피성으로 피신을 하면 그를 찾아서 보수자, 즉 사형을 집행할 수 있도록 하는 사람에게 넘겨주어야 하는 책임이 있었습니다. 이 말은 국가에는 정당한 법이 있어야 하고 이의 정당한 집행을 도모해야 한다는 것을 뜻합니다.

최근에 우리 나라 교계에서도 사형제도를 폐지해야 한다는 여론이 일고 있습니다. 저는 사형제도를 폐지해야 한다는 것에 반대합니다. 성경을 통해서 우리는 사형제도가 사회적으로 필요한 제도라는 것을 알 수 있습니다. 가만히 엎드려 있다가 고의적으로 사람을 살해하였다면 그 사람은 반드시 죽이라는 것이 하나님의 법입니다.

똑같이 살인을 저질렀어도 사람을 죽일 만한 무기를 가지고 있었느냐 전혀 위협적인 것이 아닌 것으로 사람을 죽게 했느냐에 따라 그 처벌은 다릅니다. 쇠방망이로 내리친 것과 우발적으로 나무젓가락을 내리친 것을 같이 취급하지는 않습니다. 그리고 아무리 살인자라 하더라도 반드시 두 명 내지 세 명의 증인이 있어야 했습니다. 사람의 목숨이 달린 일이기 때문에 그만큼 신중해야 할 필요가 있었습니다.

살인을 사형으로 무섭게 처벌하는 것은 다른 사람으로 하여금 이와 똑같은 범죄를 저지르지 않도록 하기 위한 것이었습니다. 경고하는 동시에 예방하기 위한 조치였다고 할 수 있습니다.

저는 이 하나님의 법을 따라 고의적으로 악한 목적을 가지고 살인을 한 사람에게 내리는 사형은 존속되어야 한다고 생각하고 있습니다.

13절을 한 번 보겠습니다.

"네 눈이 그를 긍휼히 보지 말고 무죄한 피 흘린 죄를 이스라엘에서 제하라 그리하면 네게 복이 있으리라."

이 말씀을 통해 고의적 살인자를 불쌍히 보아 그 죄를 덮어 주는 것은 하나님의 말씀에 어긋난다는 것을 알 수 있습니다.

재판장이나 제사장이 개인적으로 살인죄를 덮을 수 없다는 것을 명시하고 있습니다. 재판장에게는 혈연이나 지연이나 학연으로 판결을 마음대로 할 권한이 없습니다. 재판관은 법에 따라서 공정하게 재판해야 할 의무만 있을 따름입니다. 자신의 권한을 자기 감정에 따라 사용하는 것은 권력을 남용하는 죄에 해당합니다.

국가 윤리와 개인 윤리는 분별되어야 합니다. 우리 나라 사람들이 가지고 있는 한은 바로 이런 데서 시작되었습니다. 힘을 가진 사람은 무엇이든지 안 되는 것이 없고 힘이 없는 사람은 아무리 정당하게 행동을 해도 부당한 대우를 받는 것에서 한이 쌓입니다. 연약한 사람은 작은 잘못에도 큰 벌을 받고 강한 사람은 아무리 큰 일을 저질러도 다 빠져나갑니다. 수십 년간 이런 일들이 공공연히 자행되었습니다.

권력이 곧 만능이 되는 세상에서 살면서 백성들의 가슴에 한이 쌓이지 않을 리가 없습니다. 이러한 시기를 거치는 동안 얼마나 많은 사람들의 가슴에 멍이 들고 난도질을 당했는지 모릅니다. 지금이라도 빨리 이런 잘못된 풍토를 개선해 나가야 합니다. **아무리 연약한 사람도 법의 보호를 철저하게 받을 수 있고 아무리 강한 사람이라도 법을 빠져나가지 못하는 공의로운 통치가 이루어지는 나라가 되어야 합니다.**

그런데 이런 것을 가르치고 실행에 옮길 수 있도록 힘써야 하는 사람들이 누구이겠습니까. 권력을 가진 사람들에게는 개선을 기대할 수 없습니다.

자신이 가진 것을 나누거나 자기가 가진 힘을 약화시키는 일을 스스로 알아서 행할 사람이 있겠습니까.

그러므로 이 일은 하나님의 공의를 선포하는 하나님의 종들이 할 수 있는 일이고 해야만 하는 일입니다. 하나님의 말씀과 진리를 품은 사람들이 국민들의 가슴 밑바닥에서부터 변화를 일으키도록 교육하고 가르쳐야 합니다. 그래서 국가적으로 시민의식이 변화하도록 만들어야 합니다. **기독교의 힘으로 정의로운 문화를 만들어 나갑시다.**

무고한 사람이 피를 흘리지 않고, 악한 마음으로 범죄한 사람은 그에 상응하는 벌을 받는 나라가 바로 하나님이 원하시는 공의로운 나라인 것입니다. 하나님께서는 그런 나라에 복을 내리시겠다고 하십니다. 따라서 그렇게 하지 않는 나라는 하나님의 의가 나타나지 않으며 하나님의 축복에서 멀어집니다. **하나님의 축복을 회복하는 길은 하나님의 공의를 국가적으로 시행하는 것입니다.**

개인 소유의 인정

다음으로 14절을 보면 기업의 경계표를 함부로 옮기지 말라는 말씀이 나옵니다.

"네 하나님 여호와께서 네게 주어 얻게 하시는 땅 곧 네 기업된 소유의 땅에서 선인이 정한 네 이웃의 경계표를 이동하지 말지니라."

남의 땅을 빼앗아 땅의 경계를 넓히기 위해서 경계표를 옮기는 것은 하나님 앞에 범죄 행위에 해당했습니다. 하나님께서 정해 주신 개인의 소유는 철저하게 보호되어야 했습니다. 자기가 자기 것을 어떻게 처분하는가 하는 것은 그 사람의 자유입니다. 그러나 그것을 소유자가 아닌 제 삼자가 강제로 나누려고 하는 것은 하나님의 법에 맞지 않습니다. 그것이 기독교와 공산주의의 차이입니다.

몇몇 사람들이 공산주의의 효시라고 주장하는 사도행전 2장을 보면 물건을 서로 나누는 것이 사도들의 강제에 의한 것이 아니었음을 발견할 수 있습니다. 자신들이 스스로 자원해서 자기 물건을 나누어 썼던 것입니다.

개인의 소유는 하나님이 그 사람에게 축복해 주신 것이기 때문에 절대로 다른 사람이 손을 댈 수 없습니다. 경계표 이야기는 이런 기본적인 사유재산에 대한 권리를 명시하고 있는 것입니다.

진실의 중요성

15-21절은 진실의 중요성을 나타내고 있습니다.

어떤 사건에 대한 올바른 재판 절차가 명시되어 있습니다. 이것은 하나님의 진실하심이 나타난 것입니다. 아무리 죄인이라 할지라도 두 세 사람의 확실한 증인이 있어야만 죄인을 처벌할 수 있게 했습니다. 불확실하게 떠도는 소문을 가지고 판단하거나 명확한 증거나 증인이 없는 사건을 임의로 처리해서 무고한 죄인을 만들지 않도록 하기 위한 조치였습니다.

확실한 증거가 드러나기 전까지는 그 사람에게 의심 가는 부분이 있다 하여도 범인으로 다룰 수 없습니다. 이것은 현재법에도 있는 원리입니다. 최종적으로 재판관이 유죄 판결을 확정하는 순간부터 그 사람이 죄인이 되는 것이지 그 이전에는 죄인 취급을 할 수 없습니다. 이 점에 있어서 우리 나라는 생각해 보아야 할 점이 많습니다.

특히 우리 나라는 언론 재판의 폐해가 아주 큰 나라입니다. 아직 명백한 증거가 드러나지도 않았는데 벌써 확정이 된 것처럼 기사를 쓰고 여론을 그 쪽으로 몰아갑니다. 나중에 그 사람이 무죄인 것이 밝혀지면 모르는 척 눈에 잘 띄지 않는 한 쪽 구석에 두 세 줄로 슬그머니 정정 보도를 내는 일로 사건을 끝내 버립니다. 그러나 이미 그 사람에게는 죄인의 낙인이 찍혀 있기 때문에 그 오명을 벗기 어렵습니다. 언론이 손을 대면 한 사람이 패가 망신하는 일이 순식간입니다.

문제가 생겼다고 판단될 때 크게 터뜨리기는 잘 하면서 나중에 수습하는 일은 나 몰라라 하고 전혀 신경을 쓰지 않습니다. 일을 수습하기는커녕 오히려 다른 사건으로 넘어가서 또 그 사건을 확대시키는 데에 정신이 없습니다. 이런 모든 행위들이 얼마나 부조리합니까.

우리 나라 사람들은 활자나 방송에 약해서 신문에 한 번 실리거나 방송에서 한 마디 하면 그것을 거의 확정된 것으로 믿어 버립니다. 다른 증거가 필요 없습니다. 그저 신문에서 그랬다, 방송에서 그랬다 하면 그것으로 판정이 끝납니다. 그러니 언론에 한 번 잘못 보이면 정치적 생명이나 사회적 생명력에 치명적인 타격을 입게 되고, 언론은 그것에 의지해서 무소불위의 권력을 휘두릅니다.

언론에 종사하는 사람들은 물론이거니와 일반인들도 언론에 대한 바른 이해가 있어야 합니다. 언론인들은 자신들이 사회적으로 얼마나 많은 영향을 끼치는가를 분명하게 인식해서 사명감을 가지고 사건을 조사하고 공정하게 기사를 써야 합니다.

또, 일반인들은 아무리 신문과 방송에 기사화가 되었어도 객관적인 정황을 미루어서 생각하여 끝까지 공정한 태도를 잃지 않아야 합니다. 이것이 성경의 원리입니다.

진실을 소중히 여기라

16-19절에는 위증에 대한 처벌이 나옵니다. 만일 어떤 사람이 위증을 한 것이 밝혀지면 그 사람은 자신이 고소한 사람에게 주려고 했던 그대로의 벌을 받아야 했습니다. 3500년 전에 씌어졌지만 이처럼 공정하고 엄중하게 인권을 보호하는 법이 바로 하나님의 법입니다. 이런 법이 제대로 시행되면 억울한 죄인이 있을 수 없을 것입니다. 감히 누가 두려워서 위증을 할 생각을 하겠습니까. 위증하는 사람이 없으면 잘못된 재판을 할 확률이 거의 없어지고 그러면 공의가 시행되는 나라, 약한 자의 한이 없는 나라를 이루는 것입니다. **진리의 하나님께서는 진실을 중요시 여기십니다.**

19-20절을 보십시오.

"그가 그 형제에게 행하려고 꾀한 대로 그에게 행하여 너희 중에 악을 제하라 그리하면 그 남은 자들이 듣고 두려워하여 이후부터는 이런 악을 너희 중에서 다시 행하지 아니하리라."

이렇게 남을 해하는 범죄를 엄중하게 다스리는 것은 다른 범죄를 예방하는 효과를 가져옵니다. 다른 사람을 무고할 생각을 하지 않게 하기 위해서 이런 법이 반드시 필요한 것입니다. 인간은 자율적으로 선을 추구하기가 어려운 존재입니다. 따라서 엄중한 처벌로 인한 경계와 방지의 효과를 미리 생각하지 않을 수 없습니다.

사람은 보는 사람이 없거나 벌하는 사람이 없으면 자신의 유익과 편리만 생각하고 자신의 감정대로만 행동하려는 충동이 있다는 것을 하나님께서는 알고 계셨기 때문에 이런 법을 만들어 놓으셨던 것입니다.

국가법의 원리

21절에는 국가법의 원리가 기록되어 있습니다.

"네 눈이 긍휼히 보지 말라 생명은 생명으로 눈은 눈으로 이는 이로 손은 손으로 발은 발로니라."

자신의 눈에 불쌍하게 보인다고 증거가 확실한 죄인을 벌하지 않는 것은 하나님의 법에 어긋납니다. 자신이 당한 일이 아니면서 그 일로 피해를 입은 사람의 심정이나 법과 공의는 생각지도 않고 죄인이 안됐다고 한다거나 자기하고 가까운 사람이 청탁을 넣었다고 해서 그 사람을 임의로 놓아주는 것은 하나님의 법에 어긋납니다. 행한 대로 갚아 주는 것이 국가법의 공의입니다.

무조건 악을 선으로 갚는 것이 기독교라고 생각하는 것은 성경을 잘못 이해하고 있는 것입니다. 개인적인 윤리의 적용과 국가적인 윤리의 적용에는 분명한 차이가 있습니다. 개인적으로는 얼마든지 죄인을 용서해 줄 수 있습니다. 자기 아들을 죽인 살인자를 양자를 삼는 것과 같은 사랑의 행위는 예수님께서 하신 죄인을 용서하고 원수를 사랑하라는 말씀에 따른 신앙적인 행위였습니다.

그러나 국가는 그 살인자를 용서할 수 없습니다. 피해자가 죄인을 용서했다 하더라도 국가는 살인죄에 해당하는 벌을 내리는 것이 공의입니다. 개인의 윤리와 국가의 법은 이런 차원에서 분명히 다른 것입니다.

하나님의 말씀을 적용할 때에는 그 전후 상황을 잘 살펴서 바르게 적용해야 합니다. 그렇지 않으면 전혀 엉뚱한 결과를 불러올 수 있습니다. 하나님의 말씀을 깊이 묵상하고 올바로 깨닫는 여러분들이 되십시오.

전쟁에 대한 법

20:1-20

우리에게는 두려움 외에는 두려워할 것이 아무것도 없습니다.
불안과 공포, 염려가 인간 정신의 최대의 적입니다.

20장에 나타난 전쟁법규는 다른 모세오경에서는 찾아볼 수 없습니다. 다른 법규들이 서너 차례에 걸쳐서 두세 번씩 나타나는 것과 비교해 본다면 예외적인 본문이라고 할 수 있겠습니다. 20장의 내용은 '전쟁에 이기기 위해서는 강한 마음, 강한 믿음, 강력한 헌신, 철저한 순종, 현명한 판단이 필요하다' 라고 요약할 수 있습니다.

적을 두려워 말라

전쟁에 임했을 때에 가져야 할 것은 일단 적을 두려워하지 않는 강한 마음가짐입니다. 전쟁의 승패는 그 전쟁에 임하는 군사들의 마음 상태에 달려 있습니다. 겁을 내면 벌써 지고 들어가는 것입니다. 1절을 보십시오.

"네가 나가 대적과 싸우려 할 때에 말과 병거와 민중이 너보다 많음을 볼지라도 그들을 두려워 말라 애굽 땅에서 너를 인도하여 내신 네 하나님 여호와께서 너와 함께 하시느니라."

공포심을 제거하는 것이 전쟁에서 이기는 첫 번째 조건입니다.
두려움은 마음의 상태입니다. 두려워 말라, 떨지 말라, 겁내지 말라는 말들은 하나같이 마음 상태를 표현하는 말들입니다. 눈에 보이는 승리는 눈에 보이지 않는 상태에서 오는 것입니다. 마음의 상태는 그릴 수도 없고 사진을 찍을 수도 없고 만들어 보일 수도 없지만 눈에 보이고 만질 수 있는 형상을 낳는 원인이 된다는 말입니다.

승리를 가져오는 마음가짐

승리를 가져오는 마음가짐에 대해 알아보겠습니다.

첫째, 적군이 수적으로 우세하더라도 두려워하지 않아야 합니다.
겉에 보이는 것으로 승패가 나는 것이 아닙니다. 승리의 열쇠는 언제나 하나님께 있는 것입니다. 군대나 무기의 많고 적음에 있지 않습니다. 이것을 철저하게 믿고 있는 사람은 승리할 수 있습니다. **하나님께서 임재하시는 곳에 승리가 있습니다.** 어느 편이든지 하나님이 함께하신다면 무한대의 승리가 보장되지만 하나님이 안 계시면 아무리 무기가 많고 사람이 많아도 텅 빈 것과 같이 부질없습니다.

우리의 인생은 전쟁과 같은 나날의 연속입니다. 어떤 일이든지 힘든 경쟁 속에서 늘 판단하고 고민하고 위기를 넘어야 합니다. 저는 매 주 두 번 이상의 설교를 하는데 그것도 저에게는 전쟁을 치르는 것 같습니다. 밤을 새워가며 기도하고 열심히 설교를 준비하고 그것을 컴퓨터로 쳐서 원고로 만들고 그것을 가지고 기도하는 심정으로 설교를 합니다. 그런데 설교를 시작한 지 10여 분이 지나면 제가 이 싸움에서 이기고 있는지 지고 있는지가 판가름이 납니다.

아무것도 안 보이는 것 같아도 내가 하고 있는 설교가 성도들의 머릿속에서 그저 맴도는지 아니면 가슴 속으로 파고들어 가고 있는지가 눈에 환하게 보이는 것입니다. 그저 공허하게 헛도는 설교를 하고 나면 강단을 내려와서 성도들의 얼굴을 볼 수가 없습니다. 거기다가 가장 무서운 비평가인 아내마저 혹독하게 비판을 하면 그나마 있던 기운이 다 빠집니다. 이런 접전이 매주 반복됩니다. 다른 분들도 아마 저와 같은 전쟁을 날마다 치르면서 사실 것입니다.

한 번 승리를 했다고 해서 다음에도 똑같이 승리하리라는 보장이 없습니다. 또 준비를 많이 했다고 해서 그에 비례해서 좋은 결과가 나타나지도 않습니다. 어떤 때는 예상 외로 압승을 거두는가 하면 어떤 때는 틀림없으리라고 생각했는데 참패를 하기도 합니다. 누구도 어떤 일의 일인자 자리를 장시간 동안 지키고 있기는 어렵습니다.

승리보다는 실패하는 횟수가 더 많고 정상의 자리를 차지하였다고 해도 그것은 잠깐의 일일뿐입니다. 늘 겸손하게 기도하는 자세로 임하지 않으면 안 됩니다. 이렇게 생각하면 삶이 어렵기만 합니다.

그러나 하나님이 함께하신다는 확신만 있으면 상황은 얼마든지 달라질 수 있습니다. 하나님의 메시지를 전하는 것도 하나님께서 함께하신다는 확신 속에서 준비하고 전하면 아주 쉽고 간단한 말로 사람의 마음에 감동을 줄 수 있습니다.

하나님의 말씀은 사실 간단하고 단순한 것입니다. 괜히 학문적으로 연구하고 분석하는 바람에 어려워진 것이지 원래 어려운 말씀이 아니었습니다. 사랑하라, 용서하라, 진실하라 하는 것들이 어려운 말씀이 아니지 않습니까. 하나님 말씀만큼 단순한 것도 없습니다. 우리가 복잡하게 생각하지 않으면 하나님의 말씀도 복잡하지 않습니다.

둘째, 하나님이 함께하심을 믿어야 합니다.

전쟁에 나갈 때 함께 참전하는 군종 제사장은 3-4절과 같은 말씀을 군사들에게 전하게 했습니다.

"그들에게 이르기를 이스라엘아 들으라 너희가 오늘날 너희의 대적과 싸우려고 나아왔으니 마음에 겁내지 말며 두려워 말며 떨지 말며 그들로 인하여 놀라지 말라 너희 하나님 여호와는 너희와 함께 행하시며 너희를 위하여 너희 대적을 치고 너희를 구원하는 자니라 할 것이며."

이 말씀은 하나님께서 우리를 위해 싸워주시니 두려워하지 말라는 간단한 설교입니다. 하나님께서 우리를 위해 싸워주심을 믿고 첫째, 마음을 약하게 먹지 말고, 둘째 두려워하지 말고, 셋째 떨지 말 것이며, 넷째는 놀라지 말라고 하십니다. 이 네 가지 마음 상태는 결국 두려움에서 비롯되는 것입니다.

트루먼 대통령의 말처럼 두려움 외에는 우리가 두려워할 것이 아무것도 없습니다. 이 말은 아주 명언입니다. **우리에게는 두려움 외에는 두려워할 것이 아무것도 없습니다.** 불안과 공포, 염려가 인간 정신의 최대의 적입니다.

이런 감정들은 하나님이 나와 함께하실 것이라는 확신이 없을 때 오게 됩니다. 하나님의 임재하심에 대한 믿음이 부족하기 때문에 생기는 것입니다. 그렇기 때문에 제사장들이 군사들에게 해 줄 수 있는 최대한의 축복이 바로 하나님이 너와 함께하실 것이라는 확신과 믿음을 심어주는 것이었습니다. '하나님은 나와 함께 행하시며 나를 위하여 나의 대적을 치고 나를 구원하는 분이시다' 라는 확신이 승리를 얻게 합니다.

셋째, 죽기를 각오하는 헌신을 해야 합니다.

헌신한 소수의 사람은 헌신되지 않은 다수의 사람보다 강합니다. 전쟁에는 죽기를 각오하고 헌신하는 사람들이 필요하며 이들이 자기 역할을 하는 것입니다.

전쟁에 나가는 사람은 다른 것에 마음을 빼앗겨서는 안 됩니다. 5-6절을 보십시오.

"유사들은 백성에게 고하여 이르기를 새 집을 건축하고 낙성식을 행치 못한 자가 있느냐 그는 집으로 돌아갈지니 전사하면 타인이 낙성식을 행할까 하노라 포도원을 만들고 그 과실을 먹지 못한 자가 있느냐 그는 집으로 돌아갈지니 전사하면 타인이 그 과실을 먹을까 하노라."

집을 짓고 낙성식도 못하고 온 사람이라면 전쟁에 나가서도 전력을 다해 싸우는 대신에 고향에 두고 온 집 생각 때문에 아무것도 못하게 될 것입니다. 또 포도나무를 심어 놓고 첫 열매를 먹어보지 못한 사람도 그 열매에 마음이 온통 다 가 있어서 전력을 다해 싸우지 못하게 됩니다. 그런 사람들은 차라리 집에 그냥 있는 것이 낫습니다. 싸움을 하는 데에 아무런 도움이 되지 못하기 때문입니다. 목숨을 걸고 전심 전력을 다해도 이길까 말까 한 전쟁에서 마음이 딴 데 있는 사람들이 어떻게 싸움을 승리로 이끌 수 있겠습니까. 오히려 다른 사람들의 마음까지 흩트려 놓는 계기를 제공할 뿐입니다. 그런 사람은 전사가 될 자격이 없으므로 집으로 돌려보내는 것이 낫습니다.

이 말씀은 반어적인 표현입니다. 우리의 가슴에도 이런 것들로 인한 근심이 있다면 싸움에 참여하기 전에 다 뽑아내고 전쟁에 임해야 합니다. 오로지 자신이 처한 전쟁에만 집중하지 않는다면 아무리 무기가 좋고 힘이 세고 사람이 많아도 이길 수 없습니다. 집중이 안 되고 판단력이 흐려지면 그 싸움은 하나마나 지는 게 됩니다.

개인적인 특별한 사정으로 마음에 담아 둔 것이 있어서 발걸음이 떼어지지 않는 사람은 자기 집에 남아서 그 일을 다 처리하고 후일을 도모하도록 하는 것이 옳습니다. 이 규정은 각 사람에 따라 다른 적용이 필요합니다.

우리 나라의 경우에도 독자면 군대가 면제되지 않습니까. 각 사람의 형편과 처지에 맞게 융통성을 발휘하는 것도 사람들의 마음에 원성을 없애고 사기를 진작시키는 방법입니다. 하나님께서는 개인의 형편을 살펴 돌보아 주시는 분입니다.

대외 정책

10-20절은 도시를 침공할 때에 어떤 방법으로 그 성을 얻을 것인가를 설명하고 있습니다.

평화 조약을 맺을 기회를 줄 성읍

10-15절 사이에는 가나안 밖에 있는 도시를 어떻게 할 것인가를 지시합

니다. 가나안 밖에 있는 도시일 때는 무조건 공격하지 말고 항복해서 평화
조약을 맺을 기회를 주라고 하십니다. 일차적으로 일단 평화를 타진해보
고 안 되면 전쟁을 하라고 하십니다.

10-12절을 보십시오.

"네가 어떤 성읍으로 나아가서 치려할 때에 그 성에 먼저 평화를 선언하라
그 성읍이 만일 평화하기로 화답하고 너를 향하여 성문을 열거든 그 온 거민
으로 네게 공을 바치고 너를 섬기게 할 것이요 만일 너와 평화하기를 싫어하
고 너를 대적하여 싸우려 하거든 너는 그 성읍을 에워쌀 것이며."

싸움에 나섰다 하더라도 일단은 그 성의 사람들과 평화할 생각을 해야 합
니다. 그랬다가 그쪽에서 평화하기를 거절하고 싸움을 하려고 들면 그 때
싸움에 임해도 늦지 않습니다. 싸움에 임하게 되면 그 성의 남자들은 다 죽
이되 여자들과 어린이들과 육축을 비롯해서 성 중에서 취한 것들은 하나님
께서 이스라엘 백성들에게 주신 것이므로 그것을 누릴 권리가 있었습니다.
이것은 가나안에 속하지 아니한 백성들에게 취할 태도였습니다.

진멸해야 할 성읍

그러나 가나안 사람들과 싸울 때에는 다른 방법을 명하셨습니다. 16-18
절에 어떻게 할 것인가가 나와 있습니다. 가나안 사람들은 여자나 어린아
이를 막론하고 다 죽이라고 명령하셨습니다. 16절입니다.

"오직 네 하나님 여호와께서 네게 기업으로 주시는 이 민족들의 성읍에서는

호흡 있는 자를 하나도 살리지 말지니.”

가나안 사람들은 모두 죽이라는 명령을 내리셨습니다.

이 명령은 언뜻 듣기에 아주 무자비해 보입니다. 살아서 호흡이 있는 자는 남녀노소를 가리지 않고 죽이라는 이 명령은 하나님을 분노와 살육의 신처럼 보이게 합니다. 그러나 이 명령에는 철저하게 순종해야 했습니다. 대강 순종하면 나중에 더 큰 문제를 야기하기 때문이었습니다.

하나님께서 그렇게 명령하신 데에는 그만한 이유가 있었습니다. 18절을 보십시오.

“이는 그들이 그 신들에게 행하는 모든 가증한 일로 너희에게 가르쳐 본받게 하여 너희로 너희 하나님 여호와께 범죄케 할까 함이니라.”

여호수아는 하나님의 명령에 순종한 사람이기는 했지만 아주 철저하게 한 것은 아니었습니다. 가나안 땅을 정복할 때 대부분은 다 멸했지만 그 땅의 구석구석에는 가나안의 원주민들이 남아 있었습니다. 심지어 단 족속들은 갈릴리 바다 북쪽으로 도망가서 나중에는 어떻게 되었는지 기록에 나오지도 않습니다.

가나안 백성들을 철저하게 정복하지 않은 일의 결과가 한 지파를 잃어버리는 것으로 나타난 것입니다. 그뿐 아니라 곳곳에서 가나안의 우상을 숭배하는 사람들이 생기고 여호와 하나님에 대한 이스라엘의 신앙을 변색하는 일들이 일어났습니다.

일단 하나님을 믿는 신앙을 받아들이면 이전의 습관이나 섬겼던 우상들과 같은 모든 것들을 다 끊고 단절해야 합니다. 이런 것쯤이 나에게 무슨 영향을 끼칠 수 있으랴 싶어서 그냥 둔 것들이 뿌리가 끊기지 않고 남아서 끝까지 괴롭힙니다. 그것도 아주 결정적인 순간에 절망에 빠뜨리고 하나님의 진노를 사게 하는 중대한 문제를 일으키게 합니다. **과거의 작은 습관을 그냥 두지 마십시오. 그런 것들은 하루라도 빨리 끊을수록 좋습니다. 그렇지 않으면 그것이 나를 삼킬 것입니다.**

마지막으로 성을 침공할 때는 그 주변의 나무를 베어서 사다리를 만들기도 하고 무기를 만들기도 하는데, 그럴 때에 열매를 맺는 나무는 베지 못하게 했습니다. 이것은 전쟁에 임할 때 현명한 판단력이 필요하다는 것을 나타낸 부분입니다. 당장의 싸움에만 급급해서 나무의 종류를 가리지 않고 다 베어 버리면 나중에 먹을 것이 떨어졌을 때에는 다 빼앗은 성에서 굶어 죽을 수도 있습니다. **어려울 때일수록 미래를 생각하여 신중하게 생각하고 행동해야 합니다.** 하나님의 명령은 이렇게 미래를 예비하는 것입니다. 하나님의 말씀은 어떤 것이든지 당장의 문제에만 국한되어 있지 않습니다. 현재는 물론이거니와 늘 앞의 것을 내다보고 지시하십니다.

삶의 투쟁에 있어서도 마찬가지입니다. 두려움 없는 담대한 마음, 하나님의 임재와 돌보심을 믿는 강한 믿음, 분산되지 않는 집중된 마음, 우리를 망하게 할 수 있는 어떤 방해물도 제거할 수 있는 의지가 있어야 승리할 수 있습니다.

제5부
이스라엘의 각종 규정들

모세의 두 번째 설교 3

"여호와께서도 네게 말씀하신 대로

오늘날 너를 자기의

보배로운 백성으로 인정하시고

또 그 모든 명령을 지키게 하리라

확언하셨은즉 여호와께서

너의 칭찬과 명예와 영광으로

그 지으신 모든 민족 위에

뛰어나게 하시고

그 말씀하신 대로

너로 네 하나님 여호와의

성민이 되게 하시리라."

(신명기 26 : 18-19)

사회적인 규례들

21:1-23

원인 미상의 범죄를 위해서도 대속제를 드려야 했습니다.
모든 죄는 대속을 필요로 하기 때문입니다.

21장은 미결된 살인 사건을 어떻게 처리할 것인가에 대한 내용과 가정과 사회의 도덕 규례로 이루어져 있습니다.

모든 죄는 대속되어야 한다

1-9절 사이에는 원인 미상의 시체가 발견되는 경우에 어떻게 처리를 해야 하는가에 대한 법규가 나옵니다.

이런 경우에는 원인 미상의 범죄를 위해서도 대속제를 드려야 했습니다. **모든 죄는 대속을 필요로 하기 때문입니다.** 아는 죄든지 모르는 죄든지, 원인이 알려졌든지 알려지지 않았든지에 상관없이 대속제를 드려야 했습니다. 그리고 그 대속제를 드려야 하는 사람들은 그 시체가 있는 곳과 가장 인접한 동네의 장로들이었습니다.

2-4절을 보십시오.

"너의 장로들과 재판장들이 나가서 그 피살한 곳에서 사면에 있는 각 성읍
의 원근을 잴 것이요 그 피살한 곳에서 제일 가까운 성읍 곧 그 성읍의 장로
들이 아직 부리우지 아니하고 멍에를 메지 아니한 암송아지를 취하고 성읍
의 장로들이 물이 항상 흐르고 갈지도 심지도 못하는 골짜기로 그 송아지를
끌고 가서 그 골짜기에서 그 송아지의 목을 꺾을 것이요."

범인을 알 수 없는 상황이라 하더라도 살인죄에 대한 속죄제는 드려져야
했기 때문에 그 시신이 발견된 곳에서 가장 가까운 성읍의 장로들이 순진
하고 어린 암송아지를 데려다가 피를 흘리게 해서 속죄제를 드리게 했습니
다. 이 어린 암소는 죄 없으신 예수님의 표상이기도 합니다.

이렇게 장로들과 제사장들이 속죄제를 드려서 사건을 해결해 주는 이유
는 피살된 사람의 친척들이 모여서 이 사람 저 사람을 의심하고 다니며 물
의를 일으킬 위험을 방지하기 위한 것입니다. 살인자가 밝혀지지 않은 경
우에 잘못하면 범인을 찾는다고 무고한 사람들을 죽게 할 수도 있다는 것
을 염두에 두고 해결책을 찾은 것이라고 할 수 있습니다. 동네의 장로들이
책임을 지고 사건을 처리하게 한 것은 개인적으로 보복하지 못하게 하기
위해서였습니다.

그리고 장로들은 살인을 한 사람이 자기 동네 사람이 아니면 손을 씻어서
자기들에게는 죄가 없음을 표시하게 되어 있었습니다. 이런 법은 구약에만
있는 것이 아니고 함무라비 법전에도 비슷한 법이 있어서 원인 미상의 피
사체가 발견되면 그 발견된 장소에서 가장 가까운 성읍에서 책임을 지고
그 사건을 처리하도록 되어 있었다는 기록이 있습니다.

여호와 보시기에 정직하라

그러면 9절을 보십시오.

"너는 이와 같이 여호와의 보시기에 정직한 일을 행하여 무죄자의 피를 흘린 죄를 너희 중에서 제할지니라."

이 말씀을 통해 우리는 두 가지를 알 수 있습니다. 첫째는 죄인을 찾지 못해도 대신 어린 암소의 피를 흘려 죄를 대속하는 행위가 뜻하는 바는 예수님께서는 우리의 밝혀지지 않은 죄를 위해서도 대속을 하신다는 것입니다. 사람들은 자기의 잘못을 드러내지 않으려 합니다. 어떤 분쟁이 있을 때에 사람들은 누구나 상대방에게 잘못이 있다고 생각하지 자신에게 있다고 생각하지 않습니다. 그리고 자신의 잘못을 말할 때에는 늘 줄여서 이야기합니다. 저는 목회와 상담을 하면서 그런 경우를 아주 많이 보았습니다. 중재를 위해서 양쪽의 이야기를 들어보면 양측 모두 자기의 잘못은 아주 없거나 가벼운 것으로 말하고 거의 모든 책임을 상대방에게로 돌립니다. 자기의 잘못을 인정한다는 것은 그만큼 많은 책임을 져야 한다는 뜻이고 인격적으로 그만큼 많은 것을 잃어야 하는 것이기 때문에 인정하려 들지 않는 것입니다.

한 가지 사건에 대해서도 말하는 사람마다 원인이 다 다르고 해석이 다 다릅니다. 저는 미국에서 신학교에 가기 전에 미국 사람과 한국 사람 사이의 범죄 사건들을 조사하는 일을 한 적이 있습니다. 범죄에 대해서는 전혀 모르는 사람으로 살다가 이상한 사건을 저지른 사람들의 이야기를 듣고 판단을 하려고 하니 얼마나 어려웠는지 모릅니다. 만일 네 사람이 사건에 연루되어 있으면 그 네 사람을 각각 다른 방에 두고 진술을 듣습니다. 한 방에 넣어 놓으면 서로 말을 맞추어서 사건을 더 어렵게 만들기 때문입니다. 그런 일을 한 3년 반을 하고 나니까 지치기도 했고, 사건을 해결하는 일이 아니라 조사하는 일이라서 그런지 성취감이 없었습니다. 그래서 조사만 하는 것이 아니라 해결까지 할 수 있는 목회자가 되기로 하고 신학을 했습니다.

저는 목회자가 되기 전에 범죄 사건을 조사했던 적이 있기 때문에 문제가 생기면 조사하고 해결하는 일을 잘하는 편입니다. 목회를 하다 보니 성도들도 자기 잘못을 숨기고 축소하는 것은 마찬가지라는 것을 알게 되었습니다. 누구나 자신의 잘못을 드러내고 싶어하지 않기 때문에 어쩔 수 없는 일인 것 같습니다.

선교 현장에서도 그런 일들이 일어납니다. 선교지에서도 문제는 일어나기 마련인데 혼자 하는 일은 아주 잘하면서 두 사람 이상이 협력해서 하는 일에는 문제가 생기곤 합니다. 그리고 서로 그 문제의 원인이 항상 상대방 선교사에게 있다고 말합니다. 제가 보기에는 방법이 좀 다를 뿐이지 두 사람 다 열심히 하고 있다는 생각이 드는데도 꼭 자신의 방식만이 옳고 그 방식과 다른 방식으로 일을 하는 것은 잘못된 것으로 여기고 불평을 하는 것입니다. 우리 모두가 반드시 고쳐야 할 점 중에 하나라고 생각합니다.

기독교인들이 공공기관이나 정부에서 일을 하다가 정죄를 받으면 교계의 신문이나 잡지 등에 기고를 해 자기 변명을 하는 일이 있습니다. 하나같이 자신은 아무런 죄가 없는데 모함을 당하거나 다른 사람의 잘못을 자신이 책임지게 되었다는 식으로 자기 변호를 하는 데 여념이 없습니다. 그 말을 듣다 보면 자기 잘못으로 직위를 잃어버린 사람은 아무도 없는 것처럼 보입니다. 그 사람들의 이야기를 다 받아들인다면 우리 나라는 잘못한 것이 하나도 없는 사람을 자리에서 쫓아내는, 법이 잘못 집행되고 있는 나라가 되고 맙니다.

물론 부당한 부분이 일부 있을 수도 있지만 자신의 잘못은 하나도 없는데 정죄를 당하는 경우는 그리 많지 않을 것입니다. 자기가 저지른 잘못에 대해서는 거의 인식을 하지 못하고 있거나 잘못이 아니라고 가볍게 생각하기 때문에 그런 변명들이 생기는 것이라고 보아야 합니다.

우리에게도 죄인 줄 모르고 있거나 스스로 인정하지 않는 죄들이 많이 있습니다. 세월이 흘러서 잊어버린 죄들도 많이 있습니다. 아마 우리가 저지른 죄들 중에 거의 대부분은 잊고 있을 것입니다.

우리가 하나님 앞에 고백한 죄는 틀림없이 사함을 받습니다. 그런데 우리가 알지 못하거나 잊어버려서 회개하지 못한 죄는 어떻게 되겠습니까. 그것마저도 예수님께서는 다 지고 가셨습니다. 골고다 골짜기를 올라가실 때에 우리가 모르는 죄를 다 지고 오르신 것입니다. 인정하고 자백한 것뿐만이 아니라 잊었거나 모르고 있는 죄까지도 예수님께서는 다 대속하셨고 용서하셨습니다. 참으로 감사한 일이 아닐 수 없습니다.

저는 몇 년 전에 인도에 다녀온 일이 있습니다. 아시아 신학협회의 이사로 선출이 되어 회의 참석차 다녀온 것입니다. 인도에 있을 때 힌두교 사원을 돌아보았는데 작은 사원에 큰 동상 하나가 있는 것을 발견할 수 있었습니다. 그리고 한 젊은 청년이 그 동상에 노란 페인트를 칠하고 있는 중이었습니다. 제가 그 동상이 누구냐고 했더니 청년은 자기의 하나님이라고 대답했습니다. 그러면서 하나님의 형제가 셋이 있는데 그 중에 지금 칠하고 있는 분이 첫째라고 했습니다. 그리고 이 하나님의 둘째형이 저기 있다면서 손으로 한 곳을 가리켰는데 그곳에는 커다란 바위가 있을 뿐이었습니다. 그 바위 주변은 사람들이 바친 제물들로 인해서 아주 지저분하게 더럽혀져 있었습니다. 사람들이 닭을 가지고 와서 그 바위 앞에서 목을 치고 그 피를 받아서 뿌리는 제사를 지낸다고 하였습니다. 제가 그럼 셋째형은 어디에 있느냐고 물었더니 저를 그 사원 뒤의 작은 집으로 데려갔습니다. 그 속을 들여다보니 아주 작은 동상이 하나 놓여져 있었습니다. 그것을 보고 나서 우리가 믿는 하나님이 얼마나 귀한가 하는 것을 새삼 느꼈습니다.

저를 안내해 주시는 분에게 어떻게 예수를 믿게 되었느냐고 물었습니다. 그는 본래 브라만 계급이고 할아버지가 브라만의 승려였기 때문에 자기도 승려가 되려고 마음먹고 있었는데 어쩌다가 기독교 학교에서 직장 생활을 하게 되었다고 합니다. 그런데 기독교인인 같은 직장의 동료들이 얼마나 친절하게 사랑을 베푸는지 가족 가운데서도 느껴 보지 못한 사랑을 경험하면서 기독교에 대한 매력이 생기게 되었다고 했습니다.

그러던 중에 누가 성경을 주어서 읽게 되었는데 이제까지 수백 수천이라고 믿었던 하나님이 성경에는 한 분밖에 안 계시다는 것을 알게 되었다고 합니다. 얼마 동안 이 문제를 가지고 고민을 하던 중에 어느 날 자기 학교에 교장이 한 분이라는 것에 생각이 미쳤습니다. 그렇게 생각하고 나니 자기 집을 보아도 가장은 한 사람이고 군대에도 총 사령관은 한 사람이고 자기 나라의 최고 책임자도 한 사람이라는 생각이 들었습니다.

그렇다면 하나님도 한 분일 것이라는 결론을 내리고 기독교인이 되기로 결심을 하고는 신학을 공부해서 전도자가 되었다는 것이 그 사람의 이야기였습니다. 우리는 그 사람과 같은 과정을 거치지 않고도 유일신이신 하나님을 믿게 되었다는 것이 얼마나 감사하고 고마운 일인지 알아야 합니다.

가정에 대한 법

10절부터는 가정에 대한 법규가 나와 있습니다.

결혼에 관한 법규

결혼은 기분에 따라 내키는 대로 하는 것이 아닙니다. 감정적인 판단과 의지적 결단이 함께 이루어진 상태에서 해야 합니다. 그래서 완전한 마음의 평화가 이루어진 상태에서 결혼생활에 임해야 합니다.

결혼은 내가 그 사람을 사랑한다고 해서 되는 것이 아닙니다. 삼손을 보십시오. 자신이 나실인이라는 것을 잊어버리고 부모님들의 반대를 무릅쓰고 자기 눈에 아름다워 보이는 여자와 결혼했습니다. 그 결과가 얼마나 엄청난 것이었습니까. 자신은 물론이고 자신이 속한 공동체까지도 파국으로 끝났습니다. 감정적인 판단으로만 결혼을 한 결과인 것입니다.

결혼은 사랑 하나만으로 결정되어서는 안 되는 문제입니다. 결혼은 현실이고 오랜 세월 동안을 지고 가야 하는 서로의 짐입니다. 이 짐은 자신을 지탱해 줄 수도 있고 벗어버리고만 싶은 골칫덩어리가 될 수도 있습니다.

결혼은 일단 감정이 일어나는 단계를 넘어서서 냉정한 판단의 시기를 거친 다음에 이루어져야 합니다. 그리고 결혼을 위해서는 안정된 마음이 필요합니다.

1. 이방인과의 결혼

11-13절에는 포로로 잡아온 여자를 사랑하여 결혼을 하려면 어떤 절차

를 거쳐야 하는가가 기록되어 있습니다.

"네가 만일 그 포로 중의 아리따운 여자를 보고 연련하여 아내를 삼고자 하
거든 그를 네 집으로 데려갈 것이요 그는 그 머리를 밀고 손톱을 베고 또 포
로의 의복을 벗고 네 집에 거하며 그 부모를 위하여 일 개월 동안 애곡한 후
에 네가 그에게로 들어가서 그 남편이 되고 그는 네 아내가 될 것이요."

포로가 된 다른 종족의 여자를 사랑하여 아내로 삼을 경우에는 그의 외모
를 바꾸는 시간뿐만 아니라 슬퍼하고 애곡할 만한 정신적인 준비를 할 여
유를 주어야 했습니다. 그런데 이 때 포로로 잡혀온 여자는 가나안 땅의 여
자를 가리키는 것이 아닙니다. 가나안의 여자와는 결혼하는 것이 허락되지
않았습니다. 가나안 여자와 결혼을 한다는 것은 그들과 혈육으로 맺어지게
되는 것이고 그러면 종교적으로나 풍습적으로 나쁜 영향을 끼치게 될 것이
기 때문에 하나님께서 금지하셨습니다.

여기서 말하는 포로는 가나안을 넘어서는 원방의 종족들 중의 포로를 가
리킵니다. 이방의 포로가 이스라엘 사람과 결혼하기 위해서는 일단 외형적
으로 가지고 있는 이방인의 모습을 제하는 시간을 가졌습니다. 머리를 깎
고 손발톱을 깎고 한 달 동안 집안에서 자신이 부모와 종족을 버리게 된 것
을 슬퍼할 여유를 주어서 과거로부터 단절하게 하는 것입니다.

그 당시는 포로가 된 여자를 사람으로 대우하지 않고 자기 마음대로 할
수 있는 시대였습니다. 그런데도 하나님께서는 포로된 사람들의 인권을 존
중해 주셨습니다. 결혼하지 않고 여자를 함부로 욕보이는 것을 허락하지
않으셨습니다. 그 당시에 이런 법이 있었다는 것은 하나님께서 얼마나 인
간의 권리와 여성의 인권을 존중하셨는가를 잘 나타내 보여 주는 것이라고
할 수 있습니다.

2. 마음의 치유

　머리를 깎는 것은 밖에 나가지 못하도록 하기 위한 조치였습니다. 한 집에서 한 달 동안 함께 지내면서 자기 가족과 종족과 고향을 떠나서 남의 가정, 전혀 다른 성읍에서 다른 종족의 남자와 결혼해서 살아야 하는 데 대한 슬픔을 극복할 충분한 여유를 주었습니다. 여성들은 남자들보다 결혼을 하면 변하는 것이 많이 있기 때문에 결혼을 앞두고 심리적으로 불안과 슬픔을 느끼게 됩니다.

　제 아내는 저와 결혼하자마자 미국으로 가야 했습니다. 그런데 처음 삼 년 동안 얼마나 많이 울었는지 달래느라고 아주 혼이 났습니다. 친정에서 편지 한 장만 와도 울고 한국 이야기만 해도 울고 어쩌다 생각이 날 때마다 울었습니다. 결혼을 하면 미국으로 갈 것을 알고 미리 준비를 했는데도 그렇게 슬픔을 느끼는데 경황 없는 중에 잡혀와서 이방 남자와 결혼을 해야 한다면 얼마나 충격이 크고 슬픔이 크겠습니까. 그런 사람에게는 충분하지는 못해도 슬퍼하고 마음을 정리할 시간이 꼭 필요하였을 것입니다.

　한 달 후면 깎았던 머리와 손톱이 다 자라서 새 옷을 입고 새 생활을 시작할 수 있게 됩니다. 아무리 큰 슬픔이 있다 해도 일주일 이상을 계속해서 울 수는 없습니다. 격정의 시간이 지나면 어느 정도 정리가 되기 마련입니다. 사람이 죽었을 때도 삼일장이나 오일장을 치르고 나면 그 다음에는 슬픔이 가라앉아 담담해집니다. 물론 때때로 다시 생각이 나고 울기도 하겠지만 처음처럼 그렇게 격정적인 슬픔을 느끼지는 않습니다. 한 달 정도의 기간은 어느 정도 마음을 정리하고 새로운 환경에 접할 마음의 준비까지 할 수 있는 시간입니다. 하나님께서는 이런 인간의 심리를 잘 알고 계셨습니다.

그래서 적절한 정리기간을 미리 예비해 놓으신 것입니다.

　제가 우연히 만난 어떤 분은 믿지 않는 남자 분이었는데 저에게 아주 급히 상담을 한 일이 있었습니다. 자기 아내는 아주 신실한 신자로서 믿지 않는 집에 시집와서도 전도를 하면서 신앙을 꿋꿋하게 지켜왔는데 지금 수술을 하고 병상에 누워서는 자기가 가져다 준 성경을 필요없으니 치우라고 야단이라는 것이었습니다. 그 부인은 처음에는 아주 간단한 수술을 했습니다. 그런데 수술을 끝내고 나서 보니 어떤 수술기구의 작은 부분이 떨어진 것을 모르고 봉합을 했다는 것을 알게 되었다고 합니다. 다시 복개를 하고 샅샅이 뒤져서 그 기구를 찾는 대수술을 받았습니다. 그 수술을 받고 나서 심한 육체적인 고통에 시달리게 되자 하나님을 원망하게 된 것입니다. 그렇게 열심히 믿음을 지키려고 애쓰고 가족들의 핍박을 이겨냈는데 하나님이 살아계시다면 나에게 왜 이런 고통이 오겠는가 하는 의심이 든 것입니다. 그렇게 열심이던 아내가 갑자기 하나님을 안 믿겠다고 하고 성경을 보지 않겠다고 하니까 이번에는 믿지 않는 남편이 겁이 나서 저에게 찾아온 것입니다.

　저는 병원으로 찾아가서 그분의 하소연과 원망을 다 들어주었습니다. 뿐만 아니라 응수도 해 주었습니다. 그래야만 그분의 마음속에 쌓인 분노와 슬픔이 빠져나오고 그 영혼이 치유가 되기 때문입니다. 이것이 하나님의 방법입니다.

　무조건 하나님을 원망하는 것은 믿음이 부족해서 그런 것이고 죄악이니 당장 회개하라고 윽박지르는 것은 그 사람에게 도움이 되지 못하고 하나님이 원하시는 방법도 아닙니다. 마음속에 있는 것을 후련하게 쏟아 놓아서 마음에 맺힌 것을 풀고 나면 그 다음에는 시키지 않아도 다시 하나님을 찾게 되어 있습니다. 그분도 나중에는 자신이 하나님의 품을 떠날 수 없다는 것을 고백했습니다. 물고기가 물을 떠나서는 살 수 없는 것과 마찬가지입니다.

시편 43편은 원망의 시편입니다. 선하신 하나님께서 어찌하여 나를 버리시고 나를 내버려두십니까 하는 하소연입니다. 이렇게 불평하고 원망하는 것도 때로는 필요합니다. 이런 통로를 다 막아버리면 나중에는 정신적으로 심각한 상태에 이르게 됩니다. 정신병에 잘 걸리는 사람은 내성적인 사람입니다.

자기의 감정을 잘 드러내지 못하고 표현하지 못하는 사람들이 결국은 쌓인 감정을 극단적으로 폭발시키면서 정신착란을 일으키게 되는 것입니다. 그래서 기도를 열심히 하는 성도들은 정신병에 걸릴 확률이 그만큼 적습니다. 다른 사람을 의식하지 않고 하나님 앞에서 울기도 하고 실컷 기도하고 나면 마음에 쌓였던 것이 다 풀리고 평정이 옵니다. 마음에 평정이 온 상태에서는 다시 하나님과 자신을 생각하고 기도해서 새로운 힘을 얻게 됩니다.

그런데 만일 그 후에 남자의 마음이 변해서 여자를 기뻐하지 않게 되면 그 여자가 원하는 대로 가도록 풀어 주어야 했습니다. 14절을 보십시오.

"그 후에 네가 그를 기뻐하지 아니하거든 그 마음대로 가게 하고 결코 돈을 받고 팔지 말지니라 네가 그를 욕보였은즉 종으로 여기지 말지니라."

여기서 욕보였다는 것은 겁탈을 했다는 뜻이 아니고 그 여자를 포로로 데려와서 아내가 되는 절차를 거치게 해 놓고도 그를 아내로 기뻐하지 않게 되었으므로 정신적으로 욕을 보게 했다는 뜻입니다. 머리가 길고 아름다웠을 때는 사랑하는 마음이 들다가 머리를 깎고 슬픔에 젖어 전혀 가꾸지 않은 여자의 얼굴을 보고 나면 마음이 달라질 수 있습니다. 그러므로 이 한 달 동안은 여자에게는 마음을 정리하는 기간이지만 동시에 남자에게는 그 여자를 사랑하는 것이 외모에 반해서인지 아니면 진정으로 그 여자 자체를 사랑하는 것인지를 판가름하는 기회입니다. 여자에게나 남자에게나 아주 합리적으로 주어지는 기간이라고 할 수 있습니다.

사랑은 외모가 아름답다고 느껴지거나 순간적인 감정에 이끌리는 상태가 아닙니다. 사랑은 그런 모든 감정을 한 단계 뛰어넘는 것이고 그런 상태에서 결혼을 결정해야 현명한 판단을 할 수 있게 됩니다. **사랑은 감정이 아니라 의지입니다.**

그 여자는 결혼이 무효화됨에 따라서 명예를 잃어버렸기 때문에 비록 포로이지만 물건처럼 취급되어서는 안 된다고 하셨습니다. 자기에게 필요없는 존재가 되었다고 해서 돈을 받고 다른 사람에게로 팔아넘길 수 없으며 인격적으로 대우해서 그 여자가 원하는 대로 해 주어야 했습니다. 법은 정당하게 집행되어야 하며 감정적으로 처리하기 쉬운 것들을 정의롭게 하기 위해서 법은 존재합니다. 하나님께서는 마음이 변했다고 해서 다른 사람을 아무렇게나 함부로 다루지 못하도록 이런 법을 만들어 놓으셨던 것입니다. 하나님의 혜안이 아니면 할 수 없는 일입니다.

장자의 권리에 관한 법규

15-17절까지는 장자의 권리에 대한 법규입니다.

한 남자에게 부인이 둘이 있는 경우에 한 사람은 미움을 받고 한 사람은 사랑을 받게 될 수도 있습니다. 이 때 두 사람 모두 아들을 낳았는데 미움을 받는 여자의 아들이 장자인데도 사랑을 받는 여자의 아들에게 장자권을 물려주는 일이 없도록 만드신 규정입니다.

사람은 자기의 마음이 가는 곳에 자신의 재산도 물려주려고 합니다. 그러나 장자는 인간의 힘으로 얻을 수 있는 권한이 아닙니다. 하나님께서 정해 주신 서열인데 그것을 무시하고 자기 마음이 이끌리는 대로 재산을 물려주려 하는 것은 자연의 법에 어긋날 뿐 아니라 혈육간에 미움을 심는 일입니다. 자신이 장자가 분명함에도 불구하고 아버지의 임의대로 이복동생에게 장자권을 물려주었다면 그 아들이 아버지와 이복동생을 어떻게 생각하겠습니까. 마음속에 원망과 미움이 싹틀 수밖에 없습니다. 하나님이 주신 장자권을 인간적인 감정에 의해서 마음대로 바꾸는 것은 하나님 앞에도 죄지만 그 아이 앞에서도 죄입니다.

악한 자식에 대한 법규

18-21절에는 완악하여 부모를 알지 못하고 공경하지 않는 자식에게는 무서운 벌을 내리라는 하나님의 명령이 나옵니다. 한 부모에게 완악하고 패역한 아들이 있어서 그 아들의 행실이 바르지 않고 부모가 징책하는 것도 듣지 않으면 그 부모는 그를 잡아서 장로들에게 데려가서 심판을 받게 할 수 있었습니다.

20-21절을 보십시오.

"그 성읍 장로들에게 말하기를 우리의 이 자식은 완악하고 패역하여 우리의 말을 순종치 아니하고 방탕하여 술에 잠긴 자라 하거든 그 성읍의 모든 사람들이 그를 돌로 쳐 죽일지니 이같이 네가 너희 중에 악을 제하라 그리하면 온 이스라엘이 듣고 두려워하리라."

부모에게 순종하지 않고 인륜을 거스르는 잘못을 저지르면 그는 고발을 당해서 죽게 되어 있었습니다. 부모가 자식을 고발할 정도니 그가 얼마나 심한 패륜아며 얼마나 그 부모를 괴롭히고 고통 속에 몰아넣은 자이겠습니까. 장로에게 고발을 한다는 것은 너무 고집이 세고 반항이 거세서 도저히 부모의 힘으로는 어떻게 할 수 없는 상태에 이르렀을 때에 행할 수 있는 최후의 조치입니다. 부모에게 이렇게 할 정도의 사람이면 다른 사람들에게 대하는 것은 더 심해서 마을에서도 그를 그대로 놔 둘 수 없을 정도라고 보아야 할 것입니다.

부모에게 저지르는 죄는 다른 죄보다 더 질이 나쁘고 악하기 때문에 용서할 수가 없습니다. 부모는 하나님을 대신해서 섬겨야 할 소중한 대상입니다. 보이는 부모님께 바르게 대하지 않는 사람이 보이지 않는 하나님에 대해서 경건할 수가 있겠습니까. 더 말할 나위 없이 불손하고 불경스러울 것입니다. 그래서 이런 사람은 마을 사람들이 모두 돌로 쳐서 죽이는 벌을 주어서 온 이스라엘 사람들에게 경고하라고 하셨습니다. **부모를 공경하는 사람은 하나님의 축복을 받는다고 약속되어 있지만 부모에게 불순종하는 사람에게는 죽음의 벌이 기다리고 있습니다.**

그러나 이스라엘 역사 가운데서 이 법을 집행했다는 기록은 없습니다. 자식을 죽이라고 내어주는 부모는 없었다는 말입니다. 아무리 부모를 괴롭혀도 그 자식을 사랑하여 끝까지 보호하고 잘되기를 바라는 것이 부모입니다. 부모가 어떻게 자식을 죽음 가운데 내어 줄 생각을 하겠습니까. 또 이렇게 엄격한 법이 제정되어 있었기 때문에 감히 부모에게 패역하는 마음을 먹을 수가 없었을 수도 있습니다. 잘못하면 자기 목숨을 잃기 때문에 순간적으로 잘못했다가도 부모가 타이르면 그것이 무엇을 의미하는지 알고 용서를 빌고 사죄했을 것입니다.

여러 가지 규정들

끝으로 22-23절에는 기타 법규로서 사형에 처한 자들을 처리하는 법에 대하여 제시되어 있습니다. 어떤 사람이 죽을 만한 죄를 범해서 사형당했을 때에는 그 시체를 매달아서 다른 사람들의 경고로 삼되, 그 시체는 밤새도록 달아두지 말고 당일에 장사하여 하나님께서 기업으로 주신 땅을 더럽히지 말라고 하십니다. 왜냐 하면 그는 하나님의 법을 어긴 자로서 저주를 받은 자이기 때문입니다. 하나님의 저주를 받아서 죽은 자를 나무에 그대로 매달아 두는 것은 하나님께서 주신 거룩한 땅을 더럽히는 행위였습니다. 한 사람의 시신으로 인해 땅이 더럽혀지지 않으면서 사람들에게 경고하는 것도 그날 하루로 끝내게 했습니다. 사도 바울이 예수님의 십자가 지심을 우리 대신 저주를 받아 나무에 매달렸다고 비유한 것이 바로 이 부분에 근거한 것입니다(갈 3:13).

이외에 사회에 대한 도덕규례는 계속해서 22장으로 이어집니다.

윤리에 관한 법

22:1-30

하나님께서 주신 대전제는 변함이 없지만
그것을 적용하는 데는 지혜가 필요하고 융통성이 필요합니다.

22장은 여러 가지 도덕에 관한 규례들이 나와 있습니다.

1-12절까지는 자연계와 관계되는 것들에 대한 법입니다. 하나님의 창조 질서와 이웃에 대한 세심한 배려를 말하고 있는 법규들인 것입니다.

그리고 13-30절까지는 한 단계 높은 인간의 윤리적 규범, 특히 결혼과 남녀관계에 대한 여러 가지 법규를 묶어서 제시해 두었습니다.

창조의 질서를 존중하라

1-12절에서는 이웃에 대한 배려심을 가지며 하나님의 창조의 질서를 존중하라고 말씀하고 계십니다. 어떤 것을 명령하고 계신지 구체적으로 살펴보겠습니다.

첫 번째로 잃어버린 짐승이나 물건을 발견했을 때는 주인을 찾아주라고 하십니다.(1-3절)

지금은 물건이 흔한데다가 돈이 있으면 무엇이라도 살 수 있는 세상이기 때문에 남의 잃어버린 물건에 대해서 별 관심을 갖지 않는 것 같습니다. 옛날에는 물건이 귀하고 마음대로 살 수도 없는 때여서 한 가지를 잃어버리면 그것으로 인해 큰 불편을 겪고 작은 것이라도 재산상으로 큰 손해를 입었습니다. 따라서 잃어버린 물건을 주인에게 찾아주는 것은 아주 큰 은혜를 베푸는 것이었습니다. 그러므로 하나님께서는 이웃의 물건을 찾거나 발견하게 되면 반드시 주인에게 돌려주라고 명령하십니다.

옛날에는 물건만 재산이란 개념에 해당되었지만 현대에 와서는 시간도 재산만큼이나 소중하게 생각되기 때문에 시간 역시 이 규범을 적용시켜 생각해야 합니다. 웨스트민스터 신앙고백에 보면 남의 시간을 허비하지 않게 하는 것도 형제를 돕는 일이라고 되어 있습니다. 성경이 기록될 당시에는 명시되지 않았지만 시간이 지나고 가치관이 달라짐에 따라 재산에 대한 개념도 달라졌다는 것을 생각해서 이웃의 재산을 보호하고 지켜주도록 해야겠습니다.

1절을 보십시오.

"네 형제의 우양의 길 잃은 것을 보거든 못 본 체하지 말고 너는 반드시 끌어다가 네 형제에게 돌릴 것이요."

우리 그리스도인들은 형제들을 제 몸처럼 돌보아야 합니다. 하나님께서 가인에게 아벨이 어디 있느냐고 물었을 때 가인은 "내가 동생을 지키는 자입니까?"라고 되물으면서 자신과 동생은 서로 돌보아야 할 아무런 이유도 없는 사람처럼 대답했습니다. 이것이 바로 범죄한 사람의 태도입니다. 죄가 우리를 덮고 지배하게 되면 이웃에 대한 관심을 앗아갑니다. **성령이 충만할수록 형제를 돌보고 나누고 관심을 갖습니다.**

이웃에 대한 사랑은 그저 말로만 사랑한다고 해서 이루어지는 것은 아닙니다. 마음만 가지고 있어도 안 됩니다. 그들의 생활에 관심을 갖고 도울 수 있는 것을 찾아서 적극적으로 돕는 행동이 뒤따라야 합니다. 누군가를 진정으로 사랑하게 되면 그가 어떤 고민을 하고 있는지, 그것을 해결하기 위해서는 어떤 해결책이 필요한지를 생각하고 함께 노력하게 됩니다. 누가 시키지 않아도 자연스럽게 이런 마음을 갖게 되는 것이 사랑입니다.

미국에도 '찾은 사람이 임자'라는 속담이 있습니다. 어떤 물건을 줍게 되면 주인을 찾아주기보다 자기 것이라고 생각하는 것을 꼬집어 말하고 있는 것입니다. 우리에게도 이 속담이 통용될 것 같습니다. 조금 값이 나가 보이면 자기 주머니로 들어가고 값이 나가는 것이 아니면 길 중앙에 떨어져 있어도 거들떠보지도 않는 것이 요즘 세태입니다.

우리 믿는 사람들은 이런 세태를 그대로 따라가서는 안 됩니다. 이미 3,500년 전에 하나님께서 그렇게 해서는 안 된다고 명시해 놓으신 것을 기억하고 이웃과 이웃의 재산을 돌보고 지키는 데 자신이 할 수 있는 일들은 다 하는 사람들이 되어야 하겠습니다.

두 번째로 이웃이 도움을 필요로 하면 못 본 척하지 말고 도와주라고 하십니다.(4절)

4절을 보십시오.

"네 형제의 나귀나 소가 길에 넘어진 것을 보거든 못 본 체하지 말고 너는 반
드시 형제를 도와서 그것을 일으킬지니라."

형제가 다른 사람의 도움을 필요로 하는 상황에 있다면 그를 반드시 도와
주라는 말입니다. 여기서 짐승은 그냥 쓰러진 것이 아니라 너무 많은 짐을
져서 쓰러진 것을 말합니다. 그래서 다른 사람의 도움이 없이는 도저히 일
어날 수 없을 때에 그것을 그냥 지나치지 말고 일으켜 주라는 말입니다.

이것을 현재에 적용해 본다면 도로상에서 고장이 난 차를 만났을 경우를
예로 들 수 있을 것입니다. 차가 고장이 났는데 어쩔 줄 몰라 난처해하고 있
는 사람을 보면 그대로 지나치지 말고 무슨 고장 때문에 그러는지 알아보
고 손을 쓸 수 있는 것이면 손을 써 보고 아니면 차를 견인해 갈 수 있도록
연락을 취해 주는 것도 큰 도움이 될 것입니다. **이웃의 고통을 돌아보지 않는
사람은 하나님의 계명을 어기는 사람입니다.**

그런데 요즘은 세상이 많이 달라져서 다른 사람의 도움을 받기도 어렵고
도움을 주기도 조심스럽습니다. 어려운 상황에 빠진 사람을 도와주겠다고
다가와서는 잠시 그 사람이 방심하는 사이에 해를 입히는 신종 범죄들이
늘고 있기 때문입니다. 어떤 도움을 주겠다고 해도 상대방이 그것을 순수
하게 받아들이기보다는 의심의 눈으로 쳐다보기 일쑤입니다. 얼마나 무서
운 세상인지 차의 옆 좌석에 앉은 사람이 음료수를 권해도 마음놓고 마실
수 없는 형편이 되었습니다. 정말 안타깝고 슬픈 일입니다. 그러나 그렇다
고 해도 **마땅히 행해야 할 선을 행하는 것을 주저하거나 이웃의 불행에 무관심해
서는 안 되겠습니다.** 그럴수록 돕는 일에 지혜를 갖도록 해야 합니다.

세 번째는 남녀의 창조질서를 구별하여 유지하라고 하십니다.(5절)
5절에는 이제까지와 조금 다른 내용이 삽입되어 있습니다.

"여자는 남자의 의복을 입지 말 것이요 남자는 여자의 의복을 입지 말 것이라 이같이 하는 자는 네 하나님 여호와께 가증한 자니라."

이 말씀은 남녀의 창조질서를 구별하여 유지하라는 뜻입니다. 하나님께서 남녀를 창조하실 때에 남자는 남자로 창조하시고 여자는 여자로 창조하셨습니다. 각 성별은 그 창조된 대로의 고유성을 가지고 있습니다. 여성은 여성다워야 하고 남성은 남성다워야 합니다. 우리 나라에서도 점점 남녀를 구분할 수 없는 '유니 섹스' 문화가 넓어지고 있는 것 같습니다. 남자들이 미장원에서 이상야릇하게 머리를 자르거나 화장, 귀걸이 착용 등 여성 고유의 것으로 여겨지던 행동을 하는가 하면, 여자들은 군복을 입고 군화를 신고 넥타이를 하고 다닙니다. 뒷모습을 보면 여자인지 남자인지 전혀 구분이 가지 않습니다. 이 본문을 보면 하나님께서는 이렇게 하고 다니는 것을 반대하신다는 것을 알 수 있습니다.

하나님께서 창조하신 대로 여성은 여성만이 갖는 고유한 성향을 유지하고 또, 남성은 남성만이 가진 고유한 기질을 잘 유지한 채로 이 두 기질이 잘 조화되어 이루어지는 사회가 바람직한 사회입니다. 이것이 서로 뒤섞여 구분이 가지 않으면 그 사회는 성적 도착으로 인한 혼란이 가중될 것입니다.

미국은 이런 문제로 벌써 골치를 앓고 있습니다. 이성에 대한 신비와 호기심을 가진 상태에서 서로를 존중해야 원만하고 조화로운 가정과 사회를 이루어 갈 수 있습니다. 서로에 대해 아무런 호기심이나 동경이 없으면 서로의 역할에 대한 존중도 없어집니다. 그래서 미국의 일각에서는 복음주의 교회의 지도자들이 어릴 때에 남녀를 구별해서 학교에 다니게 함으로써 상대방에 대한 동경과 존중하는 마음을 갖도록 교육에 힘쓰는 것입니다.

성경적인 여성운동은 여성다운 여성을 만드는 것입니다. 남성 같은 여성을 만드는 것이 여성운동은 아닙니다. 억압된 여성의 권리를 찾아주는 것을 단순히 남성과 똑같은 기질과 성향을 가지고 똑같은 일을 하게 하는 것이라고 생각해서는 안 됩니다. 남성과 대립하는 것을 여성운동으로 여기는 것은 아주 편협한 생각에 불과합니다. 어떻게 하면 남성들과 조화로운 사회를 만들어 나갈 것인가를 생각하는 것이 참다운 여성운동이라고 할 것입니다. 여성을 여성으로 살 수 있도록 하는 것만큼 훌륭한 여성운동이 어디 있겠습니까.

미국의 복음주의 교회의 여자 성도들은 교회에 올 때 꼭 치마를 입고 옵니다. 가능하면 바지를 입고 오지 못하도록 합니다. 그렇게 하는 것이 하나님 앞에 예의를 지키는 것이라고 생각하기 때문입니다. 저도 교회에 올 때는 되도록 갖출 수 있는 예를 다 갖추는 것이 좋다고 생각하는 사람입니다. 꼭 좋은 옷을 입어야 한다는 말이 아니라 단정하고 깨끗한 정장을 하고 오는 것이 하나님 앞에 오는 예의라는 뜻입니다.

네 번째는 생태계를 존중하라고 하십니다.(6-7절)

6-7절에는 짐승을 잡을 때의 도리를 말해 줍니다. 짐승이라도 그 씨를 마르게 하지 말라는 말씀입니다. 어미와 새끼가 같이 있는 둥지를 발견했을 때 그 둘을 다 잡는 것이 아니라 새끼는 잡되 어미는 놓아주는 것이 도리입니다. 창조와 생명에 대해 세심한 배려를 해 주라는 말입니다. 어미와 새끼를 눈에 띄는 대로 잡다 보면 생태계의 한 고리를 위협할 수 있기 때문에 금하도록 하신 것입니다. 지금은 공해로 인한 생태계의 위협이 가장 크지만 본문이 쓰여질 당시에는 사람의 무자비한 욕심이 가장 큰 위협이었을 것입니다. 하나님께서는 그런 파괴적인 욕심을 경계하신 것입니다. **생태계가 보존되는 세계에서 살아야 그 땅에서 사는 삶이 복을 누리게 됩니다.**

다섯 번째는 이웃을 배려하라고 하십니다.(8절)

새 집을 지을 때는 지붕에 난간을 만들어서 이웃 사람들이 거기서 떨어져 죽는 일이 없도록 해야 했습니다. 이것은 이스라엘의 집 구조가 독특하게 만들어져 있어서 지붕에서도 생활을 했기 때문에 생긴 명령입니다. 이 말씀을 현재 우리가 살고 있는 집들에 그대로 적용할 수는 없을 것입니다. 그렇지만 집안에 위험한 곳이 없도록 하고 집 주변도 다른 사람들이 다니면서 다치는 일이 생기지 않도록 신경을 써야 합니다. 겨울에 눈이 왔을 때는 집 주변을 반드시 쓸어서 행인들이 넘어지지 않도록 하는 것이 그런 일에 해당할 것입니다. 단지 지붕 난간에 대한 문제가 아니라 이웃에 대한 세심한 배려와 보호가 이 명령의 본 의도이기 때문입니다.

웨스트민스터 신앙고백에 살인하지 말라는 명령은 자기 손으로 사람을 죽이지 않는 것은 물론 사람의 생명을 존중하고 살릴 수 있는 경지까지 가야 제대로 지키는 것이라고 되어 있습니다. 하지 말라는 계명을 적극적으로 해석한 것인데 저는 이 문구를 읽고 아주 감명을 받았습니다. **하나님의 계명을 지키는 일은 단순히 하지 말라고 하는 것을 하지 않는 것이 아니라 그것을 넘어서 적극적으로 한 걸음 더 나아가는 것입니다.**

십계명은 우리가 지켜야 할 최고의 법이 아니라 제일 초보적인 것입니다. 소극적으로 표현된 십계명을 문자 그대로 지키는 것에서 지나 적극적인 선한 행위로 나가는 것이 제대로 하나님의 계명을 이행하는 것이라는 뜻으로 작성된 그 신앙고백문을 읽었을 때 저는 매우 강한 인상을 받았고 제 신앙에 도전이 되었습니다. 그리고 성경을 보는 눈도 많이 달라졌습니다.

여섯 번째는 혼합하는 것을 금지하십니다.(9-11절)

하나님께서는 전혀 종류가 다른 두 가지를 섞는 것도 금하십니다.

9-10절입니다.

"네 포도원에 두 종자를 섞어 뿌리지 말라 그리하면 네가 뿌린 씨의 열매와 포도원의 소산이 다 빼앗김이 될까 하노라 너는 소와 나귀를 겨리하여 갈지 말며 양털과 베실로 섞어 짠 것을 입지 말지니라."

농사를 짓는 것도 창조의 질서와 토양에 맞게 해야 합니다. 그렇지 않으면 거둘 수 있는 수확의 양이 적어지거나 아예 열매를 얻을 수 없게 됩니다. 종은 서로 같은 것끼리 조화를 이루어야 순리를 따른 것입니다. 소와 나귀를 함께 묶어서 밭을 갈면 서로 발도 맞지 않고 기질도 맞지 않아서 그 밭을 잘 갈 수가 없습니다. 옷감도 같은 천으로 옷을 만들어 입어야지 그렇지 않으면 찢어지고 뜯어져서 금방 입지 못하게 됩니다.

최근 교회성장학을 연구하는 학자들은 성장의 원리 중 동질성의 원리가 매우 중요하다는 것을 발견하였습니다. 같은 예수님을 믿는 형제들도 너무나 다른 사람들이 섞여 있으면 지내는 데에 어려움이 많이 있습니다. 물론 그리스도 안에서는 모든 것이 하나라는 것이 성경의 대전제입니다. 그래서 민족이나 인종의 차별이 없어져야 하는 것은 당연합니다. 그런데 미국의 경우를 보면 흑인과 백인들을 섞인 곳은 교회가 잘 운영되지 않고 하는 일마다 일치가 되지 않아서 많은 교회가 문을 닫았습니다. 하나님께서 주신 대전제는 변함이 없지만 그것을 적용하는 데는 지혜가 필요하고 융통성이 필요합니다.

따라서 교회는 비슷한 환경에 있는 사람들끼리 모여서 그들에 맞는 방식으로 운영을 하는 것이 좋습니다. 연합해서 해야 할 일은 얼마든지 다른 교회들과 연합해서 하고, 서로 다른 교회의 방식을 비난하지 않아야 합니다. 사람들이 각각 서로의 문화와 생활 방식의 차이를 인정해 주고 다양성 안에서 하나가 되는 방법을 찾는 것이 중요합니다.

하나로 통일되는 것이 중요하다고 해서 모든 면에 획일적이 되기를 강요하는 것은 하나님께서 주신 개성을 말살시키고 다양한 아름다움을 인정하지 않는 편협하고 파괴적인 태도입니다. 각 개인마다 그 사람에게 맞는 성품과 기질을 주신 하나님께서 이런 것을 기뻐하실 리가 없습니다. **각기 다른 것들이 조화 속에서 통일을 이루는 것이 진정한 하나가 되는 것입니다.**

일곱 번째는 하나님의 사람이라는 것을 잊지 말라고 하십니다.(12절)

12절 말씀에 "입는 옷 네 귀퉁이에 술을 만들어 달라"는 것은 하나님의 말씀에 순종하면서 살겠다는 것을 표현하는 방법이었습니다. 자신이 하나님의 말씀을 따라 사는 하나님의 사람이라는 것을 잊지 않기 위해서 눈으로 볼 수 있는 표시를 한 것이 옷의 네 귀퉁이에 술을 다는 것이었습니다.

깨끗하고 아름다운 결혼

13절부터 30절까지에는 남녀 사이에 지켜야 할 윤리적인 문제 몇 가지를 다루고 있습니다.

가장 먼저 등장하는 경우에는 어떤 남자가 결혼을 하여 그 아내와 동침을 하고 나서는 그 아내를 미워하여 아내가 처음 시집을 왔을 때에 처녀가 아니었다고 누명을 씌우는 경우입니다. 그럴 때에는 그 여자의 아버지가 신혼 밤에 입었던 옷이나 침대보에 나타나 있는 처녀성의 흔적을 마을 장로들에게 가져가서 진실을 밝히고 여자의 명예를 회복시켜 주어야 했습니다. 이러한 관습이 남아 있어서 지금도 이스라엘의 베드윈 족들은 신혼 첫날밤의 이부자리를 신부집에서 가져가는 것이 관례로 되어 있습니다.

남자가 아내를 쫓기 위해서 거짓말을 한 것이라는 것이 밝혀지면 그 남자는 장인에게 은 백 세겔을 주어야 하고 자기 아내와는 평생 절대로 이혼할 수 없었습니다. 이것은 여성의 존엄성과 생존권을 보호한 조치라고 할 수 있습니다. 남자가 마음대로 여자를 버릴 수 없도록 법적으로 명확한 기준과 법규를 세워 놓은 것입니다. 재산이나 물건으로 취급을 받았던 고대 여성의 지위를 생각한다면 아주 선진화된 법이 아닐 수 없습니다.

그런데 만일 그 남자의 말이 사실이어서 여자가 시집을 왔을 때에 처녀가 아니었다면 그 여자는 마을 사람들 가운데 끌어내어 돌로 쳐 죽임을 당해야 했습니다. 이렇게 여러 사람 가운데 벌을 내린 이유는 다른 이스라엘의 여인들이 혼전의 순결을 중시하고 잘 지킬 수 있도록 하기 위한 경고였습니다.

요즘은 신학생들까지도 혼전 순결을 절대적으로 지킬 필요는 없다고 생각하는 것 같습니다. 그러나 하나님께서는 예나 지금이나 혼전에는 순결해야 한다고 말씀하십니다. 결혼 전에 순결을 잃는 일은 창기와 같은 행동이므로 그런 사람을 죽여서 악을 제하라는 것이 하나님의 명령이었습니다.

순결의 문제는 여자에게만 해당되는 것은 아닙니다. 사실 성경에는 여자들의 순결 문제만 언급되어 있습니다. 그러나 그것이 남자들은 어떻게 해도 상관이 없다는 것을 뜻한다고 생각하면 안 됩니다. **순결은 남녀 모두가 지켜야 할 문제입니다.** 사랑하는 사람을 만나서 결혼을 할 때까지 자신의 순결을 소중하게 지키고 상대방의 순결도 지켜주는 마음 자세가 있어야 하겠습니다.

처녀 총각의 순결이 중요한 만큼 결혼을 한 사람들의 순결도 중요합니다. 22절을 보십시오

"남자가 유부녀와 통간함을 보거든 그 통간한 남자와 그 여자를 둘 다 죽여

이스라엘 중에 악을 제할지니라."

유부녀와 유부남이 통간함을 보거든 그 자리에서 모두 죽이라고 되어 있습니다. 부부간의 성실함을 그만큼 중요하게 생각하신다는 것을 반증하는 것이라고 하겠습니다. 지금 이 법을 그대로 적용을 한다면 얼마나 많은 사람들이 죽을지 모릅니다. 이 시대는 그만큼 성윤리가 많이 흔들리고 무너진 상태입니다.

22-24절에 보면 어떤 여자가 약혼을 한 상태에서 다른 남자와 성읍 안에서 통간을 한 경우에도 두 사람 다 끌어내어 죽이게 했습니다. 성 중에서 원하지 않은 일을 갑자기 당하게 되었다면 여자가 소리를 질러 도움을 요청할 수 있는데 그렇게 하지 않았으므로 서로 통간을 한 것이나 마찬가지여서 정상을 참작해 줄 수 없다고 판단한 것입니다. 자의적으로 간음을 행한 경우에는 마땅히 죽임을 당해야 했습니다.

그러나 그와 반대로 어쩔 수 없이 강간을 당한 경우에는 처벌 규정이 달랐습니다. 25-27절에 보면 들에서 남자를 만나서 강간을 당한 경우에는 그 남자만 죽이라고 하고 있습니다. 아무도 지나지 않는 들에서 벌어진 일이므로 여자가 소리를 질러도 도움을 줄 사람이 없었다는 것을 참작해서 여자는 살렸던 것입니다. 같은 사건이 벌어졌다 해도 그 주변의 상황을 고려하여 전혀 다른 처벌을 했습니다. 하나님의 법은 결과만을 가지고 처벌을 하는 것이 아니라 그 사건이 일어나게 된 배경을 잘 살펴서 참작할 것은 참작을 하고 법으로 다스려야 할 것은 엄중히 다스리는 합리성이 있습니다.

만일 남자가 약혼하지 않은 처녀와 통간하는 중에 발각이 되면 그 남자는 여자의 부모에게 은 오십 세겔을 주고 그 여자를 아내로 맞이해야 했습니다. 남녀 관계는 철저한 책임하에 이루어지는 것입니다. 그저 장난으로 가볍게 생각하거나 무책임하게 서로를 대하는 것은 하나님 앞에 악한 죄를 짓는 것이었습니다. 현재는 하나님의 말씀을 지키면서 살기가 아주 어려운 시대입니다. 대부분의 사람들이 성을 가볍게 여기고 아무런 죄의식도 없이 살고 있기 때문입니다. 그런 세상 가운데서 하나님의 말씀을 그대로 따르며 사는 일은 시대에 뒤떨어진 일처럼 느껴지기도 합니다. 그러나 성 문제만은 시대에 따라 변하는 문제가 아닙니다. 아무리 시대가 많이 변해도 지켜야 할 선이 분명한 문제입니다.

마지막 30절에는 아버지의 후실을 취함으로써 아비의 하체를 드러내는 죄를 짓지 못하도록 하였습니다. 르우벤이 자기의 서모인 빌하와 통간함으로 말미암아 장자이면서도 장자의 권리와 축복을 받지 못한 바가 있습니다. 자기 서모와 통간함으로 아버지의 침상을 더럽히는 것은 하나님이 보시기에 악한 죄였기 때문입니다. 아버지의 부인은 아무리 자기와 피가 섞이지 않았다 하더라도 어머니로 대접하고 모시는 것이 마땅합니다.

서모를 범하는 근친상간은 아버지의 명예까지 더럽히는 반인륜적인 행동이므로 당연히 금지되어야 할 범죄행위입니다. 아무리 윤리 도덕이 무너진 시대라 하더라도 이것에 이의를 제기하지는 않을 것입니다.

이스라엘 공동체 소속원의 권리와 의무

23:1-25

우리가 우리 몸을 깨끗하게 하고 마음을 정결하게 해야 하는 이유도
우리가 하나님의 성전이며 우리 안에 하나님께서 거하시기 때문입니다.

신명기 23장 1-8절까지에는 이스라엘 공동체에 소속될 수 없는 사람들이 어떠한 사람인가에 대해 나와 있습니다.

공동체에서 제외된다는 것은 쉽게 말하면 이스라엘 사람들의 예배에 참석할 수 없다는 것입니다. 공동체에서 제외된 사람은 회합에서 어떠한 직책도 맡을 수 없었습니다. 사람들과 함께 산다고 해서 이스라엘 공동체의 일원이 되는 것이 아니라 함께 드리는 예배에 참석하는 사람만이 참된 공동체의 일원이라고 할 수 있습니다. 그런데 그 공동체 중에서 다음 다섯 종류에 해당하는 사람들은 공동체에서 제외시키라고 하십니다.

이스라엘 신앙 공동체에서 제외된 사람

첫째는 성기에 상해를 입어서 불구가 된 사람입니다. 성기가 절단되거나 상해서 제 기능을 할 수 없는 사람은 하나님의 창조질서에 어긋나기 때문에 하나님의 총회에 들어오지 못하게 하신 것입니다. 하나님께서 주신 자연 그대로의 모습이 파괴된 사람은 하나님을 기쁘게 하지 못하는 사람이기 때문에 하나님의 총회에 소속하는 것이 허락되지 않았습니다.

둘째는 사생아도 하나님의 총회에 들어올 수 없었습니다. 여기서 '사생아'라는 단어는 그 어원이 분명하지 않은데 내용으로 보아서 근친상간이나 간음으로 인해서 생긴 아이를 가리키는 것 같습니다. 즉 정상적인 과정을 통하여 낳은 사람이 아니면 하나님의 공동체에 들 수 없었습니다. 그것도 자기 대에서만 그런 것이 아니라 자기 후대까지도 들어오지 못하게 했습니다. 2절에는 '십 대까지'로 되어 있지만 그렇다고 해서 꼭 십 대까지를 말하는 것이 아니라 그렇게 오랜 시간이 지나도 대대로 들어오지 못한다는 것을 나타냅니다. 물론 학자들 중에는 십 대를 문자적으로 해석하는 사람들도 있습니다. 어쨌든 **이것은 하나님의 자녀들이 거룩하게 유지되어야 한다는 것을 말해 줍니다.**

아브라함에게는 이삭과 이스마엘 외에도 첩들을 통해서 난 자식들이 많이 있었지만 이삭을 이르러 '독생자'라는 말로 표현합니다. 이삭만을 정상적인 아브라함의 아들로 인정한 것입니다. 그것은 이삭이 하나님께서 주신 언약의 자식이기 때문입니다. 자식이 많다고 해서 무조건 힘이 되는 것이 아니라 하나님께 축복을 받은 정상적인 관계를 통한 아들만이 힘이 될 수 있는 것입니다.

셋째는 암몬과 모압 자손들도 제외되었습니다. 이들은 이스라엘과 친척이 되는 민족인데도 광야 생활 40년 동안 아무런 도움이 되지 못했을 뿐만 아니라 오히려 발람을 통해서 이스라엘 민족을 저주하고 하나님의 징계를 받게 만든 민족이기 때문입니다. 그들은 인간으로서의 가장 기본적인 욕구를 해결하기 위해서 물을 마시고 그에 대한 대가를 지불하겠다고 하는데도 길을 내어주지 않았습니다. 그들이 하나님의 백성을 저주한 그 저주가 자신들에게로 돌아가게 된 것입니다.

하나님의 백성은 다른 사람의 저주를 받지 않습니다. 하나님이 아니면 그 백성을 저주할 수 없습니다. 축복과 저주가 모두 하나님께로부터 나오기 때문입니다.

하나님의 자녀들을 함부로 비난하거나 저주하는 것은 자기 자신에게 저주하는 것과 같은 행동입니다. 이것을 믿고 사는 사람은 다른 사람들의 저주를 겁낼 필요가 없습니다. 하나님이 아니면 그 누구도 우리를 해칠 수가 없기 때문입니다.

남에 대해서 늘 좋지 않은 말을 하는 사람들이 있습니다. 그런 사람들은 남의 일을 과장되게 전하거나 심지어 없는 소리를 지어내는 것이 버릇처럼 되어 있습니다. 이런 사람들은 절대로 잘 될 리가 없습니다. 자신이 말한 모든 것이 자기 자신에게로 되돌아오기 때문입니다. 자기가 한 그 비판으로 비판받으리라는 말은 신약에도 나오는 말씀입니다. 좋은 말만 해도 부족한 시간에 왜 남에게 좋지 않은 말을 해서 스스로를 해치는지 모르겠습니다.

근거 없이 나쁜 소리를 하고 남을 모함하는 사람은 자신이 모함한 그 말로 자신이 정죄받게 되리라는 것을 명심해야 합니다. 입술에 늘 축복만이 있는 사람은 그 사람 자신이 항상 축복을 받습니다. 심는 대로 거두는 것입니다.

넷째는 에돔 사람은 이스라엘 공동체에 참여시키지 말되 미워하지는 말라고 되어 있습니다. 에돔은 에서의 자손이므로 이스라엘과는 형제와 같은 민족이기 때문입니다. 또 애굽 사람도 미워하지 말라고 하십니다. 이스라엘이 그 땅에서 430년 동안 살았기 때문입니다. 이 말씀을 통해서 하나님께서는 어쨌든 신세를 지고 살았던 땅의 사람들을 미워하지 않는 것을 도리로 여기고 있다는 것을 알 수 있습니다. 에돔과 애굽은 암몬과 모압과는 반대의 경우라고 할 수 있습니다.

이스라엘을 저주하는 자는 저주를 받고 작은 덕이라도 베풀었던 사람들은 그 대가를 받는 것입니다. 이렇게 **이스라엘 사람에게 주는 약속은 곧 지금의 우리에게 주시는 약속입니다.**

성숙한 사람은 객관적인 시각을 가진 사람입니다. 아무리 자신에게 나쁜 말을 하고 자신을 근거 없이 비난하는 사람이라 할지라도 그 사람이 잘 한 것은 잘 했다고 인정해 주고, 반대로 아무리 자기에게 잘 해주는 사람이라 할지라도 그 사람이 잘못한 것은 잘못했다고 이야기하는 것이 성숙한 사람의 태도입니다. 애굽 사람들이 나중에는 이스라엘 사람들을 괴롭히고 가나안으로 가지 못하도록 여러 가지로 방해를 했지만 요셉의 때에 이스라엘이 거주할 땅을 주어 이스라엘 자손이 번성하고 그 땅에서 재물을 얻을 수 있게 도와주었던 것을 인정해 주어야 했습니다. 그래서 애굽 사람은 삼 대가 지나면 그 자손이 할례를 통하여 이스라엘 공동체에 들어올 수도 있었습니다. 이처럼 베푼 것에 대한 대가는 충분히 치르는 것이 하나님의 법인 것입니다.

몸과 마음을 모두 깨끗하게 유지하라

대적을 치러 갈 때는 모든 악하고 더러운 것을 삼가해야 했습니다. 영적

윤리적으로는 물론이고 육체적으로도 정결함을 유지하도록 지시하셨습니다. 몽설을 했을 때에는 진 밖으로 나가 목욕을 해서 몸을 깨끗이 한 다음 해가 지고 나서 진 안으로 들어올 것이며, 배설물은 흙을 파서 덮으라고 되어 있습니다. 이는 공동 생활을 하는 진중의 청결을 위함입니다. 맥밀란이라는 의사는 성경에 나오는 과학적인 여러 부분을 해석하였는데 이 부분을 예로 들면서 3,500년 전에 이런 위생관념이 있었다는 것은 상상하기 어려운 일이라고 했습니다.

14절을 보십시오.

"이는 네 하나님 여호와께서 너를 구원하시고 적군을 내게 붙이시려고 네 진 중에 행하심이라 그러므로 네 진을 거룩히 하라 그리하면 네게서 불합한 것을 보시지 않음으로 너를 떠나지 아니하시리라."

이스라엘의 진중은 단지 이스라엘 사람들만 있는 곳이 아니라 하나님께서 거니시는 곳이므로 깨끗이 해야 합니다. 하나님께서 진중에 행하신다는 것을 생각하고 육체적으로나 윤리적으로나 영적으로 정결한 상태를 유지해야 했습니다.

우리 몸을 깨끗하게 하고 마음을 정결하게 해야 하는 이유도 우리가 하나님의 성전이며 우리 안에 하나님께서 거하시기 때문입니다. 마음이 깨끗한 사람은 얼굴이 깨끗하고 눈이 맑습니다. 그래서 하나님을 잘 섬기는 사람은 겉으로도 표가 나기 마련입니다. 자신이 하나님의 전인 것을 인식하면서 사는 사람은 그 모습을 보는 것만으로도 편안한 기분을 갖게 합니다.
그런 사람의 입술에서는 더러운 말이 나오지 않습니다. 모든 생각이 하나님으로 향해 있는데 어떻게 나쁜 말이 나올 수 있겠습니까. 한 입술에 하나님을 찬양하는 소리와 나쁜 말이 함께 담길 수는 없는 법입니다. 그러므로 우리 자신의 몸과 마음을 깨끗하게 보존할 뿐만 아니라 살고 있는 주변의 환경까지도 깔끔하게 해야 합니다. 우리의 몸이 하나님의 성전이면 우리가 살고 있는 주변 역시 하나님께서 운행하시는 곳이기 때문입니다.

저는 모임 참석차 어떤 교회를 방문한 일이 있었습니다. 도착하여 보니 약속된 시간보다 조금 이르기에 기도를 잠깐 해야겠다고 생각하고 본당으로 올라가기로 하였습니다. 그런데 본당으로 가는 계단 양쪽에 여러 물건들이 지저분하게 쌓여 있었습니다. 그것을 보고 나니 보기에 좋지 않아서 그런지 몰라도 그 교회에 대한 인상이 흐려지고 마음도 좋지 않았습니다. **하나님이 계시는 곳이면 그 곳이 교회든지 집이든지 자신의 몸이든지 어디라도 깨끗하게 보존해야 합니다.**
하나님을 모르는 사람들은 하나님이 거하시는 곳인 우리 자신이나 우리의 공간으로 하나님에 대한 인상을 받는 법입니다. 믿지 않는 사람들이 교회에 처음 오게 된다면 그 교회를 통해 하나님을 느끼려 하지 않겠습니까. 그런데 그 교회가 깨끗하지 않다면 어떤 인상을 갖게 되겠습니까. 하나님의 자녀들의 몸은 자신의 것이 아닙니다. 하나님의 전이라는 것을 명심하고 늘 깨끗하게 해야 하는 것이 마땅합니다.

도망 온 종은 보호해 주라

15-16절은 주인의 학대를 피해서 이스라엘로 도망을 온 종을 어떻게 대우해야 하는지에 대한 말씀입니다.

"종이 그 주인을 피하여 네게로 도망하거든 너는 그 주인에게로 돌리지 말고 그가 너의 성읍 중에서 기뻐하는 곳을 택하는 대로 너와 함께 네 가운데 거하게 하고 그를 압제하지 말지니라."

어떤 노예가 타국에서 이스라엘로 도망을 온 경우에는 그를 잘 보호하여 그의 인권을 보장하라는 말씀입니다. 당시는 노예를 마치 물건처럼 취급 하던 시기입니다. 그런데 노예를 한 사람의 인격자로 대우하여 인도주의적인 입장에서 대하게 한 것은 매우 획기적인 일이라고 할 수 있습니다.

정당한 예물을 드리라

17-18절을 보면 창기와 창기행위를 해서 번 돈을 어떻게 해야 하는지에 대해서 나옵니다.

"이스라엘 여자 중에 창기가 있지 못할 것이요 이스라엘 남자 중에 미동이 있지 못할지니 창기의 번 돈과 개 같은 자의 소득은 아무 서원하는 일로든지 네 하나님 여호와의 전에 가져오지 말라 이 둘은 다 네 하나님 여호와께 가증한 것임이니라."

이방인들의 종교를 살펴보면 공식적으로 창기를 두었다는 것을 알 수 있습니다. 타락한 종교에서는 대개 두 가지 양상을 발견하게 되는데 첫째는 돈이고 두 번째는 성적인 타락입니다. 수많은 이단 종파들의 행각을 보면 늘 돈과 성 스캔들이 꼬리를 물고 따라다닙니다. 가나안의 종교도 마찬가지로 예배 행위 가운데에 그룹 섹스가 공식적으로 들어 있을 정도로 성적으로 문란하였습니다.

표면적으로는 기독교의 일파처럼 보이는 몰몬교의 경우에도 요셉 스미스라는 사람이 처음 창시했을 때는 아주 문란한 성생활이 행해지던 종교였습니다. 부인을 여러 명 두는 것이 공식적인 교리였기 때문에 한 사람이 여러 여자를 거느리는 것이 전혀 죄가 되지 않았습니다. 그러다가 그에 대한 비난이 너무 거세지자 이번에는 반대로 극단적인 금욕생활을 요구했습니다. 이렇게 양극단으로 행동이 왔다갔다하는 것은 그들의 교리가 진리 안에 있지 않다는 증거입니다. 하나님 안에 있는 진리는 변하지 않는 것입니다.

하나님께서는 사창행위 자체를 싫어하실 뿐 아니라 그런 행위를 통해서 번 돈을 증오하십니다. 정당한 행동을 하고 정당하게 돈을 벌어서 정당하게 드려야지 하나님께서 기뻐하시는 제물이 됩니다. 항간에는 어떻게 벌든지 상관없이 돈을 많이 벌어 교회에 헌금만 많이 하면 목사님의 신임을 받고 교회의 장로가 될 수 있다고 생각하는 사람들도 있습니다.

그러나 사실 여부를 떠나서 하나님이 그런 돈을 기뻐하시지 않는 것은 분명합니다. 사람은 보이는 것이 약하지만 하나님은 보이지 않는 부분을 더 소중하게 생각하십니다.

형제에게서 이자를 받지 말라

19절을 보면 자기 형제에게는 돈을 꾸어주고 이자를 받지 말라는 말씀이 나옵니다. 남에게 돈이나 물건을 빌려갈 정도라면 아주 어렵게 사는 사람인 것이 분명한데 그들보다 훨씬 풍족하게 살면서 그렇게 어려운 형제에게 이자를 받는 것은 아주 비열한 행위라는 것입니다. 형제의 극한 상황을 이용해서 돈을 버는 일은 형제사랑에 어긋나는 것입니다.

또한 가난한 형제를 돌보는 사람에게는 하나님께서 반드시 복을 주시겠다고 약속하셨습니다. 20절의 마지막에 보면 "네 손으로 하는 범사에 복을 주실 것이다"라고 말씀하십니다. 다른 규례에는 이 말이 덧붙여져 있지 않은데 이 '형제를 돌보라'는 말끝에만 복을 주시겠다는 약속이 붙어 있는 것입니다. 그만큼 형제를 사랑하는 것은 하나님께서 중요하게 생각하시는 규례라는 것을 알 수 있습니다. 형제에게 베푼 것은 그만큼 되돌려 받는 것이 아니라 베푼 것의 몇 배를 되돌려 받게 되는 것입니다.

서원한 것은 반드시 지키라

21-23절 말씀에는 하나님께 서원할 때 지켜야 할 규정이 나타나 있습니다. 하나님께 서원한 것은 반드시 지켜야 합니다. 서원은 하나님께서 하라고 명령하셔서 한 것이 아니라 자기 스스로 하겠다고 하나님께 약속한 것을 이르는 말입니다. 그러므로 십일조는 서원을 하지 못하게 되어 있었습니다. **십일조는 이미 하나님의 것이기 때문에 자기가 드리겠다고 서원을 할 성질의 것이 아닙니다.** 하나님의 것을 가지고 인간이 드리겠다 안 드리겠다를 결정할 자격이 없습니다. 서원은 정해져 있지 않은 사항에 대해서만 스스로 하겠다고 결정하고 하나님 앞에 약속하는 것입니다.

서원을 함부로 해서는 안 됩니다. 일단 한 번 한 서원은 반드시 지켜야 하기 때문입니다. 그렇기 때문에 성경에서도 서원하는 것을 적극적으로 권장하지 않습니다. 사람끼리 한 약속도 반드시 지켜야 하는 법인데 하물며 하나님과 한 약속이니 당연합니다.

사람 사이의 약속은 못 지켰을 경우에는 양해를 구하고 이해를 시키면 해결될 수도 있지만 하나님과의 약속을 그렇게 할 수는 없습니다. 사람과의 약속도 못 지키게 될 때에는 여러 문제가 생기는데 하나님과의 약속을 지키지 못했을 때는 더 많은 문제가 발생합니다.

서원하지 않는 것은 죄가 되지 않지만 일단 하나님께 서원해 놓고 지키지 않는 것
은 죄입니다.

구제와 공의의 원리

24-25절에는 아주 재미있는 원리가 나옵니다.

"네 이웃의 포도원에 들어갈 때에 마음대로 그 포도를 배불리 먹어도 가하
니라 그러나 그릇에 담지 말 것이요 네 이웃의 곡식 밭에 들어갈 때에 네가
손으로 그 이삭을 따도 가하니라 그러나 네 이웃의 곡식 밭에 낫을 대지 말
지니라."

배가 고픈 사람은 남의 과일이나 곡식으로 굶주림을 면할 수 있는 권리가
있었습니다. 인간의 가장 기본적인 권리 가운데 하나가 먹을 권리입니다.
하나님께서는 배고픈 사람이 어느 밭이든 먹을 것이 있는 곳에 들어가 배
불리 먹을 수 있는 권리를 부여해 주셨습니다. 이것은 하나님께서 주신 권
리이므로 그 누구도 이의를 제기할 수 없습니다. 주인이 있든 없든 막론하
고 배가 고픈 사람이 허기를 면할 권리가 법적으로 보장되어 있습니다.
그러나 그 권리는 과일이나 곡식이 있는 곳에서만 행사할 수 있는 것이었
습니다. 누구라도 자기가 그 자리에서 먹는 것 외에 그릇에 담아 가지고 갈
권리는 없었습니다. 그것은 남이 땀 흘려 수고한 것을 아무 수고도 하지 않
고 가져가는 행위인 것입니다. 다시 말해 도적질에 해당한다고 할 수 있습
니다.
자칫하면 허기를 면하고 나서도 더 가지고 싶은 욕심이 생길 수도 있기
때문에 그릇을 가지고 밭에 들어가는 것을 금하신 것입니다. 곡식도 그 자

리에서 따서 손으로 비벼 껍질을 벗겨 먹는 것은 허락되지만 낫을 들고 가서 단으로 베어 오는 것은 남의 곡식을 훔치는 행위에 해당하므로 금하셨습니다.

남이 땀 흘리고 공들여 이루어 놓은 농사를 자신은 전혀 수고하지 않고 낱알만 베어 오는 것은 정당한 행위라고 할 수 없는 것입니다.

하나님께서는 인간의 기본적인 욕구를 해결하는 것을 제도적으로 보장해 놓으셨지만 그 제도를 악용해서 부당한 욕심까지 채우게 하시지는 않으셨습니다. 하나님의 구제와 공의의 원리가 잘 나타난 합리적이고 재미있는 규정이라고 하지 않을 수 없습니다.

이웃과의 관계에 대한 규정

24:1-22

사람의 기본적인 권리는
하나님께서 부여하신 것이기 때문에
그 누구도 빼앗을 수 없고 침해할 수 없습니다.

24장에도 23장에 이어서 이웃을 사랑하는 구체적인 방법들이 나열되어 있습니다.

이혼에 대한 규정

1-4절까지는 이혼에 관한 법입니다. 누구든지 아내와 이혼하는 일은 이 구절에 해당하는 경우에 적절한 절차를 거쳐야만 가능했습니다.

그것은 결혼한 후 그 아내가 처녀가 아니라는 것이 밝혀져서 그를 사랑하지 않게 되었을 경우입니다. 이럴 때 남편은 아내에게 이혼증서를 써 주고 여자를 쫓아낼 수 있었습니다. 또한 이혼 증서를 받은 여자는 다른 남자를 만나서 다시 결혼을 할 수가 있었습니다.

그러나 만일 이혼한 여자와 재혼한 남자가 죽거나 또다시 이혼을 하게 되었다 하더라도 다시 자신의 첫 남편과 재결합을 할 수는 없었습니다. 그 여자는 이미 다른 남자와의 관계로 몸을 더럽혔다고 판단되었기 때문입니다.

이 법규에 담겨 있는 기본 정신은 혼전의 순결성을 중요시하는 것입니다. 여자가 결혼을 한 후에라도 혼전 관계한 것이 발견되면 언제든지 법적으로 증서를 주고 내쫓을 수 있게 되어 있었습니다. 그러나 꼭 그렇게 해야 한다고 정해진 것은 아니었습니다.

예수님께서도 말씀하시기를 사람의 마음이 강팍하기 때문에 허락하는 것이라고 하셨습니다. 여자에게 아무리 혼전 성관계가 있었다 하더라도 남자가 이해하고 용서해 주면 그것으로 그만입니다. 자신만 알고 있으면서 아무 내색을 하지 않는다면 둘만의 비밀로 끝날 수 있는 일입니다.

예수님께서는 그렇게 하기를 원하셨습니다. 그러나 어쨌든 혼전 성관계는 결혼 생활에 악영향을 미치는 것이고 하나님께서 기뻐하시지 않으시기 때문에 금하는 것이 원칙입니다.

결혼 전의 성관계는 그 때의 일로 끝나는 것이 아닙니다. 결혼 이후의 생활에도 상당히 심각한 영향을 미치는 것입니다. 결혼 생활을 계속하는 데에 치명적인 요인으로 작용을 해서 파탄에 이르게 하는 경우를 종종 볼 수 있습니다.

저는 결혼식 주례를 서게 되면 결혼을 앞둔 사람들과 미리 상담을 해서 만약에 결혼 전에 실수로 그런 일이 있었다고 한다면 하나님 앞에서 반드시 회개를 하고 결혼을 한 뒤에는 절대로 그런 일이 없도록 하겠다고 약속하는 과정을 거치도록 합니다. 그래야 과거의 잘못은 과거로 끝내고 앞으로 새 출발을 할 수 있게 되기 때문입니다. 서로에게 새 출발을 하는 기회를 주고 다시는 같은 잘못을 범하지 않도록 한 번 더 기회를 부여하는 것입니다. 그러나 애초부터 그럴 필요 없도록 정결한 생활을 하는 것이 더 좋습니다.

병역 면제 규정

5절에는 갓 결혼한 남자에게 일 년 동안 병역의 의무를 면제해 주는 법이 나옵니다. 이른바 신혼 남편 병역면제 규정입니다.

"사람이 새로이 아내를 취하였거든 그를 군대에 내어 보내지 말 것이요 무슨 직무든지 그에게 맡기지 말 것이며 그는 일 년 동안 집에 한가히 거하여 그 취한 아내를 즐겁게 할지니라."

이 말씀을 보자면 결혼한 남자가 해야 할 가장 큰 의무는 집에 머물면서 아내를 기쁘게 하는 것이라는 것을 알 수 있습니다. 그래서 심지어는 국방의 의무까지도 면제가 되었습니다.

갓 결혼한 신혼부부에게는 첫 해를 지내는 동안 안정과 조율의 시간이 필요합니다. 신혼 일 년 동안 육체적으로 정서적으로 영적으로 잘 조화된 생활을 하게 되면 나머지 일생 동안도 원만한 결혼 생활을 영위할 수 있습니다. 두 사람과의 관계는 첫 해가 가장 중요합니다. 이 때 조정이 잘 이루어지지 않으면 두고두고 고생을 하게 됩니다. 그래서 국방의 의무를 뒤로하면서라도 가정의 평화를 위해 부인을 즐겁게 해 주도록 법규를 세운 것입니다.

저도 우리 교회에서 신혼부부를 위한 성경공부반을 만들어서 운영하고 있는데 운영에 어려움을 겪고 있습니다. 신혼인데도 얼마나 바쁜지 함께 나와서 공부할 틈을 내지 못하기 때문입니다. 현대인의 생활은 사람을 끊임없이 분주하게 만들어 신혼에도 둘만의 시간을 따로 떼어서 갖기 어렵게 하는 것 같습니다.

신혼 일 년이 이렇게 중요한데 각자 바쁜 시간을 보내느라고 함께 있는 시간을 빼앗긴다는 것은 참으로 안타까운 일입니다. 잠자고 일어나는 시간부터 함께하지 못하는 두 사람이 모여서 한 가정을 이끌어 간다는 것은 쉬운 일이 아닙니다. 사소한 문제로부터 큰 문제에 이르기까지 마찰이 일어날 수 있는 문제들을 함께 생각하고 처음부터 잘 조절해서 풀어나가야 평생 편안한 결혼 생활을 즐길 수 있습니다. 그러므로 서로 조금씩 양보하고 서로를 즐겁게 해주는 방법을 터득하는 기간으로서의 일 년은 꼭 필요한 시간이라고 하겠습니다.

약한 자를 보호하라

기본적인 생계 유지 수단을 빼앗지 말라

6절에서는 가난한 사람의 생계유지권을 보장하는 내용의 규정이 나와 있습니다.

"사람이 맷돌의 전부나 그 윗짝만이나 전집하지 말지니 이는 그 생명을 전집함이니라."

이스라엘의 음식은 만들 때 반드시 맷돌을 사용해야 합니다. 그러므로 맷돌을 가지고 간다는 것은 그 사람이 밥을 먹을 수 없도록 위협하는 것입니다. 아무리 빚을 졌다고 해도 그 사람에게서 기본적인 생존권을 빼앗아서는 안 됩니다. 이 구절의 '전집'이라는 말은 담보물로 물건을 취한다는 뜻의 한자어입니다.

하나님께서는 음식을 해 먹을 수 있는 유일한 도구를 빼앗아 가는 것을 그 사람의 생명을 빼앗아 가는 것과 동일한 행위로 보셨습니다. 그래서 맷돌의 전부나 윗짝만을 담보로 가져가는 것은 그 사람의 생명을 담보로 가져가는 것과 같다고 말씀하신 것입니다.

사람을 상하게 하지 말라

7절은 인신매매 금지법입니다. 사람을 납치해서 폭행하거나 부리거나 팔면 그 사람은 죽임을 당하게 되어 있었습니다. 여기서 '후린다'는 표현이 나오는데 이것은 사람을 납치하는 것을 뜻합니다. 사람을 납치해서 폭행하거나 파는 것은 용납할 수 없는 극형감이었습니다.

사람을 사랑하는 하나님께서 사람을 상하게 하는 것을 그대로 두실 리가 없습니다.

사람을 상하게 하는 것에 비단 물리적인 폭행만 있는 것은 아닙니다. 사람의 경우에는 물리적인 폭력보다 말로 인한 정신적인 폭력이 더 무섭습니다. 말로 상대방을 기분 나쁘게 만들거나 가슴 아프게 만들고 상처를 주는 경우가 너무나 많이 있습니다. 골로새서에 보면 말을 할 때에는 소금으로 간을 잘 맞춘듯이 하라고 기록하고 있습니다. 다른 사람에게 말로 상처를 주거나 고통을 주는 일이 없도록 조심하라는 뜻입니다.

성경에는 성숙한 사람들에 대한 언급이 몇 번 나오는데 입을 다스리는 사람을 성숙하다고 하고, 악인과 선인을 한꺼번에 사랑하는 사람을 온전한 사람이라고 하고 있습니다. 상대방의 입장에서 그 사람을 세워주는 말만 해야지 깎아내리고 괴롭게 해서는 안 됩니다.

최근에 어떤 목사님들과 함께 회의를 한 적이 있었는데 마음이 참 아팠습니다. 몇몇 목사님의 말씀이 너무 모가 나고 상식에 어긋나 있어서 도저히 들을 수가 없을 정도였습니다. 나중에는 다른 목사님들이 화를 내면서 발언을 제지했습니다. 하나님의 종일수록 더욱 말을 조심해야 하는데 그렇게 흐트러진 모습을 보니까 너무도 부끄러웠습니다. 믿지 않는 사람들이 믿는 우리들을 볼 때도 마찬가지일 것입니다. 우리들의 잘못으로 인하여 하나님의 영광을 가리우는 일이 없도록 우리는 더욱 말하는 데에 조심해야 합니다.

우리는 그리스도를 비추는 거울이라는 것을 잊지 말아야 합니다. 형제에게 '미련한 놈'이라고 말해도 지옥 불에 들어가게 되리라고 예수님께서는 말씀하셨습니다.(마 5:22) 하나님께서 우리에게 요구하시는 것은 보통 사람이 지키는 것 이상의 윤리와 태도와 정신입니다.

하나님이 세우신 종의 권위를 존중하라

8절에는 문둥병자를 조심하라는 내용이 등장합니다. 문둥병은 성경에서 자주 죄와 연결되어 언급이 됩니다. 죄도 문둥병처럼 전염이 됩니다. 그래서 문둥병자를 격리시키듯이 죄도 격리시켜야 합니다. 특별히 9절에 "미리암에게 행하신 일을 기억하라"고 하신 것은 미리암이 모세에게 반항해서 문둥병에 걸린 일을 상기시키기 위해서였습니다.

잘 알고 있는 것처럼 미리암은 권위를 가진 지도자에게 반항하다가 벌을 받은 여인이었습니다. 모세가 이방 여자와 결혼했을 때에 미리암이 비난을 한 것은 표면적으로는 모세가 이스라엘 여자와 결혼하지 않았기 때문이지만 사실 모세의 유일한 권위에 대한 도전이었습니다. 모세의 누이였기 때문에 자신이 모세와 동등하다고 자만한 것입니다.

미리암은 갈대 바구니 속에 넣어져 강에 띄워진 갓난 모세를 지켜보고 있다가 공주의 눈에 띄자 친엄마를 유모로 삼을 수 있도록 주선을 하기도 한 아주 영특한 여인이었습니다. 그러나 하나님이 주신 권위 앞에서는 그런 인간적인 능력과 서열이 무시된다는 것을 깨닫지 못했습니다. 하나님이 세워주신 사람은 하나님의 종으로서 누구도 무시할 수 없는 권위를 가지는 것입니다.

저희 집안은 신앙 생활이 저까지 4대에 이르고 있습니다. 그런데 4대에 이르러서야 제가 처음으로 목회자로 부르심을 받게 되었습니다. 제 위에도 연세 많은 친인척 분들이 많이 계십니다. 그렇지만 저를 대하실 때는 그분들 모두가 아주 깍듯하게 대하십니다. 제가 손자뻘이 되는데도 '목사님'이라고 부르시면서 송구스러울 정도로 예를 다하십니다. 그것은 제가 훌륭한 인격을 가졌기 때문이 아닙니다. 하나님의 종으로 세우심을 받은 것을 인정하고 그에 대한 예를 다 갖추시는 것입니다. 저에게 권위가 있는 것이 아니라 저를 종으로 삼아 주신 하나님의 권위에 굴복하고 인정하는 것입니다.

하나님의 종은 하나님께서 직접 심판하시도록 해야지 사람이 심판자가 되려고 해서는 안 됩니다. 그것은 하나님의 권위를 침해하는 월권 행위입니다. 하나님께서 세우신 지도자에게 불평하고 반항하는 것은 문둥병처럼 전염되게 되어 있습니다. 그래서 전염병을 격리시키듯이 불평하는 사람도 그런 이야기를 여러 사람들 가운데서 하지 못하도록 막아야 합니다.

담보물에 대한 규정

10-13절에 있는 내용은 담보물에 대한 규정입니다.

"무릇 네 이웃에게 꾸어줄 때에 네가 그 집에 들어가서 전집물을 취하지 말고 너는 밖에 섰고 네가 꾸는 자가 전집물을 가지고 나와서 네게 줄 것이며 그가 가난한 자여든 너는 그의 전집물을 가지고 자지 말고 해질 때에 그 전집물을 반드시 그에게 돌릴 것이라 그리하면 그가 그 옷을 입고 자며 너를 위하여 축복하리니 그 일이 네 하나님 여호와 앞에서 네 외로움이 되리라."

얼마나 인간적인 법인지 모릅니다. 가난한 자에게 담보물을 받을 수는 있지만 그것을 받을 때에는 자기가 직접 그 집에 들어가서 값나는 물건을 가지고 나오는 것이 아니라 꾸는 사람이 가지고 나오는 대로 받을 것이며, 그것도 그 가난한 사람이 입어야 할 옷가지이면 그것을 해가 지기 전에 돌려주어서 밤에 춥지 않게 잘 수 있도록 해야 한다는 것입니다. **가난한 자의 형편을 놀랍도록 세밀하게 살피시는 하나님이십니다.** 정말 멋있는 하나님 아니십니까!

저는 대학 4년을 다니는 동안 교복 한 벌을 가지고 살았습니다. 만일 누군가가 그 교복을 담보로 가져간다면 아마 집에서 나오지도 못했을 것입니다. 이처럼 그 사람에게 꼭 있어야 할 것을 담보로 잡았을 경우에는 해를 넘기지 말고 주인에게 돌려주는 것이 형제된 도리입니다.

우리들에게는 상대방을 생각하는 마음이 상당히 결여되어 있습니다. 돈을 꾸어준 사람은 그 돈을 빌린 사람에게 마치 제왕처럼 군림하고 아무렇게나 대합니다. 그러나 하나님께서는 그렇게 하지 말라고 말씀하십니다. 그는 꾸어야 살 수 있는 가난한 형제이고 자신은 꾸어줄 수 있을 만큼 풍족하다면 그것만으로 하나님께 감사하는 마음을 가지고 가난한 사람을 보살피는 것이 형제의 도리인 것입니다.

아무리 나에게 빚을 지고 신세를 진 사람이라 하더라도 그 사람에게는 기본적인 개인의 권리가 있습니다. 가난한 사람이라고 해서 인격이 없는 사람처럼 대하는 것은 하나님께서 모든 사람에게 주신 인권을 무시하는 행위입니다. 최소한 그 사람의 개인적인 영역은 존중하고 그곳을 침범해서는 안 됩니다. 가난한 사람의 집이라 하더라도 그 집 주인의 허락을 얻어야 들어갈 수 있는 것이고 그 집의 물건은 채권자라 할지라도 함부로 만질 수 없습니다.

미국에서는 남의 집에 들어갈 때에 반드시 허락을 얻어야 합니다. 서양의 사람들은 문화적으로 다른 사람의 영역에 들어갈 때 반드시 허락을 받는 것이 습관화되어 있습니다. 그에 비해 우리 나라는 그런 점이 조금 부족한 것 같습니다.

저는 신학교에 다니면서 아르바이트로 방학 동안에 책을 방문판매 했습니다. 그 일을 하기 위해서 훈련을 받은 것 중의 하나가 반드시 그 집 주인에게 들어가도 되는지 허락을 받는 것이었습니다. 그렇지 않다가는 잘못하면 주거침입자로 몰릴 수 있기 때문입니다. 집 안에 들어가서는 앉으라는 자리에 앉아야 합니다. 일단 그 집에 들어가서는 주인이 명하는 대로만 움직여야 합니다. 주인이 들어오라고 해서 들어왔더라도 일단 나가라는 말이 떨어지면 즉시 나가야지 그렇지 않으면 경찰이 와서 잡아가게 되어 있습니다. 심지어는 아이들에게도 이런 논리를 적용해서 아버지 집에서 아버지의 밥을 먹으면서 사는 한은 아버지의 명령대로 따라야 한다고 주장합니다.

우리 나라의 경우 이러한 부분에 대한 인식이 희박합니다. 어떤 분이 저희 집에 와서 아무 말도 없이 물건을 들고 간 일도 있을 정도입니다. 아주 가까운 사람이었기는 하지만 그렇게 행동하는 것은 실례라는 생각이 들었습니다. 친할수록 예의를 지켜야 합니다. 그 사람의 입장에서 생각해 주어야 합니다. 친하다고 해서 함부로 굴어도 된다고 생각하지 마십시오.

약하고 가난한 사람이라고 해서 아무런 권리도 없는 것은 아닙니다. 부자라고 해서, 그 사람에게 돈을 꾸어준 자라고 해서 가난한 사람을 함부로 대할 권리가 없습니다. **사람의 기본적인 권리는 하나님께서 부여하신 것이기 때문에 그 누구도 빼앗을 수 없고 침해할 수 없습니다.** 너무 가난해서 옷이 한 벌밖에 없는데 그것을 담보물로 가져가면 그 사람의 옷을 전부 가져간 것입니다. 그리고 그 옷을 밤이 되어도 돌려주지 않으면 형제의 추위를 가릴 이불을 빼앗은 것이 됩니다. 이스라엘 사람들의 옷은 밤에는 덮고 자는 이불이 되기 때문입니다. 따라서 담보물을 가져갈 때는 그 사람이 당장 필요한 것이나 먹고 입는 데에 항상 쓰이는 것은 제외해야 합니다. 6절에서 맷돌을 담보로 하지 말라고 한 것도 바로 그런 이유에서였습니다.

만일 옷을 담보로 잡았다가 해지기 전에 돌려주면 그 형제는 옷을 덮고 자면서 옷을 돌려준 사람을 축복할 것이라고 했습니다. 돌려준 사람의 행동이 너무나 고마워서 하나님께 그 사람의 축복을 빌지 않을 수 없을 것입니다.

자신에게 은혜를 베푼 사람에게 진정 마음에서 우러나는 축복을 해 주고 싶은 것은 당연한 일일 것입니다. 필요한 사람에게 돈을 꾸어 주고 또 해가 지기 전에 담보물까지 돌려주는 것은 그 가난한 형제를 진정으로 사랑하지 않으면 하기 어려운 일입니다. 이런 사람은 마땅히 하나님의 축복을 받을 자격이 있습니다. 그리고 가난한 형제가 빌어준 그 축복은 하나님께서 반드시 이루어주실 것입니다.

가난한 형제의 마음은 하나님을 움직입니다. 그러므로 가난한 형제의 형편을 돌아보고 은혜를 베푸는 것은 하나님의 축복을 받는 일입니다. 형제를 사랑하면 그 자체로 축복을 부릅니다. 축복을 심으면 축복의 열매를 맺고 저주를 심으면 저주의 열매를 맺습니다.

가난한 노동자에 대한 대우

14-15절은 가난한 노동자를 어떻게 대우해야 하는가에 대해서 이야기하고 있습니다. 가난한 품꾼은 동족이나 외지인을 막론하고 억울하게 대우하는 일이 없어야 합니다. 일을 시켰으면 노임을 제때에 주어서 생활에 지장이 없게 해야 합니다.

"곤궁하고 빈한한 품꾼은 너의 형제든지 네 땅 성문 안에 우거하는 객이든지 그를 학대하지 말며 그 품삯을 당일에 주고 해진 후까지 끌지 말라 이는 그가 빈궁하므로 마음에 품삯을 사모함이라 두렵건대 그가 너를 여호와께 호소하면 죄가 네게로 돌아갈까 하노라."

가난해서 하루 품을 팔아 사는 사람들은 그날 일한 돈을 받지 못하면 그날은 굶어야 합니다. 가족들이 있다면 다른 식구들까지도 모두 굶어야 합니다. 그러므로 이런 사람에게 일을 시키고도 돈을 주지 않는 것은 그 사람의 하루 목숨값을 주지 않는 것입니다.

그래서 만일 그 사람이 하나님께 이 일을 호소하면 그 죄가 품삯을 주지 않은 사람에게 돌아갑니다. **하나님은 가난하고 힘없는 사람들의 하소연을 들으십니다. 하나님은 그들의 하나님이시기 때문입니다.**

월급쟁이들은 월급날을 기다리는 것을 낙으로 살아갑니다. 피곤하고 힘들어도 월급 받을 생각에 힘을 내고 희망을 갖습니다. 그런데 정해진 때에 월급이 나오지 않으면 얼마나 낙심이 되고 기운이 빠지겠습니까. 월급을 받으면 하려고 계획했던 일들이 어그러지게 되는데 마음이 좋을 리가 없습니다. 더구나 하루 벌어 하루 먹고 사는 날품팔이 일꾼의 경우 일당을 받지 못한다는 것은 그날의 일용할 양식을 살 수 없다는 것을 의미합니다. 그러니 열심히 일을 하고도 가장 기본적인 욕구를 해결하지 못한 사람의 억울한 하소연을 듣고 하나님이 모른 척하실 리가 없습니다. 하나님께서는 그들의 호소를 들어주시는 한편 그들이 당한 억울함을 주인의 죄로 돌아가게 하십니다.

개인의 법적 책임

16절은 개인의 법적 책임을 말하고 있는 구절입니다.

"아비는 그 자식들을 인하여 죽임을 당치 않을 것이요 자식들은 그 아비를 인하여 죽음을 당치 않을 것이라 각 사람은 자기 죄에 죽임을 당할 것이니라."

각 사람이 지은 죄는 그 죄를 지은 사람에게만 국한해서 처벌됩니다. 아들이 죄를 지었는데 아버지까지 벌을 받거나 아버지의 잘못으로 인하여 아들까지 벌을 받아서는 안 됩니다. 또한 누가 누구를 대신해서 벌을 받을 수도 없습니다. 죄는 그 죄를 지은 사람 자신이 책임져야 합니다. 법은 모든 사람에게 공정하게 적용되어야 하고 편법이나 부당한 관행을 허용하지 말아야 합니다. 죄를 지은 사람에게는 그 죄에 맞는 처벌을 내려 대가를 치르게 하고 그 외의 사람들에게는 그 영향이 미치지 않아야 합니다. 가족들 중 한 사람의 죄 때문에 그 가족들이 다 죄인 취급을 받는 것은 부당한 것입니다.

나그네와 고아에 대한 책임

17-22절은 사회적인 약자들을 보호하는 법입니다. 17-18절을 보십시오

"너는 객이나 고아의 송사를 억울하게 말며 과부의 옷을 전집하지 말라 너
는 애굽에서 종이 되었던 일과 네 하나님 여호와께서 너를 거기서 속량하신
것을 기억하라 이러므로 내가 네게 이 일을 행하라 명하노라."

**하나님께서 특별히 생각하셔서 성경 곳곳을 통하여 돌보아주라고 여러 번 명하
신 사람들이 있습니다. 바로 장애인과 고아와 과부와 나그네들입니다.** 하나님은
바로 이런 사람들의 하나님이라고 말씀하셨습니다. 그러므로 이런 사람들
에게 잘못하면 하나님께서 가만히 계시지 않으십니다. 이스라엘 백성들이
애굽에서 생활할 때에 이렇게 약한 자들의 무리였다는 것을 기억하고 이들
을 잘 대하고 돌보라는 것이 하나님의 명령입니다.

또한 각 장에서 매번 이방인들을 언급하고 계십니다. 자기 나라를 떠나
서 남의 나라에서 산다는 것은 보통 서러운 일이 아닙니다. 집과 가족과 친
척들을 버리고 혼자서 이방인으로 사는 삶의 고통을 이스라엘 사람들은 잘
알고 있었습니다. 그런데 그런 사람들을 박대하고 억울하게 하는 것은 자
신들을 고통에서 해방시켜 주신 하나님의 은혜를 저버리는 행위인 것입니
다.

우리 나라 사람들도 여러 나라에 이민을 많이 갔습니다. 저는 미국에 이
민 온 사람들이 모인 교회를 목회한 경험이 있기 때문에 그들의 고통에 대
해서 잘 알고 있습니다. 그들을 특히 못 견디게 하는 것은 미국인들에 의해
열등한 사람으로 취급당하고 무시당하는 것입니다. 다혈질인 사람인 경우
에는 이러한 취급을 당했을 때 그 자리에서 싸움을 벌이거나 총을 들이대
기도 해서 문제를 일으키는 경우도 있습니다.
이민 초기에는 이러한 문제들이 많이 일어나곤 했습니다. 우리 나라에서

우리 나라 사람들에게 무시를 당하는 것은 기분이 좀 나쁘고, 싸우더라도 가벼운 싸움으로 끝나지만 외국인들에게 무시당하면 민족적인 울분을 일으키게 되어 한 번 싸웠다 하면 법정까지 번지는 큰 문제로 확대됩니다.

특히 미국은 개인의 신변보호가 철저한 나라이기 때문에 상대방의 몸에 손을 대거나 조금이라도 상처를 입히면 그대로 형사사건이 됩니다. 저도 여러 번 이런 문제를 중재하기 위해서 뛰어다녀야 했습니다.

인종차별은 아주 참기 힘든 일입니다. 저도 그런 경험을 한 적이 한 번 있었습니다. 관공서에서 어떤 흑인이 저에게 "너희 나라로 돌아가라"고 소리를 지르는 것이었습니다. 그래서 저도 그 사람에게 "너도 너희 나라로 돌아가라"고 했습니다.

따지고 보면 미국이라는 나라는 인디언들을 제외하고는 모두 다른 나라에서 온 사람들로 이루어진 나라입니다. 그러니 누가 누구에게 돌아가라고 할 자격이 없습니다. 그래서 미국처럼 그 나라 국민이 되기 쉬운 곳이 없습니다. 여러 나라에서 온 여러 인종들이 어울려 살기 때문에 일단 시민권만 받으면 그곳이 바로 자기 나라가 되는 것입니다.

우리 나라와 같은 경우에는 외국인들이 아무리 우리 땅에 오래 살아도 그 사람을 우리 국민으로 받아들이려고 하지는 않습니다. 그런 면에서 보면 미국은 그 탄생부터가 합중국이라는 편리한 점이 있습니다.

지금 우리 나라에는 많은 외국인 노동자들이 들어와 있는데 그들의 인권 역시 우리들의 인권과 마찬가지로 보호해 주어야 합니다. 힘이 없는 나라에서 온 사람이라고 해서 함부로 대하고 속이고 착취하려 해서는 안 됩니다. 일한 만큼 정당한 임금을 주어야 하고 그들과 약속한 것은 반드시 지켜야 합니다. **믿는 사람들은 하나님의 명령을 생각하면서 더욱 이들에게 관심을 갖고 이들의 인권 보호에 힘써야 하겠습니다.**

이스라엘에는 고아와 과부 그리고 외국인들을 위한 여러 가지 배려가 있었습니다. 추수를 할 때도 곡식을 다 떨지 않고 나중에 이들이 와서 주워 갈 수 있도록 조금씩 남겨 놓았습니다. 밭에서 곡식 단을 잊어버리고 가지고 오지 않았을 때에는 그것을 고아나 과부, 나그네들이 가져갈 수 있도록 밭에 그대로 두었고, 포도나 감람나무 열매도 다 따지 않고 남겨 두었습니다. 이러한 규정에는 원리가 있었습니다. 곡식이든 과일이든 따서 주면 그들을 동냥하는 셈이 되지만 그들이 와서 따 가지고 가면 노동한 대가를 받는 것이 됩니다. 가난한 자들이라 할지라도 자존심이 상하지 않도록 그들의 인격을 존중해 준 것입니다. 여러 사람들 앞에서 비굴한 모습을 보이지 않도록 하신 하나님의 섬세하신 사랑을 볼 수 있는 규정입니다.

이러한 정신을 생각하며 우리도 남을 도와줄 때는 다른 사람이 모르도록 해야 합니다. 아무리 그 사람의 사정이 어렵더라도 그 사람의 명예를 생각해 주어야 합니다. 지금은 비록 어려움에 처해 도움을 받을 수밖에 없는 처지라고 할지라도 시간이 더 흐른 뒤에는 어떻게 상황이 변할지 모릅니다. 지금 도움을 받는 그 사람이 나중에 여러 사람을 돕는 사람이 될 수도 있습니다. 그럴 때에 옛날에 자신이 받았던 도움을 생각하고 자신이 받았던 것처럼 다른 사람을 지혜롭게 돕는 사람이 될 것입니다.

하나님께서 명하신 원리를 살펴보면 하나하나가 다 인간을 소중히 여기는 정신에서 출발한 것임을 알 수 있습니다. 가난한 자들을 사랑하고 그들을 돌보는 사람에게 하나님께서 모든 것을 형통케 해 주시겠다는 약속도 결국 빈부의 차이 없이 인간의 기본적인 권리를 지켜 주시는 평등과 사랑의 정신을 표현하신 것입니다.

그러므로 하나님께서 특별히 생각하고 계시는 고아와 과부와 나그네들을 잘 돌보는 것은 범사에 축복을 보장받는 것입니다. 구원은 하나님의 섭리이고 은혜지만 범사에 축복을 받는 것은 하나님의 명령을 잘 지켜 행하는 자에게 주시는 대가입니다. 이 차이를 분별하시고 하나님께서 우리에게 하라고 명하신 규례들을 잘 실천해서 이 땅에서 사는 동안에 풍성한 은혜와 축복을 받는 여러분이 되시기 바랍니다.

정의롭게 사는 사람

25:1-16

보이지 않는다고 해서 사람을 속이는 행위는 하나님을 속이는 것과 같습니다.
하나님을 두려워하는 사람이라면 아무도 모르게 감쪽같이 속일 수 있는 방법이 있다
하더라도 흔들리지 않고 정직하게 사업을 해야 합니다.

25장은 24장처럼 아주 구체적이고 일상적인 삶의 규범들이 나옵니다.
여섯 종류의 구체적인 상황을 통해서 정직성과 합리성과 정의의 원리가 삶
을 다스려야 한다는 것을 보여줍니다.

인간적인 체벌

1-3절까지는 체벌과 그 한계에 대한 규정입니다.

"사람과 사람 사이에 시비가 생겨서 재판을 청하거든 재판장은 그들을 재판
하여 의인은 의롭다 하고 악인은 정죄할 것이며 악인에게 태형이 합당하거
든 재판장은 그를 엎드리게 하고 그 죄의 경중대로 여수이 자기 앞에서 때리
게 하라 사십까지는 때리려니와 그것을 넘기지는 못할지니 만일 그것을 넘

겨 과다히 때리면 네가 네 형제로 천히 여김을 받게 할까 하노라."

죄인에게 때리는 형벌인 태형이 선고되었을 경우에는 때리는 대수에 한계가 있었습니다. 태형을 행할 때는 반드시 두 사람 이상의 증인이 있을 때 재판장 앞에서 때려야 하며 아무리 죄가 커도 40대 이상의 매를 때릴 수 없었습니다.

이것은 재판관이 없는 자리에서 벌을 줄 경우에 사사로운 감정으로 과다하게 벌을 주거나 반대로 아주 경미하게 처리하는 것을 방지하기 위함입니다. 매를 40대 이상 치지 말라고 한 것은 그 이상 맞으면 생명이나 인체에 치명적인 손상을 줄 수 있다고 판단했기 때문입니다.

사도 바울도 자신이 받은 고난에 대해 말할 때에 사십에서 하나 감한 매를 몇 번이나 맞았다고 말했습니다. 혹시 매를 세다가 잘못 세어서 40에서 한 대라도 더 때리는 일이 생길까 봐 유대사람들은 보통 최고형으로 39대의 매를 때렸습니다. 철저하게 하나님의 법을 지키기 위한 방책이었다고 볼 수 있습니다.

잘못을 처벌할 때에도 인간이 견딜 수 있는 한계를 감안해서 처벌하는 것이 하나님의 체벌 방법입니다. 죽여야 할 죄는 인정을 두지 않고 죽이지만 그렇지 않고 다른 형벌일 경우에는 그 사람의 목숨을 위태롭게 하거나 불구가 되는 일이 없도록 조심해서 다루도록 하는 것입니다.

제가 미국 신학교에 있을 때 남들과 비교해서 약간 정신적으로 문제가 있다고 판단되는 여학생을 상담한 일이 있었습니다. 그 학생은 남편과 함께 신학공부를 하기 위해서 보스턴에서 왔는데 공부를 아주 잘해서 시험을 봤다 하면 모든 과목에서 A학점을 받는 그런 학생이었습니다. 그런데 그 여학생은 어린 시절 성적표에 하나라도 B가 있으면 아버지에게 죽도록 매를 맞았다고 합니다. 그냥 때리는 정도가 아니라 혁대를 풀어서 죽을 정도로 매를 때렸다는 것이었습니다. 그런 경험 때문에 그녀는 성인이 된 후에도 심리적으로 불안한 상태에서 헤어나지를 못했습니다.

저를 처음 찾아온 이유도 제가 가르친 과목에서 B학점을 받았기 때문이었습니다. 이제는 결혼도 하고 아버지로부터 독립을 했는데도 성적표에 B가 나오니까 견딜 수가 없어서 재시험을 치더라도 A를 받을 수 있게 해달라고 울면서 사정을 하는 것이었습니다.

아이가 잘못했을 때 벌을 줄 때는 정당한 방법으로 그 아이가 납득할 수 있게 해야 합니다. 부모가 속이 상한 것을 아이에게 푸느라고 벌을 주게 되면 이처럼 그 아이의 인격 형성에 아주 심각한 영향을 미칩니다. 벌을 주는 본래의 목적은 잘못한 것에 대한 대가를 치르고 다시는 그런 일을 하지 않도록 훈계하기 위한 것이지 자기 마음대로 되지 않는 것에 대한 화풀이를 하는 것이 아닙니다. 체벌의 본래 목적을 잊으면 그것은 부당한 폭력이 되는 것입니다.

정의로운 사업

4절은 이미 앞에서 한 번 나왔던 규정입니다. 일하는 짐승의 먹을 권리를 보장해야 한다는 내용입니다.

"곡식을 떠는 소의 입에 망을 씌우지 말지니라."

소가 곡식을 타작하면서 배가 고파 그 곡식을 먹을 경우 이를 막지 못하게 하는 규정입니다. 소가 곡식에 입을 대는 것은 배가 고프기 때문이고 어느 정도 배가 채워지면 더 이상 욕심을 내서 먹으려 들지 않는 법입니다. 아무리 짐승이라 할지라도 배가 고파서 먹는 것은 막지 않도록 생명을 보호해 주시는 것입니다.

짐승에게도 생존의 권리가 있습니다. 하나님께서는 그것을 지켜주라고 명하십니다. 아무 일도 하지 않아도 생존의 권리가 있는데 하물며 일을 하는 짐승의 생존권은 마땅히 보호되어야 합니다. 이 말씀에 비추어 보면 소도 마땅히 자기가 일한 대가를 받는데 하물며 인간은 더 말할 것이 없다는 것을 알 수 있을 것입니다.

최저생계비에도 못 미치는 임금을 주는 기업주가 있다면 그 사람은 하나님의 법을 어기고 있는 사람입니다. 일하는 사람은 마땅히 그 대가를 받아야 하며 일한 사람은 그 대가를 당당하게 요구할 권리가 있습니다. **노동자가 열심히 일을 했는데도 생활할 수 없을 정도의 보수를 주거나 아예 보수를 주지 않는다면 그것은 분명히 하나님의 법을 어기는 행위인 것입니다.**

정직하게 일하는 사람은 먹고살 수 있을 만큼의 보수를 받는 것이 마땅합니다.

가문과 유산의 중요성

5-10절에는 형제간의 재산 분배에 대한 규례가 나옵니다. 이런 규례는 가문과 유산을 중요시하는 풍습에서 나온 것이라고 할 수 있습니다. 형이 사망을 하면 그 아내는 다른 곳으로 시집을 가는 것이 아니라 바로 그 남편의 동생에게 다시 시집을 가게 됩니다. 바로 형사취수제도입니다. 그리고 그 동생과의 사이에서 아들을 낳으면 그 아들은 전 남편의 아이로 입적되어 유산을 받을 수 있게 하였습니다.

만일 동생이 형수와 결혼하기를 거절하면 형수는 그 도시의 장로들에게
가서 이 사실을 고하였습니다. 그러면 장로들은 그 동생을 불러 세우고 형
수로 하여금 그의 한 쪽 신발을 벗기게 하고 그 얼굴에 침을 뱉어서 동생이
회중 앞에서 모욕을 당하도록 했습니다. 그 집은 신발을 벗기운 자의 집이
라는 손가락질을 당하고 매우 불명예스러운 가문으로 낙인이 찍히게 됩니
다.

이런 제도는 그 집안의 핏줄과 혈통을 중요시 여기고 특히 그 집의 재산
이 다른 사람에게로 넘어가지 않도록 지키기 위한 사회적인 압력이라고 볼
수 있습니다.

이미 유다와 다말의 이야기에서 보았지만 한 가문의 기업으로서 대대로
내려오는 땅은 그 후손들이 그대로 지켜 나가야 했습니다. 그래서 죽은 형
에게 아들이 없을 경우 그 땅을 상속할 자식을 동생에게서라도 볼 수 있게
제도화시킨 것입니다. 또한 하나님께서 나누어주신 땅은 각 지파간에 서로
사고 팔 수 없도록 명문화되어 있었습니다. 한 번 사고 팔기 시작하면 어떤
지파는 땅이 줄어 전체적으로 가난하게 되고 어떤 지파는 땅을 많이 사들
여 거부가 되는 빈부의 격차가 생기게 될 것입니다. 형제인 지파 간에 빈부
차가 생기는 것은 하나님이 원하시는 것이 아니었습니다. 그래서 각 지파
에 나누어 준 땅과 각 가문에서 가지고 있는 땅이 그대로 후손들에게 물려
질 수 있는 상속제도를 만들어 주신 것입니다. 하나님께서 주신 기업은 이
렇게 소중한 것입니다.

현대를 살아가는 우리들에게 이런 상속제도가 그대로 적용되기는 어렵
습니다. 그러나 영적인 기업은 변함없이 계승되어야 한다는 것을 명심해야
할 것입니다. 믿는 집안의 영적인 기업은 하나님이십니다. 이 기업은 우리
의 대대손손 이어가야 할 중요한 자산입니다. 사거나 팔 수는 없지만 맥이

끊겨서 사라질 수는 있습니다. 한 대에서 끊어지면 다시 계속해서 이어나가는 데에 어려움을 겪습니다. 철저한 신앙교육과 믿음의 뿌리가 있어야만 성장하고 맥을 이어나갈 수 있습니다. 자신의 대에서 믿음의 유산이 끊어지지 않도록 힘써 기도하고 노력해야겠습니다.

위험한 싸움을 금하라

그 다음은 특수범죄에 대한 처벌 기준입니다. 생명이 걸린 싸움을 했을 경우에는 아주 무섭고 가혹하게 처벌하도록 되어 있었습니다. 그런데 그 예가 아주 재미있습니다. 11-12절을 보십시오.

"두 사람이 서로 싸울 때에 한 사람의 아내가 그 남편을 그 치는 자의 손에서 구하려 하여 가까이 가서 손을 벌려 그 사람의 음낭을 잡거든 너는 그 여인의 손을 찍어 버릴 것이고 네 눈이 그것을 불쌍히 보지 말지니라."

두 남자가 서로 싸울 때에 한 사람의 아내가 그 남편을 도우려고 고의적으로 상대방의 성기를 잡는 경우에는 그 여자의 손을 자르라고 되어 있습니다. 남편이 맞는 것을 보고 안타까운 마음에 상대방 남자에게 같이 대들어 등을 때리거나 팔을 잡아당길 수는 있을 것입니다. 그러나 고의적으로 남자에게 치명상을 입히는 공격을 하면 아무리 아내가 남편을 도우려 했다 해도 동정의 여지가 없습니다. 그것은 하나님께서 주신 남성의 기능을 완전히 마비시킬 수 있는 위험한 행동이기 때문입니다.

또한 본인 한 사람에게서 그치는 문제가 아니라 그 가문 대대로 중대한 영향을 미칠 수 있습니다. 잘못하면 대가 끊겨서 하나님이 주신 기업을 물려줄 수 없게 될 수도 있기 때문입니다. 그래서 이런 일을 행한 여자의 손을 자르는 것이 가혹한 일이기는 하지만 불쌍히 보지 말라고 못을 박아 놓으신 것입니다. 이런 벌이 직접 행해졌는지는 모르지만 아예 처음부터 아무리 급한 상황이라 할지라도 남자의 생식기에는 손을 대지 못하도록 하기 위해서 이렇게 엄한 벌을 정해 놓으시고 경고를 하신 것으로 보입니다.

싸움을 할 때는 일대일로 정당하게 하고 그 자리에서 깨끗하게 끝내야 합니다. 싸움은 되도록 하지 말아야 하지만 불가피하게 싸우게 되더라도 정당하게 싸워야 합니다. 여자와 남자가 몸으로 싸우는 것은 정당한 싸움이라고 볼 수 없습니다. 물론 예외의 경우가 있을 수도 있겠지만 정상적인 경우에 남자와 육체적으로 싸워서 이길 수 있는 여자는 거의 없습니다. 그 싸움은 일방적으로 당하는 싸움입니다. 술에 잔뜩 취한 사람과 맑은 정신인 사람이 싸우는 것, 손에 아무 것도 들지 않은 사람과 흉기를 들고 싸우는 것, 나이가 많아 힘이 없는 사람과 젊고 혈기 왕성한 청년이 싸우는 것, 이런 싸움은 이기는 사람이 수치스러운 싸움입니다. 상대가 되지 않는 사람과 싸우는 것은 비열한 행동입니다.

권투나 씨름에 체급이 있는 것은 대등한 상대와 정당한 게임을 하기 위해서입니다. 저는 팔씨름을 해서 한 번도 진 적이 없습니다. 그 이유는 한 번도 팔씨름을 해 보지 않았기 때문입니다. 하면 질 것이 뻔한데 왜 하겠습니까. 저 자신을 너무나 잘 아니까 아예 안 한 겁니다.

싸움은 대등한 상태에서 해야 합니다. 그렇지 않고 일방적일 것이 뻔한 싸움은 피해야 합니다.

정직하게 하라

13-16절에는 정직하게 사업을 하는 문제를 다루고 있습니다. 물건을 사

고 팔 때는 정확한 저울과 추를 사용해야 합니다. 15-16절을 보십시오.

"오직 십분 공정한 저울추를 두며 십분 공정한 되를 둘 것이라 그리하면 네
하나님 여호와께서 네게 주시는 땅에서 네 날이 장구하리라."

정직한 사업가는 하나님께서 반드시 축복해 주시고 성공하도록 도우십
니다. 사업이 망하는 사람들을 보면 대개 자기 힘에 부치도록 무리하여 회
사를 운영한 사람들입니다. 잘 될 때일수록 조심스럽게 행동하고 신중해야
합니다.

요즘 들어서 부도가 나는 기업들이 신문에 계속 오르내리고 있습니다.
이런 기업들을 살펴보면 자기 힘으로 버틸 수 있는 것보다 훨씬 많은 부채
를 짊어지고 있다가 한 쪽에서 돈길이 막혀 꼼짝없이 쓰러지게 된 경우가
많습니다.

사업을 하는 사람들의 말을 들어보면 정직하게 해서는 도저히 살아 남을
수 없다는 이야기들을 합니다. 그러나 오히려 그런 생각 때문에 안 되는 것
이지 일단 시도를 해 보면 어려움을 뚫고 살아날 길이 생깁니다. 정직하게
사업을 하면서도 규모를 확장시키고 발전해 나가는 기업들도 얼마든지 있
습니다. 무조건 정직하면 살아남기 힘들다는 고정관념이 혼탁한 풍토를 조
장하는 것입니다.

우리 나라 사람들이 가진 생각 가운데 가장 나쁜 것이 부당한 방법을 써
서라도 일단 일을 성사시키면 그만이라는 생각입니다. 정직하게 사는 사람
이 바보 취급당하는 풍토는 하루빨리 없어져야 합니다. **정직한 사람이 정당
한 대우를 받는 사회가 사람답게 살 수 있는 사회입니다.**

하나님께서는 부정직한 상행위를 가증한 것으로 여기십니다. 이것은 형

태만 다를 뿐 도적질이기 때문입니다. 보이지 않는다고 해서 사람을 속이는 행위는 하나님을 속이는 것과 같습니다. 하나님을 두려워하는 사람이라면 아무도 모르게 감쪽같이 속일 수 있는 방법이 있다 하더라도 흔들리지 않고 정직하게 사업을 해야 합니다. 하나님께서는 모든 것을 보시고 모든 것을 알고 계시기 때문입니다.

잔인한 행위에 대한 형벌

25:17-19

이기는 것이 중요한 것이 아니라 어떤 방법을
사용해서 어떻게 이겼는가가 중요합니다.
하나님께서는 모든 과정을 다 보시는
분이심을 잊지 말아야 하겠습니다.

아말렉을 도말하라

17-19절까지는 아말렉을 어떻게 처리할 것인가에 대한 말씀입니다.

아말렉은 이스라엘이 애굽에서 나왔을 때에 이들이 피곤한 틈을 타서 뒤에 처져 있던 약한 자들을 친 비열한 족속들입니다. 광야를 지나면서 제대로 먹지도 못하고 쉬지도 못해서 지칠 대로 지친 사람들을 도와주지는 못할망정, 앞으로 와 정식으로 싸움을 청한 것도 아니고 오히려 지쳐서 뒤에 떨어져 가는 사람들을 쳤던 것입니다. 뒤쳐진 사람들은 병들었거나 늙었거나 힘이 없는 사람들이었습니다. 이렇게 비겁한 수를 쓰는 사람들은 나중에라도 하나님께서 반드시 벌을 내리십니다. **비인간적인 행위는 그 당시에는 그냥 넘어가는 것처럼 보여도 반드시 응분의 대가를 받게 되어 있는 것입니다.**

교회에서도 가끔 어려움을 당하는 가정들이 생기곤 합니다. 물론 그 가정이 실수를 해서 그런 어려움을 당하게 될 때도 있습니다. 그런데 그 때 다른 교인들은 어떻게 행동합니까. 동정하고 도와주려고 하는 사람들은 소수고 대다수는 쓰러져 있는 사람 뒤에서 손가락질하고 비난합니다.

믿음 안에서 형제라고 했던 사람들이 가장 먼저 나서서 어떻게 그런 실수를 할 수 있느냐고 냉정하게 단죄하기도 합니다. 같이 붙들고 울어주고 위로하고 도와 주려고는 하지 않고 쓰러진 사람을 더 짓밟고 만신창이로 만듭니다. 저는 이런 안타까운 하소연을 수 차례 들었습니다. 정말 가슴 아픈 일이 아닐 수 없습니다.

연약한 사람을 뒤에서 치는 것은 아주 비열한 짓입니다. '비난' 이라는 단어는 뒤에서 목을 물어뜯는다는 어원을 가지고 있습니다. 도망가는 짐승을 뒤에서 덮쳐서 목덜미를 물어뜯는 것과 같은 행위가 비난입니다. 강한 사람도 비난을 받으면 넘어지기 쉽습니다. 그런데 약해서 쓰러져 있는 사람을 비난하는 것은 그 사람의 인격을 무시하고 다시 일어나지 못하도록 하는 비열한 행위입니다.

사도 바울은 형제가 범죄하였을 때에는 찾아가서 얼굴을 대면하고 말하라고 하였습니다. 정면으로 대하지 않고 뒤에서 치는 것은 하나님께서 가증하게 여기시고 미워하시는 일입니다. 그렇게 하는 사람에게는 반드시 하나님의 징벌이 따를 것입니다.

그래서 19절에 보면 하나님은 이스라엘에게 안식이 주어지면 아말렉이라는 이름을 땅 위에서 도말하라고 말씀하셨습니다. 그리고 한 번 명령하신 것도 부족해서 '잊지 말라' 고 다시 한번 강조하십니다. 뒤에서 약한 자들을 치는 가증한 행위를 하나님께서 얼마나 미워하시는지 잘 알 수 있습니다.

어떠한 경우에도 뒤에서 치는 방법을 사용해서는 안 됩니다. 반드시 이 길 수 있는 싸움이라 할지라도 정당한 방법이 아니면 생각하지 말아야 합니다. 이기는 것이 중요한 것이 아니라 어떤 방법을 사용해서 어떻게 이겼는가가 중요합니다. **하나님께서는 모든 과정을 다 보시는 분이심을 잊지 말아야 하겠습니다.**

첫 소산은 하나님의 것

26:1-19

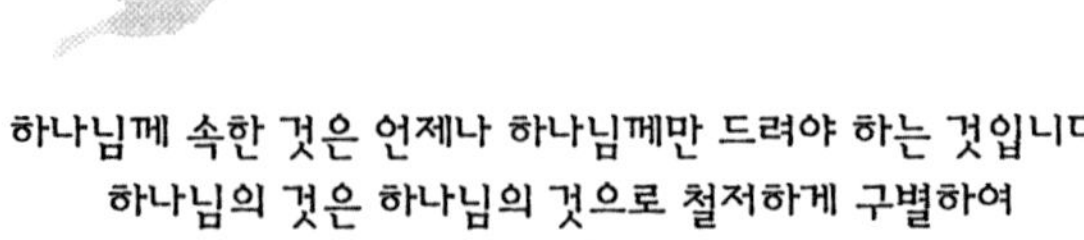

하나님께 속한 것은 언제나 하나님께만 드려야 하는 것입니다.
하나님의 것은 하나님의 것으로 철저하게 구별하여
하나님께만 드리는 하나님 우선주의로 살아야 합니다.

26장은 12장에서부터 시작된 모세의 두 번째 설교가 끝나는 장입니다. 26장은 크게 나누어 볼 때 세 가지 문제를 다루고 있습니다. 하나님께서 우리에게 주신 복 중에서 첫 소산을 구별하여 그것으로 예배를 드리는 문제와 가난한 사람들을 위해서 특별 십일조를 드려서 이웃을 돌보라는 문제와 이 땅에서의 축복을 받기 위해서는 우리가 어떻게 해야 하는가에 대한 것입니다.

첫 소산을 드리며 예배하라

물질보다 마음이 우선이다

2-3절을 보십시오.

"네 하나님 여호와께서 네게 주시는 땅에서 그 토지 모든 소산의 맏물을 거
둔 후에 그것을 취하여 광주리에 담고 네 하나님 여호와께서 그 이름을 두시
려고 택하신 곳으로 그것을 가지고 가서 당시 제사장에게 나아가서 그에게
이르기를 내가 오늘날 당신의 하나님 여호와께 고하나이다 내가 여호와께
서 우리에게 주리라고 우리 열조에게 맹세하신 땅에 이르렀나이다 할 것이
요."

이스라엘 백성들이 가나안 땅에 도착하여 받은 땅에서 농사를 지어 처음
얻은 소산은 바구니에 담아서 성전에 가져다가 당직 제사장에게 바쳐야 했
습니다. **처음 난 것은 무엇이든지 하나님의 은혜를 생각해서 하나님께 먼저 드리
는 것이 시대나 민족을 초월한 하나님 자녀의 도리입니다.** 한국 교회의 감사헌금
제도는 이 명령의 정신을 잘 이어받고 있는 것 같습니다.

첫 소산을 주님께 드리는 행위는 모든 것이 주께로부터 왔다는 것을 고백
하는 것입니다. 땅을 주신 분도 하나님이요 씨앗을 주신 분도 하나님이요,
때를 따라 비를 내리시고 햇볕을 주신 분도 하나님이십니다. 그리고 열심
히 씨를 뿌리고 가꾸고 거둘 수 있는 건강을 주신 분도 하나님이십니다. 이
런 조건들이 다 맞지 않으면 비록 씨를 뿌렸다고 해도 추수를 할 수 없습니
다.

자신이 땀흘려 노력했기 때문에 얻어진 것으로만 생각하는 사람은 크게
착각을 하고 있는 사람입니다. 비단 농사뿐만 아니라 다른 일도 마찬가지
입니다. 어떤 일이든지 하나님이 함께하셔서 환경과 조건을 마련해 주시지
않으면 내가 아무리 계획을 잘 세웠다 해도 그대로 되지 않습니다. 사람이
계획한 대로 모든 것이 이루어진다면 하나님이 필요없을 것입니다. 잠언의
말씀처럼 계획은 사람이 세우더라도 그것을 이루는 이는 하나님이십니다.
그러므로 무엇을 하든지 하나님을 먼저 생각하고 하나님께 예물을 드리

는 것은 신실한 신앙의 표현입니다. 머릿속으로 계산하여 내가 먼저 드리면 하나님께서 그것을 보시고 적합한 축복을 내려주시겠지 하는 생각으로 드리는 것은 감사의 예물이 아니라 일종의 뇌물입니다.

이런 생각은 하나님을 무언가를 드려야만 축복을 주는 사이비 신으로 만드는 것입니다. 또 그런 생각을 하는 사람은 목사님이 기도 한 번 해 주는 것을 무당을 데려다가 굿 한 번 하는 것과 같은 것으로 생각하기도 합니다. 아직 기복적이고 미신적인 전통 신앙 형태가 남아 있기 때문에 나타나는 현상입니다. 그러나 하나님은 물질에 따라 축복을 주시는 분이 아닙니다. **하나님께서 보시는 것은 그 물질에 담긴 마음이지 물질 자체가 아닙니다.** 어떤 일에든 하나님을 먼저 생각하고 감사하는 것이 중요한 것이지 앞으로 나타날 축복을 더 많이 받기 위해서 먼저 대가를 지불하는 것이 아니라는 점을 명확히 해야겠습니다.

하나님을 믿는 순수한 신앙이 있는 사람이라면 자신에게 하나님의 은혜가 나타나고 감사할 일이 생길 때 누가 가르치거나 시키지 않아도 그 마음을 담아서 하나님께 드리고 싶은 마음이 생기는 법입니다. 그래서 하나님께 무언가를 드릴 방법을 찾게 됩니다. 그 중 가장 보편적이고 쉬운 방법이 바로 헌금을 드리는 것입니다. 마음이 있는 곳에 물질이 가기 마련이기 때문입니다. 사랑하는 사람과는 기쁨을 함께 나누고 싶고 무엇이든 내가 가진 것을 모두 주고 싶은 것이 자연스러운 사람의 마음입니다. 신앙은 깨끗하고 순수한 동기가 언제나 중요합니다. 신앙은 계산할 수 없는 것입니다. 계산하기 시작하면 그 순간부터 신앙이 아니라 장사로 변질됩니다.

3절을 보면 제사장에게 예물을 드릴 때 "하나님께서 우리 열조에게 주리라고 약속하신 땅에 우리가 이르렀나이다"라는 말을 하면서 예물을 드리라고 되어 있습니다. 왜 이런 말이 필요했을까요. 그 말을 하는 사람이나 듣는 사람이나 서로에게 신앙적으로 은혜가 되기 때문입니다. 자신이 왜 이런 예물을 드리게 되었는지를 서로 나누면 그 예물을 드리는 사람뿐 아니라 이유를 듣는 다른 사람들까지도 함께 하나님의 은혜에 감사하고 도전을 받게 됩니다. 한 사람에게 주신 은혜를 서로가 나누게 되는 것입니다.

어떤 교회를 보면 헌금을 드리는 시간에 헌금봉투에 씌어 있는 이름이나 글들을 읽기도 합니다. 그렇게 하는 것이 좋은 것인지 좋지 않은 것인지 모르겠지만, 그것을 읽는 가운데 여러 사람들이 듣고 함께 은혜를 나눌 수 있는 장점은 있다는 것 같습니다. 그래서 개인적으로 교인수가 많지 않고 가족적으로 지내는 사람들이라면 감사의 이유를 서로 나누는 것도 좋은 일이라고 생각합니다.

제사장에게 하는 말 중에 '하나님께서 우리 조상들에게 약속하신 땅으로' 라는 말은 하나님의 신실하심을 드러내는 것입니다. 하나님께서는 각처를 유랑하던 이스라엘 민족의 조상들에게 젖과 꿀이 흐르는 땅을 약속하셨습니다. 그들의 조상은 정착하지 못하고 나그네로 다니면서 우상숭배를 하는 떠돌이들이었습니다. 하나님께서는 그런 사람들을 사랑하시고 선택하셔서 하나님의 백성이 되게 하시고 위대한 민족으로 만들어 주신 것입니다. 이스라엘 백성들이 이 사실을 잊지 않도록 제사장에게 예물을 드릴 때마다 이 사실을 기억하고 말로 고백하게 한 것입니다. 아주 좋은 간증의 방법입니다.

우리 교회는 매주 월요일을 전도의 날로 지키고 있습니다. 그래서 이 날 우리 성도들 중 한 사람이 구원이나 전도에 대한 간증을 하게 됩니다. 구원 간증을 할 때는 구원 받기 전의 나의 모습을 말하고 내가 어떻게 구원을 받았는지 하는 것들을 간증합니다. 예수님의 십자가의 공로를 모르는 사람으로 살다가 예수님을 알게 되고 하나님의 자녀가 되었다는 것을 여러 사람들 앞에서 밝히고 다함께 은혜를 나눕니다.

저는 최근에 연세가 많으신 외숙부님들과 함께 저희 할머님의 추도 예배를 드렸습니다. 외숙부님들은 모두 연세가 구십이 넘으실 정도로 연로하신 분들이십니다. 저는 우리 조부모님이 어떻게 예수를 믿게 되었는지를 여쭈어 보았습니다. 그랬더니 이런 말씀을 해 주셨습니다.

우리 할아버지 할머니께서는 경상도의 기장이라는 동네에 살았는데 뒷뜰에 큰 고목나무가 한 그루 있었다고 합니다. 그 나무는 동네 사람들이 다 찾아와 절을 하고 제사를 지내는 나무였습니다. 그런데 그곳에 미국 선교사 한 사람이 찾아와서 저희 할아버지에게 하시는 말씀이 어째서 이 나무를 만드신 분을 섬기지 않고 만들어 놓은 나무를 섬기느냐고 묻는 것이었습니다. 그 일로 우리 할아버지께서는 창조주에 대해서 알게 되고 예수를 믿게 되었습니다.

예수를 믿으신 후에 할아버지께서는 뒤뜰에 있는 나무를 베려고 하셨습니다. 그러나 동네 사람들이 반대하며 아무도 도와주지 않는 바람에 할아버지 혼자서 큰톱으로 베게 되었습니다. 숙부님들의 말씀에 의하면 그것을 자르는데 귀신 까마귀가 떼지어 와서 울었고 또 나무를 다 자르고 나자 나무에 있던 큰 구멍에서 매우 큰 지네 한 마리가 나와서 도망을 갔다고 합니다. 그 동안에 바친 음식을 그 지네가 다 먹었던 것입니다. 할아버지는 그것을 보고 우리가 그 동안 지네에게 절을 했구나 하면서 그 동안의 어리석은 행동을 한탄하셨습니다.

그래서 그 나무는 뿌리까지 다 캐서 버리고 아이들과 머슴들까지 다 예수를 믿게 되었습니다. 그 후 매주일이 되면 옷을 깨끗이 차려 입고 산을 두 개 넘어야 있었던 교회로 열 다섯이나 되는 식구들이 한 줄로 서서 향하셨다고 합니다. 그러면 동네 사람들이 그것을 보고 그렇게 부러워했다고 합

니다. 지금도 외가 바로 옆에는 교회가 하나 서 있고 그 후손들은 오대째 신
앙을 이어오고 있습니다.

이런 간증을 듣는 일이 얼마나 뿌듯하고 기쁜 일입니까. 그렇기 때문에
서로 은혜받은 간증 나누기를 권하고 있는 것입니다. 본문 말씀과 같이 큰
기적을 통해서 애굽에서 구원해 주신 것에 대한 간증은 하나님의 은혜에
대한 큰 감사의 간증입니다.
하나님께서 자기 민족을 구해 주셨다는 것을 잊지 않고 감사드리는 간증
을 하는 것입니다. 이처럼 간증을 통해 자기 민족에게 기적을 베푸셨던 하
나님을 기억하는 시간을 갖는다는 것은 매우 중요합니다. 그 시간이 하나
님께 대한 신앙을 새롭게 하고 강하게 하는 시간이 되기 때문입니다.

기쁨을 이웃과 함께 나누라

또 하나님께 바친 첫 소산은 레위인들과, 가족들과, 함께 거하는 객들과
함께 잔치를 벌이게 되어 있었습니다. 11절을 보십시오.

"네 하나님 여호와께서 너와 네 집에 주신 모든 복을 인하여 너는 레위인과
너희 중에 우거하는 객과 함께 즐거워할지니라."

사랑하는 가족과 하나님을 섬기는 레위인과 이웃에 거하는 객들이 함께
잔치를 벌이고 기쁨을 나누는 것이 감사예배를 드리는 아름다운 모습입니
다. 기쁨은 함께 나눌 때에 배가 됩니다. 특히 따로 기업을 받지 않고 하나
님으로 자기 기업을 삼아서 하나님을 섬겼던 사람들과 남의 나라에 거하
면서 힘들게 살아가는 사람들과 함께하는 잔치를 하나님께서는 기뻐하셨

습니다. 우리들도 자기의 기쁨을 자신의 것으로만 한정하지 말고 이웃과 나누어야 하겠습니다.

이웃을 위해 드리는 십일조

12-15절은 하나님께 드리는 예물에 대한 말씀입니다. 유대인들은 여러 가지의 예물을 아주 많이 드렸습니다. 십일조 외에도 정기적으로 감사의 예물을 드렸고 자원해서 드리는 서원의 예물도 있었습니다.

성도가 된 사람으로서 단지 십일조를 드리는 것으로 자신이 할 것을 다한 것처럼 생각하는 것은 율법으로 살았던 유대인들보다도 못한 신앙생활을 하고 있는 것입니다. 십일조는 하나님의 것이므로 당연히 해야 할 의무일 뿐입니다. 그것으로 할 일을 다한 것으로 생각하면 안 됩니다.

12절을 봅시다.

"제 삼 년 곧 십일조를 드리는 해에 네 모든 소산의 십일조 다 내기를 마친 후에 그것을 레위인과 객과 고아와 과부에게 주어서 네 성문 안에서 먹어 배부르게 하라."

이 년 동안은 자신을 위해서 살고 삼 년째 되는 해의 소산은 다른 사람을 위해서 드리라는 것입니다. 삼 년째 되는 십일조는 다 낸 후에 레위인과 고아들과 과부들에게 주어서 성문 안에서 배부르게 먹도록 자선을 베풀어주라고 하십니다.

하나님의 은혜로 농사를 지어서 이 년 동안은 자신들이 배부르게 먹고살았으니 그 다음 삼 년째 되는 해에는 가난하고 불쌍한 사람들에게 나누어주라는 말씀입니다. 그리고 나서 제사장에게 앞서 예물을 드릴 때에 했던 것처럼 보고를 하라고 하십니다. 그 보고의 내용은 하나님께서 명령하신 대로 잘 지켰으며 다른 용도로 사용하지 않았다는 것을 고백하는 것이었습니다.

만일 십일조를 내지 않으며 하나님의 법도대로 잘 살지 않고 하나님의 율법을 잘 지키지 않았다면 하나님 앞에 이런 보고를 할 수 없을 것입니다. 먼저 하나님께서 하라고 하신 것을 잘 준수한 다음에라야 이런 말을 하나님 앞에 할 수 있습니다.

십일조는 원래 하나님께 드리는 것 외에는 사용할 수 없는 것이었습니다. 14절을 보십시오.

"내가 애곡하는 날에 이 성물을 먹지 아니하였고 부정한 몸으로 이를 떼어 두지 아니하였고 죽은 자를 위하여 이를 쓰지 아니하였고 내 하나님 여호와의 말씀을 청종하여 주께서 내게 명령하신 대로 행하였사오니."

하나님께 드려야 할 예물은 어떤 갑작스러운 상황이 생겼다 하더라도 대체해서 쓸 수가 없었습니다. 가령 가장 긴급한 경우인 죽음이 닥쳤다 하더라도 사용해서는 안 되었습니다. **하나님께 속한 것은 언제나 하나님께만 드려야 하는 것입니다.** 하나님의 것은 하나님의 것으로 철저하게 구별하여 하나님께만 드리는 하나님 우선주의로 살아야 합니다.

이 규정을 지금 우리의 삶에 적용시키면 주일날 교회에 와서 "한 주 동안 주님의 말씀대로 열심히 살다가 왔습니다"라고 고백하는 것으로 대치할 수 있을 것입니다. 제가 우리 성도들에게 하지 말라고 하는 기도 중의 하나가 "우리가 지난 일 주일 동안 죄악 가운데 살다가 왔습니다"라고 기도하는 것입니다. 저는 그 기도가 싫습니다. 그런 기도를 들으면 마치 성도들은 일 주일 동안 나쁜 일만 하고 살다가 주일날 하루 와서 용서받고 가면 되는 것처럼 느껴집니다. 이것은 좋지 않은 기도입니다.

옛날부터 회중 기도를 할 때는 이런 기도를 많이 해 왔기 때문에 으레 대표기도에 그런 구절이 들어가는 것이 당연한 것처럼 되어버렸지만 그것은 옳지 않습니다. 이렇게 기도하는 것은 일 주일 내내 패배하는 삶을 살다가 주일날 와서 고백하고 앞으로 일 주일 또 다시 패배의 삶을 살아야 하는 사람처럼 보입니다. 이것은 신앙인의 태도로서 아주 잘못된 것입니다.

그래서 저는 "하나님 아버지, 주께서 저에게 맡겨주신 직장과 가정을 충실하게 돌보다가 오늘 주님 앞에 나와서 예배드리게 하시니 감사합니다" 이렇게 기도하라고 말합니다.

그리고 예배를 드리고 나갈 때는 다시 승리하는 삶을 살 것이라고 기대하고 나가야지 늘 패배자의 심정으로 사는 것은 승리하시는 하나님을 믿는 자녀의 태도가 아닙니다. 정성껏 마음을 다해서 기도하지 않고 말로만 습관적으로 기도하는 것이 입에 배어서 그런 기도가 나오는 것입니다.

기도하면서 하나님께 정말 자신을 잘 드러내는 사람들은 그런 습관적인 말을 반복적으로 하지 않습니다. 물론 범죄한 것을 하나님 앞에 고백하고 용서받는 일은 좋은 일입니다. 그러나 그러한 것들이 타성에 젖어 습관적으로 하는 일이 되면 안 됩니다.

우리들이 가져야 할 기본적인 태도는 날마다 성령님의 힘을 얻어서 나의 힘으로가 아니라 그 말씀의 힘으로 성령님께서 내 안에 역사하심으로 순간순간마다 승리하며 살다가 하나님께 예배드릴 때에 그것을 보고하는 것입니다. 이것이 적극적이고 긍정적인 신앙적 삶의 태도입니다.

먼저 순종한 후에 복을 구하라

순종하는 삶의 조건 위에서 복을 구하는 기도를 해야 하나님께서 선하게 들으십니다. 15절을 보십시오.

"원컨대 주의 거룩한 처소 하늘에서 하감하시고 주의 백성 이스라엘에게 복을 주시며 우리 열조에게 맹세하여 우리에게 주신 바 젖과 꿀이 흐르는 땅에 복을 내리소서 할지니라."

"하나님께서 하라고 하신 대로 내가 열심히 살았습니다"라고 보고를 한 후에 땅의 축복을 비는 기도를 해야 합니다. 먼저 마땅히 보고해야 할 부분은 빼먹고 축복을 비는 기도만 한다면 그 기도는 응답될 수가 없습니다.

충성스럽고 성실한 삶을 산 다음에야 그것을 근거로 하나님의 축복이 나타나는 것이지 그렇지 않고 하늘만 바라보고 축복을 구한다고 해서 축복이 떨어지는 것은 아닙니다. 우리가 가진 기독 신앙은 건전한 신앙입니다. **하나님의 복을 받을 만한 아무런 행동도 하지 않는 사람에게 근거 없는 축복이 내려지지는 않습니다.**

물론 우리가 하나님의 자녀가 되는 것은 전적으로 하나님의 은혜입니다. 그렇지만 이 땅에서의 축복은 우리의 노력에 달려 있습니다. 죄인이 구원을 받는 것은 전적으로 하나님의 은혜입니다. 그래서 구원받을 수 없는 죄인은 한 명도 없습니다.

구원은 처음부터 끝까지 하나님의 은혜입니다. 우리의 노력이 전혀 필요 없는 부분입니다. 구원의 조건에 자기의 노력이나 힘을 조금이라도 내세운다면 그 사람은 구원을 받은 사람이라고 볼 수 없습니다. 거듭나는 것도 세례라는 의식을 통해서 거듭나는 것이 아니라 거듭난 사람이 세례라는 의식을 치러서 공중에 선언을 하는 것일 뿐입니다. 세례를 통해서 거듭나는 것이 아니라 거듭났으므로 세례를 받는 것입니다. 거듭나는 것도 하나님의 은혜고 믿음도 하나님의 은혜입니다. 그래서 누구든지 언제나 구원을 받을 수 있는 것입니다. 구원에는 어떤 대가가 필요한 것이 아닙니다.

그러나 일단 구원을 받은 사람이 이 땅에서 어떤 복을 누리는가 하는 점은 전적으로 우리에게 달려 있습니다. 구원을 받았다고 해서 이 땅에서 받는 축복도 자연적으로 따라오는 것은 아닙니다. 구원받은 하나님의 자녀라고 무조건 그가 하는 일이 잘 된다는 보장은 없습니다. 그것은 그 사람이 어떤 삶의 태도를 지니고 하나님의 말씀에 철저하게 순종하면서 사는가 하는 것에 의해 결정되는 것입니다.

구원과 이 땅의 축복은 별개의 문제입니다. **천국의 삶은 이미 보장되어 있습니다. 그렇지만 이 땅의 축복은 우리의 노력으로 얻을 수 있는 것입니다.** 찬송가에 있는 것처럼 "의지하고 순종하는 길은 예수 안에 즐겁고 복된 길"입니다. 이 땅의 행복은 심는 대로 거두는 것입니다.

전심으로 순종하라

17절을 보면 우리가 하나님 앞에서 먼저 확언해야 하는 것들이 있음을 알 수 있습니다.

먼저 하나님을 나의 하나님으로 인정하는 것입니다. 예수 그리스도가 나의 구주라는 것을 인정하는 것입니다. 두 번째는 하나님의 율법을 순종하며 지키겠다는 약속을 하는 것입니다. 이것은 하나님께 충성을 다하겠다는 서약입니다. 마치 여호수아가 "나와 내 집은 여호와를 섬기겠습니다"라고 한 것과 같은 서약인 것입니다.

하나님의 뜻이 어디에 있는가에 모든 주의를 집중시키고 우리의 마음을 하나님의 말씀에 모아서 순종하는 부단한 노력이 필요합니다. 하나님께 대한 지속적인 헌신과 노력이 있어야 한다는 말씀입니다.

날마다 헌신을 다짐하는 생활

하나님의 자녀들이라면 한 번쯤 헌신을 서약한 경험들이 있을 것입니다. 그러나 헌신을 서약하였다고 해서 헌신이 자동적으로 이루어지는 것은 아닙니다. **우리에게는 매일 헌신을 다짐하는 시간이 필요합니다.** 아침에 일어나면 주님께 기도하면서 오늘 하루도 하나님께 헌신할 것을 약속하고 도움을 청하기를 날마다 반복해야 합니다. 제 자신의 경우를 살펴보면 한두 번 집회에서 감동을 받아서 하는 헌신으로는 부족하다는 생각이 강하게 들었습니다.

우리가 그렇게 약속을 하면 그 다음에는 하나님의 약속이 나타납니다. 18-19절을 보십시오.

"여호와께서도 네게 말씀하신 대로 오늘날 너를 자기의 보배로운 백성으로 인정하시고 또 그 모든 명령을 지키게 하리라 확언하셨은즉 여호와께서 너의 칭찬과 명예와 영광으로 그 지으신 모든 민족 위에 뛰어나게 하시고 그 말씀하신 대로 너로 네 하나님 여호와의 성민이 되게 하시리라."

이 약속은 하나님께서 우리에게 주신 약속입니다. 우리에게 "너는 나의 보배로운 백성이라"고 선포하고 계십니다. 수많은 민족 중에서 이스라엘 백성을 선택하신 것처럼 이 세상에 있는 수많은 사람 중에서 우리를 선택해 주신 것입니다. 이 한 가지 사실만 생각해 보아도 얼마나 우리에게 은혜가 되는지 모릅니다.

때때로 우리가 부족해서 하나님께 범죄하는 일이 있기는 하지만 그럴 때마다 다시 한 번 이러한 사실을 은혜로 깨닫게 되곤 하는 것입니다. 자격이 없는 사람을 하나님의 백성이라고 선포해주시는 그 은혜가 얼마나 놀랍습니까. 이것을 깊이 깨달을수록 우리의 고개는 더욱 깊이 숙여질 수밖에 없습니다. 그래서 이 사실과 감격을 널리 모든 사람에게 전하고 선포해야 할 의무가 우리에게 있습니다.

하나님께서는 우리를 특별한 백성으로 부르셨습니다. 이 특권은 하나님의 은혜입니다. 그러나 이 땅에서 받는 복은 우리 자신에게 달려 있습니다.

하나님의 법을 철저하게 지키면 이 땅에서 존경과 명성과 명예의 복이 나타나게 되어 있습니다. 우리가 하나님의 말씀을 철저하게 지키고 따르면 우리를 모든 만민 중에 뛰어나게 하시고 하나님의 성민이 되게 하신다고 약속하셨습니다.

하나님의 은혜로 구원을 받은 우리는 하나님께서 약속해 주신 이 땅의 축복을 함께 받을 수 있도록 힘을 다하고 그 영광을 하나님께 돌리는 사람들이 되어야 하겠습니다.

제6부
삶과 축복을 선택하라

모세의 세 번째 설교

"네가 네 하나님 여호와의 말씀을 삼가 듣고

내가 오늘날 네게 명하는 그 모든 명령을 지켜 행하면

네 하나님 여호와께서

너를 세계 모든 민족 위에 뛰어나게 하실 것이라

네가 네 하나님 여호와의 말씀을 순종하면

이 모든 복이 네게 임하며 네게 미치리니

성읍에서도 복을 받고 들에서도 복을 받을 것이며

네 몸의 소생과 네 토지의 소산과 네 짐승의 새끼와

네 우양의 새끼가 복을 받을 것이며

네 광주리와 떡반죽 그릇이 복을 받을 것이며

네가 들어와도 복을 받고 나가도 복을 받을 것이니라"

(신명기 28:1-6)

축복과 저주

27:1-26

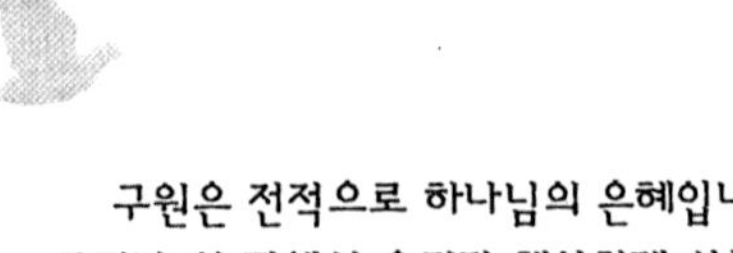

앞서 말씀드린 바와 같이 신명기는 모세의 세 가지 설교로 이루어져 있습니다.

27-30장 사이에는 모세의 세 번째 설교가 나옵니다.

그 중에서 27장은 축복과 저주에 대한 이야기로 이루어져 있습니다. 27장의 뒷부분에 가면 열두 가지 저주가 나옵니다. 약속의 땅에 들어갔을 때에 해야 할 일들을 지시하시고 자기 백성들이 행복한 삶을 살도록 원하신다는 것을 보여주시는 것입니다.

우리 같은 부족한 인간도 자기 자식을 사랑해서 그 자식이 이 땅에 사는 동안에 행복하게 살기를 간절히 원하는데 하나밖에 없는 아들을 내어 주시기까지 우리를 사랑하신 하나님의 마음은 그것에 비길 수가 없을 정도입니다.

하나님의 자녀가 되는 것은 자녀인 우리가 선택할 수 있는 사항이 아닙니다. 하나님께서 우리를 선택하셔서 우리는 하나님의 백성됨과 구원을 선물로 받은 것입니다. 그러므로 구원은 전적으로 하나님의 은혜입니다. 그러나 이 땅에서 우리가 행복하게 사는 것은 우리의 노력에 달려 있습니다. **하나님께서는 우리가 행복하게 살 수 있는 길을 만들어 주시고 우리가 그 길을 그대로 걸어가기를 원하십니다.**

하나님께서는 우리에게 두 가지 길을 가르쳐 주고 계십니다. 축복의 길과 저주의 길입니다. 축복의 길은 긍정적으로 네가 이렇게 하면 잘될 것이라고 하시는 것입니다. 반면에 저주의 길은 그렇게 하지 않았을 경우에 어떻게 될 것인가를 말하는 것입니다. 흔한 말로 표현해 보자면 당근과 채찍을 함께 주시는 것입니다. 하나님께서 지시하신 것을 지키면서 살면 당근을 먹을 수 있고 그렇지 않으면 채찍이 돌아옵니다.

기왕이면 좋은 것을 받고 잘 되는 것이 좋지 않겠습니까. 하나님께서는 어떻게 해서든지 우리가 행복해지는 것을 보고자 하십니다.

그러나 한 가지 생각해 보아야 할 점이 있습니다. 저주조차도 축복을 주시고자 내리신다는 점입니다. 저주하시는 참뜻을 모르면 하나님을 징벌하기를 좋아하는 무자비한 분으로 오해할 수도 있습니다. 그러나 전후의 맥락을 알고 보면 저주도 축복을 위해서 하신다는 것을 알게 될 것입니다. 우리가 행복한가 그렇지 않은가는 하나님께서 대단히 중요하게 여기시는 부분입니다. 혹시라도 우리가 행복하게 살지 못할까 봐 걱정이 되어서 저주의 이야기까지 미리 해 놓으신 것입니다.

돌기념비를 세우라

은혜를 함께 나누는 것의 중요함

1-8절 사이는 방금 말씀드린 것과 내용이 조금 다릅니다. 돌기념비를 세우라는 내용이기 때문입니다.

돌기념비를 세우는 것에서 얻을 수 있는 한 가지 교훈이 있다면 역사의 중요성입니다. 조금 다르게 말한다면 신앙간증의 중요성이라고 말할 수도 있을 것입니다. 이 기념비는 이스라엘 민족이 약속의 땅에 들어설 때 요단강을 기적적으로 건넜던 것을 기념하기 위해 세운 것입니다. 즉, 하나님의 약속이 실현된 역사적 사실을 입증하기 위해서 세운 것입니다.

요단강이 갈라져서 마른땅을 걸어서 지나가는 동안에 강바닥에 있는 큰 돌멩이들을 주워다가 그 건너편에 있는 에발 산에다 쌓아 놓고 사람들이 그것이 어디서 어떻게 왔느냐고 물으면 하나님께서 요단강을 건너게 해 주셔서 약속하신 땅에 들어올 수 있었다고 이야기함으로써 하나님께서 주신 은혜를 기억하고 기념하게 하기 위한 것이었습니다.

미국 사람들에게는 '컨버세이션 피스(conversation piece)' 즉 대화의 조각이라는 것이 있습니다. 상대방과 대화의 구실을 마련해 주는 작은 물건이라는 뜻입니다. 미국 가정들의 거실에 들어가 보면 차를 마시는 테이블에 아주 작은 인형 같은 물건들이 놓여 있습니다. 그러면 손님들이 와서 그것이 무엇인지를 묻고 주인은 그것에 대해서 이야기를 합니다.

이렇게 해서 자연스럽게 첫 대화를 열어나가게 하는 역할을 하기 때문에 그런 물건을 대화의 조각이라고 하는 것입니다.

마찬가지로 이스라엘 사람들이 에발 산에 쌓아 놓은 돌도 그런 역할을 합니다. 사람들이 그 기념비를 보고 의아해하며 이것이 무엇이냐고 물으면 그것을 대답하는 과정에서 하나님께서 우리를 얼마나 사랑하셨고 어떤 기적을 베푸셨는가를 간증하고 기억하는 계기가 되는 물건인 것입니다.

대부분 우리의 생활은 그저 그렇게 지나가지만 그런 중에 가끔 하나님께서 나타나셔서 큰 획들을 그어 주시는 일이 있습니다. 그럴 때마다 그 은혜를 상기할 수 있는 컨버세이션 피스가 하나 있으면 하나님을 늘 기억할 수 있는 계기가 될 것입니다. 그래서 어떤 분들은 자기 고향에 작은 교회를 하나 짓기도 하고 다른 여러 가지 방법으로 하나님의 은혜를 기념하는 물건들을 만듭니다.

이스라엘 사람들에게 있어서 출애굽 사건은 누구에게나 몇 번을 반복해서 이야기를 해도 지치거나 지겹지 않는 이야기였습니다. 이와 같은 이야기가 우리에게도 있습니다. 다른 사람들은 두 번만 들으면 지겨운 이야기지만 하는 사람은 아무리 해도 절대로 지겹지 않습니다. 오히려 할 때마다 너무나 신이 납니다. 하나님의 은혜를 느낄 수 있는 이야기이기 때문입니다. 이런 경험들이 있으면 널리 이야기를 해서 함께 나누는 것이 좋습니다. 이런 이야기는 자신에게도 감격이 되지만 듣는 사람들에게도 하나님의 영광을 드러나게 합니다.

4-7절을 보십시오.

"너희가 요단을 건너거든 내가 오늘날 너희에게 명하는 이 돌들을 에발 산에 세우고 그 위에 석회를 바를 것이며 또 거기서 네 하나님 여호와를 위하여 단 곧 돌단을 쌓되 그것에 철기를 대지 말지니라 너는 다듬지 않은 돌로 네 하나님 여호와의 단을 쌓고 그 위에 네 하나님 여호와께 번제를 드릴 것이며 또 화목제를 드리고 거기서 먹으며 네 하나님 여호와 앞에서 즐거워하라."

화평 제물은 자기가 가장 좋아하는 것을 드리게 되어 있습니다. 다듬지 않은 돌로 제단을 쌓고 자신이 가장 좋아하는 것을 드리고 거기서 먹으면 서 하나님 앞에서 즐거워하면서 가나안에 들어오게 된 것을 감사드리는 것 입니다.

요단강을 건너자마자 두 개의 산이 있습니다. 하나는 푸른 그리심 산이 고 다른 하나는 메마른 민둥산인 에발 산입니다. 이 두 산은 축복과 저주를 나타내고 있습니다. '그리심' 이라는 것은 '푸르다' 는 뜻을 가지고 있습니 다. 영어의 '그린' 과 발음이 비슷합니다. 푸른 산은 하나님의 축복을 받은 것을 의미하는데 그 산에는 나무가 많아서 숲이 울창합니다. 그와 반대인 에발은 발음이 묘하게도 영어로 악마를 나타내는 '이블' 과 비슷합니다. 단 어만 보아도 어떤 것이 축복을 의미하고 어떤 것이 저주를 의미하는지가 분명하게 드러납니다. 백성들을 가시적으로 가르치기 위해서 두 산을 두시 고 그 산을 쳐다볼 때마다 자신들이 어떻게 살아야 할 것인가를 다시 생각 하게 했던 것입니다.

10절을 보십시오.

"그런즉 네 하나님 여호와의 말씀을 복종하여 내가 오늘날 네게 명하는 그 명령과 규례를 행할지니라."

하나님께서는 우리들 한 사람 한 사람이 늘 주 안에서 감사하고 기뻐하며 살기를 바라고 계십니다. 만일 조금이라도 잘못된 길로 가고 싶은 유혹을 받게 되면 하나님이 얼마나 힘들어하시고 섭섭해하실 것인가를 생각하십 시오. 내가 하는 하나하나의 행동으로 인해서 기뻐하시고 가슴아파하실 하 나님을 생각하면서 잘못된 길에서 돌이키도록 하십시오. 그리고 힘껏 노력하여 할 수 있는 대로 주 안에서 행복하게 사십시오. 행복하게 사는 것은 자신의 선택에 달려 있습니다. 아무도 나를 불행하게 할 수 없습니다. 오직 자기 자신만이 자신을 불행하게 할 수 있고 오직 자기 자신만이 자신을 행복하게 할 수 있습니다. **남의 말에 흔들리지 않고 행복하게 살기로 작정하면 행복하게 살 수 있습니다.** 아무도 자기 마음속에 있는 생각을 흔들어 놓을 수 없도록 스스로 강한 마음을 가지고 굳게 서면 됩니다.

행복할 수 있을 만한 환경과 여건은 남이 만들어 주는 것이 아닙니다. 남이 만들어 주기를 기다리다가는 평생 행복하게 살 수 없습니다. 자기 자신이 만들어야만 비로소 행복한 삶이 가능한 것입니다.

하나님께서는 항상 기뻐하라고 말씀하시지만 사람이 어떻게 항상 기뻐할 수 있겠습니까? 인간적으로 생각할 때는 말도 안 되는 이야기 같습니다. 그렇다고 하나님께서 불가능한 것을 하라고 명하셨다고 생각하십니까. 그렇지가 않습니다. 방법이 있습니다. 무조건 감사하고 무조건 기뻐하기로 작정을 하십시오. 다른 이유를 따지지 않고 감사하기로 작정하고 그대로 시행하는 것입니다.

원수를 사랑하라는 명령도 마찬가지입니다. 여러 번을 거듭해서 결론을 내리고 사랑하는 것이 아니라 무조건 사랑하라는 것입니다. 원수를 생각하면 할수록 속이 상하는데 어떻게 사랑할 수 있겠습니까. 그저 사랑하는 것입니다. 하나님께서 사랑하라고 하신 명령에 따라서 사랑하기로 작정하고 무조건 사랑하는 것입니다. 이런 때에 어린아이 같은 신앙이 필요합니다.

주님만 따라가는 삶

미국에 있는 누이가 저를 찾아와서 예수를 믿으니까 사람이 바보가 된다는 말을 하더군요. 저는 그 말을 듣고 "아멘"이라고 했습니다. 이것이 진리입니다. 예수 믿는 사람은 바보가 되어야 합니다. 깊이 믿으면 믿을수록 더 바보가 됩니다. 처음 예수를 믿을 때는 그럴 생각이 전혀 없었기 때문에 억울한 생각이 들기도 하지만 그 순간이 지나가면 바보가 되는 것이 얼마나 복된 일인가를 깨닫게 됩니다. 바보가 되는 그 순간부터 행복해지는 것입니다. 자신이 예수를 믿어서 바보가 되었다고 생각한다면 그것은 축하받을 일입니다. 비록 나는 그 때부터 바보가 되지만 주님이 나를 인도하시므로 아무 걱정 없는 평안이 옵니다. 또한 그러면 그 때부터 내가 알아서 할 때보다 모든 일이 형통하고 나 자신이 똑똑해진다는 것을 느낄 수 있습니다.

저도 전세계의 사상을 다 섭렵하고 유명한 신학자들의 학설을 다 읽어서 이제는 나도 똑똑한 사람이 되었구나 하는 생각이 들 때가 있었습니다. 그런데 다시 생각하니까 그 사람들을 따라간다는 것이 너무나 힘겹고 어려운 일이라는 생각이 들었습니다. 또 아무리 공부해도 결국은 그 사람들의 뒤를 따르는 일밖에는 할 수 없다는 데 한계를 느꼈습니다. 그러면서 깨달은 것이 아주 쉬운 진리를 주신 예수님을 따르는 것이 끊임없이 어려운 이론을 펴는 학자들을 따라다니는 것보다 훨씬 합리적이고 실속있는 일이라는 것입니다. 그 후로는 다른 학자들을 따라다니지 않고 예수님만을 좇기로 했습니다.

"너도 가겠느냐?"고 물으신 예수님의 말씀에 "주여 당신에게 생명의 말씀이 있는데 제가 누구에게로 가겠습니까"라고 했던 베드로의 대답이 바로 저의 대답이 되는 순간이었습니다. 그 때부터는 저는 하나님의 말씀만 붙들고 살았습니다. 그러고 나니까 그 때부터 바보가 되었습니다. 아는 것이 하나도 없어지고 자기 주장이 없어졌습니다.

어떤 때는 그것이 너무 억울해서 내가 이런 바보가 되겠다고 머나먼 타국 땅까지 와서 이 고생을 했는가 하는 생각도 들었습니다. 그러나 다른 무엇도 줄 수 없는 귀중한 것을 받았습니다. 그것은 마음 깊은 곳에서부터 오는 평화입니다. 바보는 되었지만 행복하게 살 수 있었습니다. 여러분, **단순하게 순종하면서 사십시오. 거기에 하나님의 축복이 있습니다.**

예수님을 닮아가며 사는 것, 그것이 참된 영성입니다. 그것이 하나님이 우리를 택하신 목적입니다. **하나님께서 사랑하셔서 택하신 우리가 자기 아들의 형상을 닮은 삶을 사는 것, 이것이 하나님의 뜻입니다.** 많은 신학자들이 아주 복잡한 이론을 펼치고 두꺼운 책들을 쓰지만 결국 결론은 하나입니다. 하나님의 뜻을 따라서 예수님의 삶을 본받아 사는 것입니다.

축복과 저주의 선포

다시 본문으로 돌아가서 생각해 봅시다.

큰 평야를 사이에 두고 그리심과 에발 두 개의 산이 서로 마주보고 있습니다. 12, 13절에 보면 시므온과 레위와 유다와 잇사갈과 요셉과 베냐민은 백성들을 축복하기 위하여 그리심 산에 서게 하고 르우벤과 갓과 아셀과 스불론과 단과 납달리는 저주하기 위해서 에발 산에 세웠습니다. 레위 사람들을 중간에 서게 하여 열두 지파를 상징하는 열두 가지 저주를 큰 소리로 선포하면 이스라엘 백성들은 아멘으로 화답하게 했습니다. 이것은 저주 받을 일을 하지 않도록 하기 위한 조치였습니다.

이런 일을 행하는 자는 저주를 받으리라

첫 번째는 우상 숭배하지 말라고 하십니다.

15절을 보십시오. 누구든지 "장색의 손으로 조각하였거나 부어 만든 우상은 여호와께 가증하니 그것을 만들어 은밀히 세우는 자"는 저주를 받을 것이라고 하였습니다. 하나님 외에 다른 우상을 섬기는 자는 누구를 막론하고 저주를 받습니다. 우상 숭배는 하나님께서 가장 가증히 여기시는 것입니다. 하나님은 질투하시는 하나님이십니다. 하나님보다 아내를 더 사랑하는 것도, 하나님보다 자식을 더 사랑하는 것도 하나님이 보시기에는 우상을 숭배하는 것과 같습니다.

하나님은 우리 삶의 모든 영역에서 첫째가는 분이어야 합니다. 어떤 것도 하나님보다 앞설 수는 없습니다. 그렇게 하는 사람은 하나님의 저주를 받는다는 말씀에 이스라엘 백성들은 아멘으로 화답했습니다. 우리도 역시 그렇게 화답한 사람들입니다.

두 번째는 그 부모를 경홀히 여기는 자는 저주를 받을 것이라고 하십니다.

하나님 다음은 부모입니다. 이것은 십계명에서 하나님과 관계된 계명이 끝나고 사람을 대하는 계명이 나올 때 처음으로 부모를 거론한 것과 같은 이치입니다.

세 번째는 이웃을 존중하라고 하십니다.

"그 이웃의 지계표를 옮기는 자"는 저주를 받게 되어 있었습니다. 이웃의 토지 경계 표시를 옮기는 자는 하나님의 저주를 받았습니다. 이것은 하나님께서 주신 각자의 사유재산을 신성하게 생각한 것입니다. 일단 하나님께서 나에게 주신 것들은 모두 귀하게 돌보고 보존해야 합니다. 또한 나에게 주시지 않은 부분에 대해 질투하거나 갖기를 원하거나 해서도 안 됩니다.

자기에게 주신 것들을 최대한 보존하고 감사하는 것이 하나님의 더 큰 축복을 받는 비결입니다. 또한 행복해지는 비결이기도 합니다. 나에게 없는 것을 불평하지 말고 있는 것을 감사하며 행복하게 사는 쪽을 택하십시오.

불행한 사람은 하나님이 자신에게 준 것에 대해서 만족하지 못하는 사람입니다. 주변의 사람들을 살펴보면 대개 그런 분들이 불행하다고 생각하며 삽니다. 자기가 가진 것은 돌아보지 않고 나에게 없는 것만을 가지고 불평을 합니다. 그런 마음가짐을 고치기 전에는 행복해질 수가 없습니다.

불평이 많은 사람은 하나님의 특별하신 은혜로 바꾸어 놓지 않으면 두고 두고 불행합니다. 저도 그런 사람을 보면 하나님께 기도합니다. 하나님께서 그 사람의 마음을 바꾸어 주시지 않으면 그 인생이 계속해서 불행할 것이 너무도 뻔하기 때문에 걱정을 하지 않을 수가 없습니다. 부족할 때 자신이 가지고 있는 것을 감사하면 그 때부터 풍성함이 오게 되어 있습니다. 이미 주신 것에 먼저 감사하는 것이 축복을 받을 수 있는 길입니다.

네 번째는 눈 먼 자에게 손해를 끼치지 말라는 내용입니다.

맹인을 비롯한 약한 사람들의 약점을 이용해서 자신의 이익을 추구하지 말라는 것입니다. 남의 약점을 이용해서 자기의 이익을 추구하는 사람은 비열한 사람입니다. 이런 사람에게는 하나님의 저주가 따른다는 것을 알 수 있습니다.

다섯 번째는 객이나 과부나 고아의 송사를 억울하게 하는 자는 저주를 받을 것이라는 말씀입니다.

이렇게 **사회적으로 약자인 사람들은 하나님께서 특별히 보호하시고 사랑하십니다.** 그런 사람들을 괴롭히지 말고 자비를 베풀라는 말은 성경의 곳곳에 나옵니다. 하나님께서 그 사람들을 그만큼 사랑하시기 때문입니다.

여섯 번째는 성적인 타락에 대한 저주입니다.

그 내용은 먼저 아버지의 배우자와 간음하는 자는 저주를 받는다는 내용입니다. 또 짐승들과 성관계를 하는 자, 친 여자 형제나 이복 형제와 성관계를 하는 자, 과부가 된 장모와 성관계를 하는 자들에게는 저주가 있으리라는 내용입니다. 이런 관계들의 악함에 대해서는 부연해서 설명할 필요가 없으리라고 판단됩니다.

일곱 번째는 이웃을 몰래 살인하는 자는 저주를 받는다는 말씀입니다.

여덟 번째로는 죄가 없는 사람을 죽이려고 뇌물을 받는 자도 저주를 받습니다.

아홉 번째는 이 모든 율법을 지키지 않는 자는 저주를 받는다고 기록되어 있습니다.

이제까지 나열한 잘못들을 저지른 자들은 절대로 행복하게 살 수가 없습니다. 이렇게 악한 행위를 한 자들이 하나님의 저주를 받아 불행해질 수밖에 없다는 것은 너무도 당연한 것이라서 아무도 의문이 들지 않을 것입니다. 여기까지는 하나님께서 지키시기를 원하시는 가장 기본적인 율법을 나열한 것입니다.

자녀된 자의 삶

27장에 제시된 저주들을 살펴보면 하나님께서 우리에게 원하시는 삶이 어떤 것인가를 알 수 있습니다. 하나님께서는 오직 하나님만 섬기는 삶을 원하십니다. 또 인간관계에서는 부모 공경을 최고의 덕목으로 생각하십니다. 또 약한 자들을 돌보시는 하나님께서는 그들을 보호하지 않는 사람들을 미워하십니다. 하나님의 자녀된 우리가 성적으로 순결한 삶을 살기 원하시며 하나님의 말씀을 철저히 지키는 규범있는 삶을 살기 원하십니다.

28장부터는 지금까지 제시한 것들에 이어서 계속 순종과 불순종의
결과들이 나옵니다.

순종의 축복과 불순종의 저주

28:1-68

율법의 중심은 하나님을 사랑하는 것입니다.
율법을 지키려고 애쓰지 말고 하나님을 사랑하고 하나님의 말씀을 지키려고
애쓰면 힘들지 않고 율법을 지킬 수 있습니다.
사랑이 율법의 완성입니다.

신명기 28장은 일 년에 한 번 정도 온 교회가 함께 읽어보아도 좋을 내용으로, 바른 신앙생활의 동기를 부여하는 데에 상당한 역할을 할 수 있을 것 같습니다.

전제된 내용은 순종의 축복과 불순종의 저주입니다. 이 두 개의 길이 우리 앞에 있는데 우리가 어떤 선택을 하는가에 따라서 축복과 저주가 결정됩니다. 순종은 축복의 길이요 불순종은 저주의 길입니다.

하나님은 복의 근원이십니다. 그러므로 하나님을 떠나는 것은 자멸의 길을 택하는 것입니다.

위급한 환자들은 산소호흡기를 코에 달고 있어야 생명이 연장됩니다. 만약에 그 환자가 귀찮고 불편하다고 그 산소호흡기를 떼어버리면 바로 그

순간에 죽습니다. 그런데 떼어버리면 죽을 것이 분명한데도 일단 귀찮고 힘드니까 어떻게 해서든지 떼어버리려고 합니다. 그것이 얼마나 어리석은 일인지 알면서도 편한 쪽을 택하려고 하는 것이 인간입니다. 의사가 사는 길을 마련해 놓았는데 환자가 어떻게 해서든 죽는 길로만 가려고 하는 것처럼 하나님께서는 사는 길을 마련해 놓았는데 인간들은 그 길을 따라가려 하지 않고 저주의 길을 선택해서 가려 합니다.

하나님을 기준으로 방향을 잡으라

잘 되는 것과 못 되는 것은 같은 노력이 드는 일입니다. 똑같은 시간과 똑같은 노력이 드는데 문제는 어느 쪽으로 그 힘을 쏟아 붓느냐 하는 것입니다. 잘 되는 쪽으로 시간과 노력을 아끼지 않으면 잘 되고 못 되는 쪽으로 시간과 노력을 쓰면 못 됩니다.

자기 가족들보다 남을 위한 일에 시간과 노력과 재물을 쓰는 사람은 다른 사람이 볼 때는 상당히 후한 사람이라는 인상을 받게 될 것입니다. 그렇지만 다른 쪽으로 생각하면 그 사람은 자기와 가까운 사람들한테는 어려움을 주고 있을 수도 있습니다. 좋은 일도 방향을 잘못 잡으면 낭비가 됩니다.

어떤 사람은 대단히 분석적이어서 모든 일을 정확하게 보는 능력을 가지고 있습니다. 그런데 그 능력을 남의 잘못을 들추어내어 비판하는 일에만 사용하는 경우가 있습니다. 자신의 장점을 잘못 사용한 경우라고 할 수 있습니다.

이처럼 장점이 분명한데 방향을 잘못 잡아서 오히려 단점이 되는 경우가 많습니다.

사는 길과 죽는 길도 그렇습니다. 충분히 사는 길로 갈 수 있는데도 같은 조건을 가지고 죽는 길로 갑니다. 회개라는 것이 무엇입니까. 하나님이 없는 쪽으로 갔던 것을 돌이켜서 하나님 쪽으로 가는 것이 회개입니다. 방향을 제대로 잡는 것이 중요합니다.

룻과 오르바 역시 다른 선택을 했습니다. 남편이 죽기 전에는 같은 길을 가는 동서지간이었지만 남편이 죽자 룻은 시어머니를 따라가고 오르바는 자기 갈 길로 갔습니다. 그 선택이 결국 룻은 다윗의 조상 할머니로 성경 속에 길이길이 남는 사람이 되고, 오르바는 역사 속으로 이름 없이 사라지는 결과를 낳았습니다.

시어머니가 고향으로 가겠다고 하기 전까지 두 사람의 조건은 똑같았습니다. 이방 여인으로 과부가 되었고 시어머니와 함께 있었습니다. 그러나 일단 갈림길에 서자 서로 다른 길을 택했고 그것이 그들의 운명을 결정했습니다. 룻은 시어머니와 같이 가기로 결정했고, 그것이 그의 운명을 바꾸어 놓는 결정적인 계기로 작용하였습니다.

시간이 갈수록 어떤 사람은 망하고 또 어떤 사람은 성공합니다. 매일 결정해야 할 순간이 닥칠 때마다 어떤 것을 택하였느냐에 따라서 성공과 실패가 결정되기 때문입니다. 우리는 하나님, 삶, 축복, 행복, 성공을 날마다 택해야 합니다.

순종하는 자는 복을 받으리라

1절의 말씀이 바로 그것입니다.

"네가 네 하나님 여호와의 말씀을 삼가 듣고 내가 오늘날 네게 명하는 그 모든 명령을 지켜 행하면 네 하나님 여호와께서 너를 세계 모든 민족 위에 뛰어나게 하실 것이라."

하나님께 순종하는 자, 무슨 일이든지 하나님을 위해서 하고 하나님의 뜻에 따라 살려고 부단히 노력하는 사람은 어디 가서 무엇을 하든지 하나님께서 복을 주십니다. 한국 땅에서 살든지 미국에 가서 살든지 혹은 시베리아나 적도 부근에 가서 살든지 상관없습니다. 하나님을 방향 삼아 그쪽으로 부단히 가는 사람은 하나님께서 늘 함께하시고 복을 내려 주십니다.

저는 미국에서 살 때에 수많은 이민자들에게 이 말씀을 전했습니다. 많은 사람들이 타국 땅 이민족들 틈에 끼어서 살아보겠다고 고생을 하는데 저는 그분들에게 하나님의 자녀는 어디에 살든지 아무 상관이 없다고 말했습니다. 세상 어느 곳이든 그곳은 다 하나님의 집입니다.
문제는 우리의 신앙과 생활이 어느 쪽을 향해 있는가 하는 것이지 어디에 살고 있는가가 아닙니다. 순종을 택했는가 불순종을 택했는가, 축복의 길을 택했는가 저주의 길을 택했는가 하는 것이 문제이지 다른 조건은 문제가 되지 않습니다.
하나님의 약속은 장소와 상관있는 것이 아니라 순종 여부와 상관있는 것입니다. 구원에는 조건이 없습니다. 그러나 일단 구원을 받은 후에 이 땅에서의 축복은 그 사람이 어떻게 하느냐에 달려 있습니다. 구원에 축복까지 자동적으로 딸려 오는 것은 아닙니다.

성공과 실패는 어느 하루만 겪게 되는 일이 아닙니다. 성공과 실패는 매일 일어나는 것입니다. 순간마다 사건마다 두 길 가운데 한 길을 선택해야 하는데 그 때 어떤 길을 선택해서 어떻게 갔느냐에 따라서 성공과 실패가 판가름나게 되어 있습니다. 그러므로 성공과 실패는 습관입니다. 안 되는 사람은 안 되는 길로 가고, 되는 사람은 처음부터 되는 길로 갑니다.

그래서 어려서부터 하나님의 명령대로 사는 길을 가르쳐 주어야 합니다. 어려서의 훈련이 그 사람이 일생 동안 어떤 길을 가는지를 결정합니다. 좀 어려워도 사는 길을 택하는 방법을 가르치면 그 사람은 사는 길로 가게 되어 있습니다.

순종하는 사람들의 삶

순종하는 사람들은 생산적이고 효과적인 삶을 삽니다. 4-6절을 보십시오.

"네 몸의 소생과 네 토지의 소산과 네 짐승의 새끼와 네 우양의 새끼가 복을 받을 것이며 네 광주리와 떡반죽 그릇이 복을 받을 것이며 네가 들어와도 복을 받고 나가도 복을 받을 것이니라."

순종하는 사람들의 축복은 어느 한 면에서만 이루어지는 것이 아니라 모든 면에서 골고루 이루어집니다. 또 자신 한 사람뿐 아니라 자식에게까지 그 축복이 이어지며 그 집에서 먹이는 모든 짐승들이 번성하며 먹을 것이 풍성하게 되는 복을 받게 됩니다. 그 사람이 나가든 들어오든 하나님께서 주시는 축복이 쏟아질 것입니다.

야곱이 그런 축복을 받은 사람입니다. 야곱은 잔꾀가 많은 교활한 사람이었습니다. 자기 양들의 수를 늘리기 위해서 무슨 수를 써도 하나님께서는 그가 의도한 대로 축복해 주셨습니다. 야곱이 똑똑하기 때문에 그렇게 된 것이 아닙니다. 하나님의 은혜가 그에게 임했기 때문입니다. 하나님께서 그와 함께해 주시겠다고 약속하셨고 그가 그것을 잊지 않고 하나님의 편에 있었기 때문에 야곱이 하는 일에 축복이 있었던 것입니다.

순종하는 사람은 기본적인 생활에 부족함이 없도록 채워 주십니다. 무엇을 입을까, 무엇을 먹을까 하는 것에 걱정이 없게 해 주십니다. 조금만 가지고도 풍족하게 살게 됩니다.

순종하는 사람은 그렇지 않은 사람과 생각이 다릅니다. 자기가 가진 것을 충분히 즐기고 감사할 줄 압니다. 일생 동안 기본적인 생계 해결에만 매달리다 죽는 사람들이 있습니다. 진정으로 자기 삶을 의미 있게 사는 사람은 생명을 유지하는 데만 급급해하지 않습니다. 오히려 내가 가진 생명으로 무엇을 할 것인가를 생각하는 사람입니다.

하나님의 나라와 그의 의를 먼저 구하는 사람이어야 합니다. 그 나머지는 하나님께서 다 보장해 주십니다. 반대로 하나님의 의와 나라는 구하지 아니하고 겨우 자기 먹고사는 것만 생각하는 사람은 그것을 얻는 것으로 끝입니다. 그렇게 일생을 마친다면 얼마나 비참합니까. 하나님을 아는 사람의 삶이 그래서는 안 되겠습니다.

순종하는 사람은 나가도 복을 받고 들어가도 복을 받습니다. 움직일 때마다 복을 받는 것입니다. 그래서 순종하는 자 앞에서는 그를 해치려는 적들이 힘을 쓰지 못합니다. 7절을 보십시오.

"네 대적들이 일어나 너를 치려 하면 여호와께서 그들을 네 앞에서 패하게 하시리니 그들이 한 길로 너를 치러 들어왔으나 네 앞에서 일곱 길로 도망하리라."

내가 어느 편에 섰는가, 어느 방향으로 서 있는가에 따라서 내가 적의 공격을 받을 때에 승리하는가와 패배하는가가 결정되는 것입니다. 내가 하나님 앞에 서 있으면 적들이 한 길로 들어왔다가 일곱 길로 나가게 되어 있습니다. 온갖 종류의 적들이 우리를 대적할지라도 하나님께 순종하는 자는 하나님께서 대신 싸워 주십니다.

그러므로 우리는 늘 주님과 우리 사이의 관계만 확인하고 주님과 동행하면서 주님의 뜻을 따라 살기로 작정하면 됩니다. 그러면 누가 날 해치려고 해도 어럼도 없습니다. 하나님께서 우리에게 주신 축복의 약속이 있기 때문입니다.

함부로 하나님의 사람에게 해를 끼치면 큰일이 납니다. 우리는 예수 그리스도, 즉 하나님의 아들의 피라는 비싼 대가를 주고 산 하나님의 자녀입니다. 예수님께서 내 안에 계시고 성령님께서 내 안에서 24시간 떠나지 않으시고 함께하시는데 그런 우리를 해치려고 하는 사람이 있다면 죽을 길로 스스로 들어서는 것입니다.

우리를 무고히 해치려고 하는 사람이 있다면 그 사람을 불쌍히 여겨야 합니다. 자신이 지금 무슨 일을 하고 있는지도 모르고 자멸의 길로 들어서고 있기 때문입니다. 하나님께서는 우리를 축복하는 자를 축복하시고 우리를 저주하는 사람을 저주하십니다. 저는 그 사실을 믿고 삽니다. 그래서 다른 사람이 나를 어떻게 해하려고 하여도 전혀 걱정하지 않습니다.

하나님이 모든 것을 갚으신다

누가 나를 해치려고 해도 그것에 스스로 대항하려고 하지 마십시오. 성경은 하나님께서 모든 것을 갚으실 것이므로 절대로 제 손으로 원수를 갚으려고 하지 말라고 하십니다. 원수를 갚는 일은 하나님께서 주관하시는 일이므로 하나님께 맡겨야 합니다. 우리는 다만 우리를 못살게 구는 사람을 위해서 기도만 하면 됩니다. 언제 하나님의 진노하심이 그 사람에게 임할지 모르기 때문입니다.

저는 여러 차례 그런 경험을 했습니다. 누군가가 저를 무고하게 해치려고 하면 반드시 그 사람에게 좋지 않은 일들이 일어났습니다. 나는 가만히 있어도 하나님께서는 가만히 계시지 않으십니다. 하나님의 사람에게는 함부로 손을 대서는 안 됩니다. 하나님께서 그를 지키시기 때문입니다.

하나님을 믿는 사람들은 이 일이 될 것인가 안 될 것인가를 걱정할 것이 아니라 내가 주님 편에 서 있는가 아닌가를 걱정해야 합니다. 다른 것은 염려할 필요가 없습니다. 내가 주님의 뜻에 맞게 살려고 노력하고 있는가 그렇지 않은가만 생각하면 됩니다.

전에 제가 한 청년을 상담한 일이 있었습니다. 저는 그 청년에게 시편 37편 4, 5절을 읽으라고 하였습니다.

"너는 여호와를 기뻐하라 저가 네 마음의 소원을 이루어 주시리로다 너의 길을 여호와께 맡기라 저를 의지하면 저가 이루시고."

그는 마음에 큰 소원이 있는 청년이었는데 그것을 위해서 아무 노력도 하지 않고 있는 상태였습니다. 그래서 제가 그 말씀을 주면서 매일 하나님 앞에 기도하고 하나님의 말씀에 따라 살면서 그의 길을 하나님께 맡기라고 한 것이었습니다. 그렇지 않으면 그 뜻을 이룰 생각을 하지 말라고 단호하게 말했습니다. 이 일이 될 것인가 아닌가 하는 것을 걱정할 이유가 없습니다. 모든 것은 하나님께 맡기고 하나님의 편에 서 있는가 아닌가만을 살피면 됩니다. 하나님이 기뻐하시는 일인가에만 초점을 맞추어 놓으면 다른 것은 저절로 이루어지게 되어 있습니다.

순종의 축복을 경험하는 것이 처음에는 힘들지도 모릅니다. 그러나 날이 갈수록 점점 쉬워지고 재미가 생기는 것을 느끼게 될 것입니다. 순종해서 오는 기쁨을 맛보고 나면 불순종해서 생기는 손해를 생각만 해도 몸서리가 처지게 되어 있습니다. 누가 손해를 보고 싶으며 누가 자멸의 길을 걷고 싶겠습니까. 어리석은 자가 아니면 아무도 그런 길을 가고 싶지 않을 것입니다.

처음에는 힘들지만 그 힘든 것을 이기고 하나님의 길을 반복해 갈수록 점점 쉬워지고 기쁨이 생기게 됩니다. 순종하면 할수록 축복이 나타날 것이기 때문입니다. 처음 시작하기가 어렵게 느껴지지만 한 번 시도해 놓으면 그 다음은 아주 쉽습니다.

순종의 결과

9-14절에는 순종의 결과가 나타납니다.

순종하는 사람들은 하나님의 자녀로 인정을 받고 존경받는 삶을 살게 됩니다. 아비멜렉이 이삭을 만났을 때에 "당신은 하나님께서 함께하시는 분인 것 같습니다"라고 말하지 않았습니까. 아비멜렉은 이삭이 파는 우물마다 빼앗았고 그러면 이삭은 아무런 말이 없이 다시 옮겨서 우물을 팠습니다. 그런데 파는 곳마다 물이 나오는 것을 보자 이방의 왕이라 하더라도 이삭이 하나님께서 함께하시는 자라는 것을 느낄 수 있었던 것입니다. 그래서 제 발로 찾아와서 화해를 청하면서 이 말을 하는 것입니다.

하나님을 믿고 하나님의 뜻대로 사는 사람은 처음에는 손해를 보고 약하게 사는 것 같지만 나중에는 결국 승리하는 사람이 됩니다. 아비멜렉이 화해를 청했을 때 이삭은 과거의 잘못에 대해서 한 마디 따지지도 않고 아비멜렉과 화해를 했습니다. 지난번에 빼앗아 갔던 우물을 다시 돌려달라든가 하는 조건을 걸지도 않았습니다. 그는 그저 화해하고 잔치를 했습니다. 그는 하나님의 편에 서 있었으므로 사람들이 어떻게 하든지 별로 상관이 없었습니다. 그들이 어떻게 하든 승리는 자신에게 있었기 때문입니다.

저는 주일 예배시간에 헌금 기도를 할 때에 "하나님의 자녀들이 약속대로 십일조를 드렸습니다. 약속하신 대로 하늘의 복을 쏟아 주옵소서"라고 기도합니다. 우리 교인들에게 억지로 축복을 주려고 하는 것이 아니라 하나님께서 약속하신 것이 그대로 이루어지도록 기도하는 것입니다.

하나님은 하나님의 명예를 걸고 우리를 의의 길로 인도하셔야 합니다. 하나님의 자녀들에게는 하나님이 함께 하심을 보여 주셔야 합니다. 이것은 하나님의 명예 문제입니다.

하나님의 자녀들은 남들의 눈에 모자라게 보이는 삶을 살아도 막상 생활에서는 부족함을 느끼지 않으며 삽니다. 주 안에서 다 해결이 됩니다. 모자랄 것 같은데 모자라지 않게 삽니다. 하나님께서는 조금 주었을 때 이를 감사하면서 사는 자녀의 믿음을 보시고 더 많은 것으로 채워주십니다. 그래서 예수 믿는 사람에게는 부족함이 없습니다.

제 삶 또한 그러했습니다. 미국에서 살 때에 부족한 살림을 하면서도 별 어려움 없이 생활할 수 있었습니다. 아주 신기한 일이었습니다. 적으면 적은 대로 풍성하고 많으면 많은 대로 풍성하게 살았습니다. 이렇게 하나님을 따라 사는 신앙인의 삶이 얼마나 재미있는지 알기 때문에 불신앙의 삶을 산다는 것은 생각만 해도 끔찍합니다.

하나님께 순종하는 사람은 다른 사람의 지배를 받으며 살지 않습니다. 하나님께서는 하나님의 자녀가 부당한 억압을 당하지 않도록 하십니다.

하나님의 명령에 따라 살고 언제든지 하나님의 편에서 하나님을 바라며 사는 사람들에게는 위에서 누릴 수 있는 복을 주시겠다고 하나님께서 친히 약속하고 계십니다.

불순종에 대한 경고

그러나 16절부터는 하나님께 순종하지 않는 사람들에게 대한 경고가 나옵니다. 축복은 열네 절에 나타났지만 저주는 쉰네 절에 걸쳐 나타납니다.

이것은 성공하는 데는 많은 시간과 노력이 걸리지만 망하는 데는 시간이 걸리지 않는다는 것을 경고하기 위한 것입니다. 실패할 때는 순식간에 곤두박질치며 굴러 떨어지는 법입니다. 조금이라도 눈을 돌리면 망합니다. 그래서 축복보다는 저주에 대해 이야기하는 데 네 배의 시간과 노력과 공간을 사용해서 강조하고 계신 것입니다.

축복을 받도록 돕는 손길은 하나님 한 분의 손길뿐입니다. 그러나 망하는 것을 돕는 손길은 많습니다. 마귀가 나를 망하도록 돕고 내 속에 있는 죄성이 나를 망하도록 돕습니다. 세상이 나를 망하도록 돕습니다. 만약 망하고자 한다면 이들의 손에 나를 내어 주고 가만히 있으면 됩니다.

생명이 잉태되고 자라는 데에는 오랜 시간이 걸리고 어려운 과정을 거쳐야 하지만 그 생명이 꺼지는 것은 일순간입니다. 인간이 얼마나 연약한 존재이고 어리석은 존재인지 아시는 하나님께서는 그것을 경계하시기 위해서 여러 번 경고하고 계신 것입니다.

우리 하나님은 우리를 사랑하십니다. 우리에게 저주의 내용을 가르치시는 이유

도 우리가 겁을 먹으라는 것이 아닙니다. 아예 저주의 길을 걷지 않게 하기 위해서입니다.

저주의 내용은 축복의 내용과 같습니다. 다만 방향이 반대일 뿐입니다.

축복 받는 사람들이 생활 전반에서 축복을 받는 것처럼 저주를 받는 사람은 들어와도 저주를 받고 나가도 저주를 받고, 먹는 것에도 저주를 받고 기르는 것에도 저주를 받고 몸에도 저주를 받고 마음에도 저주를 받습니다. 불순종은 정신적인 혼란과 질병을 일으킵니다. 하나님께로부터 돌아서는 순간 죽는 것입니다. 망하는 것은 속히 일어납니다. 돌아서서 첫발을 내딛는 순간 모든 것이 무너집니다.

하나님께 거역하는 자가 어떤 저주를 받는지 성경 본문을 통해 알아보겠습니다.

정신적 · 육체적 질병

20절을 보십시오.

"네가 악을 행하여 그를 잊으므로 네 손으로 하는 모든 일에 여호와께서 저주와 공구와 견책을 내리사 망하며 속히 파멸케 하실 것이라"

여기서 '공구' 라는 말은 정신적인 혼란을 가리키는 단어입니다. 하나님을 잊은 사람들은 정신적인 혼란을 겪게 되리라는 경고의 말씀입니다.

또한 28절에 보면 경심증이라는 단어가 나옵니다. 이것은 어린아이가 경기를 일으키는 것과 같은 정신적인 병을 말합니다. 고민을 많이 하면 눈이 흐려집니다. 귀도 어두워집니다. 저도 그와 같은 경험을 한 적이 있었습니다. **마음의 질병이 육체까지도 병들게 하는 것입니다.** 사울왕이 그런 경우에 속했습니다. 하나님을 떠난 사울에게 악령이 들리더니 결국은 스스로 목숨을 끊게 만들었습니다. 음식은 하루 안 먹어도 몸에 큰 지장이 없지만 하루라도 마음에 평화가 없으면 금방 위장병이 생기고 두통이 생깁니다. 마음의 상태가 그만큼 중요합니다.

하나님과 함께 대화하고 하나님을 찬양하면서 사는 삶을 살면 겪지 않을 일들인데 하나님께로부터 돌이켜 악한 생활을 하게 됨으로써 이러한 일들이 나타나게 되는 것입니다.

자연과 원수가 됨

저주는 그 상태에서 그치지 않습니다. 심지어는 자연마저도 우리와 원수가 됩니다. 22절에 보면 여호와를 잊어버리고 악을 행하는 자에게는 한재와 풍재와 썩는 재앙이 칠 것이라고 기록되어 있습니다. 여호와께서 비 대신 모래를 그들에게 내리십니다.

제가 86년도에 평양을 방문했을 때는 김치를 먹을 수 있었습니다. 그런데 91년도에 가니까 농사를 제대로 짓지 못해서 김치를 볼 수 없었습니다. 서울과 평양의 기후 차이가 얼마나 나겠습니까. 그런데도 그렇게 달랐습니다. 38선 하나를 사이에 두고 남과 북에 그런 차이가 나는 것은 자연 세계마저도 그들에게 협조를 하지 않는 것이라는 생각이 들었습니다.

전쟁에서 패함

하나님을 떠나서 사는 사람들은 전쟁에 나갔을 때 반드시 지게 되어 있습니다. 하나님께서 돕지 않으시므로 이길 수가 없습니다.

25절입니다.

"여호와께서 너로 네 대적 앞에 패하게 하시리니 네가 한 길로 그들을 치러
나가서는 그들의 앞에서 일곱 길로 도망할 것이며 네가 또 세계 만국 중에
흩음을 당하고."

본문에는 한 길로 들어갔다가 일곱 길로 나오게 된다고 기록되어 있습니
다. 세계 만국으로 흩어지는 것입니다. 아무리 많은 군대를 조직하고 최신
식의 무기를 준비했다고 해도 아무런 쓸 데가 없습니다.

하나님이 그것들을 전혀 무용한 것들로 만들어 버리고 아무런 힘도 발휘
할 수 없도록 무력하게 만드시기 때문입니다. 하나님이 그들 편에 서지 않
으신다면 아무리 강력한 군대가 유리한 조건에서 싸운다 할지라도 이길 수
없습니다.

승리는 사람의 손과 머리에서 나오는 것이 아니라 하나님께 달린 것입니다.

형통치 못한 삶을 살게 됨

29절에 보면 하나님이 없는 사람의 삶은 항상 형통치 못하여 노략과 압
제를 당할 뿐이라고 기록되어 있습니다. 억압을 받게 되어도 누구 하나 도
와줄 사람이 없습니다. 30절에 보면 결혼 생활에도 혼란이 온다고 나타나
있습니다. 내 약혼자를 다른 사람이 취하는 일이 벌어집니다. 가정 경제는
파탄이 오고 남에게 꾸면서 사는 삶을 삽니다. 무엇을 해도 머리가 되지 못
하고 꼬리가 됩니다. 일을 열심히 하는데도 돈이 모이지 않습니다.

외세의 침략을 받음

36절부터 외국의 침략을 받는 모습이 묘사되어 있습니다. 그 나타난 모습이 얼마나 비참한지 모릅니다. 노약자들조차 끌려가 고된 노역을 합니다. 가축이나 토지의 소산도 다 빼앗깁니다. 너무 허기져서 자식을 잡아먹을 정도가 됩니다. 정말 끔찍한 생활이 아닐 수 없습니다.

그뿐이 아닙니다. 몹쓸 질병과 재앙이 찾아옵니다. 여기에 기록된 것보다 더한 온갖 질병과 재앙이 하나님께 거역한 자들을 멸망시킵니다. 요즘 성행하고 있는 에이즈를 보면 얼마나 무서운 재앙인지를 실감합니다. 그런데 더 이해할 수 없는 것은 그런 위험에도 불구하고 위험한 일들이 계속되고 있는 것입니다. 왜 그런 위험을 감수하면서 하나님의 법에 역행하는 일들을 하는지 이해할 수가 없습니다.

미국에는 엄청나게 많은 수의 에이즈 환자가 있습니다. 그런데도 동성애자들은 줄어들지 않고 오히려 늘어나고 있는 추세입니다. 자신들의 정당한 권리를 주장하고 권익을 위해서 이익단체를 만들고 있습니다. 자신들의 권리를 인정해 달라고 거리로 뛰쳐나와 목소리를 높이고 있습니다. 우리 나라에도 적지 않은 수의 에이즈 환자들이 있습니다.

질병과 재앙

60-61절을 보십시오.

"여호와께서 네가 두려워하던 애굽의 모든 질병을 네게로 가져다가 네 몸에 들어붓게 하실 것이며 또 이 율법 책에 기록지 아니한 모든 질병과 모든 재앙을 너의 멸망하기까지 여호와께서 네게 내리실 것이니."

하나님의 저주는 철저히 망할 때까지 있을 것이라고 되어 있습니다. 얼마나 무서운 일입니까. 하나님의 저주를 받은 사람들은 자기 나라에 살지 못하고 외국인의 땅에 끌려가 살면서 목석으로 만든 우상을 섬기게 될 것이라고 말합니다. 또한 주야로 생명을 유지할 수 있을지 두려워하며 아침이 되면 저녁이 되었으면 좋겠다고 하고 저녁이 되면 아침이 되었으면 좋겠다고 하는 삶을 살게 됩니다. 사는 것이 아니라 죽음만 기다리면서 시간을 보내는 것입니다.

하나님은 당신의 백성들에게 축복을 주시고 그들이 행복하게 사는 것을 보고 싶어하십니다. 하나님은 자기 백성을 저주하기 원하시지 않습니다. 강력한 축복을 통해서 동기를 부여하고 강력한 경고를 통해서 파멸의 길을 가지 못하도록 막으시는 것입니다. 하나님의 약속을 믿고 하나님의 편에 서서 사는 사람들은 절대로 저주를 받지 않으며 번성하는 축복을 받게 됩니다.

하나님께서는 우리에게 선을 베푸시고 번성케 하시기를 기뻐하십니다. 그렇기 때문에 율법은 사랑의 편지입니다. **율법의 중심은 하나님을 사랑하는 것입니다. 율법을 지키려고 애쓰지 말고 하나님을 사랑하고 하나님의 말씀을 지키려고 애쓰면 힘들지 않고 율법을 지킬 수 있습니다. 사랑은 율법의 완성입니다.**

예수 믿는 길은 한 길입니다. 어렵지도 않습니다. 그저 사랑하면 됩니다. 수백 수천 가지나 되는 율법을 지키기 위해서 애쓰고 근심할 것이 아니라 사랑하는 것 하나면 모든 것이 자동적으로 해결됩니다. 사랑하는 것은 미워하는 것보다 얼마나 쉽습니까. 상대방에게도 기쁨을 주고 내 마음에 평안을 주는 방법이 바로 사랑하는 것입니다. 아무런 조건도 붙이지 않고 무조건 사랑하면 됩니다.

하나님께서 우리에게 명하신 것도 바로 이 한 가지입니다. 그것을 알면 아무리 많은 저주의 말들이 있다 해도 그 말과 상관없이 지낼 수 있습니다. 모든 것을 주관하시는 하나님을 사랑하는 사람에게는 그런 저주들이 감히 범접할 수 없기 때문입니다.

하나님과 맺은 언약

29:1-29

하나님을 떠나 사는 삶은 저주와 멸망으로 결말을 맺습니다.
하나님과의 언약을 파기하는 자는 이스라엘과 맺은 언약에서 파기하고
그 이름을 천하에서 도말하겠다고 하셨습니다.

29장은 모압 평야의 언약입니다. 전에 시내산의 언약이 있었는데 모압 평야의 언약도 그 내용에 있어서는 거의 비슷합니다. 다만 시간이 다르고 대상이 다르고 내용이 조금 다를 뿐입니다. 모세는 출애굽한 일 세대와 호렙 산에서 맺었던 하나님과의 언약을 가나안 정복 직전에 새 세대와 더불어 재확인하고 있는 것입니다.

애굽을 탈출해서 지금까지 하나님께서 베풀어주신 은혜를 생각하면서 시내 산에서 맺은 언약을 파기할 때에 나타날 저주를 미리 말해 주고 경고하고 있습니다. 하나님께로부터 떠나는 것은 죽는 길이므로 절대 우상을 숭배하는 일이 있어서는 안 된다고 말합니다.

제가 시무하는 교회에 주기철 목사님의 막내 아드님이 와서 주 목사님의 마지막 모습에 대해서 간증을 하신 일이 있습니다. 저도 어려서 평양의 산

정현 교회를 다녔습니다. 그분이 주 목사님을 직접 본 가족 중에서는 마지막으로 남은 분이기 때문에 그분이 돌아가시면 주 목사님의 가족 중에서 그분의 모습을 전해 줄 만한 사람이 없습니다. 그분은 어릴 때 고생을 많이 하셨다고 합니다.

그분 간증을 들으면서 새로운 사실을 알았습니다. 어릴 때 일본 사람들에게 강제로 사택을 쫓겨나서 어느 기생집의 방 한 칸을 얻어서 아주 어렵게 살았다고 합니다. 그런데 신발을 신고 싶어서 그렇게 애를 태웠는데 마침 우리 어머님께서 제 형님의 신발을 가져다주어서 신었다는 것입니다. 그런 어려움 속에서도 주 목사님의 설교가 계속해서 마음에 남아서 살아가는 데 등불이 되었는데 그것은 바로 일사각오, 일편단심입니다. 주 목사님의 마지막 설교 가운데에도 그 말씀이 있습니다.

일제 시대의 산정현 교회는 한국 교회의 상징이었습니다. 다른 교회의 목사님들과 교인들은 다 꺾이고 고개 숙였지만 주 목사님과 산정현 교회 당회와 교인들은 한국 교회의 마지막 신앙양심을 지킨 사람들입니다. 주 목사님이 순교하게 된 것은 주 목사님의 신앙도 있지만 사모님의 신앙과 산정현 교회 교인들의 신앙 때문이기도 했습니다. 그 당시 산정현 교회 교인들은 천여 명 정도 되었는데 주 목사님을 비롯한 모든 교인들이 일사각오로 뭉쳐서 서로 위로하고 힘을 내도록 기도하며 흔들리지 않도록 붙잡았습니다. 교인들은 일본 사람들의 감시를 피해서 주 목사님께 먹을 것을 담 너머로 슬쩍 던져 주기도 하고 지나가는 척하고 대문 안으로 밀어 넣기도 했습니다. 그런 성도들의 신앙에 힘입어 주 목사님께서도 흔들리지 않고 순교의 길을 갈 수 있었던 것입니다. 그리고 성도들의 그 신앙이 오늘날까지 한국 교회의 맥을 잇고 있어서 지금 우리가 하나님의 축복을 받는 나라가 된 것입니다.

모압 평야 언약

1-6절까지는 하나님과의 호렙 산의 언약을 재확인해 줍니다. 그 재확인의 과정은 그냥 언약을 말하는 것만이 아니라 충분한 영적인 증거와 근거를 제시하면서 그 위에서 하나님 앞에 새로운 헌신을 약속합니다. 우리 기독교 신앙은 무조건 맹종하는 신앙은 아닙니다. 칼 바르트는 기독교 신앙을 맹목적인 신앙이라고 하면서 눈을 가리고 절벽에서 뛰어내리는 그런 형태라고 표현했지만 절대로 그렇지가 않습니다.

성경은 믿을 수 있는 근거를 주고 믿으라고 합니다. 무조건 믿으라고 하지 않습니다. 여호수아서를 보면 요단강을 건널 때 제사장들에게 법궤를 메고 요단강 물 속으로 들어가라고 하는 장면이 있습니다. 홍수가 나서 물이 불어 있는데 그냥 물 속으로 들어가라고 하십니다. 그런데 사실 무조건 들어가라고 하신 것이 아닙니다.

40년 동안 광야를 살아오는 동안 기적을 보여 주셨기 때문에 하나님을 믿고 들어가라고 하신 것입니다. 그런 과정이 전혀 없이 처음부터 무리하게 들어가라는 것이 아닙니다. 홍해가 갈라져서 땅이 드러나고 물이 더 이상 합치지 않는 것을 직접 목격하게 하신 후에야 요단강 물 속으로 걸어가라고 하신 것입니다. 하나님은 우리의 상황에 맞는 곳에서 출발하게 하십니다. 하나님은 이성적이고 합리적인 분이십니다. 그렇기 때문에 제사장들이 물이 불어 있는 강물 속으로 들어갈 수 있었던 것입니다.

하나님과의 언약을 지켜야 한다는 것을 말하면서 모세는 여러 가지 증거를 제시합니다.

첫 번째로 40년간의 역사를 통해 겪은 하나님의 은혜 체험입니다.

'우리 조상들이 애굽에서 하나님이 어떻게 역사하셨는가 하는 것을 직접 체험했으며, 큰 기사와 이적을 직접 목격했는데 어찌 그것을 잊을 수 있는 가' 라고 말합니다.

처음에 우리에게 시련이 오면 두려움만 갖게 됩니다. 그런데 그 시련들을 하나님께서 하나하나 풀어주시는 것을 보면 시련을 맞을 때마다 자신감을 갖게 됩니다. 몇 번이나 하나님께서 해결해 주시는 것을 보았기 때문에 이 문제도 하나님께서 해결해 주실 것이라는 믿음을 갖게 되는 것입니다. 하나님께서 나를 어떻게 사랑해 주셨고 어떻게 인도해 주셨는지를 너무나 잘 알기 때문에 점점 두려움이 없어집니다.

모세도 이스라엘 백성들이 이런 경험이 있다는 것을 알기 때문에 이런 증거들을 제시하고 있는 것입니다.

그런데 눈으로 보고 체험을 했다고 해서 그 뜻을 다 이해하는 것은 아닙니다. 40년 동안이나 경험을 했다고 해도 영적인 깨달음이 없을 수도 있습니다. 보여 주어도 깨닫지 못한다면 더 이상은 전진을 할 수가 없습니다. 그 자리에서 맴돌 수밖에 없습니다. 하나님의 은혜를 빨리 깨닫게 되면 빨리 그 자리를 벗어나서 전진할 수 있지만 그렇지 않으면 그 자리에서 깨달을 때까지 있을 수밖에 없습니다.

그래서 이스라엘 백성들은 일 주일이나 열흘이면 갈 길을 40년이 걸려서 갔던 것입니다. 하나님의 축복은 직선적이지만 우리의 불순종은 그 축복을 돌아서 오게 만듭니다. 좌로나 우로나 치우치지 않고 직선으로 곧게 가는 것이 하나님의 축복을 얻는 길입니다. 그렇지 않고 이리저리 왔다갔다하면 풍성한 하나님의 축복을 그대로 누릴 수가 없게 됩니다.

하나님의 능력을 체험하는 것과 그 뜻을 이해하는 것은 별개의 문제입니다. 체험은 해도 깨닫지 못하는 경우가 더 많습니다. 그러면 깨달을 때까지 맞게 됩니다. 이것이 얼마나 낭비이며 불행한 일입니까. 이스라엘 백성들에게는 보는 눈과 듣는 귀가 부족했습니다. 그래서 일 주일이면 끝날 일이 40년이 걸린 것입니다.

우리는 하나님께서 우리에게 보여주시는 말씀과 경험들을 제대로 빨리 깨달을 수 있도록 해 달라고 기도해야 합니다. 순간순간마다 날마다 깨닫는 것이 잘 훈련되어서 하나님께서 어떤 일을 보여주시고 체험하게 하실 때마다 하나님께서 원하시는 뜻대로 행하는 사람이 될 수 있기를 기도해야 하겠습니다.

고린도전서 2장 14절에 보면 "영적인 것은 영적으로라야 분별이 된다"고 되어 있습니다. 육에 속한 자는 영적인 일을 받아들일 수가 없습니다. 육에 속한 사람들에게는 영적인 일들이 어리석게 보이기 때문입니다. 영적인 것을 분별하기 위해서는 성령님의 도우심이 있어야 합니다. 가장 훌륭한 선생님이신 그분에게 우리의 모든 일을 의탁하고 맡겨야 합니다. 사무엘처럼 "말씀하옵소서. 제가 듣겠나이다" 하는 겸손함과 열린 태도가 있어야 하나님의 말씀을 들을 수 있습니다.

두 번째로는 광야 40년간 기적적인 돌보심이 있었다는 것을 밝힙니다.

40년 동안 헐벗지 않고 굶주리지도 않고 지낼 수 있었다는 것 자체가 하나님의 은혜였습니다. 하나님의 섭리적 돌보심이 없었으면 도저히 일어날 수 없는 일이었습니다.

기적과 섭리는 좀 다릅니다. 홍해가 갈라지는 것과 같은 것은 기적입니다. 그런데 한 번 신은 신발로 40년을 버틸 수 있는 것은 섭리입니다. 옷이 낡지 않고 신발이 떨어지지 않는 것은 눈에 보이는 엄청난 사건은 아니지만 분명히 하나님의 돌보심이 아니면 일어날 수 없는 일입니다.

자연적으로 그리고 상식적으로 도저히 일어날 수 없는 일들이 일어나는 것은 기적입니다. 그러나 간접적으로 그리고 우회적으로 나타나는 하나님의 도우심은 하나님의 섭리입니다.

그런데도 간혹 하나님이 주리고 목마르게 하신 것은 하나님께서 그 백성의 하나님 여호와이신 줄을 알게 하시기 위함이었다고 6절은 말하고 있습니다. 그들이 하나님을 잊지 않고 하나님께로 바로 돌이키게 하기 위해서 하나님은 그들을 주리게 하시고 갈하게 하셨던 것입니다. 그들은 이미 전쟁의 승리도 체험한 사람들이었습니다. 7절에 보면 헤스본 왕 시혼과 바산 왕 옥을 치고 이곳으로 왔음을 말합니다. 이것도 하나님께 순종하는 사람들에게는 전쟁에서의 승리가 보장된다는 것을 보이기 위한 하나의 체험이었던 것입니다.

이런 체험을 한 사람들이기 때문에 하나님께서는 더 큰 순종을 요구하실 수 있었습니다. 하나님은 아무런 근거 없이 무조건적인 순종만을 강요하는 분이 아니십니다.

하나님의 인도하심은 일단 한 단계를 다 배워야 그 다음 단계로 넘어갑니다. 어떤 사람은 빨리 배우고 깨달아서 많은 단계를 단숨에 밟아 올라가는가 하면 어떤 사람은 한 가지를 오랫동안 깨닫지 못해서 한 단계에서 계속 머물기도 합니다.

모든 사람에게 동일하게 적용되지 않기 때문에 불공평한 것이라고 생각해서는 안 됩니다. 하나님께서 불공평해서 그런 것이 아니라 사람이 깨닫는 정도가 다 다르기 때문입니다.

언약을 지키는 자에게 주시는 축복

9-15절 사이에는 하나님의 언약을 순종하면 모든 일들이 형통하게 된다는 결론이 나옵니다. 하나님은 몇 사람만 축복받는 것을 원하지 않으시고 모든 백성이 다 축복받기를 원하십니다. 그래서 지도자들뿐만 아니라 집안 일을 하는 여자들과 어린아이들과 집에서 유하는 객들에 이르기까지 전부 다 포함해서 하나님 앞에 순종할 것을 명하시는 것입니다.

하나님의 축복은 어떤 특정한 계층만 누릴 수 있는 특권이 아닙니다. 하나님께 순종하는 모든 사람들이 누릴 수 있는 자격이 있습니다. 오직 한 가지 조건만을 만족시키면 누구에게나 주어지는 것이 하나님의 축복이고 그 조건은 바로 하나님께 순종하는 것입니다.

이 언약에 참여한 모든 이스라엘이 알아야 할 점은 두 가지였습니다. **첫째는 너희는 하나님의 백성이라는 것이요 둘째는 여호와는 너희의 하나님이시라는 것입니다.** 13절을 보십시오.

"여호와께서 이왕에 네게 말씀하신 대로 또 네 열조 아브라함과 이삭과 야곱에게 맹세하신 대로 오늘날 너를 세워 자기 백성을 삼으시고 자기는 친히 네 하나님이 되시려 함이니라."

"너희는 하나님의 백성이라"는 것은 정체성을 규정짓는 것입니다. 내가 누구인가에 대해서 말할 때에 한 마디로 "나는 하나님의 백성이다"라고 규정할 수 있습니다. 이 사실을 발견하는 것은 놀랍고도 중요한 일입니다.

자신이 누구인지 모르는 사람들이 얼마나 많은지 모릅니다. **자신이 누구인지를 깨닫는 것은 자신의 인생을 변화시키는 것입니다.** 심리학에서 마음의 병을 치유하는 것으로 가장 효과적인 방법은 바로 자기 자신을 좋아하는 것입니다. 자기 자신에 대해서 만족하고 기뻐하고 감사하는 것입니다. 인간이 가장 행복할 때는 자기 자신에 대해서 만족할 때입니다. 그리고 이런 사람들이 행복하게 살고 성공하는 삶을 삽니다.

자기 자신이 누구인지를 발견한 사람은 행복한 사람입니다. 다윗이 바로 그런 사람이었습니다. 그는 자기 자신이 신묘막측하게 창조되었다는 점을 하나님께 감사했습니다. 그는 자기 자신이 어떻게 만들어진 존재인지 그 영혼이 잘 알고 있다고 고백했습니다. 사도 바울도 내가 나 된 것은 하나님의 은혜라고 말했습니다. 에베소서에 보면 우리는 주 안에서 창조된 하나님의 걸작품이라는 말씀도 나옵니다. 그래서 바울은 많은 고난 가운데서도 하나님 안에서 기쁘고 감사하는 삶을 살 수 있었던 것입니다.

인간은 자기의 가치를 느끼지 못할 때 불행합니다. 사람은 누구나 남이 자신의 가치를 알아주기를 원합니다. 위대한 사람이 되고 싶은 것은 만민의 욕구입니다.

예수님의 제자였던 요한과 야고보의 어머니는 예수님께 와서 나중에 왕이 되시면 그 형제들을 양쪽 옆으로 앉게 해 달라는 청탁을 했습니다. 이것이 무엇입니까. 자기들이 다른 사람들보다 뛰어난 사람이라고 인정받고 싶다는 욕구의 표현이 아니겠습니까. 또한 요한과 야고보의 이야기를 들은 다른 제자들이 그것을 아주 분하게 여겼다는 것 역시 같은 욕구의 표출이라고 볼 수 있습니다. 그들은 자신들보다 먼저 그런 청을 한 데 대한 분노를 느낀 것입니다. 자신이 위대한 사람이 될 수 있는 기회를 놓쳤다고 생각했기 때문입니다. 예수님의 제자들도 다른 사람들과 마찬가지의 욕구를 가지고 있었던 것입니다.

인간은 자신이 특별하게 창조된 하나님의 피조물이라는 것을 알게 될 때 그 인생의 방향이 달라집니다. 삶의 목적이 달라지고 세상을 보는 눈이 달라집니다.

예수님의 이름을 영접하는 자에게는 하나님의 자녀가 되는 특권을 주셨습니다. 인간으로서 그 이상 더 큰 신분을 가질 수가 없습니다.

예수님께서 하신 말씀 중에서 이스라엘 사람들을 가장 분노하게 한 것은 하늘에 계신 아버지와 자신이 하나라는 말이었습니다. 그것은 인간이 감히 누릴 수 없는 너무나 큰 특권이었기 때문입니다. 그들이 생각하기에 예수님의 말씀은 너무나 충격적이었고 분노할 만한 것이었습니다. 그들은 예수님이 어떤 분인지 몰랐습니다.

여호와 하나님께서 나의 하나님이라는 것을 깨닫는 것은 자신이 하나님의 아들이라는 것을 깨닫는 것과 거의 동시에 이루어집니다. "나는 하나님의 아들이고 하나님은 나의 아버지시다" 하는 것은 서로 다른 것이 아니라 동시에 고백되는 것입니다. 이것이 성경이 말하는 영적인 진리입니다.

하나님의 말씀은 쉽습니다. 성경은 아주 간단 명료한 진리를 제시하고 있는데 사람들이 나름대로 해석하여 복잡하게 만들었을 뿐입니다.

이 영적인 축복은 당대에서 끝나는 것이 아니었습니다. 맹세에 참여한 사람들은 물론이고 그 후손들에 이르기까지 대대로 이어지는 진리이자 유산이었습니다.

우상을 섬기는 자에게 내리는 저주

그러나 만일 하나님을 저버리고 우상을 섬기면 이 모든 축복과 아무런 상관이 없는 사람이 됩니다. 이들은 광야를 지나면서 이방인들이 나무와 돌과 우상을 섬기는 것들을 많이 보았습니다. 그리고 그것이 얼마나 어리석은 일인지를 잘 알고 있었습니다.

살아계신 참된 하나님을 믿지 않고 생명이 없는 피조물을 믿는 것은 하나님의 저주를 부르는 죄악이라는 것을 이스라엘은 보아왔습니다.

현대에는 돈이 최고의 우상입니다. 돈으로 해결이 되지 않는 것이 없고 돈 앞에 무릎을 꿇지 않은 사람이 없습니다. 돈이 최고이고 돈이 전부입니다. 돌에게 절하지는 않지만 돌로 만든 빌딩 하나 갖기 위해서 양심을 팔고 권모술수를 쓰며 평생을 허비합니다. 나무를 섬기지는 않지만 나무로 만든 멋진 가구와 집을 위해서 모든 시간을 아끼지 않고 바칩니다. 지난 50년은 이념의 시대였지만 앞으로는 경제의 시대가 될 것입니다. 따라서 물신을 섬기는 것이 더욱 심화될 것입니다. 요한계시록에 나타난 마지막 바빌로니아의 전쟁은 경제 전쟁이었습니다.

이런 시대를 사는 우리들은 참 하나님을 섬기지 않고 우상을 숭배하면 그 결과가 아주 쓰다는 경고를 명심해야 할 것입니다. 나무가 자라기는 자라는데 그 열매가 너무나 써서 먹을 수 없게 된다고 하십니다.

이것은 시대를 막론하고 하나님을 떠나 우상을 숭배하는 사람들에게 내리는 경고입니다. 하나님을 떠나 사는 삶은 저주와 멸망으로 결말을 맺습니다. 하나님과의 언약을 파기하는 자는 이스라엘과 맺은 언약에서 파기하고 그 이름을 천하에서 도말하겠다고 말합니다.

그 재앙은 자연에까지 이릅니다. 도저히 땅에서 살 수 없게 되는 것입니다. 23절을 보십시오.

"그 온 땅이 유황이 되며 소금이 되며 또 불에 타서 심지도 못하며 결실함
도 없으며 거기 아무 풀도 나지 아니함이 옛적에 여호와께서 진노와 분함
으로 훼멸하신 소돔과 고모라와 아드마와 스보임의 무너짐 같음을 보고 말

할 것이요."

하나님과의 언약을 저버린 사람들에게 내리는 재앙은 완전히 망할 때까지 이어집니다. 그래서 후세의 사람들은 그것을 보고 이렇게 심한 재앙의 원인은 바로 하나님께 불순종한 때문임을 알게 될 것입니다.

하나님께로부터 벗어난 사람들의 삶은 이렇게 비참하게 대대로 이어집니다. 이런 재앙을 피하는 길은 하나님의 길에서 벗어나지 않는 것입니다. 저주와 축복은 오직 순종하느냐 순종하지 않느냐에 달려 있습니다.

29절을 보십시오.

"오묘한 일은 우리 하나님 여호와께 속하였거니와 나타난 일은 영구히 우리
와 우리 자손에게 속하였나니 이는 우리로 이 율법의 모든 말씀을 행하게 하
심이니라."

이 말씀은 하나님께서 너에게 가르쳐준 만큼만 행하라는 것입니다. 하나님께서 나에게 깨닫게 해 주신 만큼만 순종하면 됩니다. 아직 베일에 싸인 비밀들은 하나님께 속한 것들이기 때문에 내가 상관할 일이 아닙니다. 우리는 단지 이미 알려진 하나님의 뜻에 철저히 순종하면 됩니다.

많이 알고 있는 사람은 많이 순종해야 합니다. 자신이 알고 있는 것만큼 순종해야 하기 때문입니다. 심판도 하나님의 진리를 깨달은 정도에 따라서 받을 것입니다. 그래서 성경에서도 선생된 자들이 먼저 심판을 받을 것이라고 하지 않았습니까.

그렇지만 사실 자신이 알고 있는 것을 모두 순종하는 사람은 거의 없을 것입니다. 누가 자신이 아는 만큼 순종한다고 자신있게 말할 수 있겠습니

까. 우리는 아는 만큼 순종하도록 노력해야 합니다. 이것은 알지 못하는 것을 순종하는 것보다 쉬운 일입니다. 하나님이 나에게 가르쳐 주시고 깨닫게 하신 것에만 순종하면 됩니다.

하나님께서는 우리가 쉽게 신앙 생활할 수 있도록 배려하셨습니다. 자신이 할 수 있을 만큼만 감당하면 됩니다. 하나님께서는 오래 참으시면서 우리가 큰 신앙을 가질 수 있도록 기다리십니다. 알고 있는 것만 행하십시오. 그러나 지금 할 수 있는 것을 미루지 마십시오.

지나간 하나님의 은혜를 상기하면서 하나님을 떠나지 말고 우상 숭배에 빠져서 저주를 받는 일이 없도록 하라는 하나님의 경고를 우리는 새겨들어야 합니다. 하나님께서 알려 주지 않으신 것은 우리가 상관할 것이 없습니다. 우리가 아는 것에 한해서 순종하면 됩니다. 그리고 하나님께 대한 우리의 사랑을 지켜가면 하나님께서는 우리를 축복하시고 함께하실 것입니다. 어린아이가 아버지를 믿고 따라다니듯이 그렇게 하나님을 따라다니며 순종하고 살면 이 모든 일들이 이루어질 것입니다.

이스라엘의 회복

30:1-20

하나님의 말씀은 마음에 있는 것이요
입에 있는 것이지 바다 끝이나 산꼭대기에 있지 않습니다.
오히려 너무 가까이에 있고 너무 쉽기 때문에 귀한 줄을 모릅니다.
마음으로 원하고 입으로 외우고 그대로 순종하면 됩니다.

28장에서 불순종한 자들에게 내릴 저주를 말씀하신 하나님께서는 30장에 와서 치유와 회복을 말씀하십니다. 하나님께 회개하고 다시 돌아오면 하나님의 약속을 다시 회복시켜 주시겠다는 말씀을 하십니다. 이것은 하나님께서 치유의 하나님이심을 보여 주는 것입니다.

이스라엘을 너무나 잘 아시는 하나님께서는 이스라엘이 언젠가는 하나님을 떠날 것을 미리 아시고 그런 상황이 되면 어떻게 해야 다시 관계를 회복할 수 있는지를 말씀하신 것입니다.

하나님께서는 자기 백성이 죄성이 있는 백성이라는 것을 알고 계십니다. 또한 자기 백성들이 언젠가는 타락하게 되리라는 것을 알고 계십니다. 그래서 그에 대한 대비책까지 미리 세우고 계신 것입니다. 하나님의 백성이 타락을 하기는 하지만 모두 다 타락하는 것은 아닙니다. 그 중에는 끝까지 하나님의 말씀에 순종하는 그루터기들이 남아 있게 됩니다. 그들이 없다면 회개하고 다시 돌아오기가 어려울 텐데 그들이 남아있기 때문에 다시 돌아올 발판이 마련되는 것입니다.

엘리야도 자신을 제외한 모든 사람들이 바알에게 절한 줄로 알고 있었지만 하나님께서는 그렇지 않다는 것을 보여주셨습니다. 하나님의 역사는 아무리 어려울 때라도 견고히 남아 있는 그루터기 때문에 지속됩니다.

어떤 교파는 자신들만이 하나님께 구원을 받을 수 있고 다른 교단은 모두 타협한 사람들이므로 구원을 받을 수 없다고 주장합니다. 그러나 하나님께서는 단지 한 교단 한 그룹만 하나님의 그루터기로 남겨 놓지 않으셨습니다.

다른 곳에도 얼마든지 신실한 하나님의 백성들이 남아 있습니다. 이것을 아는 사람들은 독선적으로 살지 않게 됩니다. **나만, 우리 교회만, 우리 교파만 하나님 앞에 신실하다는 생각은 독선에 찬 위험한 생각입니다.**

약속의 땅으로 돌려보내심

1절에는 만일 하나님의 말씀을 어긴 죄로 앞서 말한 저주가 임하여 하나님으로부터 쫓겨나게 되었다가 그곳에서 이 일이 마음에 기억되면 다시 하나님께 돌아오라고 합니다. 하나님께로부터 돌이켜서 떠나게 되면 그 사람은 제 나라에 살지 못하고 타국에서 포로된 생활을 하게 됩니다. 하나님의 백성이 하나님의 나라에서 살지 못하고 이방의 나라 사탄 속에서 살게 되는 것입니다. 실질적으로 우리의 몸이 포로가 되는 것은 아니지만 영적으로 사탄의 포로된 생활을 하는 것은 오늘날도 마찬가지라고 할 수 있습니다.

하나님께서는 일단 하나님을 떠나서 먼 곳에 포로로 있다 하더라도 하나님의 말

씀이 생각나면 지체없이 하나님께로 돌아오라고 하십니다. 이것은 신약의 탕자의 비유와 유사합니다. 아버지의 유산을 다 탕진하고 남의 집에서 돼지를 치면서 사는 탕자라도 아버지의 집이 생각나거든 언제든지 돌아가서 아버지의 영접을 받을 수 있습니다. 아무리 먼 곳에 가 있다 하더라도 하나님이 생각나면 어디서든지 하나님께로 돌아올 수 있도록 긍휼을 베풀어 주십니다. 아무리 멀리, 세상 끝에 가 있어도 하나님께서는 데려오시겠다고 약속해 주셨습니다. 그리고 조상들보다도 더 큰 축복을 주겠다고 하십니다. 4-5절을 보십시오.

> "너의 쫓겨간 자들이 하늘가에 있을지라도 네 하나님 여호와께서 거기서 너를 모으실 것이며 거기서부터 너를 이끄실 것이라 네 하나님 여호와께서 너를 네 열조가 얻은 땅으로 돌아오게 하사 너로 다시 그것을 얻게 하실 것이며 여호와께서 또 네게 선을 행하사 너로 네 열조보다 더 번성케 하실 것이며."

세상의 끝에 가 있어도 회개하고 돌아오기만 하면 하나님께서는 다시 받아주실 뿐만 아니라 조상들에게 내렸던 축복보다 더 큰 축복을 주시겠다고 말씀하십니다. 이 말씀은 신앙인들에게 굉장한 위로가 아닐 수 없습니다. 나중 된 자가 먼저 되고 먼저 된 자가 나중 된다는 말씀처럼 예수 믿는 사람들의 축복은 순서가 없습니다.

아무리 큰 죄를 지은 죄인이라도 하나님께로 돌아올 수 있고 일단 오기만 하면 하나님의 무한하신 축복을 받을 수 있습니다. 모든 사람에게 희망과 용기를 주시는 말씀입니다.

조상보다 더 큰 범죄를 저지른 사람이라도 일단 하나님께로 다시 돌아오면 그 사람에게는 조상들보다 더한 번창함이 약속됩니다. 신학자들 사이에는 이것이 언제 이루어지는 것인가를 두고 많은 이견들이 있습니다. 이 이견들은 주로 종말론에 의거해서 두 가지 정도로 좁혀서 생각해 볼 수 있습니다.

첫 번째로 무천년주의를 따르는 사람들은 여기 나오는 말씀이 이스라엘 백성들을 향한 말씀이 아니라 신약시대의 교회를 두고 하시는 말씀이라고 주장합니다. 그러나 다른 한편으로 전천년설을 주장하는 사람들은 이것을 이스라엘 백성들이 천년왕국이 세워지기 바로 직전에 바울이 말한 온 이스라엘이 구원을 받으리라는 그 때에 나타나는 축복이라고 말하기도 합니다.

그러나 우리가 생각해야 할 점은 인간이 타락하고 깊은 수렁에 빠졌다고 할지라도 하나님께서는 돌아오기만 하면 언제나 받아주셔서 그를 깨끗하게 만드신다는 것과 돌아온 이후로 주님께 순종하고 주님을 따르기만 하면 과거보다 더 큰 축복을 주신다는 것입니다.

새 마음과 풍성한 삶을 주심

두 번째 약속은 6-10절 사이에 나타나는데 새 마음과 풍성한 삶을 주겠다는 약속입니다. 하나님께서 마음의 할례를 베푸셔서 하나님을 사랑하면 살게 해 주실 것이라고 말씀하십니다. 6절을 보십시오.

"네 하나님 여호와께서 네 마음과 네 자손의 마음에 할례를 베푸사 너로 마음을 다하며 성품을 다하여 네 하나님 여호와를 사랑하게 하사 너로 생명을 얻게 하실 것이며."

마음의 할례에 대해서는 에스겔서 36장에도 나타나 있습니다. 이것을 신약에 와서 생각해 본다면 사람의 몸에 할례를 받는 대신에 성령으로 거듭나는 사건이라고 설명할 수 있을 것입니다.

예수님께서도 니고데모에게 성령의 거듭남에 대해서 신명기에도 말을 해 놓았고 에스겔서에도 말을 해 놓았는데 왜 성경을 잘 아는 네가 그것을 알지 못하느냐고 말씀하셨습니다. 거듭나고 중생하는 것은 모든 인간에게 절대적으로 필요한 일입니다.

이렇게 되면 이스라엘에게 임했던 모든 저주들이 그 적들에게 임하게 됩니다. 아브라함에게 약속을 하셨듯이 너를 축복하는 자에게는 축복을 주고 저주하는 자에게는 저주를 내리겠다고 하신 말씀이 여기에도 적용되는 것입니다.

하나님의 백성들을 핍박하는 사람들은 대단한 위험을 안고 있는 것입니다. 설령 잠시 하나님 곁을 떠나 있는 하나님의 백성이라 할지라도 그들을 저주한다면 그들이 다시 하나님께로 돌아왔을 때 반드시 되갚아지게 되어 있습니다. 그러므로 그런 일을 당하게 되어도 하나님의 백성들은 여유있게 대처해야 합니다. 하나님께서 모든 것을 보시고 다 갚으실 것이기 때문입니다.

하나님께서는 긍휼과 자비가 무궁하셔서 하나님의 백성들이 그 죄성으로 인해서 하나님을 떠나게 된다 하더라도 언제나 문을 열어 놓고 기다리십니다. 범죄할 것을 아시면서도 회개를 통해서 회복될 이스라엘을 미리 보여주심으로 희망을 주십니다.

하나님께서는 우리의 모든 것을 미리 다 알고 계시지만 우리를 포기하지 않으십니다. 그리고 우리를 맞을 준비를 끝내시고 우리가 돌아오기만을 기다리십니다.

삶과 축복을 선택하라

　11-20절 사이에는 삶과 축복을 선택하라고 하시면서 28, 29장에서 하신 말씀들을 반복하십니다. 삶과 축복을 택하라는 말씀은 하나님께서 신명기 전체를 통해 계속 하시는 말씀이기도 합니다. 하나님께서 우리를 사랑하시는 것은 부모의 심정을 뛰어넘는 것입니다. 우리들은 그 사랑을 상상조차도 할 수 없습니다.

　하나님께서 축복을 주시기 위해서 우리에게 명령한 것은 어려운 것도 아니고 힘든 것도 아닙니다. 하나님께서는 우리에게 그렇게 어려운 것을 요구하시지 않는다는 것을 성경을 통해서 밝혀 놓고 계십니다.
　12-14절을 보십시오.

　"하늘에 있는 것이 아니니 네가 이르기를 누가 우리를 위하여 하늘에 올라가서 그 명령을 우리에게로 가지고 와서 우리에게 들려 행하게 할꼬 할 것이 아니요 이것이 바다 밖에 있는 것이 아니니 네가 이르기를 누가 우리를 위하여 바다를 건너가서 그 명령을 우리에게로 가지고 와서 우리에게 들려 행하게 할꼬 할 것도 아니라 오직 그 말씀이 네게 심히 가까와서 네 입에 있으며 네 마음에 있은즉 네가 이를 행할 수 있느니라."

　제가 여러 차례 이야기했지만 기독교인의 신앙은 쉽고 단순합니다. 그런데 불순종을 생각하는 순간 복잡해지는 것입니다. 순종하는 것은 아주 단순한 것입니다. 사람의 죄된 심성이 하나님의 말씀을 복잡하고 지키기 어려운 것으로 만듭니다.
　하라는 대로 하면 쉬운데 그렇게 하지 않으니까 어렵다고 하는 것입니

다. 하나님의 진리를 깨닫게 될수록 아주 단순합니다.

저는 교인들에게도 단순한 신앙생활을 하라고 권하고 있습니다. 성경을 읽고 성경이 그렇다고 하면 그런 것으로 생각하고 믿는 것이 신앙입니다.

모든 사람들이 다 신학자가 될 수도 없고 또 그렇게 할 필요도 없습니다. 복잡하게 성경을 해석하고 여러 가지 학설들을 다 섭렵하려고 노력할 필요가 없는 것입니다. 그저 어린아이와 같은 신앙으로 하나님께서 그렇다고 하면 그런 줄로 믿고, 하라고 하는 대로 행하는 것이 신앙입니다. 영적으로 깊어지면 깊어질수록 단순해집니다.

하나님이 명하시는 것이 하늘에 있는 것도 아니고 바다 끝에 있는 것도 아닙니다. 곁에 있어서 누구든지 듣고 보고 그것으로 인해서 구원을 받을 수 있는 것입니다. 만일 하나님의 말씀이 아무나 닿을 수 없는 어려운 곳에 있다면 "모든 사람들이 구원에 이를 수 있는 길이 마련되었다"고 하시지 않으셨을 것입니다.

아주 가까이에 누구라도 손을 뻗으면 닿을 수 있는 거리에 하나님의 말씀은 있습니다. 많이 배운 사람이나 그렇지 못한 사람이나, 가난한 사람이나 부한 사람이나, 누구나 하나님의 구원의 길에 이르게 되려면 그 말씀은 쉽고 단순해야 합니다. 그래서 하나님의 말씀은 쉽게 씌어져 있는 것입니다.

쉬운 것을 어렵게 만드는 이유는 쉬운데도 불구하고 그 말의 뜻을 잘 이해하지 못했기 때문입니다. 최근에 글을 써달라는 청탁이 들어온 일이 있는데 제목을 포함해서 무슨 이야기인지 알 수 없는 주제의 청탁이었습니다. 저에게 전화로 청탁을 한 사람도 잘 모르는 내용을 저에게 써달라고 한 것 같았습니다. 그래서 비록 부제까지 길게 붙어 있지만 어떤 주제인지가 불분명했습니다.

근사한 말을 사용하려고 할 뿐 그 내용은 중요시하지 않기 때문에 이런 현상이 나타나는 것입니다. 진리는 단순하고 간단한 것입니다. 모든 것을 아시는 하나님께서 쓰셨기 때문입니다. 그래서 간단한 말씀이지만 힘이 있고 능력이 있습니다.

예수님께서 하루는 "너희는 나를 누구라고 하느냐"고 물으셨습니다. 그러자 한 신학자가 손을 들고 "주는 실존주의적 현현이시며 우주의 궁극적 개체로소이다."라고 대답했습니다. 그러자 예수님께서 "나는 네가 하는 이야기를 도대체 모르겠다"라고 말씀하시더랍니다. 우스갯소리이긴 하지만 우리에게 하나님을 단순하게 믿는 것이 좋다는 점을 가르쳐 줍니다.

예수님이 누구냐는 질문의 대답은 베드로가 말했듯이 단순합니다. "주는 그리스도시요 살아계신 하나님의 아들"입니다. 구원도 마찬가지입니다. 하나님의 말씀대로 하면 되는 것입니다. 진리는 짧지만 즉각적으로 머리와 가슴에 들어오게 됩니다.

저는 세브란스 병원의 직원들에게 직장인의 윤리에 대해서 강의를 한 적이 있습니다. 그 내용은 아주 간단했습니다. "무슨 일을 하든지 주님께 하듯이 하라."

어느 환자가 들어오든지 그 환자를 예수님을 대하듯이 대하면 된다는 것입니다. 열 가지 말이 필요가 없습니다. 제목은 "성숙한 기독교인의 직장생활"이라고 거창하게 표현하였지만 내용은 제목보다 더 간단했습니다.

감사하고 기뻐하고 사랑하면 됩니다. 아무리 많은 설명을 해도 결론은 바로 그것입니다. 영원하고 보편적인 진리는 단순하고 쉽습니다.

14절을 보십시오.

"오직 그 말씀은 심히 가까와서 네 입에 있으며 네 마음에 있은즉 네가 이것을 행할 수 있느니라."

하나님의 말씀은 마음에 있는 것이요 입에 있는 것이지 바다 끝이나 산꼭대기에 있지 않습니다. 오히려 너무 가까이에 있고 너무 쉽기 때문에 귀한 줄을 모릅니다. 마음으로 원하고 입으로 외우고 그대로 순종하면 됩니다.

갈멜 산에서 있었던 엘리야와 바알 선지자들의 대결을 생각해 보십시오. 바알 신에게서 불을 얻고자 사용했던 방법들은 아주 힘들고 복잡했습니다. 바알 선지자들은 하늘을 향해서 기도를 하고 뛰기도 하고 기진맥진하도록 몸부림을 쳤습니다. 그럼에도 불구하고 불은 내려오지 않았습니다. 그러나 엘리야가 하나님으로부터 불을 내리게 하는 것은 간단했습니다. 그저 간절하고 확신에 찬 기도를 했을 뿐입니다. 그것으로 모든 것이 다 해결이 되었습니다. 하나님의 일은 그렇게 복잡하고 힘들지 않습니다. 하나님이 하는 일이 어려울 까닭이 없습니다. 사람이 억지로 만들어서 일을 하려고 하니까 어렵고 힘든 것입니다.

구원을 받는 것 역시 간단합니다. 마음으로 믿고 입으로 시인하면 됩니다. 너무 쉬우니까 오히려 사람들이 의심을 합니다. 현대인들은 뭔가 좀 어려운 말이 들어가 있고 잘 모르겠다 싶은 복잡한 개념들이 섞여 있어야 그럴듯하게 생각합니다. 이것은 현대인의 맹점입니다.

기도에 대해서도 너무 어렵게 생각할 것이 없습니다. 어떤 사람은 눈물을 흘리면서 기도를 해야만 진실한 기도를 한 것처럼 생각하지만 그렇지 않을 수도 있습니다. 각자의 성격과 기질에 따라서 눈물을 흘릴 수도 있고 딩굴고 가슴을 칠 수도 있고 그저 조용하게 묵상을 할 수도 있습니다. 그 모든 것들이 기도입니다.

성령님께서 역사하시는 방법은 사람에 따라서 다 다릅니다. 하나님께서 영적인 축복을 그렇게 어렵게 만들지 않으셨습니다.

생명과 사망의 갈림길

15절은 아주 중요한 말씀입니다.

"보라 내가 오늘날 생명과 복과 사망과 화를 네 앞에 두었나니."

선과 악, 생명과 사망이 우리 앞에 있습니다. 선택권은 우리 자신에게 있습니다. 다른 사람이 선택해 주는 것이 아닙니다. 하나님의 길을 선택해서 그 길을 걸으면 생명과 축복의 길을 갈 것이고, 악의 길을 선택하면 사망의 길을 갈 것입니다. 하나님의 길을 선택하여 가면 우리가 생존하며 번성할 것이요 하나님께서 주신 땅에서 주신 하나님의 복을 얻을 것입니다. 이것은 하나님의 약속입니다.

모세는 이미 창세기 15장 6절에서 의인은 믿음으로 산다는 것을 분명히 말해 놓았습니다. **믿음으로 사는 삶은 바로 순종하는 삶입니다.** 이것은 구원의 문제를 말하는 것이 아니라 믿는 사람들이 이 땅에서 어떻게 복된 삶을 살 수 있는가를 말해 주고 있는 것입니다.

그런데 만일 하나님의 뜻을 따라 사는 것이 아니라 자기도 알지 못하는 이방신에게 절하고 우상을 섬긴다면 반드시 망하게 되어 있습니다. 하나님께서 아무리 사랑하는 자라 할지라도 우상숭배에 빠진다면 결코 용서하지 않으십니다.

19-20절을 보십시오.

"내가 오늘날 천지를 불러서 너희에게 증거를 삼노라 내가 생명과 사망과 복과 저주를 네 앞에 두었은즉 너와 네 자손이 살기 위하여 생명을 택하고 네 하나님 여호와를 사랑하고 그 말씀을 순종하며 또 그에게 부종하라 그는 네 생명이시오 네 장수시니 여호와께서 네 열조 아브라함과 이삭과 야곱에게 주리라고 맹세하신 땅에 네가 거하리라."

천지를 불러서 너희에게 증거를 삼겠다고 하시면서 너와 네 자손이 살기 위해서 생명을 택하고 하나님의 말씀에 순종하고 그에게 복종하라고 말씀하셨습니다. 그러면 네 조상에게 주리라 하신 땅에서 그 생명이 길 것이라고 약속하십니다.

이 약속은 하나님께서 하신 약속이기 때문에 그대로 믿고 행하면 됩니다. 다른 가능성에 대해서 생각하고 복잡하게 만들지 말고 그저 하나님이 하라고 하신 대로만 하면 되는 것입니다.

하나님께서는 인간들의 죄된 심성을 잘 알고 있기 때문에 미리 인간들이 범죄하였을 경우를 생각해서 다시 하나님의 사랑을 회복할 수 있는 방법을 이야기를 해 주셨습니다. 그리고 다시 돌아와서 하나님을 섬기면 조상들이 받았던 것보다 더 큰 축복을 주시겠다고 약속하셨습니다. 하나님께서는 지금도 우리 앞에 삶과 죽음의 길을 두셨습니다. 그리고 어떤 것을 선택하든지 그대로 행하시겠다고 하십니다. 선택은 우리에게 맡겨 놓으셨지만 우리가 생각할 수 없을 만큼 우리를 사랑하시는 하나님께서는 우리들이 삶과 축복의 길을 택하시기를 간절히 원하고 계시다는 것을 알아야 하겠습니다.

제7부
하나님의 종, 모세의 죽음

"모세의 죽을 때 나이 일백이십 세나

그 눈이 흐리지 아니하였고

기력이 쇠하지 아니하였더라.……

그 후에는 이스라엘에 모세와 같은

선지자가 일어나지 못하였나니

모세는 여호와께서 대면하여 아시던 자요

여호와께서 그를 애굽 땅에 보내사

바로와 그 모든 신하와

그 온 땅에 모든 이적과 기사와

모든 큰 권능과 위엄을 행하게 하시매

온 이스라엘 목전에서 그것을 행한 자더라"

(신명기 34:7, 10-12)

강하고 담대하라

31:1-29

지도자가 할 일은 자기 자신을 드러내는 것이 아니라
하나님을 볼 수 있도록 해 주는 것입니다.

31장은 모세가 가나안 정복 일보 직전에 이스라엘 백성들과 특별히 후계자인 여호수아를 향해서 한 마지막 예언적인 설교의 내용입니다. 9절, 24절, 26절 등을 살펴보면 율법을 '썼다' 는 말이 반복되어 나옵니다.

모세가 한 설교들이 단지 말로만 한 것이 아니라 써 둔 것이라는 뜻입니다. 그런데 여기에 '썼다' 라고 표현한 율법이 모세오경 전체인지 아니면 신명기만을 말하는 것인지에 대해서는 신학자들 사이에 이견이 있습니다.

이 율법을 7년마다 한 번씩 온 백성들에게 읽어주라는 말이 나오는 것을 보면 아마 이 말은 신명기에 한한 것이 아닌가 생각됩니다. 읽어주는 기간은 장막절 기간인 7일 동안인데 그 동안에 모세오경 전체를 다 읽는다는 것은 상당히 벅찬 일이기 때문에 신명기서 하나만이라고 보는 것이 여러모로 타당할 것 같습니다.

바람직한 지도자

31장 전체의 메시지는 **'강하고 담대하라'** 는 말로 요약될 수 있습니다. 또 사람을 의지하지 말고 하나님을 의지하라는 말씀이 기록되어 있습니다.

사람은 아무리 훌륭한 사람이라도 실수가 없을 수 없고 언젠가는 그 자리에서 물러나야 합니다. 이것은 인간이 지닌 한계입니다. 그러므로 **지도자가 할 일은 자기 자신을 드러내는 것이 아니라 만인이 하나님을 볼 수 있도록 해 주는 것입니다.** 그래서 자신이 그들 가운데서 사라지게 된다 할지라도 남은 사람들이 동요하지 않고 하나님을 바라보고 나아갈 수 있도록 만들어야 합니다. 인간은 유한한 존재이지만 하나님은 영원불변하신 분이기 때문입니다.

지도자만을 바라보는 사람은 그 지도자가 실수하거나 실족하게 되면 자신도 그의 길을 따라가는 실수를 저지르게 됩니다. 이런 일들이 교계에도 가끔 있습니다. 하나님을 바라보고 하나님의 길을 따라가는 것이 아니라 능력있는 강력한 지도자를 하나님처럼 받들면서 따라다니다가 그가 실족하는 바람에 자신도 함께 구렁텅이로 떨어지는 안타까운 사례들이 있었습니다.

특히 사교(邪敎)에 빠지게 되면 십중팔구는 이런 길을 걷게 됩니다. 그래서 우리는 하나님보다 자신의 권위를 내세우고 매사에 자신을 드러내려고 하는 종교 지도자들을 늘 경계해야 합니다. 그들은 하나님의 이름을 빌어서 사탄의 길로 가고 있는 자들입니다.

겸손한 하나님의 종

고린도교회를 보면 거짓 선지자들은 세속적인 이방인 지도자의 모습을 보이는 반면 바울은 하나님의 사도로서의 자세로 모범을 보이는 것을 알 수 있습니다. 사람들은 겉으로 보이는 것에 속기 쉽습니다. 보기에 훤칠하고 잘생기고 말도 아주 잘하고 부드러우면서 통솔력도 있고 설득력도 있고 배경도 있는 사람들을 지도자로 모시고 따르고 싶어합니다. 그를 따름으로써 대리만족적인 자부심을 갖게 되기 때문입니다.

그런데 사도 바울은 그러한 지도자상을 제시하지 않았습니다. 그는 외형적으로 왜소하고 잘생기지도 않았으며 몸도 약한 사람이었습니다. 자신을 표현하기를 연약한 자이고 죄인 중에 괴수라고 표현하기까지 했습니다. 그렇지만 그는 하나님께서 세우신 하나님의 사도였습니다. 하나님은 외모를 보지 아니하시고 그 사람의 중심을 보시고 그 사람을 사용하십니다. **하나님의 일은 유능한 사람이 하는 것이 아니라 하나님 앞에 순종하는 겸손한 사람이 하는 것입니다.** 하나님께서는 그와 같은 사람을 하나님 나라를 이루는 도구로 쓰십니다.

기독교인들은 자신의 약함을 자랑하는 사람들입니다. '나는 비록 약하나 주 예수는 강하다'고 고백하는 사람들이 기독교인들입니다. 자기의 강함을 과시하려는 세속인들과는 아주 대조적입니다.

세속적인 리더십과 하나님의 리더십은 같은 방법으로 행해지지 않습니다. 약한 것 같으나 강하고, 없는 것 같으나 풍성하게 있고, 진 것 같으나 승리하고, 죽은 것 같으나 영원토록 사는 것이 하나님의 지도자들입니다.

사도 바울은 자신이 연약할 때에 하나님께서 강하게 해주신다고 고백했습니다. 기독교의 지도자들은 자신이 없어지는 것과 동시에 하나님의 영광을 드러낼 수 있게 됩니다.

모세는 120세가 되었고 하나님께서는 그가 요단강을 건너는 것을 허락하지 않으셨기 때문에 자신의 일이 요단강 가에서 끝나게 된다는 것을 알고 있었습니다. 아무리 위대한 지도자라도 그 사람이 하는 일에는 한계가 있습니다.

자신의 실수에 대해서 책임을 져야 하며 그 다음 사람에게 자신의 자리를 물려주어야 합니다. 생과 사는 하나님의 손에 달려 있습니다. 인간이 아무리 생을 연장하고 싶거나 끝내고 싶다고 해도 인간의 마음대로 할 수 없습니다.

모세는 그것을 잘 알고 있었습니다. 몇 번이나 가나안 땅을 밟을 수 있도록 해 달라고 하나님께 간구했지만, 하나님께서는 허락하지 않으셨고 다시는 말도 꺼내지 못하도록 하신 경험이 있었던 것입니다.

이제 이스라엘은 자신들의 지도자가 모세에서 여호수아로 교체되는 순간을 맞았습니다. 3절을 보십시오.

"여호와께서 이미 말씀하신 것과 같이 여호수아가 너를 거느리고 건널 것이
요 네 하나님 여호와 그가 네 앞서 건너가사 이 민족들을 네 앞에서 멸하시
고 너로 그 땅을 얻게 하실 것이며."

지도자는 모세에서 여호수아로 바뀌지만 그들을 지도자로 세우신 하나님은 그대로 계십니다. 그러므로 실제적인 지도자가 바뀐 것은 아니었습니다. 하나님께서는 이스라엘 백성들보다 먼저 요단 강을 건너가서 그 땅을 정복하실 것이라고 하셨습니다. 이 말씀은 이스라엘 사람들이 자신들의 힘으로 그 땅을 얻는 것이 아니라 하나님께서 얻도록 하신다는 것을 밝히고 있습니다.

저는 이 말씀을 아주 좋아해서 기도를 할 때에 가끔 인용하여 사용하곤

합니다. 하나님께서 먼저 가셔서 사람들의 마음을 주장하시고 열어 주시옵소서 하는 기도를 하는 것입니다. 어떤 일을 해보면 하나님께서 먼저 가셔서 모든 것을 준비해 놓으셨다는 것을 느끼게 되는 때가 있습니다. 일의 순서마다 모든 것들이 걸리는 일이 없이 기다렸다는 듯이 순조롭게 진행되는 때가 바로 그 때입니다.

이런 일들은 하나님께서 미리 이 일들을 위해서 모든 준비를 해 놓으셨기 때문에 가능한 것입니다. 하나님께서는 이스라엘 백성들에게 말씀하시기를 먼저 가서 모든 일을 다 해 놓을 테니 너희는 내가 세워준 지도자인 여호수아의 뒤를 따르기만 하면 된다고 말씀하고 계십니다.

6절에서는 더욱 확신에 찬 약속을 주십니다.

"너는 마음을 강하게 하고 담대히 하라 그들을 두려워 말라 그들 앞에서 떨지 말라 이는 네 하나님 여호와 그가 너와 함께 행하실 것임이라 반드시 너를 떠나지 아니하시며 버리지 아니하시리라 하고."

하나님께서는 우리를 떠나지 않겠다는 약속을 하신 다음에 담대하라고 하십니다. 아무런 근거도 없이 무조건 믿으라거나 무조건 강해지라고 하지 않으십니다. 하나님께서 함께하시며 떠나지 않을 것이기 때문에 담대하라고 하시는 것입니다. 기독교는 맹목적인 신앙이 아닙니다. 아주 합리적인 신앙입니다.

하나님이 모든 일을 준비하시고 행하신다는 것을 믿고 우리들은 그 말씀에 순종하기만 하면 됩니다. **승리의 열쇠는 하나님께서 가지고 있으며 우리가 그것을 얻는 길은 하나님께서 예비하신 길을 믿음으로 걸을 때 그것은 얻을 수 있습니다.**

지도자는 그를 따르는 사람에게 무엇을 나누어주는 힘이 있는 사람이 아니라 사람들의 마음이 흩어지지 않고 목표를 향해서 나갈 수 있도록 인도하고 이끄는 사람입니다. 그런데 인간의 마음은 어리석어서 말로만 하나님이 이끄시고 이루신다고 하고 마음 깊은 곳에서는 그 일을 자신이 이루었다고 생각하기 쉽습니다. 자신이 아니면 할 사람이 없다는 자부심을 가지기도 합니다. 지도자의 위치에 있는 사람이라면 반드시 조심해야 할 일 가운데 하나가 바로 이렇게 하나님 위에 서려는 우월감이나 교만함입니다.

하나님의 임재하심을 믿는 삶

하나님께서는 이스라엘 백성들에게 이미 승리의 경험을 하게 해 주셨습니다. 이스라엘은 요단강 동편에 있는 시혼 왕과 옥 왕을 쳐서 승리한 경험이 있는데 그 사건을 통해서 하나님께서 함께하시면 가나안을 정복하는 것도 두려워할 일이 아니라는 것을 일깨워 주신 것입니다.

하나님께 순종하기만 하면 가나안 땅도 완전히 정복하게 해 주시겠다고 하면서 이스라엘 백성들에게 담대하게 나가라는 말씀을 하십니다. 힘든 일을 앞두고 있을 때는 하나님께서 전에 나에게 베푸셨던 은혜를 상기해 보는 것이 필요합니다. 그것을 통해서 힘을 얻고 확신을 가질 수 있게 되기 때문입니다.

저는 기도생활을 통해 이런 경험을 많이 했습니다. 저는 어린 시절을 너무나 가난하고 외롭게 보냈습니다. 밤이면 그 날 잘 곳을 걱정할 때도 있었고, 어떤 때는 먹고 잘 일 때문에 눈앞이 캄캄해지기도 했습니다. 어렸지만 자존심은 강해서 누구에게 그런 어려움을 이야기하지도 못하고 오직 하나님께 기도하는 것밖에는 방법을 몰랐습니다.

지금도 저는 누구에게 도와달라는 말을 잘 하지 못합니다. 필요한 것이 있을 때마다 오직 하나님께 구하는 것밖에는 다른 길을 모릅니다. 그렇다고 믿음이 아주 강했던 것도 아니었습니다. 하나님께 구하는 중에도 염려하고, 구하고 나서도 불안해했습니다. 그런데도 하나님께서는 그런 기도를 들어주셔서 저에게 많은 것을 경험하게 해 주셨습니다.

이렇게 문제와 해결을 반복하면서 얼마가 지나자 문제는 결국 해결되게 되어 있다는 원리를 깨닫게 되었습니다. 제가 걸어온 길을 돌이켜보니 여러 가지 문제가 많은 삶이었지만 그 모든 문제들이 다 하나님 안에서 풀렸다는 것을 알 수 있었습니다. 그래서 대학에 들어간 이후부터는 문제가 생겨도 해결될 것이란 믿음 때문에 걱정이 되지 않았습니다. 문제는 해결되기 위해서 생기는 것입니다. 목회자가 된 후에는 어떤 일이 일어나든지 하나님의 뜻이라면 해결된다고 믿고 걱정하지 않았습니다.

그 동안의 경험으로 미루어 보니까 내가 할 일은 그저 여호와를 기뻐하면서 기도하는 일뿐이었습니다. 그러면 저절로 해결되었습니다. 문제라는 것은 늘 도전이요 문제를 푸는 과정은 재미있는 시간이었습니다.

이것은 자신의 능력을 믿어서 갖게 되는 자신감이 아닙니다. 하나님을 믿어서 생기는 담대함이고 평안함입니다. 신앙이라는 것은 자신을 긍정적으로 믿는 훈련을 통해서 갖게 되는 자신감과 구별되어야 합니다. **신앙은 하나님을 믿고 하나님께 모든 것을 의탁하므로 생기는 힘입니다.** 신앙은 하나님을 전적으로 의지하고 사는 훈련입니다. 이 훈련이 잘 되면 사는 것이 즐겁고 감사가 넘치고 그렇지 않으면 늘 불안에 시달리게 되는 것입니다.

기도하면서 걱정을 하는 것은 평안하게 이룰 일을 힘들고 어렵게 이루는 것입니다. 앉아서 해도 충분히 될 것을 공연히 안절부절하고 고통스럽게 이루는 것입니다.

하나님께서 같이 계신 것을 의심없이 믿는 것을 지속적으로 훈련하면, 다시 말해서 하나님의 임재와 동행에 대한 훈련을 계속하면 그 사람은 승리를 보장받는 사람이 됩니다. 미국의 어느 익명의 저자가 쓴 책 중에 『하나님의 임재에 대한 훈련』(*Practice In The Presence of God*) 이라는 책이 있습니다. 아주 많은 사람들이 읽은 책입니다. 내용은 아주 간단합니다. 한 수도사가 수도원에서 하나님의 임재하심에 대한 훈련을 혼자서 하는 것이 그 내용입니다. 그런데 그 내용이 그렇게 많은 사람들에게 감동을 주었습니다.

우리가 강하고 담대해질 수 있는 것은 우리에게 어떤 힘이 있기 때문이 아닙니다. 하나님 때문에 강하고 담대할 수 있습니다. 하나님이 우리와 함께하시며 우리를 버리지 아니하신다는 약속이 있기 때문에 우리는 두려워할 것이 없습니다. 이것을 강하게 믿는 사람이 바로 믿음 가운데서 생활하는 사람입니다.

확실하게 구분된다고 할 수는 없지만 믿음에는 두 가지가 있다고 볼 수 있습니다. 하나는 생활의 믿음이고 다른 하나는 구원의 믿음입니다. 보통 성도들은 이 두 가지를 혼동합니다. 생활의 믿음이 약하면 구원의 믿음이 없는 것으로 착각하게 됩니다. 구원의 믿음은 있든지, 없든지 둘 중 하나입니다. 예수를 구주로 믿으면 그 사람은 구원의 믿음이 있는 것입니다. 구원의 믿음에는 강하고 약한 것이 없습니다. 중간 단계도 없습니다. 그러나 생활에 있어서의 믿음은 강약으로 표시될 수 있습니다. 하나님과의 관계가 약해지면 그것은 생활의 믿음이 약해진 것이지 구원과는 상관이 없습니다. 설령 생활의 믿음이 약하다 해도 그 사람이 구원을 잃는 것은 아닙니다.

생활의 믿음이 강한 사람은 하나님의 약속을 강하게 믿고 도전하는 삶을 삽니다. 구원의 확신은 있어도 삶의 믿음이 없으면 그 사람의 생활은 소극적이고 어둡고 우울하게 됩니다. 심지어는 죽고 싶은 생각이 들기도 합니다. 그러나 그렇다고 해서 그 사람에게 구원의 믿음이 없어진 것이라고 볼 수는 없습니다.

다만 삶의 믿음이 강한 사람들과 그렇지 않은 사람의 차이는 시험이 오거나 문제가 생겨도 겁내지 않는다는 차이가 있는 것입니다. 삶의 믿음이 강한 사람은 문제를 앞에 두고 걱정하기보다는 이번에는 하나님께서 나를 어떻게 도와주실 것인가를 생각합니다. 문제를 대하는 기본적인 태도가 믿음이 없거나 약한 사람들과 전혀 다릅니다.

율법을 정기적으로 읽어 주라

9-13절까지는 하나님의 이 율법을 백성들에게 정기적으로 읽어 주라는 명령이 나옵니다. 인간은 아무리 중요한 것이라도 시간이 지나면 그 심각함을 잊어버리는 경향이 있습니다. 그래서 정기적으로 기억을 상기시켜 줄 필요가 있습니다.

11절을 보십시오.

"온 이스라엘이 네 하나님 여호와 앞 그 택하신 곳에 모일 때에 이 율법을 낭독하여 온 이스라엘로 듣게 할지니."

모세는 율법을 써서 제사장과 장로들에게 주었습니다. 제사장들은 이것을 백성들에게 읽어주고 가르쳐줄 책임이 있었습니다. 매 칠 년마다 한 번씩 장막절 동안에 백성들을 모아놓고 읽어주라는 것이었습니다. 그 때는 어른들은 물론이고 아이들과 심지어 이방인들까지도 하나님의 말씀을 들어야 했습니다. 이 사실을 통해서 하나님의 말씀은 유대인들에게만 해당되는 말씀이 아니라 인간이면 누구에게나 적용되는 말씀이라는 것을 알 수 있습니다.

정직성의 회복

장막절은 9월과 10월 중에 있는데 이 7년째 되는 해는 빚을 다 제해 주는 해였습니다. 그런데 이렇게 빚진 자의 부채를 탕감해 주는 제도는 정직성을 전제로 한 일이었습니다. 그러므로 하나님 앞에서 정직하지 못하면 악용될 우려가 있는 법이었습니다.

갚을 능력이 충분히 있으면서도 능력이 없는 것처럼 가만히 엎드려 장막절이 되기만을 기다리고 있는다면 이것은 선한 제도를 악하게 이용하고 있는 것입니다. 인간은 악한 본성이 있기 때문에 그럴 가능성이 충분히 있습니다.

국영기업을 운영했던 분의 이야기를 들으니까 어떤 사장은 회사의 재산을 자기 것으로 다 빼돌린 다음에 일부러 부도를 내는 경우도 있다고 합니다. 그러면 회사가 부도가 나도 그 회사의 사장을 지내던 사람은 아무런 피해도 보지 않고 일생 먹고 남을 것을 마련해서 나오는 결과가 되는 것입니다. 이렇게 마땅히 해야 할 임무는 하지 않으면서 자신의 지위를 이용해서 일말의 양심의 가책도 받지 않고 자신의 이익만을 꾀하는 사람들이 의외로 많다고 합니다.

인간의 심성 속에는 악한 것이 한 부분을 차지하고 있습니다. 따라서 약간 생각을 엇나가게 하면 정반대의 길로 가게 되는 것입니다.

저와 이야기를 나눈 어떤 검사장은 한국 사람들의 가장 큰 문제가 바로 정직하지 않은 것이라고 했습니다. 그 부정직성 때문에 국가적으로 얼마나 큰 피해를 보고 얼마나 큰 낭비를 하게 되는지 모른다는 것이었습니다. 일본 사람들은 일단 체포가 되면 90퍼센트가 솔직히 다 이야기를 하는데 한국 사람들은 80퍼센트가 거짓말을 하고 발뺌을 한다고 합니다. 그러니까 결국에는 다 드러날 일을 가지고 얼마나 긴 시간을 끌게 되는지 모른다는 것입니다. 그러는 동안에 엄청난 인력과 시간과 국고가 낭비될 것이 뻔합니다.

정직성을 회복하는 문제를 해결할 곳은 교회밖에 없습니다. 어떤 기관에서 성인들에게 다시 정직성을 가르칠 수 있겠습니까. 교회가 앞장서서 회복운동을 할 수밖에 없다는 것이 그 검사장의 말이었습니다.

7년만에 빚을 탕감해 준다는 것은 정직성을 전제로 한 제도입니다. 그렇지 않으면 시행될 수가 없습니다. 7년 동안 빚을 못 갚은 이유가 너무 가난해서 갚을 능력이 없었기 때문이었다는 것이 증명되어야 합니다. 정직성은 모든 법의 근간입니다.

가장의 역할

하나님의 말씀을 지키는 데는 노력이 필요합니다. 대충 되는대로 살아서는 하나님의 말씀에 맞게 살 수가 없습니다. 하나님 말씀대로 살기 위해서는 세심한 주의가 필요합니다.

일 년에 세 번 이스라엘 남자들은 예루살렘에 가야 할 의무가 있었습니다. 가장인 남자들은 먼저 성전에 가서 하나님의 말씀을 듣고 와서 자기 가족들에게 가르쳐야 했습니다. 유대인들은 유월절을 지킬 때에도 가정에서 아버지가 모든 것을 주관합니다.

아버지가 책상 앞에 앉아서 제사장의 역할을 하고 가족들이 그에게 따르는 것을 보고 나면 유대인들이 그렇게 강한 이유를 알게 됩니다. 우리 한국 교인들은 어머니가 훨씬 강합니다. 어머니가 신앙을 주도해 가는 가정들이 많이 있습니다. 교회의 구역 일을 할 때도 여자 성도들이 주관하는 곳이 더 잘 됩니다.

그래서 저는 제직 수련회를 하거나 대예배 설교를 하는 중에도 남자 성도들에게 도전을 주는 말들을 많이 합니다. 이제는 남자 성도들이 처음보다 좀 행동하기는 하지만 아직도 그 영향력이 미미합니다.

아직 한국 교회 남자 성도들의 수준은 여자 성도들의 신앙을 따라가려면 한참 걸릴 것입니다. 신앙적인 것뿐만 아니라 지식에 있어서나 훈련에 있어서도 남자 장로님들은 여자 집사님들을 못 따라 가는 경우가 많습니다. 헌신이나 봉사는 더 말할 것도 없습니다. 제가 볼 때 한국 교회 권사님들이 장로님들보다 훨씬 강하고 훌륭한 신앙을 가지고 있습니다.

오늘날의 한국 교회는 여자들을 통해서 세워지고 지속되고 있다고 해도 과언이 아닙니다. 이제는 남자 성도들이 강하게 도전받고 행동하는 일만 남았습니다. 유대인들의 가정에서 가장이 제사장을 대신했듯이 기독교 가정에서도 남자들이 제사장들을 대신할 정도가 되어야 합니다.

여호수아를 세우라

14-23절 사이에는 모세에게 주시는 하나님의 말씀이 있습니다. 16절입니다.

"여호와께서 모세에게 이르시되 너는 너의 열조와 함께 자려니와 이 백성은 들어가 거할 그 땅에서 일어나서 이방신들을 음란히 좇아 나를 버릴 것이며 내가 그들과 세운 언약을 어길 것이라."

여호와께서는 구름기둥 가운데의 장막에 나타나셔서 모세에게는 열조들과 함께 자라고 명하시고 여호수아와 이스라엘 백성들은 이방신들을 제하고 정복하라고 하신 가나안 땅에서 하나님을 저버리고 그 땅의 이방신들을 섬기게 될 것이라고 말씀하십니다.

지도자의 고뇌와 슬픔

저는 이 부분을 읽으면서 이 말을 듣는 모세의 심정이 어떠했을까를 생각했습니다. 죽기를 각오하고 애굽 땅에서 이끌어낸 백성들인데 이들이 약속의 땅에 들어가서는 하나님을 저버리고 그것으로 인하여 하나님께 저주를 받게 되리라는 말이었으니 얼마나 기가 막혔겠습니까. 아마 자신의 일생을 바친 일이 모두 수포로 돌아가는 것과 같은 기분이었을 것입니다.

이런 모세의 심정을 생각하니까 너무나 가슴이 아팠습니다. 만일 일생 동안 온몸과 마음을 다하여 한 목회가 내가 죽은 후에는 결국 실패로 돌아간다는 것을 알게 되면 그 기분이 어떨 것인가를 생각하니 가슴이 철렁 내려앉았습니다.

모세의 슬픔은 그뿐만이 아니었을 것입니다. 그렇게도 가고 싶었던 가나안 땅에 들어가지 못하고 죽어야 하는 슬픈 운명이었을 뿐 아니라, 자기가 죽고 나면 자기 백성들이 하나님을 버림으로 엄청난 재앙이 임할 것이라는 사실을 알고 더할 나위 없이 슬펐을 것입니다. 저는 모세의 기분을 조금은 알 수 있을 것 같습니다.

저는 미국에서 교회를 개척하여 11년 동안 목회를 하는 동안 별 어려움을 느끼지 않고 아주 재미있게 했습니다. 교회도 다시 짓고 교인들도 늘어서 별다른 걱정이 없는 상태에서 우리 나라로 돌아온 것입니다. 그런데 제가 나오고 나니까 그 교회에 문제가 생겼습니다.

담임 목사를 세우는 문제 때문에 교회에 분란이 일고 다른 문제들이 터져 나왔습니다. 결국 일부 교인들이 교회를 나가는 사태까지 갔습니다. 저는 멀리서 그 소식을 들을 때마다 매우 가슴이 아프고 안타까웠습니다. 그러니 모세의 심정은 말로 설명을 할 수 없을 정도였을 것입니다.

사실 종교 지도자란 정말 어려운 자리입니다. 제가 아는 어느 원로 목사님은 40년 동안 아주 훌륭하게 목회를 해 오신 분이었는데 환갑이 다 지난 지금도 설교를 할 때마다 등 뒤에서 식은땀이 난다고 고백하셨습니다. 그러면서 평생을 해도 어려운 일이 바로 설교라는 말을 덧붙이셨습니다. 그러자 그 자리에 있던 모든 목사님들이 그 말씀에 동의를 하셨습니다. 어느 의사가 40년 동안 병을 고치고도 환자를 보면 겁을 내겠습니까. 어느 교수가 40년 동안 강단에 서고도 학생들 앞에서 강의하는 것을 겁내겠습니까. 어느 기술자가 40년 동안 자기가 고쳐온 기계를 다시 만지면서 손을 떨겠습니까.

그러나 목회자는 평생을 설교하고도 늘 떨리는 마음으로 강단에 섭니다. 순간순간 하나님의 자비하심을 구하지 않으면 한 마디도 할 수가 없습니다. 매 순간 하나님의 자비를 받아야 사는 사람이 바로 설교자입니다.

그러므로 목회는 하나님이 하는 것이지 인간이 하는 것이 아닙니다. 은혜는 하나님께서 부어주시는 것이지 인간이 만들어내는 것이 아닙니다. 감동은 성령님께서 시키는 것이지 내가 의도적으로 목소리를 조절한다고 되는 것이 아닙니다.

그런데 그렇게 하나님을 의지하여 이끌어 온 교회가 어느 순간에 두 동강이 나고 사람들이 뿔뿔이 흩어지는 모습을 본다는 것은 가슴 아픈 일이 아닐 수 없습니다. 그렇다고 해서 어떤 다른 인간적인 방책을 쓸 수도 없습니다.

하나님이 하라는 대로 하나님의 명령을 기다리고 그 명령에 따라서 움직일 수밖에 없는 사람이 목회자입니다. 다른 방법이 없습니다. 하나님의 말씀을 들은 모세의 가슴이 아무리 아프고 비참해도 어쩔 수 없었을 것입니다.

하나님께 버림을 받고 재앙을 받는 사람들은 하나님께서 우리 가운데 계시지 않기 때문에 이런 일이 일어났다고 변명을 할 것입니다. 그러나 하나님이 그들의 곁을 떠난 것이 먼저가 아니라 그들이 하나님께 등을 돌린 것이 먼저입니다. 죄가 먼저인가, 징계가 먼저인가 묻는다면 죄가 먼저라고 대답할 수밖에 없지 않습니까. **죄는 자기 자신을 하나님께로부터 떼어놓은 작업입니다.** 그들이 하나님을 버리면 하나님께서도 그들로부터 얼굴을 숨기십니다. 잘못은 인간이 먼저 해 놓고 하나님께서 그들 가운데 계시지 않아 이렇게 되었다고 핑계대는 것이 인간의 악한 성품입니다.

19절을 보십시오

"그러므로 이제 너희는 이 노래를 써서 이스라엘 자손에게 가르쳐서 그 입으로 부르게 하여 이 노래로 나를 위하여 이스라엘 자손에게 증거가 되게 하라."

하나님께서는 잊어버리기 쉬운 이스라엘 백성들의 기질을 아시고 하나님께서 하신 일들을 노래로 써서 이스라엘 백성들 가운데 불리게 하라고 명하셨습니다.

노래는 설교보다 오래 기억되고 대대로 전수됩니다. 옛날부터 시에 가락을 붙여 내려오는 노래들은 오랜 세월이 흘렀어도 없어지지 않는다는 것을 우리는 알고 있습니다. 또한 노래는 어른과 아이의 구별이 없이 익힐 수 있기 때문에 어려서부터 교육하기에 좋습니다. 노래는 이야기보다 간단하면서도 쉽게 잊혀지지 않고 백성들 사이에 퍼지기가 쉬운 장점이 있습니다. 설교는 머릿속에 남아 있기가 어렵지만 함께 부르는 노래는 오래도록 여러 사람의 가슴 속에 동일한 내용으로 남을 수 있습니다. 불순종의 길을 가다가도 마음속에 이 노래가 떠오르면 가려던 길에서 돌이킬 수 있습니다. 이런 이유 때문에 노래로 만들어서 부르게 한 것입니다.

여호수아에게 주시는 말씀

하나님께서는 이스라엘 백성들이 하나님께로부터 돌이켜 배반할 것을 아시고 미리 말씀하셨으면서도 새로 세우신 지도자 여호수아에게 강하고 담대하라고 말씀하십니다.

23절입니다.

"여호와께서 또 눈의 아들 여호수아에게 명하여 가라사대 너는 이스라엘 자손을 인도하여 내가 그들에게 맹세한 땅으로 들어가게 하리니 마음을 강하게 하고 담대히 하라 내가 너와 함께 하리라."

비록 이스라엘 백성들이 하나님으로부터 돌이키는 순간이 와도 하나님께서는 이스라엘 백성들과 한 언약을 지키십니다. 하나님의 생각은 우리의 생각과 다릅니다.

앞으로 어떤 일들이 일어날지 미리 아시고 계시지만 그 과정에서 어떤 일이 일어나든 하나님께서 약속하신 것에 대해서는 끝까지 책임을 지시고 성취하십니다. 그래서 하나님께서는 반복해서 여호수아와 함께하시리라 말씀하시고 계신 것입니다. 이 말씀은 오늘 우리에게도 반복하고 계시는 하나님의 약속입니다.

백성을 향한 경고

모세는 하나님의 말씀을 책에 기록한 후 레위 사람들에게 주어 언약궤 곁에 두게 하고 백성들에게 하나님의 말씀을 전하면서 통탄해 합니다. 27절을 보십시오.

"내가 너희의 패역함과 목이 곧은 것을 아나니 오늘날 내가 생존하여 너희와 함께 하여도 너희가 여호와를 거역하였거든 하물며 내가 죽은 후의 일이랴."

모세가 살아 있을 때에도 하나님께 반항하던 백성들이었으니 모세가 죽고 나면 얼마나 그 거역함이 심하겠습니다. 모세는 그것을 알고 있었기 때문에 통탄하지 않을 수 없었을 것입니다. 하나님의 말씀이 아니더라도 그동안의 이스라엘의 행적을 보면 모세가 죽은 후에 이스라엘 백성들이 어떻게 행동할 것인지 짐작할 수 있었을 것입니다.

이스라엘 백성들은 하나님의 율법을 조심스럽게 지키지 않으면 속히 망하게 되어 있었습니다. 인간이 지닌 자멸의 경향 때문에 어쩔 수 없이 그렇게 될 수밖에 없습니다. 모세는 그것을 잘 알고 있었고 하나님께로부터 들은 이야기도 있었으므로 하나님의 말씀대로 인간의 패역함을 경계하는 노래를 지어서 부르게 됩니다.

모세의 노래

32:1-52

하나님은 우리를 사랑하십니다.
우리의 사랑을 어떤 대상과도 나누어 갖고 싶어하지 않으십니다.
하나님은 완전하시기 때문에 우리에게 완전한 사랑을 요구하십니다.

32장에 나타난 모세의 노래는 하나님께서 지으셔서 백성들에게 가르쳐 부르게 하라고 명하사 모세에게 기록하게 하신 노래입니다.

이 노래는 하나님과 인간 사이에 나타나는 대조적인 모습을 그리고 있습니다. 하나님은 아주 신실하신 분이고 인간은 얼마나 신실하지 못한가를 제시하는 것이 노래의 주 내용인 것입니다. 그리고 인간을 사랑하시는 하나님의 마음과 그 사랑을 받아들이지 않고 반항하는 인간의 모습이 나타납니다. 상당히 긴 내용입니다.

서론과 주제

모세가 부르는 이 노래는 하늘이나 땅이나 모든 곳에서 다 경청하여야 할 메시지였습니다. 누구를 막론하고 다 들어야 하고 깨달아야 할 하나님의 말씀입니다. 이 말씀은 모든 사람과 사물들에게 생명을 주는 유익한 말씀이기 때문입니다. 2절을 보십시오.

"나의 교훈은 내리는 비요 나의 말은 맺히는 이슬이요 연한 풀 위에 가는 비요 채소 위에 단비로다."

채소 위에 단비가 내리듯이 이 노래는 듣는 사람에게 생명과 자라게 하는 능력이 있는 말씀입니다. 하늘에서 햇빛과 비가 내리지 않으면 자라거나 살아갈 수가 없는 채소나 연한 풀들은 바로 연약한 존재인 우리들을 가리킵니다. 하나님의 말씀은 채소에 비가 내리는 것과 같이 우리 삶에 꼭 필요한 것이라는 뜻입니다.

위대하신 하나님

3절은 이 노래의 전체 주제라고 할 수 있습니다.

"내가 여호와의 이름을 전파하리니 너희는 위엄을 우리 하나님께 돌릴지어다."

모세의 노래는 하나님이 얼마나 위대하고 크신 분인지를 말해 주는 것으로부터 시작합니다. 제가 설교를 해 보면 하나님의 위대하신 속성을 이야기할 때 성도들의 아멘 소리가 가장 크다는 것을 알 수 있습니다.

제가 하나님은 위대하시고 우리를 사랑하시는 분이시고 우리를 용서하시는 분이라고 이야기하면 여기저기서 "아멘"이라는 소리들이 나옵니다.

하나님의 위대하신 속성에 대해서 말하면 사람의 마음속에는 다른 곳에서 받을 수 없는 감동이 생기는 것입니다. 4절을 보십시오.

> "그는 반석이시니 그 공덕이 완전하고 그 모든 길이 공평하며 진실무망하신 하나님이시니 공의로우시고 정직하시도다."

하나님은 반석이십니다.

이 말씀은 15, 30, 31절에 계속 반복하여 나옵니다. 뿐만 아니라 사무엘 상 22장, 시편 18편, 하박국 1장에서도 하나님을 큰 반석으로 비유를 합니다. 반석은 안정을 나타냅니다.

우리들은 바람에 나는 겨와 같아서 조그만 일에도 낙심하고 흔들리지만 하나님은 어떤 일에도 흔들리지 않으시는 분입니다. 그래서 우리가 그 아래서 피하고 그 위에서 굳게 설 수 있는 것입니다.

하나님은 완전하시고 영원하신 분입니다.

하나님의 백성이었던 아브라함과 이삭과 야곱은 세상에서 그 수를 다한 뒤에 사라지고 하나님의 기업이 그 후손들에 의해서 계승되었지만 하나님은 영원 전부터 영원 후까지 변하지 않고 계시는 유일하신 분입니다. 우리가 태어나기 전부터 계셨고 우리가 어린 시절을 지내고 청년기를 거쳐 중년, 노년에 이르고 죽음을 맞는 기간 동안에도 하나님께서는 그대로 변하지 않고 계십니다.

그래서 우리가 안정된 삶을 살아가기 위해서는 변함없으신 하나님을 붙잡고 살아갈 수밖에 없습니다. 하나님 외에는 모든 것이 유한하기 때문입니다.

인간이 제 아무리 똑똑하고 잘났다 해도 유한한 존재이기 때문에 완전할 수는 없습니다. 그러나 하나님께서 하시는 일은 불완전한 우리들이 보기에 이해할 수 없고 납득이 가지 않는 부분이 있다 할지라도 완전하고 완벽합니다. 어떠한 상황에서도 하나님 한 분만은 우리가 믿을 수 있습니다.

하나님은 의로우신 분입니다.

인간은 불의하지만 하나님은 의로우십니다. 그래서 인간은 겉으로 드러난 것 외에는 알아주지 않거나 겉으로 드러나는 것만 보고 얕은 판단을 하지만 하나님은 공의로우신 분이기 때문에 모든 것을 전체적으로 보시고 깊은 곳까지 아십니다.

그래서 우리가 언제나 하나님을 바라볼 수 있는 것이고 하나님께 모든 것을 맡기고 평안할 수 있는 것입니다. 인간적으로는 아무리 억울한 일을 당했어도 하나님께서는 모든 것을 아시고 행하시기 때문에 믿고 의탁할 수 있습니다.

하나님께서는 진실하시고 불의가 없으십니다.

공의로우신 분이라는 것은 여기서도 나타납니다. 그리고 정직하십니다. 구부러지거나 휘는 것이 없으십니다. 속이는 것은 사람의 일입니다. 하나님은 있는 그대로 진실이시고 공의이십니다. 그래서 우리의 소망이 하나님께 있는 것입니다. 이것이 하나님의 성품이고 속성입니다. 또한 그래서 우리가 어떤 일에 우리 자신의 것들을 투자할 때 하나님을 알기 위해서 하는 것만큼 좋은 투자는 없습니다. 그분을 더 잘 알수록 우리의 신앙 생활은 더욱 재미있어집니다. 신앙생활은 인간이 하나님을 발견하는 것입니다.

욥기를 보면 욥의 문제가 언제 해결되었습니까. 절대주권자이신 하나님을 발견하자 그의 문제는 그것으로 끝이 났습니다. 38, 39장에서 하나님이 어떤 분이신지를 이야기하고 나서는 마지막에 가서 왜 하나님이 욥을 그렇게 고생하게 하셨는지도 말하지 않고 그것으로 그냥 끝입니다. 욥이 하나님이 어떤 분이신지를 알았기 때문에 다른 설명이 더 이상 필요가 없어진 것입니다. 하나님이 누구인지를 알게 되면 자동적으로 자신이 누구인지를 알게 됩니다. 결국 하나님을 아는 것이 자신을 아는 길이 됩니다. 하나님이 어떤 분인지를 잊어버렸을 때에 우리에게는 낙심과 절망이 찾아오는 것입니다.

이에 비해서 인간의 악함은 하나님의 선하심과 정반대입니다. 모세가 하나님의 선하심과 인간의 악함을 연이어 써 놓은 이유는 두 가지를 극명하게 대비시키기 위해서입니다. 이것은 어둠과 빛을 비교하는 것과 같습니다. 캄캄한 밤에 불빛이 켜지면 그 빛은 더욱 빛납니다. 이처럼 인간의 죄성과 불경건한 모습을 보고 나면 망할 수밖에 없는 인간에게 자비를 베푸시고 사랑으로 감싸시며 끝까지 돌보시는 하나님의 선하신 모습이 강조되는 것입니다.

우리 연약한 인간은 하나님을 의지하지 않고는 스스로를 감당하기가 어렵습니다. 저는 기도를 할 때마다 하나님의 영적인 사역을 하기 위해서는 더욱 큰 은혜가 필요하다는 것을 매번 깨닫습니다.

우리의 연약함이 드러날 때 하나님의 위대하심은 더욱 빛납니다.

타락한 이스라엘

인간들은 여호와 하나님의 자녀이면서도 닮은 구석이 전혀 없습니다. 5절을 보십시오.

"그들이 여호와를 향하여 악을 행하니 하나님의 자녀가 아니요 흠이 있는 사곡한 종류로다."

여호와를 향하여 악을 행했다는 말은 자신을 스스로 타락시켰다는 말입니다. '하나님의 자녀가 아니요' 라는 말은 하나님의 자녀이면서도 하는 행동들이 하나님의 자녀와는 너무나 동떨어져 있음을 역설적으로 표현한 것입니다. 하나님의 자녀로 불러주셨는데 너무도 흠이 있고 패역하기 때문에 감히 하나님의 자녀라고 말을 할 수가 없을 정도입니다. 하나님은 똑바르신 분인데 인간은 휘어져서 하나님과 같은 부분이라고는 찾아볼 수가 없을 만큼 간격이 벌어졌습니다.

6절을 보면 인간은 어리석고 지혜가 없는 자들이라고 했습니다. 하나님은 우리를 지으신 분이고 우리의 아버지인데 어떻게 이런 패역함으로 보답을 할 수가 있느냐고 반문합니다. 인간의 타락한 모습을 볼 때는 우리 마음으로부터 회개가 나올 수밖에 없습니다. 누가 시키지 않아도 우리의 혀에는 독이 있고 생각이 구부러져 있다는 것을 고백하게 됩니다.

가끔 성도들 중에는 하나님께서 어떻게 이렇게 하실 수가 있느냐고 하나님을 원망하는 사람들이 있습니다. 그런데 그 사람들의 이야기를 들어보면 자신의 잘못 때문에 생긴 문제를 가지고 하나님을 원망한다는 것을 알 수 있습니다. 그런 때는 아주 솔직하게 이 문제는 하나님을 원망할 문제가 아니라 당신이 잘못해서 생긴 것이라고 일깨워줍니다. 그렇지 않으면 절대 자신의 잘못을 깨닫지 못할 것입니다.

구원하시는 하나님

어리석은 백성들은 하나님의 은혜와 능력을 금방 잊어버립니다. 그렇게 오랫동안 우리를 돌보아 주셨는데도 그것을 금세 잊어버립니다. 이것은 모든 인간이 가지고 있는 보편적인 경향입니다. 그래서 신명기에서 '기억하라' 는 표현을 16번에 걸쳐 쓰고 있는 것입니다. 거의 두 장에 한 번 꼴로 기억하라는 말이 나옵니다. 인간의 망각을 염려하시기 때문에 여러 번 반복하여 기억하라고 말씀하시는 것입니다.

하나님의 은혜를 잊어버리고, 하나님의 아름다움을 잊어버리고 하나님의 신실하심과 자비하심을 잊어버립니다. 그리고 엉뚱하게도 죄 속에서 헤맵니다. 하나님의 능력을 잊어버리면 인간은 절망하고 타락합니다.

인간은 미래를 바라보면 불안하게 되어 있습니다. 앞으로 어떤 일들이 닥칠지 아무도 모르기 때문입니다. 그러나 과거를 돌아보면 그 불안이 없어집니다. 마음에서 감사가 우러나오게 됩니다. 어떻게 하나님께서 나를 여기까지 인도하셨는가를 생각하면 감사하지 않을 수가 없습니다.

저는 우리 교회 신문 기자와의 인터뷰에서 그 동안 하나님께서 나를 어떻게 돌봐주셨는지를 이야기한 일이 있었습니다. 가정의 달 특집이었는데 그 동안 제가 어떻게 살았으며, 지금의 청소년들에게 들려주고 싶은 이야기가 있으면 해 달라는 요청이 있어서였습니다. 그래서 태어날 당시부터 시작해 어린 시절의 이야기들을 하다가 그만 목이 메어 버렸습니다. 눈시울이 뜨거워지고 눈물이 나려고 했습니다.

지난날을 돌이켜보니까 그 동안 나를 보살펴 주신 하나님의 은혜가 너무나 크고 깊었음을 깨달았기 때문입니다. 다른 사람들도 저와 마찬가지일 것입니다. **누구든지 과거를 돌이켜보면 하나님의 은혜가 얼마나 큰 것이었는지를 분명히 깨닫게 될 것입니다.**

우리가 부르는 찬송에도 "너희가 받은 복을 세어 보라" 는 가사의 찬송이 있습니다. 우리가 받은 복을 하나하나 세어보면 그 동안 보살펴주신 하나님께서 이제는 물론이고 앞으로도 계속해서 함께해 주시고 인도해 주실 것이라는 확신이 들 것입니다.

저와 인터뷰를 한 기자는 마지막으로 자신이 성공한 사람이라고 생각하느냐고 물었습니다. 저는 나 자신을 성공한 사람으로 생각하고 있지는 않지만 하나님의 은혜를 너무나 많이 받은 사람이라고 생각하고 있다고 대답했습니다. 말로 다 표현할 수 없는 은혜를 입은 사람이라는 것만은 나 스스로나 내 주위에 있는 사람들 중 누구도 부인할 수 없는 사실입니다. 제 아내는 제가 하나님께 만 번을 절해도 부족할 만큼 복을 받은 사람이라고 말합니다.

예수 믿는 사람에게는 성공이라는 말이 적합하지 않습니다. 그저 하나님의 은혜가 있을 뿐입니다. 그 수많은 사람들 가운데서 나를 뽑아서 선택해 주시고 하나님을 알게 해 주시고 하나님을 섬기게 해 주신 것만으로도 다른 무엇과 바꿀 수 없이 큰 은혜입니다.

9절의 말씀처럼 야곱을 기업으로 택하셨던 하나님이 이제는 우리들을 자신의 기업으로 택하셨습니다. 우리는 하나님의 기업이 되고 하나님은 우리의 기업이 되었습니다. 하나님보다 더 큰 기업은 없습니다. 우리는 인간으로서 가질 수 있는 가장 큰 기업을 가진 사람이 된 것입니다. 하나님의 은혜가 아니면 도저히 이루어질 수 없는 일입니다.

이스라엘을 보호하시고 인도하시는 하나님

하나님은 이스라엘을 보호하시고 인도해 주시는 분입니다. 10-12절을 보십시오.

"여호와께서 그를 황무지에서 짐승의 부르짖는 광야에서 만나시고 호위하
시며 보호하시며 자기 눈동자같이 지키셨도다 마치 독수리가 그 보금자리
를 어지럽게 하며 그 새끼 위에 너풀거리며 그 날개를 펴서 새끼를 받으며
그 날개 위에 그것을 업는 것같이 여호와께서 홀로 그들을 인도하셨고 함께
한 다른 신이 없었도다."

하나님께서 이스라엘을 돌보시는 모습을 네 가지로 표현하셨습니다. 첫
째가 만나주신 것입니다. 사실은 하나님께서 광야에서 헤매고 있는 우리를
찾아내신 것입니다. 두 번째는 호위하셨다고 하셨습니다. 찾아낸 우리를
인도하셨다는 말입니다. 세 번째는 보호하셨다고 했는데 사실은 원문에는
가르쳤다는 의미로 되어 있습니다. 그 다음에는 지키셨습니다. 그것도 눈
동자처럼 소중하게 우리를 지켜 주셨습니다.

독수리는 새끼가 웬만큼 크면 공중으로 물고 가서 그 새끼를 떨어뜨립니
다. 그러면 나는 법을 아직 모르는 새끼독수리는 당황하고 공포에 질립니
다. 그러나 어미독수리는 그것을 다 알면서도 나는 훈련을 시키기 위해서
몇 번이나 떨어뜨리는 행동을 반복합니다. 일단 떨어뜨리고 나서는 날지
못해서 추락하는 새끼를 날개로 받고 나서 다시 떨어뜨립니다. 그런 일을
반복하는 사이에 새끼독수리는 나는 방법을 자연스럽게 터득하게 됩니다.
우리는 공중에서 떨어질 때마다 새끼독수리처럼 곧 죽을 것같이 아우성을
치지만 하나님께서는 우리를 지켜보시고 우리를 업어 올리십니다. 우리를
공중에서 떨어뜨리시는 것은 우리를 날게 하시기 위한 시험이라는 것을 알
아야 합니다. 만일 아무도 없는 공중에서 떨어지는 것 같은 상태에 놓여 있
다면 하나님이 어미 독수리라는 것을 믿고 안심하십시오.

모세의 예언

12-14절에 나열되어 있는 먹을 것들은 사실 광야 생활을 할 때는 없었던 것들입니다. 그렇지만 가나안에 들어가서 일어날 일이므로 마치 그것이 미리 일어난 것처럼 표현한 것입니다. 이런 표현을 예언적 완료형이라고 합니다.

히브리어에는 시제가 없습니다. 히브리말의 시제는 문장의 문맥을 보아야 알 수 있습니다. 이사야 7장 14절 같은 경우가 아주 좋은 예입니다. "처녀가 잉태하여 아들을 낳으리니"라고 되어 있는 문장은 원래 미래형으로 되어 있는 문장이 아니라 과거형으로 되어 있습니다. 바로 예언적 과거형의 시제입니다. 이러한 시제는 아직 일어난 사건은 아니지만 하나님께서 하신 미래에 대한 말씀이기 때문에 이미 일어난 일이나 마찬가지로 확실성이 있게 믿는 데에서 나온 시제입니다. 하나님은 거짓말하지 않으시고 모든 것을 이루시는 분입니다. 하나님의 한 마디는 곧 과거이자 현재이자 미래입니다.

이스라엘의 반항과 타락

15-18절까지는 복받은 이스라엘의 타락과 반항을 나타냈습니다. 하나님께서는 이렇게 기적적으로 역사하시고 축복을 내려 주셨지만 이런 사랑을 받은 이스라엘은 그것을 사랑으로 갚지 못했습니다. 15절을 보십시오.

"그러한데 여수룬이 살찌매 발로 찼도다 네가 살찌고 부대하고 윤택하매 자기를 지으신 하나님을 버리며 자기를 구원하신 반석을 경홀히 여겼도다."

어려울 때는 하나님을 찾다가 그 어려움에서 구원해 주시고 모든 것을 형통하게 해 주시면 그 다음에는 하나님을 버리고 돌아보지 않습니다. 인간은 이상하게도 번창하고 잘 되고 성공하면 타락하기 쉽습니다. 은혜를 은혜로 갚을 줄 모르는 것이 인간의 본성인 것 같습니다.

'여수룬' 이라는 단어는 문자 그대로 해석하면 의로운 자라는 말입니다. 믿음으로 말미암아 의롭게 된 자입니다. 즉 이스라엘을 가리키는 말입니다. 그들은 하나님의 구원을 받고 나서는 우상을 섬김으로 하나님의 질투를 일으켰습니다. 자기 백성들이 우상 숭배하는 것을 절대로 그대로 보고 계시지 않으시는 분이 하나님이십니다.

18절의 표현대로 이스라엘은 자기를 낳아준 부모를 잊어버렸습니다. 이런 것을 보면 모든 일이 다 잘 되는 것이 진정 유익한 일인가 하는 생각을 하게 됩니다. 꼭 그렇지는 않은 것 같습니다. 신명기에서도 여러 차례 나왔지만 인간이 타락할 때는 모든 일이 잘 되고 편안할 때입니다. 세속적으로 성공할 그 때가 하나님을 잊기 가장 쉬운 때입니다. 다윗도 광야에서 머물 곳이 없이 돌아다닐 때는 하나님께 매달리고 하나님만을 전적으로 의뢰하는 신앙을 보였지만 일단 왕이 되고 나서 좀 편안해지자 간음죄를 범하게 되었습니다. 인간에게는 때때로 시련이 있어야 하고 고통 가운데 처할 때도 있어야 합니다. 나태해질 만하면 하나님의 시험이 한 번씩 나타나서 해이해진 믿음을 연단하고 딴 길로 들어서지 않도록 하는 주의가 필요합니다.

지금까지 하나님은 저를 가만 두시지 않으셨습니다. 저를 사랑하시기 때문에 편한 채로 가만 둘 수가 없으셨던 것입니다. 편한 채로 좀 오래 두셨으면 좋을 것 같은데 그렇게 두시지를 않습니다. 조금만 틈이 생기면 나태해지기 때문에 저를 그냥 내버려두지 않으셨다는 것을 깨닫게 되기까지는 많은 시간이 걸렸습니다. 미래에 대해서 어떻게 생각하느냐는 인터뷰 기자의 질문에 저는 아무 걱정이 없다고 대답했습니다. 하나님께서 함께하시는데 무슨 걱정이 있겠습니까. 이것은 나 스스로를 믿기 때문이 아닙니다. 내 스스로 자신이 있다는 뜻으로 들으면 하나님보다 자신을 내세우는 것이 됩니다. 하나님은 당신의 영광을 사람하고 나누는 분이 아닙니다. 하나님은 질투하시는 하나님입니다.

하나님께서는 우리들의 일편단심을 원하십니다. 세상의 다른 무엇과도 우리들을 나누어 갖고 싶어하시지 않습니다.

우리를 백 퍼센트 원하시는 것입니다. 우리의 눈이 다른 곳으로 돌아가는 것을 참지 못하십니다. 내 눈이 잠시라도 하나님 외에 다른 곳을 보면 화내시고 분노하십니다. 그렇게 하나님은 우리를 사랑하십니다. 우리의 사랑을 어떤 대상과도 나누어 갖고 싶어하지 않으십니다. **하나님은 완전하시기 때문에 우리에게 완전한 사랑을 요구하십니다.**

21절을 보십시오.

"그들이 하나님이 아닌 자로 나의 질투를 일으키며 그들의 허무한 것으로 나의 분노를 격발하였으니 나도 백성이 되지 아니한 자로 그들의 시기가 나게 하며 우준한 민족으로 그들의 분노를 격발하리로다."

하나님의 말씀을 잘 듣지 않는 백성들에게는 하나님의 복을 취소하십니다. 그들에게로 향하던 얼굴을 돌리고 감추시는 것입니다. 하나님의 백성은 하나님께서 놓치지 않고 지켜보시고 보호하시지만 그들이 하나님으로부터 떠남으로 인하여 **주께서 분노하시면 그 민족에게서 얼굴을 감추십니다. 하나님께서 얼굴을 돌리시고 감추시면** 그것은 곧 망하는 것입니다. 그런 상태에서는 쓰러져도 건져줄 사람이 없습니다.

아론의 축복을 기억하실 것입니다. 저는 이 축복을 너무 좋아해서 많은 사람들에게 말해 주곤 합니다. "여호와는 네게 복을 주시고 너를 지키시기를 원하며 여호와는 그 얼굴로 네게 비취사 은혜 베푸시기를 원하며 여호와는 그 얼굴을 네게로 향하여 드사 평강 주시기를 원하노라."

하나님의 환한 얼굴을 나를 향하여 드실 때 축복의 햇빛이 나에게 오는 것입니다. 주님의 웃으시는 얼굴이 늘 나를 향하여 있으면 그것이 곧 축복입니다. 그런데 하나님이 얼굴을 다른 쪽으로 돌리면 그것으로 모든 축복의 햇빛이 거두어지는 것입니다.

신앙생활은 하나님의 축복의 얼굴을 쳐다보고 사는 것입니다. 그런데 우리 속에 있는 자멸하는 경향이 자꾸만 우리의 얼굴을 하나님에게서 다른 곳으로 돌리게 합니다.

하나님은 언제나 우리를 바라보고 계신데 우리는 그 얼굴을 마주보지 못하고 항상 다른 곳을 넘보면서 하나님으로부터 돌아섭니다. 하나님으로부터 돌아서는 그 순간이 곧 우리에게는 고난이 오는 순간이라는 것을 알면서도 그렇게 합니다.

마음에 즐거움과 기쁨과 평화가 있기를 바란다면 하나님께로 얼굴을 고정시키시고 다른 곳으로 돌리지 마십시오. 하나님께만 평안과 기쁨이 있습니다.

참 하나님은 무섭습니다. 불 같은 면이 있으십니다. 하나님께서 진노를 일으키시기만 하면 그 자리에서 타버립니다. 하나님이 분노를 일으키시면 재앙이 쌓입니다. 화살이 나를 향해 달려옵니다. 화살이 마치 유도탄처럼 아무리 도망을 하려고 해도 나를 찾아옵니다. 심지어는 짐승들조차도 나를 대적하고 밖으로는 전쟁이요 안으로는 공포입니다. 아이들이고 노인들이고 할 것 없이 다 망합니다.

그러나 원수들이 하나님을 비방할까 봐서 이스라엘을 완전히 없애시지는 않고 정신을 차릴 만큼만 혼을 내 주십니다. 하나님의 백성들을 완전히 없애 버리면 이방인들이 여호와 하나님을 비방하고 조롱할 것이기 때문에 그렇게 하시지는 않으십니다.

전에 하나님께서 모세에게 다른 이스라엘 백성들을 다 없애 버리고 모세로부터 다시 시작하시겠다고 하셨지만 모세가 말린 일이 있었습니다. 그때 모세가 하나님을 설득한 논리가 바로 다른 이방인들이 그것을 보고 하나님이 자기 백성을 제대로 인도하지 못하고 버리고 말았다고 할 것이니 하나님의 명예를 위해서 그러지 말라는 것이었습니다. 그래서 하나님께서는 나를 때려서라도 바른 길로 인도하시지 나를 아주 버려두시지는 않으십니다. 그것이 하나님의 약속입니다.

왜 이스라엘 백성들에게 이런 심판이 임하겠습니까. 그것은 판단력의 부족 때문입니다. 자기들의 반항의 결과가 어떤 것인지를 알지 못하고 하나님의 심판의 극까지 다다르는 행동을 하기 때문입니다. 그러면 한 명이 천 사람에게 쫓기며 두 명이 천 사람에게 쫓깁니다. 이스라엘 사람들은 숫자가 적기 때문에 일 당 백을 하지 않으면 적에게 먹힐 수밖에 없습니다. 그렇게 작은 백성들이 싸움에서 이기고 땅을 정복한 것은 그것을 가능하게 하신 하나님이 계셨기 때문입니다.

우리도 그렇습니다. 연약하고 어리석은 우리가 우리 자신의 힘으로 어떻게 거친 세상의 세파를 감당하며 헤치고 나가겠습니까. 주님께서 함께해 주시기 때문에 이 세상에서 승리하며 살 수 있는 것입니다. 하나님께서는 적들을 통하여 이스라엘을 심판하시지만 동시에 그들 역시 심판하십니다. 그리고 지쳐서 쓰러진 이스라엘을 자멸하도록 가만히 두시지 않으십니다.

쓰러진 그들을 다시 일으켜서 돌보아 주시는 것이 하나님의 자비하심입니다. 그러나 하나님의 심판을 받아 쓰러지기 전에 빨리 깨닫는 것이 좋습니다. 우상을 섬겨보고 아무런 도움이 되지 않는다고 판단을 하고 나서야 돌아서면 그 때는 고생을 할만큼 한 상태에서 돌아서는 것이 됩니다.

36절을 보십시오.

"여호와께서 자기 백성을 판단하시고 그 종들을 인하여 후회하시리니 곧 그들의 무력함과 갇힌 자나 놓인 자가 없음을 보시는 때에로다."

여기서 자기 백성을 판단한다는 표현은 그 백성들을 심판한다는 것이 아니라 자기 백성들을 위해서 그 대적들을 심판한다는 것입니다. 하나님의 심판은 이스라엘을 없애 버리는 것이 아니라 유일하신 능력자 하나님 외에는 다른 신이 없음을 알게 해서 돌아오게 하는 데에 목적이 있습니다. 그래서 우리에게 다른 사람 때문에 고생을 하고 어려움을 입는 일이 생긴다면 그 사람들이 밉기도 하고 괘씸하기도 하겠지만 하나님께서 이 사람을 통해서 나에게 하시고자 원하시는 말씀이 무엇인가를 먼저 살펴야 합니다. 시련이 있을수록 하나님께서 그것을 통해서 들려주시고자 하는 내용이 무엇인지를 조용히 기도하는 가운데 알려고 노력하는 것이 영적인 사람이 가져야 할 바른 자세입니다.

모세의 마지막 권고

결국 이스라엘은 하나님의 돌보심을 입어 속죄를 하게 됩니다. 그리고 44-47절에 보면 모세의 마지막 권고가 나타납니다. 모세가 여호수아와 함께 이 노래를 지어서 백성들이 부르도록 한 이유는 그들이 하나님의 말씀을 상고하고 지키도록 하게 하기 위해서입니다. 이스라엘이 생존하고 번영하기 위해서는 반드시 하나님의 명령에 대해 순종해야 한다는 것을 알려주는 것입니다. **순종은 축복이요 불순종은 저주입니다.**

여러 번 드리는 말씀이지만 구원은 전적으로 하나님의 은혜입니다. 그렇지만 이 땅에서 받는 축복은 그 사람이 하나님의 말씀에 순종하는가 불순종하는가에 달려 있습니다. 구원은 쉽습니다. 그저 예수 그리스도를 믿기만 하면 됩니다. 그러나 구원받았다는 것 때문에 일생이 평안하고 일생이 번창하고 아름답게 되는 것은 아닙니다. 우리가 온전히 하나님의 말씀을 순종하느냐 그렇지 않느냐에 따라서 구원을 받았어도 이 땅에서 고생을 할 수도 있고 하나님의 축복을 누릴 수도 있습니다. 그것은 자신의 행동에 달려 있는 것입니다.

하나님께서는 모세에게 느보 산에 올라가라고 하십니다. 느보 산은 모압에 있는 아비림 산맥 중에서 가장 높은 봉우리입니다. 그 곳에서는 사해 북쪽을 바라볼 수도 있고 가나안 땅을 굽어볼 수도 있었습니다. 모세는 이 곳에서 죽게 됩니다. 그렇게 바라던 가나안 정복을 보지 못하고 여기서 죽게 되는 두 가지 이유가 있었습니다.

첫째는 가데스 바네아에서 하나님의 말씀을 제대로 따르지 낳고 불순종하여 말로 물이 나오게 한 것이 아니라 막대기로 바위를 두 번이나 쳤기 때문입니다. 하나님이 명령하신 대로 행하지 않는 것은 범죄입니다. 불순종이 얼마나 큰 결과를 야기시키는가 하는 것을 이것을 통해서 알 수 있습니다.

두 번째는 이스라엘 앞에서 하나님의 위대하심을 나타내지 않았기 때문입니다. 교만하게도 모세와 아론은 자신들이 물을 가져다 주는 것처럼 말을 했습니다. 백성들이 물을 요구하자 하나님은 모세에게 바위에게 명하여 물을 내라고 하셨습니다. 그러자 모세는 백성들에게 화를 내면서 말하기를 "우리가 언제까지 너희들에게 물을 내 주어야 하느냐?"고 했습니다.

이 말에서 '우리가' 라는 말은 마치 바위에서 물을 내는 것이 자신들의 힘으로 이루어진 것처럼 생각하는 교만이 숨어 있는 것입니다. 이런 모세의 말을 들은 후에 그가 바위를 쳐서 물을 내는 것을 보았다면 그것을 보는 백성들은 마치 모세가 물을 내는 것으로 생각했을 것입니다. 하나님은 이런 교만을 절대로 용서하시지 않으십니다. **하나님은 자신의 영광을 다른 사람과 나누시지 않으십니다.**

하나님께서는 모세에게 "너는 나를 믿지 않았다"라고 말씀하셨습니다. 하나님께 순종하지 않았다는 것을 그렇게 표현하신 것입니다. 믿음은 말로만 하는 것이 아닙니다. 직접 몸으로 순종하는 것이 참 믿음입니다. 아무리 말로는 믿는다고 고백해도 순종하지 않으면 믿는 것이 아닙니다. 순종하는 믿음이어야 하나님의 축복을 받을 수 있는 믿음인 것입니다. 여러분들은 그런 믿음을 가지십시오.

모세의 축복

33:1-28

몇몇 소수가 위대하고 엄청난 일을 이루는 것이 역사가 아닙니다.
자신의 주변에서 일어나는 사건 속에서 묵묵히 일하는 것이
바로 역사를 이루는 것이라고 생각해야 합니다.

33장은 모세의 축복으로 기록되어 있습니다.

가나안 땅에 들어가지 못한 모세가 죽기 전에 이스라엘 백성들에게 마지막으로 축복을 해 주는 내용입니다. 32장 모세의 노래에 이스라엘 백성들이 범죄한 결과를 되돌아보는 과거로부터의 교훈이 나타나 있다고 한다면 33장에는 미래에 하나님께서 내려주실 축복이 기록되어 있습니다. 창세기 49장의 야곱의 축복과 비교해 볼 때 비슷한 점도 발견할 수 있습니다.

위대한 지도자는 순간과 현재만 보는 사람이 아닙니다. 역사적 전망을 지닌 사람이 참 지도자입니다. 과거를 돌이켜 보면서 현재의 의미를 찾고 미래를 조망할 수 있는 사람인 것입니다. 역사의식이 부족하다면 지도자의 자질이 부족한 사람이라고 할 것입니다.

현재 해야 할 일을 의식을 가지고 역사 속에서 그 의미를 찾아 관찰하고

결정하는 것이 중요합니다. 역사 의식을 가지고 있지 않다면 오늘이 아주 지루하고 힘이 듭니다. 왜 내가 오늘 이런 상황에 있는지 안 보이고 알 수가 없으면 사는 재미도 없고 갑갑하기만 합니다.

우리 각자에게는 하나님께서 주신 사명이 있습니다. **몇몇 소수가 위대하고 엄청난 일을 이루는 것이 역사가 아닙니다.** 자신의 주변에서 일어나는 사건 속에서 묵묵히 일하는 것이 바로 역사를 이루는 것이라고 생각해야 합니다.

미래보다는 과거가 더 확실합니다. 미래는 눈으로 확실히 볼 수 없는 꿈의 세계이지만 과거는 이미 펼쳐진 세계입니다. 마치 모세가 느보 산 위에 올라가서 눈앞에 펼쳐진 풍경을 한눈에 보는 것과 같습니다. 이미 지나간 세계이기 때문입니다. 그래서 그 과거를 보면 하나님께서 나를 어떤 은혜로 인도하셨는지를 알 수 있고 앞으로도 선하게 인도하실 것이라는 확신이 생깁니다. 가장 확실한 것은 과거입니다.

33장은 이렇게 과거를 돌이켜 본 직후에 현재를 조명하면서 미래를 향하여 하나님께서 나에게 보여준 비전이 무엇인가를 알아보는 장입니다. 미래에 대한 비전이 없다면 하루하루 사는 것이 지루하고 의미가 없습니다. 왜 새벽같이 일어나서 일을 하러 나가야 하는지 모르면서 일을 하려면 짜증만 나게 될 것입니다.

모세는 지도자로서의 임무를 마치고 하나님께로 돌아갈 시간이 되었을 때에 각 지파를 하나씩 불러서 각각 축복을 해 주고는 떠납니다. 이것이 바로 목회자의 심정일 것입니다. 마치 사도 바울이 로마 교회에 편지를 쓰면서 한 사람씩 이름을 불러가면서 편지를 쓴 것과 같은 마음이라고 하겠습니다. 어느 한 사람, 어느 한 지파도 놓치지 않고 그 형편과 사정에 맞게 구체적으로 축복을 해 주고 떠나는 것은 지도자로서의 도리를 끝까지 다하는 태도라고 하겠습니다.

하나님은 만물의 근본이시다

33장 1절부터 5절 사이는 모세의 축복 중에서 서론의 내용을 담고 있습니다. 시작하는 부분부터 기독교의 핵심적인 신학 사상을 드러내고 있습니다. 모세는 죽기 전에 이스라엘 백성의 마음속에 한 가지 점을 반드시 각인시키기를 원했습니다. 그것은 '하나님은 만물의 근본이시다'라는 점입니다. 이스라엘 백성들에게 하나님의 권능을 보여 주고 부각시켜 놓고 떠날 생각을 한 것입니다. 하나님의 모습이 어떠한가를 지속적으로 상기시켜 줌으로 말미암아 하나님의 백성들이 그 은혜를 힘입어서 살 수 있도록 만들어 주려는 것이 영적인 지도자의 생각이고 바람입니다. 하나님이 보이지 않거나 왜곡된 하나님의 모습을 보게 되면 성도들의 삶이 하나님의 길과 어긋나서 고통스럽고 어려워집니다.

최근에 미국에서는 "하나님을 알자"라는 성경공부 교재가 아주 많이 사용되고 있습니다. 그 교재의 내용은 한 가지로 요약할 수 있습니다. 하나님을 정확하게 보여주고 각인시켜 우리 의식 속에서 희미해지지 않도록 하는 것입니다. **인간의 모든 문제는 하나님을 정확히 알지 못할 때 생깁니다.** 그래서 모세의 마지막 말 역시 "하나님은 만물의 근원이시다"라는 것으로 끝나는 것입니다. 1절을 보십시오.

"하나님의 사람 모세가 죽기 전에 이스라엘 자손을 위해 축복함이 이러하니라."

본문에서 모세는 하나님의 사람이라고 불리고 있습니다. 모세는 물론 우리와 똑같은 사람이었습니다. 우리처럼 감정을 지니고 있었고 심지어는 성격이 불같고 급해서 하나님의 영광을 가리기까지 한 사람이었습니다. 그래서 가나안 땅에 들어가지도 못하고 가나안 땅 앞에서 죽음을 맞이하게 되었습니다.

그러나 그는 그냥 사람이 아니라 하나님의 사람이었습니다. 그렇기 때문에 평범한 인간은 감당하기 어려운 일들을 감당할 수 있었습니다. 이스라엘 백성들은 사십 년 동안 모세를 통해서 하나님을 볼 수 있었습니다.

계속해서 2절을 보면 하나님께서는 시내 산과 세일 산과 바란 산에서 광채 속에서 나타나셔서 이스라엘 사람들에게 율법을 친히 전해 주셨습니다. 그의 오른손에는 불 같은 율법이 있었고 이스라엘 백성 가운데 빛으로 임하셨습니다.

이스라엘은 처음부터 목이 곧고 패역한 백성이었습니다. 그러나 하나님께서는 그들을 사랑하사 자기 백성으로 선택하셨고 이스라엘의 모든 백성들을 그 발아래 앉혀 놓으시고 율법을 선포하셨습니다.

5절에 "여수룬에 왕이 있었으니 곧 백성의 두령이 모이고 이스라엘 모든 지파가 함께한 때에로다" 한 것은 하나님께서 이스라엘의 왕이심을 나타낸 말입니다. 여기에 '여수룬' 은 이스라엘을 나타내는 명칭입니다. 또한 이것은 고대 근동 지방에서 조약을 체결할 때에 행하던 방법이 반영된 것이기도 합니다.

각 지파를 향한 축복

6절부터는 각 지파에 대한 축복이 나옵니다.

르우벤과 유다

르우벤은 살아서 사라지지 않게 해 주실 것이며 수가 너무 적지 않도록 해 주시라고 축복을 하고, 유다의 경우에는 그들이 도움을 청할 때에 그 음성을 들으사 그 대적을 쳐서 이기게 해 달라는 축복을 했습니다.

형제 서열상으로는 르우벤이 장자였지만 실제로는 유다 지파가 이스라엘의 지휘권을 갖고 있었습니다. 그래서 그들은 언제나 앞장서서 나갔습니다. 광야를 행진할 때에 맨 앞에 서 있었으며 부족 수로 보아도 가장 많았습니다. 그리고 유다 족속에서 왕이 나오고 메시아가 나올 것이기 때문에 그 족속은 늘 보호해야 했습니다. 또한 이스라엘이 그들의 적들과 싸울 때에도 하나님께서는 유다 지파를 도와주셔야 했습니다. 그들은 행진을 할 때에도 가장 앞서 나가서 위험에 가장 먼저 노출되는 부족이었기 때문입니다.

지도자들은 언제나 앞서서 행동하기 때문에 위험에 처할 경우가 많이 있습니다. 그래서 지도자들을 위해서 더 많이 기도해야 합니다. 지도자를 위해 기도하는 사람들이 많을수록 그에게는 더 큰 보호하심과 능력이 따르게 됩니다.

지도자가 되려고 하는 사람이나 그 자리에 있는 사람들은 자신이 위험에 처할 것을 두려워해서는 안 됩니다. 지도자가 되면 그것은 당연히 치러야 할 대가로 생각해야 합니다. 그리고 위험을 무릅쓰고 선두의 위치에서 지휘해야 합니다. 위험을 두려워한다면 지도자라고 할 수 없습니다. 공격을 받는 일에 지나치게 민감하거나 낙심하면 아무 일도 할 수가 없게 됩니다.

저는 얼마 전에 저와는 전혀 상관이 없는 일 때문에 어떤 분에게서 공격을 받은 일이 있었습니다. 그런데 나중에 그분을 다시 만나서 이야기를 한 뒤에 어떤 오해 때문에 그런 일이 벌어졌다는 것을 알았습니다. 그런 일을 겪고 저는 며칠간 기도하면서 제가 매사에 얼마나 조심해야 하는 사람인가를 알 수 있었습니다. 사소한 오해가 큰 사건으로 비화되는 것을 직접 체험하고 나서 느낀 것은 영적이건 심리적이건 행동을 통해서건 모든 면에서 지극히 조심해야 한다는 것이었습니다. 한 사람의 지도자가 공동체에 미치는 영향은 막대합니다. 이것을 안다면 지도자는 모든 행동거지 하나하나에 세심한 주의를 기울여야 함을 알 수 있을 것입니다.

레위

레위 족은 주님의 일을 하는 거룩한 부족이었습니다. 그들은 하나님의 말씀을 보존하고 지키는 자들이었으며 이스라엘 백성들이 너나 할 것 없이 하나님을 저버렸던 금송아지 사건 때도 공정성을 보여 준 부족이었습니다. 모세가 누가 주님 편에 설 것인가 했을 때에 이 레위인들이 대답을 하고 나섰습니다. 그리고 하나님의 편에 서서 이스라엘의 범죄한 백성들을 처벌하는 데에 앞장섰습니다.

우리도 어떤 편에 설 것인가를 결정해야 할 때가 있습니다. 이 때에 가장 유일한 판단 기준은 어느 곳이 하나님의 편인가 하는 것입니다. **자신의 유익을 따라 서는 것도 아니요 자신이 속한 공동체의 편을 들어 서는 것도 아니요 오직 하나님의 기준으로 합당한 편에 서야 합니다.** 모든 인간들이 다 자신이나 자신이 속한 그룹의 이익을 우선한다 할지라도 그리스도인들은 달라야 합니다. 그렇지 않으면 하나님의 백성이라고 할 자격이 없습니다.

레위인들은 전적으로 하나님의 편에 섰던 사람들입니다. 그들은 율법을

가르치는 사역과 제사장의 사역을 맡은 사람들이었습니다. 11절에서 모세
는 하나님께 그들이 가지고 있는 재산에 대한 축복을 빌었습니다.

> "여호와여 그 재산을 풍족케 하시고 그 손의 일을 받으소서 그를 대적하여 일
> 어나는 자와 미워하는 자의 허리를 꺾으사 다시 일어나지 못하게 하옵소서."

레위인들은 기본적으로 재산을 분배받지 못한 사람들이었습니다. 다른
부족은 다 땅을 기업으로 받았지만 레위 족속은 48개의 도시에 흩어져 그
곳 사람들이 바치는 십일조로 살도록 되어 있었습니다. 그래서 특별히 그
들이 궁핍하지 않도록 해 달라는 축복이 있어야 했던 것입니다.

레위인들이 받은 축복은 다른 부족들의 축복과 달랐습니다. 그들을 대적
하는 사람들을 쳐서 승리하게 해 달라는 것이 아니라 가만히 있어도 그들
의 허리가 꺾이게 되는 축복을 구했습니다. 그것은 레위인들이 싸움을 하
는 부족이 아니었기 때문에, 그들이 언약의 궤를 지키고 하나님의 일을 충
실히 수행하는 것만으로도 적들의 허리를 꺾을 수 있도록 해 달라는 것이
었습니다. 모세의 축복은 각 족속들의 임무와 성품에 맞는 아주 적절한 것
이었습니다.

베냐민과 요셉

그 다음에는 베냐민에 대한 축복이 나옵니다. 그에 대한 축복은 매우 간
단 하지만 더할 나위 없이 좋은 축복의 말씀입니다. 베냐민은 하나님의 사
랑과 보호, 그리고 하나님의 돌보심을 받는 자입니다. 여기서 돌보신다는
말은 필요한 것을 다 제공해 준다는 말입니다.

요셉에 대해서는 13-17절에 걸쳐 아주 상당히 많은 축복을 해 주었습니

다. 요셉의 영토와 소산에 축복이 있고 하나님의 선하신 뜻이 구별되어 거했습니다. 또 그의 영광은 황소의 첫 새끼처럼 위엄이 있고 다른 사람들의 사랑을 받는 것이었습니다. 그 황소에는 뿔이 있는데 마치 들소의 뿔 같은 것입니다. 뿔은 세 가지를 상징합니다. 첫째는 힘의 상징입니다. 두 번째는 당당함의 상징입니다. 그리고 세 번째는 정치적 군사적인 힘입니다. 요셉은 이런 세 가지 힘을 상징하는 뿔을 가진 황소 같은 족속이 되리라는 축복을 받았습니다.

스불론과 잇사갈

스불론과 잇사갈은 창세기에서와 마찬가지로 함께 언급이 되고 있습니다. 드보라의 노래에도 스블론과 잇사갈은 같이 나옵니다. 18절 말씀을 보면 스불론은 나감을 기뻐하고 잇사갈은 장막에 있음을 즐거워하라고 나타나 있습니다. 나간다는 것은 밖에서 일을 하는 것을 의미합니다. 한 족속에게는 직장의 행복을, 한 족속에게는 가정의 행복을 주셔서 매일매일의 삶 속에서 축복을 경험하게 하신 것입니다. 잇사갈은 바다에 접해 있고 스불론은 지중해 근처에 있기 때문에 바다의 풍성한 산물의 혜택을 받게 되어 있었습니다. 바다의 풍부한 것, 모래에 감추인 것이라는 것은 그런 의미입니다.

갓과 단

갓 족속은 요단 동편의 좋은 땅을 가장 먼저 차지했습니다. 요단 동편이나 서편을 정복하는 일에 참여했을 때에 사자처럼 잘 싸워서 그 땅을 정복했기 때문에 하나님의 사자와 같다는 평을 들었습니다.

단 족속은 사자의 새끼 같다는 표현을 썼는데 이것은 단이 막강한 힘을 잠재적으로 가지고 있음을 상징하는 표현입니다. 단을 '바산에서 뛰어나오는 사자 새끼'라고 표현하고 있습니다. 여기서 바산은 흔히 뱀으로 많이 해석합니다. 사자의 힘을 가지고 있기는 하지만 아직 새끼이기 때문에 뱀에 놀라서 도망을 간다는 말입니다. 단은 서부 지방을 기업으로 받았습니다. 그러나 그 땅을 완전히 자기 것으로 만들지 못하고 적들에게 밀려서 산으로 올라갔다가 그들과 섞이거나 아주 북쪽으로 쫓겨가고 말았습니다.

사사기 마지막에 보면 단 지파가 갈릴리 북쪽 지방으로 이동을 하면서 레위인은 물론이고 우상까지도 가지고 가서 단이라는 도시를 만들었다고 기록되어 있습니다. 큰 가능성을 소유하고 있으면서도 그것을 제대로 발휘하지 못한 족속이 바로 단입니다.

납달리와 아셀

납달리는 가장 비옥한 땅을 차지하는 축복을 받았습니다. 은혜가 족하고 여호와의 복이 가득하다는 축복을 받은 납달리는 서방과 남방의 땅을 얻었습니다. 지금도 성지 순례를 가 보면 옛날에 납달리의 소유였던 땅이 가장 좋은 옥토임을 볼 수 있습니다.

아셀은 그 이름 자체가 '복되다'는 뜻이었습니다. 그는 머리에 기름을 바르는 정도가 아니라 발을 기름에 담그는 정도로 넘치는 축복을 받은 사람이었습니다. 자손의 축복과 번영 그리고 철과 동이 상징하는 군사력의 축복을 주셨습니다.

모세의 마지막 찬양

이제 모세의 축복의 마지막에 이르렀습니다. 모세는 축복을 시작할 때에도 하나님을 보이는 일을 먼저 했습니다. 처음에는 하나님께서 모든 축복의 근원이라는 사실을 보여주었고 이제 마지막 끝날 때에는 하나님을 분명하게 조목조목 보여주는 것으로 끝을 냅니다.

모세가 이스라엘 백성들에게 보여주는 하나님의 모습에 대해서 살펴보겠습니다.

첫 번째로 이스라엘의 하나님은 다른 신과 비교할 수가 없는 신입니다.
26, 27절을 보십시오.

"여수룬이여 하나님 같은 자 없도다. 그가 너를 도우시려고 하늘을 타시고 궁정에서 위엄을 나타내시는도다. 영원하신 하나님이 너의 처소가 되시니 그 영원하신 팔이 네 아래 있도다. 그가 네 앞에서 대적을 쫓으시며 멸하라 하시도다."

여수룬은 앞에서 말한 바와 같이 '의로운 자' 라는 뜻으로 이스라엘 백성들을 가리킵니다. 이스라엘에게 말하기를 세상에 하나님 같은 분이 없으며 그분이 이스라엘을 도우시려고 구름을 타고 내려오신다고 말하고 있습니다. **하나님은 영원하신 분이고 피난처이십니다. 영원한 팔로 택한 이스라엘을 떠받치시며 어떤 대적들도 다 쫓아내 주시는 분이십니다.**

이 하나님이 바로 우리의 하나님이십니다. 이런 하나님을 나의 하나님으로 확실히 믿는 사람에게는 겁날 것이 없습니다. 여호와는 우리의 영원하신 피난처이십니다. 영원이라고 하는 것은 하루나 일정한 어느 때를 정해서 가리키는 것이 아닙니다. 시간의 개념이 없는 말이 바로 '영원토록' 이라는 말입니다. 그 영원하신 하나님의 팔에 내가 안겨 있는 것입니다. 하나님의 위대하시고 강하신 팔이 나를 떠받치고 있다고 상상을 해 보십시오.

상상을 하는 것만으로도 은혜가 됩니다. 믿는다면 더 말할 나위가 없을 것입니다.

저도 가끔 큰 일을 진행해야 할 때면 불안할 때가 있습니다. 과연 이 일이 될 것인가 하는 의심이 들기도 합니다. 그러면 곧 다른 한 편에서 '네 하나님은 그렇게 작으냐?' 하는 소리가 들립니다. 하나님께서는 어떤 적도 쫓아내 주시겠다고 하셨습니다. 이런 하나님의 약속을 의심하거나 잊어버릴 때 불안이나 근심이 생기는 것입니다. 하나님의 안전하신 팔이 나를 붙잡고 계시며 나에게 말씀하시기를 너는 믿고 들어가서 멸하라고 명령하십니다. 우리는 그 명령에 따르기만 하면 됩니다.

두 번째는 이스라엘에게 안정과 번영을 주시겠다는 축복입니다.
28절을 보십시오.

"이스라엘이 안전히 거하며 야곱의 샘은 곡식과 새 포도주의 땅에 홀로 있나니 곧 그의 하늘이 이슬을 내리는 곳에로다."

세 번째는 이스라엘이 누구와도 비교할 수 없는 백성이라는 축복입니다.
하나님이 누구와도 비교할 수 없는 하나님이라면 그의 백성 역시 누구와도 비교할 수 없는 백성이 됩니다. 오늘날에 이스라엘은 하나님을 믿는 바로 우리를 가리킵니다. 우리가 하나님의 백성입니다. 29절은 이스라엘 백성의 행복을 확인하는 것으로 시작됩니다.

"이스라엘이여 너는 행복한 자로다 여호와의 구원을 너같이 얻은 백성이 누구뇨 그는 너를 돕는 방패시요 너의 영광의 칼이시로다 네 대적이 네게 복종하리니 네가 그들의 높은 곳을 밟으리로다."

우리와 같은 백성이 어디 있겠는가를 생각할 때마다 우리에게 주시는 특별한 은혜를 감사하지 않을 수 없습니다. 이 은혜를 발견할 때마다 하나님의 놀라운 사랑에 감사하지 않을 수 없습니다. 하나님은 우리가 어려움에 처해 있을 때에 친히 구해 주십니다. 누구 다른 사람을 시켜서 나를 돌보게 하는 것이 아니라 하나님께서 친히 나를 돌보십니다. 하나님은 방패인 동시에 우리에게 적들이 감히 범접하지 못할 위엄과 영광을 가진 칼이 되십니다.

이런 하나님을 모르고 사는 사람들은 얼마나 안타깝고 불행한 사람들입니까. 하나님을 알고 믿고 사는 사람들은 같은 세상을 살아도 얼마나 행복한 사람들입니까. 우리는 백 년 전까지만 해도 이와 같은 하나님을 잘 모르고 사는 백성들이었습니다. 그런데 감사하게도 백 년 전에 하나님께서는 우리 백성들을 불러주셔서 이런 하나님을 믿게 되었습니다. 얼마나 감사한 은혜입니까. 우리가 각자 배경과 고향이 다르고 성격과 교파가 다르다고 할지라도 우리는 하나님의 같은 백성입니다. 하나님은 이 백성을 축복해 주실 것입니다.

마지막으로 하나님께서 우리의 대적을 멸하실 것이라는 것입니다.

우리의 대적은 우리에게 항복할 것이요 우리는 그들의 신전을 밟는다는 것입니다. 그들의 신전을 밟는다는 것은 최고의 기지를 점령한 것을 의미합니다. 어느 민족이나 그들의 신전은 가장 깊숙한 요지에 만들어 놓거나 가장 높고 좋은 땅에 만듭니다. 그런 신전을 밟았다는 것은 그 땅의 모든 곳을 점령했다는 말이 됩니다. 최후의 승리를 거두었다는 의미입니다. 하나님께서 언젠가는 우리 민족에게도 이런 축복을 주실 것입니다.

위대한 지도자 모세의 최후

34:1-12

모세는 하나님과 가까운 사귐이 있는 사람이었습니다.
모세 이후에는 모세와 같은 선지자가 나타나지 않았는데
그 이유는 모세가 하나님과 얼굴과 얼굴을
맞대고 대면하던 마지막 사람이었기 때문입니다.

신명기 34장에는 모세의 최후가 기록되어 있습니다. 아무리 위대한 지도자도 언젠가는 죽게 되어 있습니다. 우리에게 주어진 삶은 하나님께서 언제 거두어 가실지 모르는 삶입니다. 많은 계획을 세우고 추진 중에 있다 하더라도 하나님께서 부르시면 모든 것을 내려놓고 그 부르심을 따라 가야 합니다. 아직 할 일이 있다든가, 하고 싶은 일을 아직 다 못했다든가 하는 변명이 통하지 않습니다.

저는 개인적으로 모세가 위대한 지도자이기는 하지만 인간적인 면으로는 안됐다고 생각하고 있습니다. 그가 죽을 때의 모습을 살펴보면 120살이기는 했지만 건강이 나쁘지 않은 상태로 묘사되어 있습니다. 7절에 보면 그 나이가 되도록 눈이 흐리지 않고 기력이 쇠하지 않았다고 했습니다. 그는 육체적으로 쇠약해서 지도자의 자리에서 물러나는 것이 아니라 하나님으로부터 물러나야 한다는 말씀을 들었기 때문에 물러나는 것이었습니다.
자신의 자리를 적절한 때에 잘 물려주는 것도 아름다운 일 중의 하나입니다. 물러날 때가 되었는데도 그 자리를 지키고 앉아 있으려고 하는 것은 추한 모습을 드러내는 일일 뿐입니다. 자신이 있는 자리에 대해서 민감하게 생각할 줄 아는 지혜가 필요합니다. 늘 하나님께로 열려 있는 사람은 그런 시기를 잘 알고 행동합니다.

눈에 보이는 가나안

모세는 하나님의 영광을 가린 단 한 번의 교만함 때문에 40년 동안을 싸우면서 기다려온 가나안 입성을 바로 눈앞에 두고 죽음을 맞이하게 되었습니다. 40년을 수고하고도 발 한번 딛지도 못한 채 죽게 된 것입니다.

1-4절까지를 보면 모세가 모압 평지 느보 산 비스가 꼭대기에 올라 하나님께서 이스라엘 백성들에게 주리라고 맹세하신 땅을 한눈으로 다 굽어보는 장면이 나옵니다. 들어갈 수 없는 땅을 바라보는 모세의 심정이 얼마나 안타까웠겠습니까. 그가 교만하여 하나님의 영광을 가린 죄는 이렇게 큰 대가를 치러야 하는 큰 죄였습니다.

앞으로 돌아가서 신명기 3장 25, 26절의 대화를 다시 한 번 보십시오

"구하옵나니 나로 건너가게 하사 요단 저편에 있는 아름다운 땅 아름다운 산과 레바논을 보게 하옵소서 하되 여호와께서 너희의 연고로 내게 진노하사 내 말을 듣지 아니하시고 내게 이르시기를 그만해도 족하니 이 일로 다시 내게 말하지 말라."

하나님께서는 요단을 건너가서 가나안 땅을 보게 해 달라는 모세의 간청

을 일언지하에 거절하시고 다시는 그 일에 대해서 말도 꺼내지 말라고 하십니다. 그 말씀이 얼마나 단호한지 매정하게 느껴질 정도입니다. "다시는 내게 말하지 말라"고 딱 잘라서 거절을 하시고 이후에 다시 말을 할 수 있는 기회마저도 주시지 않으십니다.

죄라는 것이 이렇게 무서운 것입니다. 하나님께 불순종했을 때에 그 죄의 결과는 이렇게 심각합니다. 이것을 모세의 경우를 통해 보여주고 있습니다. 에덴 동산에서 하나님께서 금하신 선악과라는 과일 하나를 먹은 죄가 그 후손 대대에 이르도록 원죄로 내려오는 것을 생각하면 죄의 결과가 얼마나 무서운가에 대한 다른 예가 필요없을 것입니다.

죄는 양이 아니고 질입니다. 죄의 많고 적음의 문제가 아닙니다. 겨우 한 장의 종이에 불과한 것처럼 보여도 그것이 나와 하나님 사이를 막아 놓는 커다란 벽이 됩니다. 두 손 사이에 종이가 한 장 끼워져 있다고 생각해 보십시오. 종이의 양이 많아서 두 손이 막히는 것이 아니라 단 한 장이라도 그 사이에 끼게 되면 두 손은 막히게 됩니다. 예수님은 이 땅에 죄가 많아서 오신 분이 아니라 죄라는 것이 있기 때문에 오시지 않을 수 없었던 것입니다. 예수님께서 오셔야만이 이 땅의 죄 문제가 해결될 수 있었습니다. 죄는 그 자체가 문제의 양이자 질입니다.

그런데 마태복음 17장 3절에 보면 그의 소원이 성취되었다고 볼 수 있습니다.

"때에 모세와 엘리야가 예수로 더불어 말씀하는 것이 저희에게 보이거늘."

이것은 변화산상에서 있었던 일입니다. 예수님께서 베드로와 야고보와

요한을 데리고 따로 높은 산에 올라가셨다가 변화되는 모습을 보이시는 부분입니다. 가나안 땅에 들어가지 못했던 모세가 그 땅의 변화산에 우뚝 서서 엘리야와 예수님과 함께 이야기를 나누는 시간을 갖게 된 것입니다. 살아있을 때는 하지 못했던 일을 죽은 후에야 이루었다는 것을 알 수 있습니다.

모세의 죽음

하나님의 종 모세는 120세에 모압 땅에서 죽어 장사되었습니다. 그는 모압의 어느 골짜기에 묻혔지만 그 무덤을 지금까지 아는 사람이 없습니다. 다만 유다서 9절에 보면 미가엘과 마귀가 모세의 시체를 놓고 서로 싸웠다는 기록이 나옵니다. '모세의 승천'이라는 책에 쓰여진 것처럼 그가 죽는 그 순간 곧바로 하나님께로 승천했다는 설도 있지만 정설이라고는 할 수 없습니다.

모세는 하나님이 원하시는 때에 하나님의 일을 시작해서 하나님의 뜻대로 살다가 하나님의 부름을 받고 하나님께로 간 것입니다. 모세는 "여호와께서 명하신 그대로 했다"는 말이 출애굽기 마지막 39, 40장에 반복해서 나옵니다. 이렇게 반복한 이유는 그가 하나님의 말씀대로 모든 것을 하려고 했다는 것을 나타내기 위함입니다.

모세는 병들어 죽은 사람이 아닙니다. 죽을 때 눈이나 기력이 전혀 쇠잔하지 않았습니다. 그러나 하나님께서 주신 임무가 요단강 가에서 다 끝났기 때문에 그 자리에서 죽음을 맞이하게 된 것입니다.

역설적으로 말하면 하나님의 사람은 하나님의 일이 끝나기 전에는 데려가시지 않으신다고 볼 수 있습니다. 또 비록 어떤 일을 하고 있는 중이라 할지라도 하나님이 데려가시면 그 사람의 일은 그것으로 끝난 것입니다. 조금 더 있었으면 하는 인간적인 바람은 있을 수도 있습니다. 그러나 아쉬움을 접고 하나님이 데려가신 그 때가 그 사람의 일이 끝난 것이라고 생각해야 합니다.

그리고 오늘 하루가 나에게 주어진 것은 오늘 하나님께서 나를 통하여 할 일이 있다는 증거라고 생각해야 합니다. 그리고 그 날 자신에게 주어진 일을 최선을 다해서 하는 것이 하나님의 일을 이루는 것입니다.

저는 개인적으로 누가 제게 "목사님께서 앞으로 큰 일을 하시겠다"라고 말할 때 제일 싫습니다. 제가 지금 하고 있는 일은 큰 일이 아닙니까. 지금 제가 하고 있는 일도 하나님의 일이므로 큰일입니다. 시골교회에서 목회를 하면 작은 일이고 대도시에서 큰 교회 목회를 하면 아주 큰 일을 하는 것처럼 생각하는 것은 잘못된 가치관입니다. 하나님의 일은 시골의 일이든 도시의 일이든 다 큰 일입니다. 영혼을 사랑하고 생명을 사랑하는 일에 크고 작고가 어디 있습니까. **자기가 지금 하나님께로부터 받아서 하고 있는 일이 가장 중요한 일입니다.** 언젠가는 나에게 큰 일이 주어지겠지 하고 자신이 지금 하고 있는 일을 전혀 중요하게 생각하지 않는 사람에게는 평생 큰 일이 주어지지 않습니다.

이스라엘 자손들은 모세를 위해서 30일간 곡을 했습니다. 슬픔을 승화시킬 수 있는 시간이 그만큼은 필요했다는 말입니다. 슬픈데도 그것을 억지로 누르고 지나가면 나중에는 병으로 나타납니다.

저는 큰 형님이 주무시다가 갑자기 돌아가셨는데도 슬퍼할 시간이 없었습니다. 부고를 듣고도 매일 밤 늦게까지 써야 할 글들과 해야 할 강의가 밀려 있었기 때문에 도저히 어떻게 할 도리가 없었습니다.

그래서 장례식에만 참석을 하고 돌아와서 다시 일을 했는데 그것이 몇 년
이 지난 지금까지도 한으로 남아 있습니다. 너무 바빠서 형님이 돌아가셨
는데도 슬퍼할 시간이 없었다는 것이 얼마나 가슴에 맺히는지 모릅니다.
그 때 슬픔을 풀고 넘어갔으면 이렇게 오랫동안 남아있지 않았을 것을 그
시기를 놓치니까 계속 남아서 저를 심적으로 괴롭히는 문제가 된 것입니
다.

지난번에 교포 2세들이 우리 교회에 와서 수련회를 한 일이 있습니다. 그
때 정신적으로 문제가 있는 아이가 한 명 있었습니다. 저는 그 아이와 매일
늦도록 같이 앉아서 상담을 하고 미국에 있는 그 부모들과도 통화를 했습
니다. 6년 전부터 시작된 정신 질환인데도 그 부모는 자기 아이에게 그런
정신적인 장애가 있다는 것을 모르고 그저 말이 별로 없는 아이라고만 생
각하고 있었습니다. 집이 이사를 하는 과정에서 온갖 정신적인 어려움을
당했었는데도 그것을 자기 부모에게 이야기하지 않고 혼자서 참고 있었던
것입니다. 그것이 가슴에 쌓여 있다가 지금에 와서는 자해를 하는 것으로
나타났습니다. 높은 데에서 뛰어내리려고 하기도 하고 기회만 생기면 자신
을 해치려는 충동이 일어나는 것입니다. 문제가 생겼을 때에 그 즉시 풀고
해결책을 찾았더라면 그렇게까지 되지 않았을 것을 덮어두는 바람에 큰 문
제로 자라게 된 것입니다.

인간으로서 체험을 해야 할 것은 다 체험을 해야 정신적으로 건강한 사람
이 됩니다. 겪어야 할 것을 제 때에 겪지 않고 건너뛰면 나중에 반드시 문제
가 생깁니다. 그래서 성인이 다 된 사람의 유아기 때 기억을 되살려 치료를
하는 클리닉까지도 생기고 있습니다.

30일이나 곡을 하는 것도 자기들을 40년 동안이나 이끌어 온 지도자가
죽은 것에 대한 충격과 슬픔을 충분히 느끼고 해소할 수 있는 기간으로 설

정했기 때문입니다. 슬퍼하는 사람은 슬퍼하도록 내버려두어야 합니다. 슬픔이 앙금으로 남아 가라앉지 않을 정도로 충분히 슬퍼하도록 어깨에 기대게 해 주고 손수건을 주어야 합니다. 하나님께서 만들어주신 감정을 순화하는 과정이 꼭 필요합니다.

후계자 여호수아

모세가 후계자로 안수한 여호수아는 지혜의 신이 충만한 사람이었습니다.

지도자에게 필요한 덕목

지도자가 되는 사람에게 무엇보다도 필요한 것은 지혜입니다. 지혜가 부족하면 많은 상처를 주게 되고 작은 일로 큰 문제를 일으키게 됩니다.

예수님도 키가 자라고 지혜가 자라면서 하나님과 사람들에게 총애를 입었다고 말하고 있습니다. 솔로몬도 무엇을 원하느냐는 하나님의 질문에 지혜를 구한다고 답했습니다. 왕으로서 올바르게 통치를 하기 위해서는 지혜가 필요했던 것입니다. 남을 다스리는 사람이나 지도하는 사람일수록 지혜가 필요합니다.

지혜의 근본은 하나님이십니다. 우리 교회에는 두 사람씩 짝을 지어서 기도를 하는 시간이 있습니다. 그 때 제 짝이 되신 분에게 드린 저의 기도 제목은 지혜였습니다. 저처럼 사람들 앞에 서는 사람들의 말 한 마디 행동 하나하나가 미치는 영향력을 생각하면 지혜를 구하지 않을 수가 없게 됩니다. 같은 상황에서도 지혜롭게 처리를 할 때와 그렇지 못할 때에 나타나는 결과는 천지 차이입니다. 지도자가 된 사람들은 세상의 무엇보다도 하나님께로부터 오는 지혜를 구해야 합니다.

여호수아에게 지혜가 있었으므로 이스라엘 백성들이 여호수아의 말을 잘 따랐습니다. 9절을 보십시오.

"모세가 눈의 아들 여호수아에게 안수하였으므로 그에게 지혜의 신이 충만하니 이스라엘 자손이 여호와께서 모세에게 명하신 대로 여호수아의 명에 순종하였더라."

하나님의 종 모세

마지막으로 10-12절에는 모세에 대한 평가가 나타납니다.

하나님과 동행한 모세

모세는 하나님과 가까운 사귐이 있는 사람이었습니다. 모세 이후에는 모세와 같은 선지자가 나타나지 않았는데 그 이유는 모세가 하나님과 얼굴과 얼굴을 맞대고 대면하던 마지막 사람이었기 때문입니다. 모세는 누구보다 하나님과 가깝게 지냈던 사람입니다.

제가 있던 신학교에서는 졸업하는 학생들을 대상으로 설문 조사를 했습니다. "지난 학교 생활 동안 자신들에게 가장 중요했던 것이 무엇이었던가"를 묻는 것입니다. 가장 많은 수의 학생들이 이 질문에 대한 대답으로서 '주님과 동행하는 것'을 제시하였습니다. 또 다음에 "목회를 할 때에 가장 중요한 것이 무엇이라고 생각하는가"라는 질문에도 대부분의 학생들은

‘하나님과 동행하는 것’ 이라고 대답하였습니다.

저는 해마다 이 통계 자료를 보면서 신앙생활의 궁극적인 목표가 바로 하나님과 나와의 관계라는 생각을 합니다. 결국 주님과 나 사이가 어떻게 형성되고 있는가 하는 것이 가장 중요한 신앙의 관건 입니다.

신앙에 대한 강의를 잘하고 책을 잘 쓰는 것은 부차적인 것입니다. 학위를 받는 것도 별다른 영향을 주지 못합니다. 그것은 단지 학문적인 연구를 많이 한 사람에게 주는 것입니다. 사실 살다보면 세상적인 기준에 의해 평가를 받는 일들이 많이 있습니다. 그러나 그것이 우리의 신앙이나 하나님과의 관계를 설명해 주는 것은 아닙니다.

모세는 평생을 하나님과 동행하고 때때로 하나님의 얼굴을 맞대고 이야기를 나누었던 사람이었습니다. **마지막에 가서는 사람이 우리를 어떻게 생각하는가 하는 것은 아무런 문제가 되지 않습니다. 오직 하나님이 우리를 어떻게 인정하시는가가 문제일 뿐입니다.** 그것밖에는 참된 만족이 없습니다.

주님을 위한 일이라고 바쁘게 움직이다가, 정작 주님과는 멀어지는 일들이 종종 일어납니다. 주님을 위해 열심히 일은 했는데도 그 곳에 주님이 계시지 않기 때문에 공허한 기분만 남게 되는 것입니다. 주님의 일을 한다면서 그 일의 주인인 주님을 잊는 일이 있어서는 안 되겠습니다.

11, 12절을 보십시오.

“여호와께서 그를 애굽 땅에 보내사 바로와 그 모든 신하와 그 온 땅에 모든 기적과 기사와 모든 큰 권능과 위엄을 행하게 하시매 온 이스라엘 목전에서 그것을 행한 자더라.”

모세는 바로 앞에서 기사와 이적을 행하는 특권을 가지고 있었습니다. 주님께서 힘을 주셔서 주님의 영광을 위해서 한 일이었습니다. 또한 모세는 이스라엘 앞에서 위대한 능력을 발휘한 지도자로서 살아온 사람이었습니다. 이것은 그가 하나님과 동행하면서 하나님의 말씀대로 살았기 때문에 가능한 일이었습니다.

신명기를 마치며

신명기를 비롯한 모세 오경은
과거 이스라엘 백성에게만 주신 말씀이 아닙니다 .
오늘을 살아가는 바로 우리 자신에게 주신 하나님의 말씀입니다.

모세 오경은 전체적으로 구원 사역의 시작과 전개를 목적으로 씌어졌습니다.

창세기에는 인간의 창조와 타락, 그리고 선택된 백성의 시작, 출애굽기에는 하나님의 구원과 임재, 레위기는 예배와 경배를 통한 하나님의 접근 방법, 민수기는 하나님의 백성에 대한 하나님의 질서와 인도하심, 신명기는 새 땅에 들어갈 준비 내용이 들어 있습니다.

이렇게 구성된 모세 오경은 마치 로마서를 읽는 것 같습니다. 그 구조와 내용에 있어서 상당히 비슷한 점을 보이기 때문입니다. 창세기에는 죄의 문제, 출애굽기에는 구원의 역사, 레위기에는 구원된 백성들이 성화되는 문제가 있습니다. 민수기에서는 질서를, 신명기에서는 훈련을 가르치고 있습니다. 이것은 믿는 사람이 거치는 삶의 과정과 동일한 것입니다.

모세 오경에는 메시아에 대한 예언이 선명하게 드러나 있습니다. 처음에는 여자의 씨(창 3:15), 아브라함의 씨(창 22:16), 유다의 실로(창 49:10) 등으로 나타나고 차츰 유월절의 양(출 12), 별과 홀(민 24:17), 선지자(신 18:15) 등으로 구체화 되었습니다.

예수님에 대한 예언적 모형도 여러 가지가 제시되어 있습니다. 아담(창 1-5; 고전 15:45), 아벨(창 4; 히 12:24), 희생양(레 16; 히 9-10), 구리뱀(민 21; 요 3:14), 붉은 소(민 19; 히 9:13) 등으로 나타났습니다.

이처럼 기독교인들의 삶에 반드시 필요한 모형들이 모세 오경의 역사 속에서 시청각적으로 영화처럼 생생하게 기록되어 있습니다.

신명기를 비롯한 모세 오경은 과거 이스라엘 백성에게만 주신 말씀이 아닙니다. 오늘을 살아가는 바로 우리 자신에게 주신 하나님의 말씀입니다. 이 사실을 생각하고 오늘 우리 삶에 적용시켜 하나님의 축복을 누리는 삶이 되시기를 기원합니다.

행복은 선택이다

2000년 8월10일 초판 발행
2000년 12월15일 초판 2쇄 발행
지은이 • 김상복
발행인 • 이형자
발행처 • 도서출판 횃불
등록일 • 1992년 6월 10일 제 21-355호
등록주소 • 서울시 서초구 양재동 55번지
         횃불선교센타
전   화 • (02)570-7233~4
팩   스 • (02)570-7239

총   판 • 생명의샘
         전화: (02)419-1451
         팩스: (02)419-1452
         주소: 서울시 송파구 삼전동 65번지